数字政府 服务社会

政务信息化2019年优秀案例汇编

中国计算机用户协会政务信息化分会　组织编写

赵进延　张保印　石跃军　周德铭　主　编

图书在版编目（CIP）数据

数字政府　服务社会：政务信息化2019年优秀案例汇编 / 中国计算机用户协会政务信息化分会组织编写；赵进延等主编 . —北京：知识产权出版社，2019.12

ISBN 978-7-5130-6659-4

Ⅰ．①数… Ⅱ．①中…②赵… Ⅲ．①电子政务—案例—中国 Ⅳ．① D63-39

中国版本图书馆 CIP 数据核字（2019）第 276017 号

内容提要

党的十八大以来，宏观调控信息化、市场监管信息化、社会管理信息化、公共服务信息化等数字政府信息化建设在全国各地蓬勃发展、成效显著。对此，中国计算机用户协会政务信息化分会征集了大量政府治理和公共服务的信息化建设案例，经筛选，将38个优秀案例汇编成册，形成本书。

本书共分两篇四章，分别从政府、IT 企业两个视角对政府信息化和企业服务的成果进行审视，并通过政府治理和公共服务两个方面展示，旨在交流经验、互相学习，总结、宣传和推广我国数字政府建设的发展成果，进一步开创政府治理和公共服务新局面，进一步推进"放管服"和商事制度改革，进一步加强大平台、大数据、大系统、大安全建设，进一步加强对大数据、云计算、物联网、人工智能等新技术的应用。

本书理论联系实际，案例丰富新颖，适合政府部门行政人员、技术人员，以及 IT 行业从业人员阅读。

责任编辑：张　珑　于晓菲　　　　　　责任印制：孙婷婷

数字政府　服务社会——政务信息化 2019 年优秀案例汇编
SHUZI ZHENGFU　FUWU SHEHUI——ZHENGWU XINXIHUA 2019 NIAN YOUXIU ANLI HUIBIAN

中国计算机用户协会政务化分会　组织编写
赵进延　张保印　石跃军　周德铭　主编

出版发行：知识产权出版社 有限责任公司	网　址：http：//www.ipph.cn
电　话：010-82004826	http：//www.laichushu.com
社　址：北京市海淀区气象路50号院	邮　编：100081
责编电话：010-82000860 转 8363	责编邮箱：laichushu@cnipr.com
发行电话：010-82000860 转 8101	发行传真：010-82000893
印　刷：三河市国英印务有限公司	经　销：各大网上书店、新华书店及相关专业书店
开　本：787mm×1092mm　1/16	印　张：26.75
版　次：2019年12月第1版	印　次：2019年12月第2次印刷
字　数：480千字	定　价：78.00元

ISBN 978-7-5130-6659-4

出版权专有　侵权必究
如有印装质量问题，本社负责调换。

本书编委会

主　　编：赵进延　张保印　石跃军　周德铭

编委成员：王连印　孔祥清　张尚礼　钟福雄

　　　　　胡鹏举　牟　巍　李绍书　令狐永兴

　　　　　韩　松　汪　焱

前　言

习近平总书记强调：加快数字中国建设，就是要适应我国发展新的历史方位，全面贯彻新发展理念，以信息化培育新动能，用新动能推动新发展，以新发展创造新辉煌。数字政府是数字中国的重要组成部分，是以数据为关键要素，以宏观调节、市场监管、社会管理和公共服务的业务治理和大数据运用为主题，以提升"用数据对话、用数据决策、用数据服务、用数据创新"为基础，实现政府深化改革、转型发展、改善民生的治理过程。为了总结、宣传和推广我国数字政府建设的发展成果，中国计算机用户协会政务信息化分会征集了大量政府治理和公共服务的案例，从中选出12个中央部门、3个IT企业的政府治理优秀案例和5个地方政府、18个IT企业的公共服务优秀案例，并汇编成册，形成《数字政府 服务社会——政务信息化2019年优秀案例汇编》。

在政府治理信息化成果方面，国家企业信用信息公示平台展示了国家市场监督管理总局从2014年以来在推进"放管服"改革和持续深化商事制度改革，加强事中、事后监管和营造竞争有序营商环境方面的重大成果；全国信用信息共享平台展示了国家信息中心、国家公共信用信息中心从2015年以来为构建以信用为核心的新型市场监管体制，逐步形成覆盖全部信用主体、所有信用信息类别、全国所有区域信用信息的重要基础；气象行政审批网上平台展示了中国气象局为适应气象部门治理现代化，建设气象台站迁建审批等八类行政审批事项的审批和监管成果；国家电子政务外网二期工程运行支撑平台展示了国家电子政务外网管理中心（国家信息中心）从2017年以来实行中央、省、市、县四级网络全覆盖，中央部门和地方政府全局性业务应用的服务支撑能力；全国土壤环境信息平台展示了生态环境部按照"大平台、大数据、大系统"的建设要求，加强全国土壤环境基础数据库建设和土壤环境信息"一张图"的建设成果；农业农村地理信息服务"一张图"展示了农业农村部适应国务院机构改革要求，形成全国农业农村地理信息资源和信息服务"数据超市"的建设成果；文化旅游综合监测与应急指挥平台展示了文化和旅游部紧紧抓住新一轮科技革命有利时机，对可能出现的隐患问题进行全面监控、及时预警、科学分析和妥善处置的建设成果；智慧水利综合运维指挥中心展示了水利部对全国水利防汛抗旱和水资源能力的集中监控管理、运维流程管理和可视化展示的新成果；国家认证认可信息共享公共服务平台展示了国家认证认可监督管理委员会2015年以来贯彻落实"放管服"要求，在"互联网+"背景时代下探索认证证书服务的新模式；生态环境"互联网+政务服务"平台展示了生态环境部从用户登录、办理、查询到满意度评价的闭环管理，创新了生态环境政务服务"网上办、线上批、实时管、掌中查"的新格局；国家发展和改革委员会政务服务大厅系统项目展示了实体大厅与移动大厅"一体两翼"、线上线下融合服务的新模式；宏观经济信息资源库先导工程档案管理系统展示了国家发展改革委对工程档案实行电子档案和实体档案统一管理的受理多渠道化、业务电子化、办理流程化、管理规范化、库房集约化的档案管理新成果；知识产权智能化服务平台展示了国家知识产权局和合作伙伴基于深度学习的图像识别、图像检索引擎、全文检索引擎、规则引擎、大数据分析技术等的关键技术新运用；国信政务云服务平台展示了国家信息中心和合作伙伴从2016年以来提供更加公平、高效、优质、便捷的，更符合政府部门业务特点的，高安全性的政务云服务的国家电子政务云数据中心、国信政务云服务平台的服务新成果。新华媒体资源聚合共享平台展示了新华社和合作伙伴抢占新媒体主阵地、实现战略转型突破口、推进集成服务新空间、抢占4G先机制高点的国家级移动客户端新集群；政务外网中央平台运维支撑系统展示了国家信息中心和合作伙伴跨层级、跨地域、跨系统、跨部门、跨业务的支撑服务能力，四级网络的大业务量、高实时性、全网多级的应用保障能力，保障共享数据和监测定位的运维技术能力，提供大数据、互联互通关键保障技术的"四位一体"服务质量评价体系；

在公共服务信息化成果方面，人民政府网上协同办公应用展示了新疆维吾尔自治区人民政府以网上协同办公应用工作为抓手，促进全区政府系统电子政务应用深入开展的新成果；人民检察智能维汉翻译系统展示了新疆维吾尔自治区人民检察院从智能语音技术入手，结合新疆办案实际，研发"讯飞维汉智能翻译系统"的新成果；基于"一个平台管全省"的大数据应用平台展示了山西晋城市打造"一图全面感知、一键可知全局、一体运行联动"的公共服务新成果；办案E卷通——检察单轨制办案系统展示了苏州检察机关从2017年以来人均办案量居全省第一的新成果；"莎姐"云平台展示了重庆市大渡口区人民政府打造全区关爱青少年品牌、普法宣传品牌、社会治理创新品牌的未成年人综合保护一体化信息平台成果；"最多跑一次"数据共享服务平台展示了浙江省人民政府和合作伙伴紧紧围绕"打破信息孤岛，实现数据共享"主题，打造"数据多跑路，群众少跑腿"的"最多跑一次"最新成果；开发区智慧政务大数据平台展示了天津市经济技术开发区管理委员会和合作伙伴建立统一的数据管理系统，建设数据资源管理平台，提高数据服务质量的新成果；电子政务服务大数据平台展示了河南省人民政府和合作伙伴积极推进政务公共云、政务专有云、政务大数据平台、网上政务服务平台、省级政务服务大厅的数字化服务成果；山西政务云平台展示了山西省人民政府和合作伙伴运用大数据技术实现电子政务集约化发展，提升公共服务效率和效果的新成果；金融综合服务平台展示了湖州市人民政府和合作伙伴以帮助小微企业拓宽融资渠道为抓手，打造金融"信贷超市"的金融综合服务能力成果；政务服务统一监督平台展示了北京市海淀区和合作伙伴从2013年以来提升政务服务水平、优化办事流程、促进政务服务运行规范的新成果；城市综合管理服务平台展示了内蒙古自治区鄂尔多斯康巴什新区和合作伙伴从2012年以来打造"市民通"移动服务、"领导通"决策服务的"政民联动"新成果；全省经信系统大数据支撑服务平台展示了江苏省经济和信息化委员会、江苏省人民政府采购中心和合作伙伴构建覆盖省、市、县三级经信部门的"一个基础环境、一个综合数据中心、五类应用系统、一套服务门户、一套规范体系"的大数据支撑服务平台新成果；"放管服"业务安全支撑项目展示了四川省达州市公安机关和合作伙伴以公安"放管服"改革纵深推进为主题，以交管、出入境、治安等业务为代表，以总体技术架构、可信安全接入、数据安全运用为手段，取得广大群众和社会各方普遍欢迎的新成果；数据共享交换平台展示了上海市人民政府和合作伙伴以电子政务云为基础，以跨部门、跨层级应用为抓手，统筹构建"云数联动"的国家、市、区三级数据共享交换平台的新成果；网上政务服务平台展示了辽宁省人民政府和合作伙伴围绕简政放权、放管结合、优化服务的总体要求，实现行政许可事项和公共服务事项网上申报、网上咨询、网上办理的便捷化服务新成果；行政服务中心展示了福建省漳州市人民政府和合作伙伴创新"申报零材料""受理零窗口""办件零人工""领证零上门""归档零纸件"的智能秒批新成果；数据账户管理平台展示了深圳市龙华区人民政府和合作伙伴推进创新引领的活力强区、高端制造的工业大区、绿色生态的宜居城区、民生幸福的和谐城区，努力建成现代化国际化创新型中轴新城的"四区一城"战略成果；商务诚信公共服务平台展示了山西省人民政府和合作伙伴基于"五横三纵"技术架构，推进商务诚信公共服务门户、商务诚信监管应用系统、运营服务管理系统等三大业务系统，为个人、企业、行业协会、第三方信用服务机构等用户提供服务的新成果；智能运维平台（AIOPS）智慧医疗云展示了江西省上饶市人民政府和合作伙伴基于大数据、机器学习、模式识别、关联分析、可视化等技术，构建以"数据"和"应用"两大元素为主题的智慧医疗云成果；公共安全视频监控建设联网应用展示了重庆市黔江区和合作伙伴利用雪亮工程的视频监控进行公共安全视频联网共享平台、综治分平台、公安分平台、视频资源采集平台的融合，形成"联、管、用"三位一体格局成果；在线矛盾纠纷多元化解平台展示了浙江省人民政府和合作伙伴以互联网技术、人工智能技术、大数据技术模式，有效整合政法委、法院、司法、律协、人社、公安、保险及行业协会等多个行业的解纷资源，为纠纷当事人提供在线法律咨询、在线预判评估、在线协商、在线调解、在线仲裁、网上诉讼"一站式"服务成果；电子政务云平台展示了北京市人民政府和合作伙伴坚持从粗放式、离散化的建设模式向集约化、整体化的可持续发展模式转变，为政府部门提供由第三方云服务商管理的电子政务云平台服务的成果。

展示成果表明，我国政府治理和公共服务信息化在党的十八大以来得到了快速、健康发展，为数字政府、服务社会提供了重要支撑。

本书的案例征集和汇编，得到了中央政府部门、地方政府部门以及IT企业的大力支持，在此表示衷心的感谢！由于征集期限和水平所致，本书存在诸多不足，请各位读者批评指正。

本书编委会

2019年10月26日

目 录

第一篇 政府治理

第一章 政府治理建设方案例 3

以信用监管为抓手 创新市场监管新模式——国家企业信用信息公示系统……（张志清）5

支撑、支持全国社会信用体系建设——全国信用信息共享平台
………………………………………………（周 民 汪育明 蒋凯元 王 笑）18

中国气象局气象行政审批网上平台建设项目………（王甫棣 孟晋宝 赵希鹏 王 帅）27

国家电子政务外网平台二期工程运行支撑平台及呼叫中心系统项目
…………（刘建国 徐春学 吴阿明 唐朴谦 宁 旭 焦 伟 栗思奇 王 健）41

全国土壤环境信息平台建设………………………（章少民 徐富春 魏 斌 李 顺 黄明祥
贾红霞 王 琛 孙 洁 陆 楠 杨 毅）55

农业农村部积极推进政务信息资源"一张图"建设
……………（董春岩 丛小蔓 饶晓燕 韩周杰 程书娟 李春朋 陈燕辉）65

文化和旅游部综合监测与应急指挥平台………………………（刘 艳 赵 琳 郭 鹏）72

水利部信息中心——打造智慧水利综合运维指挥中心……………………（贺 挺）82

认证认可信息共享公共服务平台"云桥"………………………………（李 锋）91

生态环境部"互联网+政务服务"平台
..................................（何蓓琦　符春艳　徐　昊　郝　莹　王丽平）98

国家发展和改革委员会政务服务大厅系统项目..........（赵　农　刘晓光　戈文杰　朱　虹
　　　　　　　　　　　　　　　　　　　　　　范睿婷　佟　鑫　刘梦楚　丁声一　冯　雪）104

国家发展和改革委员会宏观经济信息资源库先导工程二阶段项目档案管理系统
..................................（刘建国　周　东　吕泽雲　司宏伟　郑　瑜）109

第二章　政府治理承建方案例..117

知识产权智能化互联网+政务服务平台项目..................................（翟立新）119

国家信息中心政务云服务平台项目
..................................（赵进延　吴　炜　崔恩泽　李鹏飞　高　航　郭　藐　郭宏明）133

四位一体电子政务外网中央平台运维支撑系统项目................................（李　庄）144

第二篇　公共服务

第三章　公共服务建设方案例..151

新疆维吾尔自治区人民检察院智能维汉翻译系统建设项目..................（周　彬　戴　林）153

晋城市大数据应用平台..................................（聂永平　李满红　陈卫兵　等）163

新疆维吾尔自治区人民政府网上协同办公应用案例..................（刘　稚　王剑琴）171

办案E卷通——检察单轨制办案系统..................（周先豹　姜贵鹏　刘涵元　蔡　恺）176

"莎姐"云平台　为青春打call..................................（李肖刚）193

第四章　公共服务承建方案例..199

浙江省"最多跑一次"数据共享服务平台..................（周志凯　徐　颖　赵程遥）201

天津市开发区智慧政务大数据平台项目..................（牟　巍　孙德强　魏韦斯）218

上海市数据共享交换平台项目..................（许志远　徐有明　刘玉杰）232

河南省电子政务服务平台大数据平台……………（冯韶军　文陈华　董　健　路致奎）244

山西省政务云平台建设……………（侯　强　李　华　郭新平　李　鹏　史明雪　张　弋

……………………………………郭靖伟　崔　伟　吴　睿　蓝志超　等）262

湖州绿色金融综合服务平台………………（应强波　王　健　许海东　褚嘉琪）275

北京市海淀区政务服务统一监督平台……………………………………（陈　敬）288

北京市政务云项目…………………………………………………………（吴　岳）300

智能运维平台（AIOPS）在上饶智慧医疗云的成功应用项目………（黄铧焕）309

在线矛盾纠纷多元化解平台（ODR平台）………（才依明　李　阳　陈向全）317

康巴什新区精细化城市管理建设项目……………………………………（何文华）332

江苏省全省经信系统大数据支撑服务平台软件开发项目………………（关　键）348

公安机关"放管服"业务安全支撑项目……………………………………（余　强）355

辽宁省网上政务服务平台项目………………………………（王　丁　许　妍）364

漳州市行政服务中心创新推进智能秒批……………………………（黄文鸿）371

数据账户管理平台项目………………………………………（康　柳　刘国光）377

山西省商务诚信公共服务平台成果…………………（梁双龙　高志熙　郝奇杰）392

公共安全视频监控建设联网应用…………………………………………（高　东）404

第一篇　政府治理

第一章　政府治理建设方案例

以信用监管为抓手 创新市场监管新模式
——国家企业信用信息公示系统

国家市场监管总局信息中心

党的十八大以来，党中央、国务院对全面推进商事制度改革、加强事中事后监管作出了一系列重大决策部署。国家市场监管局管理总局（以下简称"市场监管总局"）认真贯彻习近平新时代中国特色社会主义思想，大力加强国家企业信用信息公示系统建设，推进商事制度改革，加强事中事后监管，不断创新市场监管新模式，取得了良好成效。

一、基本情况

（一）建设背景

党的十八届二中全会提出"改革工商登记制度"，标志着我国商事制度改革正式拉开序幕。2014年2月7日，国务院印发《注册资本登记制度改革方案》，提出了将建设市场主体信用信息公示系统作为实施改革的前提条件。2014年7月，国务院第57次常务会议通过《企业信息公示暂行条例》，进一步明确了企业信用信息公示系统建设有关的公示信息范围、内容和各部门的职责。2015年3月20日，李克强总理视察原工商总局时强调，要完善企业信用信息共享机制，形成全国统一的企业信息公示大数据平台，探索新的监管模式，把市场监管体系这张"网"织好织密。2015年10月13日，国务院印发《关于"先照后证"改革后加强事中事后监管的意见》，明确创新市场监管体制机制，加强信息互联共享，完善信用监管机制，提高监管效能，大力建设企业信用信息公示"全国一张网"。

（二）建设过程

为贯彻落实党中央、国务院重要指示精神，市场监管总局积极着手开展国家企业信用信息公示系统建设，将其作为 2016 年、2017 年的重点工作任务，通过全面建设国家企业信用信息公示系统，形成全国覆盖、纵横贯通、层级衔接、安全保障的企业信用信息"全国一张网"，推动构建以信用为核心的新型市场监管机制，促进全国统一市场监管体系的形成。

国家企业信用信息公示系统建设是一个极其复杂的系统工程，自建设以来受到了国务院领导和总局党组的高度重视。李克强总理、王勇国务委员多次听取汇报并作出重要指示：要求市场监管总局牵头，加快建设好国家企业信用信息公示系统。总局党组多次进行专题研究和部署，有关部门积极协调、认真落实，按计划、有步骤、分阶段，循序渐进逐步完成建设任务。2014 年，为了配合注册资本登记制度实施，31 个省的市场监管局按照"物理分散、逻辑集中、差异屏蔽"原则，配合总局建设了全国（过渡）企业信用信息公示系统。2015 年，在充分调研和论证的基础上，形成国家企业信用信息公示系统信息化工程可行性研究报告、初步设计方案和投资概算，报送中华人民共和国国家发展和改革委员会（以下简称"国家发改委"）进行立项审批。2016 年，通过对原来分散的过渡系统进行改造形成全国统一集中的系统，基本建成国家企业信用信息公示系统并投入使用。2017 年，又进一步按照"应用更加丰富便捷、信息更加全面准确、运行更加稳定高效"的要求对系统进行了完善，完成全面建成国家企业信用信息公示系统的任务。2018 年以来，按照党和国家机构改革要求，全面整合市场监管有关信息，实现市场监管"一个平台管信用"，继续为强化信用监管提供平台支撑。

（三）建设意义

建设国家企业信用信息公示系统是扎实推进"放管服"改革和持续深化商事制度改革的重要任务，也是加强事中事后监管和营造竞争有序营商环境的重大举措。自 2014 年《企业信息公示暂行条例》颁布实施以来，市场监管总局按照"放管服"改革的要求，大力推进国家企业信用信息公示系统建设，不断提高监管信息化应用水平，极大地激发了市场活力、营造良好营商环境，促进了创业就业和民生改善。根据2018年世界银行发布的全球营商环境报告，我国营商环境世界排名一次性提升32位，其中开办企业便利度上升65位。

建设国家企业信用信息公示系统是加强部门监管协同、促进社会共治的关键手段，也是加快社会信用体系建设和实现国家治理能力现代化的有力支撑。通过公示系统建设，建立应用大数据辅助科学决策和社会治理机制，有利于健全信用约束机制，规范企业经营行为，增强事中事后监管的科学性、准确性和时效性，有助于破解基层执法资源不足、监管执法精准性不够、企业诚信自律意识缺失等难点问题，有力促进"政府监管、企业自律、行业监督、社会共治"的市场监管格局形成，进一步打造可信、开放、公平市场环境。

二、建设内容

（一）建设目标

国家企业信用信息公示系统信息化工程按照以信息公示为核心、以现有公示为基础、以法人库为支撑、以信息共享为重点的原则，充分利用国家法人单位信息资源库、国家电子政务外网共享交换平台等公共设施和部门地方已有信息化成果，通过建立健全政府部门企业信用信息归集机制、共享机制，实现涉企信用信息的跨部门、跨区域全面归集和依法公示，形成全国统一的企业信用信息大数据平台，构建以信用为核心的新型市场监管机制，为社会信用体系建设提供企业信用信息基础数据来源。

建设目标简单说就是"一网归集，服务三方"。"一网归集"是指依托企业信用信息一体化网络平台，实现政府部门涉企信息、企业年报和即时公示信息的统一归集、公示。"服务三方"是指服务于企业主动接受社会监督、积累自身信用、收获更多信用红利，服务于各级政府部门共享涉企信息、实现工作联动、提升治理水平，服务于社会公众查询判断企业信息和信用状况、降低制度性交易成本、避免交易风险（图1）。

（二）建设内容

为实现系统建设目标，确立了重点实施企业信用信息"一云、一体系、四平台"的建设内容。"一云"是通过建设公示系统"私有云"，以资源池形式实现基础设施的集中化、虚拟化、服务化，构建一体化的基础设施环境。"一体系"是通过建设企业信用信息标准规范体系，促进跨部门、跨地区企业信用信息的互联互通、交换共享，提升系统的规范化水平和制度保障能力。"四平台"是指建设统一公示平台、一体化数据平台、一体化协同监管平台和一体化业务支撑平台。具体内容包括以下几个方面（图2）。

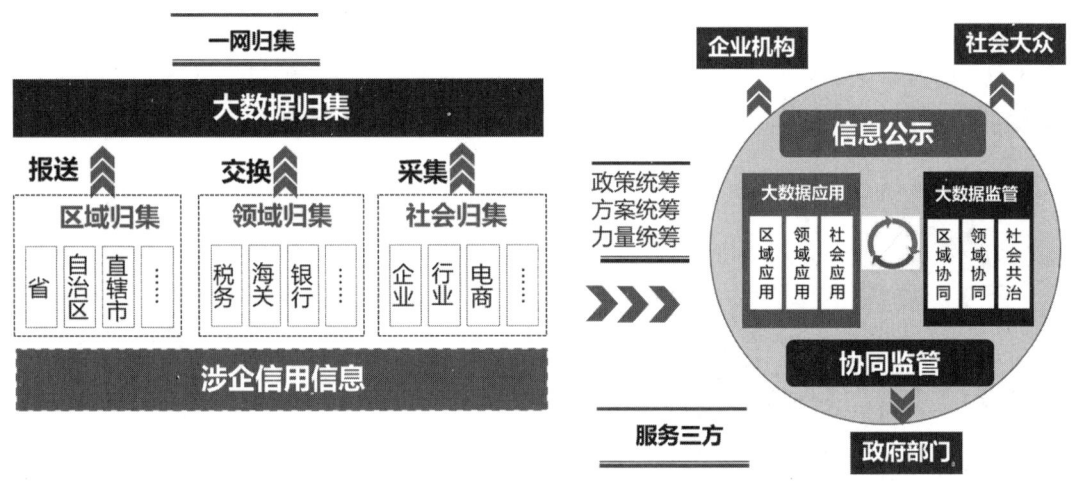

图 1　国家企业信用信息公示系统总体框架图

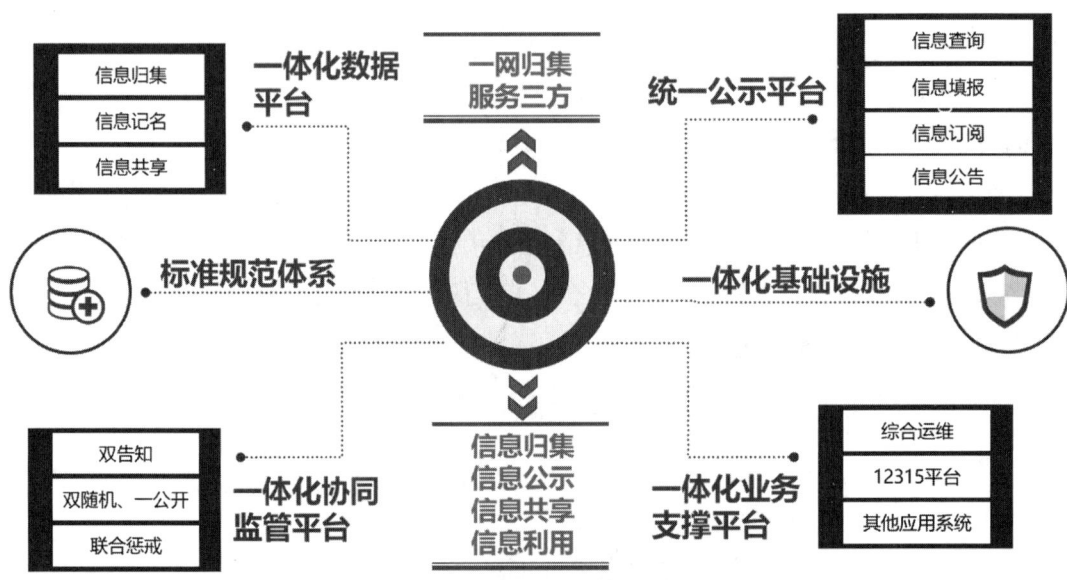

图 2　国家企业信用信息公示系统功能结构图

1. 一体化数据平台

通过区域归集、领域归集和社会归集的多渠道数据采集，主要实现企业信息"全量归集、一码关联"，建立形成全国集中、地方区域集中的企业信用信息数据库。具体功能包括以下几点。

一是信息归集。利用电子政务外网或互联网，将各级市场监管部门的各类信息和各级政府部门的行政许可信息、行政处罚信息、抽查检查信息、小微企业享受政策扶持信息通过在线录入、数据导入、数据接口、数据交换等方式汇聚到一体化数据平台，形成企业信用全景画像。

二是信息记名。归集数据经过清洗整合后，以市场主体基本信息为基准，按照市场主体名称、注册号、统一社会信用代码进行数据比对，比对成功后则自动归集数据记于企业名下并对外公示。

三是信息共享。将市场主体信息共享至相关审批部门、行业主管部门，有利于各部门协同监管，避免出现监管的真空和灰色地带，有利于形成信息共享、互联互通、齐抓共管的新格局，推动各部门提高事中事后监管水平。

2. 统一公示平台

在互联网上面向社会，实现数据资源的信息公示、开放共享与信息服务，建设国家企业信用信息网站公示、移动应用公示、微信公众号等主流平台公示，实现为全国广大社会公众、企业团体、政府部门等提供全国企业信用信息的统一公示查询服务，实现企业信息开放共享、信息订阅和信息异议等服务。主要功能如下。

一是全国企业信息查询。社会公众无须注册登录等操作，只需输入企业名称或者统一社会信用代码，即可查看企业的公示信息，公示内容包括企业登记备案、商标、"双随机一公开"抽查结果、行政许可、行政处罚、经营异常名录、严重违法失信名单等信息。

二是年报和即时信息填报。企业通过企业联络员、电子营业执照等登录方式，通过认证后便可登录报送后台，可填写企业年报、即时信息、简易注销公告、清算组备案、债权人公告等信息并向社会公示。

三是企业信息订阅、公告。企业和社会群众通过公示系统可以浏览经营异常名录、严重违法失信名单、司法协助信息、注销公告等监管信息公告。同时，为加强公示系统面向社会的信息服务，当用户登录系统后，系统有针对性地为个人和企业用户提供企业变更信息、注销公告等个性化的定制订阅。

3. 一体化协同监管平台

在政务专网上面向政府，支撑区域协同、领域协同、社会共治的大数据市场监管创新，实现"双随机、一公开"检查，"证照分离、多证合一"等双告知，联合惩戒等综合监管应用，为信用信息监管、信用约束、大数据监管提供支撑服务。主要功能如下。

一是双告知。系统将企业的注册登记信息自动进行梳理分类，以各种形式定时将相关信息推送给相关审批部门，以提高信息共享水平，支撑"先照后证""多证合一""证照分离"等改革，增强综合监管力度，实现政府各部门间高效、有序的业务衔接。

二是"双随机、一公开"。系统根据抽查计划和任务将检查对象和检查人员进行双随机抽取、匹配，支持市场监管部门及跨部门"双随机"抽查，检查人员接收任务实施检查并填报检查结果进行公示，做到抽查全程留痕和可追溯，严格限制监管部门、人员的自由裁量权。

三是联合惩戒。以市场主体准入和监管数据为基础，加强数据的共享交换和数据的深度挖掘与利用，依据各部门签署的联合惩戒备忘录在企业任职限制、政府采购、工程招投标、国有土地出让、颁发荣誉等方面发挥作用，实现部门间的互联共享，提高市场主体信用数据的使用效率。

4. 一体化业务支撑平台

在内部专网上需要各部门、各省为国家企业信用信息公示系统的运行进行本地系统支撑改造的一体化建设：一是建设全国一体化应用支撑系统，如全国12315平台、改造现有信息化监管系统；二是建设支撑安全的监控管理系统，完成对网络、主机、数据库、中间件、存储、安全、机房、IT资产的监控管理；三是建设综合运维管理系统，完成问题处理和跟踪，建立运维流程，使运维工作有序化，最终提高整个系统运维工作的效率和质量。

此外，根据系统建设要求，结合企业信用信息公示、监管等业务应用和管理需求，建立企业信用信息业务与技术标准规范体系，确保整个国家企业信用信息系统的规范性、通用性和可扩展性。同时，依托国家电子政务外网平台与互联网，发挥云平台高可靠性、高扩展性及快速按需弹性服务的特性，在北京、在贵阳分别建设主中心、备份中心，为各个应用系统提供高效、可靠、稳定服务。除一体化业务支撑平台外，统一公示平台、一体化数据平台和协同监管平台主要界面如图3所示。

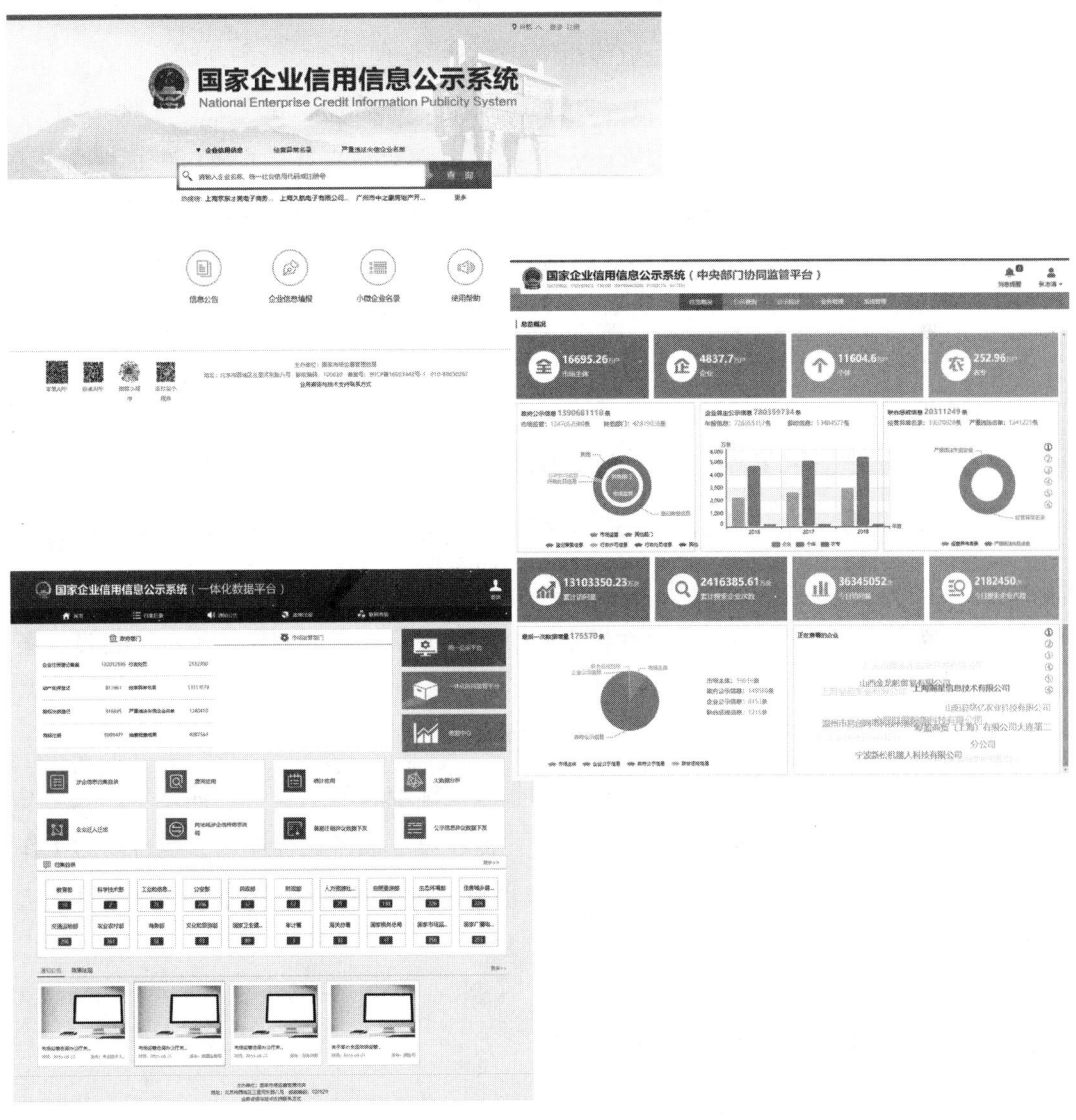

图3　国家企业信用信息公示系统主要界面

三、具体做法

（一）健全制度机制，夯实工作基础。

国务院发布《企业信息公示暂行条例》后，市场监管总局制定了《政府部门涉企信息统一归集公示工作方案》《国家企业信用信息公示系统使用运行管理办法》等一系列配套规章制度，并多次发文督促各地落实。到目前为止，市场监管总局与37个部门签订了联合惩戒备忘录，全面梳理了56个部委法律法规所涉及4000多项行政许可、行政处罚事项。26个省市区市场监管部门配合总局进行公示系统建设及建立了涉企信息归集部门联席会议制度，30个省区市发布了涉企信息归集的专门文件，31个省市区均召开了政府专项工作会议，明确了部门间的职责分工，建立了国家企业信用信息公示系统建设使用和信息归集共享的常态长效机制。

（二）加强统筹谋划，狠抓工作落实。

凡事预则立，不预则废。为全国统一、上下一致、内外协同、统筹推进公示系统建设，总局于2016年5月、2017年3月连续两年召开全国工商、市场监管部门公示系统建设推进会议，总结建设经验，针对性提出解决问题办法，研究制定公示系统建设方案和标准规范，全面部署信息归集、信息公示、信用监管等工作，从建立健全长效机制、强化涉企信息归集、完善公示系统功能、抓好数据分析应用等方面提出明确要求。为了保障建设质量，市场监管总局还制订了验收考核标准和考核评价指标体系，成立专门的系统建设使用验收考核小组，坚持以考核促建设、以考核促应用，在自查的工作基础上，对31个省市区市场监管局进行实地检查，并对每个省区市抽取一个区县局进行现场考核。

（三）强化协调配合，形成工作合力。

国家企业信用信息公示系统全面建成得益于国务院、总局党组、各省党委和政府领导的重视，更是得益于各级政府部门之间的协作配合。市场监管总局从一开始就非常注重加强部委间的沟通，主动与国家发改委就行政许可、行政处罚等涉企信息归集数据标准进行沟通协调，推动联合出台涉企信息归集的数据标准。2016年12月22日，公示系统基本建成后，市场监管总局主动为56家中央有关部门和各部委、单位开通了账号，原总局党组书记、局长张茅同志亲自致信中央和国务院各部门、各单位主要负责同志，推动公示系统涉企信息归集、数据开放共享和协同监管应用。

四、主要特点

（一）实现了全国企业的集中公示和应用

一方面，依托一体化数据平台建设，实现了对全国31个省归集的企业信用信息的汇集；另一方面，应用网站群的技术建设了统一的公示平台，实现了全国1.15亿户存续市场主体和2014年3月1日以来吊销、注销的4700多万市场主体的全部信息查询和公示，为社会公众、企业和其他部门提供信息打印、信息分享、信息订阅等个性化的信息服务，首次在总局层面实现了全国企业的集中公示和应用。

（二）依托总局和各省两级平台建设"全国一张网"

"全国一张网"既包括横向部门之间的信息共享，又包括纵向部门之间的信息汇聚，必须由市场监管总局和31个省、市、自治区市场监管局依托中央和省两级平台共同建设完成。总局负责制定统一的标准规范、总体方案并负责汇总全国企业信息，各省市场监管局按照统一规范、统一标准、统一建设的原则，进行本地信息化建设并归集辖区内企业信息。通过对各省建设的国家企业信用信息公示系统进行考核验收，保障了公示系统建设和应用"全国一盘棋"。

（三）建设两个门户满足"互联网+"、信息资源整合共享要求

两个门户的建设进一步满足政务信息系统和资源整合要求，作为面向企业、社会公众的信息公示门户充分使用"互联网+政务"理念，坚持"以人为本、用户至上"，在门户网站基础上开通了移动应用和微信公众号，增强了接口方式、订阅方式及微信分享、主动推送等信息服务，满足了社会公众、企业、行业协会等不同层次用户的应用需求，

提升了对统一公示查询便利化、服务精细化、管理规范化水平。作为面向政府部门的协同监管门户，严格按照政务信息资源共享要求，加大对企业基础信息、"双告知"、联合惩戒等信息的共享，逐步实现了业务协同和社会共治。

（四）建成全国企业信用信息数据库奠定信用监管基础

通过区域归集、领域归集和社会归集的多渠道数据采集，实现企业信息"全量归集、一码关联"，形成全国集中的企业信用信息数据库。在面向社会公众和企业方面，通过建设网站、移动 App 和微信小程序等方式提供全国企业信用信息的统一公示查询、企业信息开放共享、信息订阅和信息异议等服务；在面向政府部门或专业机构方面，支撑区域协同、领域协同、社会共治的数据交换共享，实现"双随机、一公开"联合检查、双告知、多证合一、综合监管、联合惩戒等应用，为实现对企业的信用监管、信用约束奠定了基础。

（五）支撑商事制度改革完成系统建设目标

系统建设按照"业务主导、信息统筹"方式，进一步支撑了商事制度改革，实现了信息化与业务之间的有效融合、整合，先后承担了注册资本认缴制改革、企业年检改年报、"多证合一、一照一码"、先照后证"双告知"、简易注销、"双随机、一公开"等改革任务，实现具体业务和企业信息公示以及对企业、社会、政府部门的服务实现了有机融合，满足了市场主体快捷办事、政府部门业务协同、社会公众查询使用的需求，真正完成了系统建设"一网归集、服务三方"目标。

（六）使用先进的互联网架构及大数据建设理念

为确保企业公示信息的数据安全和国家的经济安全，系统全部使用了国产化系统软件，并针对系统具有大访问量、高并发、7×24 小时服务不可间断等特点，采用微服务、分布式、搜索引擎、索引缓存等互联网技术的架构体系，确保了系统的弹性扩展和稳定运行。此外，在建设中还积极利用大数据、人工智能技术，增强了根据用户访问行为的防爬策略识别，减少了机器爬虫的干扰，最大程度上保证了用户的正常使用。

五、应用效果

通过国家企业信用信息公示系统全面建设，以信息归集共享为基础、以信息公示为手段、以信用监管为核心的监管机制基本形成，企业自治、行业自律、社会监督、政府监管的社会共治格局逐步完善。在信息归集方面，实现了企业信用信息集中汇聚；在信息公示方面，实现了企业信用信息对称应用；在信息共享方面，实现了企业信用信息协同监管。

（一）信息归集机制基本建立

截至 2018 年年底，部门间涉企信息归集共享机制基本建立，市场监管总局和 31 个省区市均已建立信息归集共享工作机制。有 24 个省区市明确由市场监管部门牵头或具体实施信息归集工作，平均每个省区市信息归集涉及的省级部门 38 个，参与部门覆盖率达 78.2%，参与部门最多达到 69 个。全国共归集除市场监管部门以外涉企信息 6.29 亿条，总归集条目已达 70 亿条，全部以统一社会信用代码为索引记于企业名下，企业全景多维的信用画像得到较为客观的描绘。

（二）信息公示作用充分显现

截至 2018 年年底，全国企业通过该系统公示 2200 多万条即时信息，分别有 1187 万、1583 万、1869 万、2274 万、2980 万户企业报送 2013—2017 年年度报告，企业年报率逐年攀升，2017 年达到 91.5%，企业自主公示和主体责任意识明显增强。市场监管部门实现了行政处罚公示率和依法应当公示的涉企信息归集率"两个 100%"，对 20 大类抽查事项实现"双随机、一公开"随机抽查和结果公示，有 38.8 万户企业通过该系统公示了承诺书并通过简易注销程序退出市场，有效降低了企业和社会的制度性交易成本。

（三）信用监管格局初步形成

截至 2018 年年底，部门间联合惩戒机制不断完善，市场监管总局向相关部门推送列入经营异常名录、严重违法失信企业名单的市场主体分别 552.4 万户、49.7 万户，向部门提供了企业基础信息 5454 万条。全国 31 个省区市市场监管部门全部实现与有关政府部门和司法机关的信息共享,根据最高人民法院提供的"老赖"在企业登记过程中依法限制任职 30.8 万人次。各地公安、银行、财政等部门在出入境、贷款、招投标、评先评优等工作中对失信企业加以限制,有力推动了"一处违法、处处受限"信用约束工作格局的形成。

(四)信息服务效能有效提升

截至 2018 年年底,通过公示系统实现市场监管"双随机、一公开"抽查检查全覆盖。全国共抽查企业 153.9 万户次,占企业总数的 5.07%,对教育培训、类金融等重点领域的 5 万户企业开展定向抽查,发现问题比例达 27.3%,开展跨部门联合"双随机"13.6 万户,有效实现了公平公正监管,减少了对市场主体的干扰。系统上线以来,系统累计访问量 925.44 亿人次,历史累计查询企业 205.89 亿次,2018 年日均访问量达 9405 万人次,已成为企业、社会和政府部门不可或缺的"一张网"。

六、结束语

国家企业信用信息公示系统自建设以来,秉持"用字当头、主动开放、以用促归、以用促建"的理念,不断提升应用水平,扩大数据归集范围,深化协同监管,努力打造应用更加丰富便捷、信息更加全面准确、运行更加稳定高效的公示系统,有效提高了市场透明度,强化了市场对企业的信用约束,对促进市场公平竞争、维护市场正常秩序、服务经济社会发展发挥了重要作用。到目前为止,国家企业信用信息公示系统作为支撑商事制度改革、加强事中事后监管的国家级政务信息化工程,已经成为企业报送并公示年报和即时信息的法定平台,社会公众使用企业信用信息的查询平台,各级政府部门实施协同监管和联合惩戒的工作平台,各级市场监管部门开展事中事后监管的操作平台。

下一步,市场监管总局将继续强化"全国一张网"的核心地位,积极完善国家企业信用信息公示系统功能,大力提升应用效能,用信息化手段服务监管方式的创新,推动建立以"双随机、一公开"监管为基本手段、以重点监管为补充、以信用监管为基础的新型监管机制。一是依托公示系统归集的各类涉企信息,推进企业信用分类风险监测,分析各类涉企信息与企业风险的关联度以及早发现和防范苗头性和跨行业跨区域风险,为各级市场监管部门开展企业信用风险分类管理提供信息化支撑。二是以推进"互联网+

监管"为契机,全面对接国家"互联网+监管"系统,有效关联其他部门监管数据和互联网数据资源,完善部门协同监管平台,推动跨部门、跨地区协同监管业务开展,实现对"监管的监管",为强化事中事后监管提供平台支撑。三是充分发挥国家企业信用信息公示系统在持续深化商事制度改革和扎实推进"放管服"改革中的基础支撑作用,更好地推进"双随机、一公开"等监管方式创新,实现"一网归集、服务三方"目标,进一步释放企业信用红利,持续优化营商环境。

(作者:张志清)

支撑、支持全国社会信用体系建设
——全国信用信息共享平台

国家公共信用信息中心

根据党的十八大提出的"加强政务诚信、商务诚信、社会诚信和司法公信建设"及党的十八届三中全会提出的"建立健全社会征信体系,褒扬诚信,惩戒失信"的总体要求,按照《国务院关于印发社会信用体系建设规划纲要(2014—2020年)的通知》文件精神,建设全国信用信息共享平台,以促进建立健全社会信用体系,构建以信用为核心的监管机制。

一、基本情况

按照党中央、国务院关于社会信用体系建设的总体部署,为推进公共信用信息归集共享公开和跨地区跨部门守信联合激励与失信联合惩戒信息共享工作,由国家发展和改革委员会(以下简称"国家发改委")牵头,国家公共信用信息中心、国家信息中心推进全国信用信息共享平台(以下简称共享平台)和"信用中国"网站的建设工作。

共享平台于2015年10月投入运行,是全国信用信息共享交换的"核心枢纽"。共享平台建设围绕推动社会治理现代化,突出跨部门、跨地区信用信息资源共享与数据整合,有效打破了信用信息"孤岛",消除了信用信息壁垒,为构建以信用为核心的新型市场监管体制提供了有力支撑,是社会信用体系建设的里程碑式工程,标志着全国信用信息共享交换体系的确立,为逐步形成覆盖全部信用主体、所有信用信息类别、全国所有区域的信用信息网络奠定了坚实的基础。

共享平台实现了公共信用信息跨部门、跨地区互联互通和共享共用，将散落在各部门、各地区的信用信息按照信用主体进行归集整理，向政务部门提供信用信息共享、查询及信用报告生成、下载等多种服务，有效支撑政务部门开展基于信用的监管、服务和守信联合激励、失信联合惩戒工作的落地实施，促进了协同监管机制的建立，提升了监管效率，优化了公共服务。同时，将可社会公开的信息推送给"信用中国"网站，依法依规向社会公众提供"一站式"信用信息查询服务。

二、制度改革

（一）联合奖惩制度

联合奖惩制度，即"守信联合激励、失信联合惩戒"制度，是社会信用体系建设的必要手段和重要途径。为深入推进社会信用体系建设，开创式与各部委联合签署了守信联合激励和失信联合惩戒备忘录，根据《国务院关于建立完善守信联合激励和失信联合惩戒制度加快推进社会诚信建设的指导意见》（国发〔2016〕33号）、《国家发展改革委人民银行关于加强和规范守信联合激励和失信联合惩戒对象名单管理工作的指导意见》（发改财金规〔2017〕1798号）及各部委联合签署的备忘录，截至目前，已累计签署51项联合奖惩备忘录（包括5项联合激励备忘录，3项联合奖惩备忘录和43项联合惩戒备忘录）。同时，将陆续发布与联合奖惩备忘录相配套的各领域红黑名单制度。

（二）双公示制度

双公示是指行政许可、行政处罚等信用信息作出决定后上网公示的制度，是政务公开、政府信用信息归集、共享、应用及落实"放管服"改革的重要措施，发挥了社会对执法机构监督、对政府部门监督及对市场主体监督的作用。按照《国务院办公厅关于运用大数据加强对市场主体服务和监管的若干意见》（国办发〔2015〕51号）、《关于更新调整行政许可和行政处罚等信用信息数据归集公示标准的通知》（发改办财金〔2018〕790号）要求，累计归集行政许可信息12757万条，行政处罚信息3942万条，同时将相关信息及时在"信用中国"网站公开,进一步加大政府信息公开和数据开放力度,提高行政管理透明度和政府公信力。

三、组织保障

2007年4月,社会信用体系建设部际联席会议制度建立。2012年,国家进一步对社会信用体系建设部际联席会议成员单位和主要职责进行了调整,明确国家发改委与人民银行"双牵头",成员单位也从18家增加到35家。在国家精简机构大背景下,2017年9月,中央机构编制委员会办公室正式批复成立国家公共信用信息中心。自国家公共信用信息中心批复以来,从机构注册、经费申请、办公用房租赁、人员招录、管理制度制订等方面积极开展工作,由在国家信息中心划转从事信用工作的正式在编人员17人增至目前的33人,信用建设工作力量正在迅速加强。

同时,全国有14个省区市成立了专门的信用处室,20个省区市设立了信用中心,上下协同一致的工作体系初步建立。

四、系统建设

作为全国信用信息共享交换的"核心枢纽",平台建设围绕推动社会治理现代化,突出跨部门、跨地区信用信息资源共享与数据整合,有效打破了信用信息"孤岛",消除了信用信息壁垒,为构建以信用为核心的事中事后监管体系提供了有力支撑,是社会信用体系建设的里程碑式工程,标志着全国信用信息共享交换体系的确立,为逐步形成覆盖全部信用主体、所有信用信息类别、全国所有区域的信用信息网络奠定了坚实的基础。

(一)建设规模

公共信用信息覆盖法人和其他组织、自然人。共享平台建设规模覆盖31个省区市及新疆生产建设兵团,促进国家发改委、工信部、公安部、民政部、环保部、住建部、商务部、卫生计生委、海关总署、质检总局、安监总局、知识产权局、保监会、共青团中央等重点行业信用建设,实现全国县级以上城市的信用状况监测。

（二）建设内容

依托国家电子政务外网建设信用信息共享交换平台，实现了公共信用信息跨部门、跨地区互联互通和共享共用，建立信用信息基础数据库，支撑跨部门、跨地区信用信息交换、共享、归集，有效打破信用信息孤岛，消除信用信息壁垒。同时，与互联网上的"信用中国"网站形成双向互推机制。共享平台将归集的可公开类信息推送至"信用中国"网站，由"信用中国"网站对社会公众发布和查询；"信用中国"网站将归集到的各地方双公示数据推送至共享平台，由共享平台向各地方各部门批量共享（图1）。

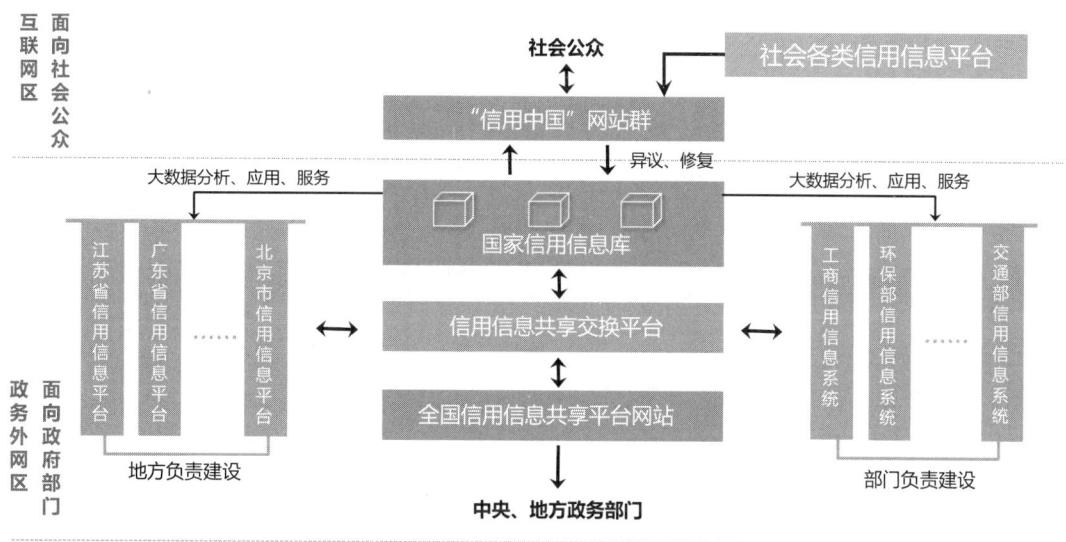

图1　总体框架

共享平台包括"四库、一平台、两网站、七系统、N应用"。"四库"指的是基础数据库、统一社会信用代码对照库、主题信用库和业务数据库；"一平台"指的是共享平台；"两网站"指的是共享平台政务外网门户网站和"信用中国"互联网门户网站；"七系统"指的是公共信用信息服务系统、统一社会信用代码对照库系统、全国城市信用状况监测系统、全国性行业协会商会行业公共信用信息系统、联合奖惩协同应用系统、信用大数据分析系统、大数据黑名单数据库系统；"N应用"指的是互联网应用服务区、信易贷、信易租、信易行等应用。平台能够向各政务部门提供跨部门、跨地区的信用信息查询检索及联合惩戒、守信激励的协同支撑，开展交叉比对（如图2）。

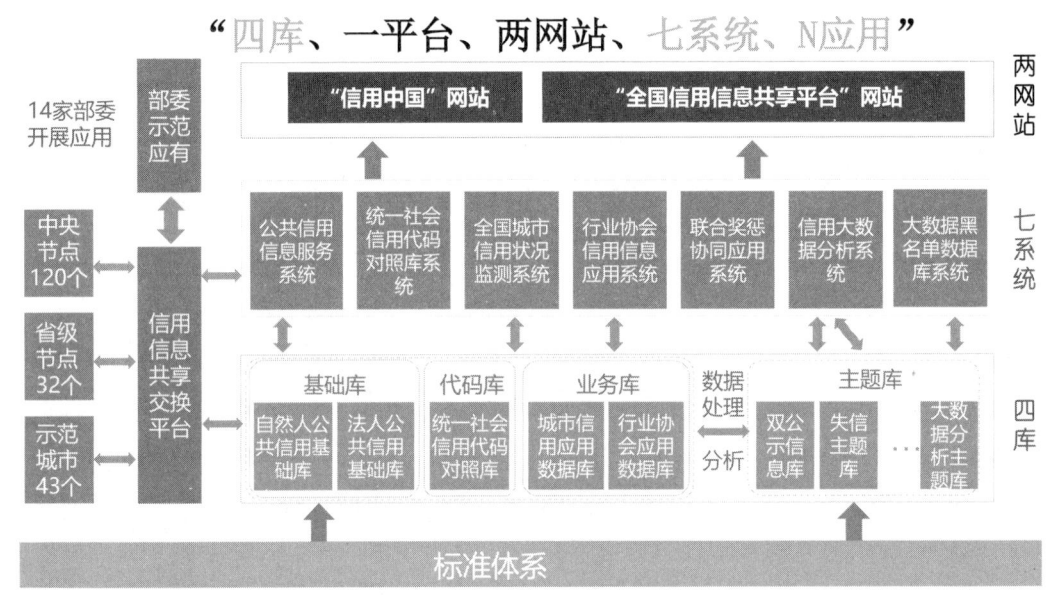

图2 建设内容

（三）建设里程碑

2014年10月29日，"国家法人单位信息资源库（一期）和社会信用信息共享交换试点工程"数据共享交换平台及示范应用部分项目建议书获得国家发改委批复。

2015年2月12日，"国家法人单位信息资源库（一期）和社会信用信息共享交换试点工程"数据共享交换平台及示范应用部分可行性研究报告获得国家发改委批复。

2015年6月1日，社会信用体系建设部际联席会议指导建设的互联网门户"信用中国"网站正式上线运行。

2015年10月30日，全国信用信息共享平台初步建成并进入试运行，联通37个社会信用体系建设部际联席会议成员单位，建成"一库、一平台、两网站、四系统"。同年12月，连接各省级信用平台。

2016年6月12日，全国信用信息共享平台项目（二期）可行性研究报告获得国家发改委批复。

2017年1月17日，全国信用信息共享平台项目（二期）初步设计方案和投资概算获得国家发展和改革委员会批复。

2017年10月15日，"信用中国"网站2.0版本上线。

2018年6月1日，"信用中国"网站上线"限制乘坐火车、民用航空器特定严重失信人公示"系统。

2019年3月20日，全国信用信息共享平台（二期）统一社会信用代码对照库系统上线试运行。

2019年3月29日，全国信用信息共享平台（二期）联合奖惩应用系统、信用大数据分析系统上线试运行。

五、数据建设

（一）共享平台归集数据量

共享平台运行平稳，截至2019年7月，共享平台累计归集各类信用信息约369亿条，累计收录信用目录8568条。其中，核心数据包括红名单信息373.1万条，黑名单信息151万条，重点关注名单947万条，行政许可信息12757万条，行政处罚信息3942万条，法人统一社会信用代码8736.6万条。除核心数据外，还包括资质信息、主体基本信息、反映主体证照信息等。信息涉及工商、税务、环保、食药、公安、人力资源社会保障等多个领域。

（二）建立数据库

1. 公共信用基础数据库

加工整合全国信用信息共享平台归集的自然人和法人公共信用基础数据，形成自然人公共信用基础数据库和法人公共信用基础数据库。

2. 建设统一社会信用代码对照库

将实行统一社会信用代码之前信用主体（除自然人之外的法人及其他组织）的工商

注册号、组织机构代码、税务登记号等相关代码进行收集、比对，并逐步建立起这些代码与统一社会信用代码映射关系的数据库。

3. 主题信用库

按照资质许可、守信信息、失信信息、双公示信息、共建单位等不同主题需求，建设主题信用库。

4. 业务数据库

国家公共信用信息中心与第三方机构深入推进对全量市场主体进行公告信用综合评价，持续开展家政、养老、托幼等重点领域行业评价数据库。

六、互联共享，内外协同

目前共享平台已经通过政务外网连接了 44 个中央部门、31 个省区市及新疆生产建设兵团信用平台，共享平台将归集的信用信息按照信用主体（含法人和自然人）进行整理，实现信用记录与信用主体之间的关联，将信用信息记于主体名下，并通过政务外网门户和"信用中国"网站分别向政务部门、社会公众提供一站式信用信息和信用报告查询服务，为简政放权、放管结合、优化服务提供支撑。

此外，共享平台与近 90 家金融及社会机构签订合作备忘录，向金融及社会机构共享各类信用信息，加快联合奖惩措施落地应用。其中，与合作金融机构共享黑名单信息，供其在业务开展过程中进行风险评估，获得显著成效。

七、实施过程中的做法、突破、亮点等

一是信用信息归集共享，平台归集信息已 369 亿条，机制化持续共享。

二是不断深化信用信息加工及应用服务，形成一批核心信用产品，初步建立基于公共信用信息的诚信评价体系。

三是多措并举推动"信用中国"网站建设，在政府采购和招投标广泛引用，网站的

社会影响力不断扩大。

四是纵横协同建成联合奖惩系统，形成联合奖惩信息共享支撑体系，提高奖惩成效。

五是大力实施城市信用监测新指标体系，扩展监测范围，提升监测水平。

六是建设公共信用基础标准、采集标准、共享标准、应用标准、安全标准和专项领域标准。

八、服务成效

（一）共享平台共享效率

共享平台每周向各地方省级平台、已接入的中央部委共享信用信息，同时为无法获取省级信用平台服务的地市提供企业法人信用档案查询、企业法人基础信息查询接口、联合惩戒黑名单和双公示信息查询、统一社会信用代码服务等6个接口，截至目前已向67个单位开通查询接口，调用法人信息达1.5亿余次、黑名单及双公示信息1300余万次。此外为各部门提供数据叠加、校核比对、名单拆分等服务，提高政务服务效率和便利化水平。

（二）联合惩戒应用

共享平台支撑联合奖惩机制形成"守信者一路畅通、失信者处处受限"大格局。联合奖惩备忘录签署以来，相关部门加强合作，推动联合奖惩取得积极成效。截至2019年5月底，全国法院累计发布失信被执行人名单1409万人次，累计限制失信人购买飞机票2504万人次，限制失信人购买动车高铁票587万人次，422万失信被执行人慑于信用惩戒主动履行法律义务。全国税务部门累计公布税收违法黑名单22750件，累计推送联合惩戒30多万户次。当事企业受到多部门的惩戒，在贷款融资、注册登记、企业负责人乘坐交通工具出境等多方面受到限制。随着联合惩戒作用日益凸显，失信者自动履行率逐步提高，失信名单数呈下降趋势。

同时，依托共享平台和"信用中国"网站，常态化共享和发布失信黑名单月度分析报告，为广大社会公众提示失信风险，为信用美好生活保驾护航。

（三）"信用中国"网站

共享平台每周向信用中国网站推送核心数据，支撑"信用中国"网站对外公示查询。目前，"信用中国"网站全口径访问量已突破 200 亿次，平均每天访问量达 5000 万次。同时，通过网站"一站式"查询入口平均每天查询信用信息总量为 434 万余次；根据不同类别信用信息分入口查询中，双公示每日查询量为 8 万余次，统一社会信用代码每日查询量为 2 万余次，守信红名单每日查询量为 5600 余次，失信黑名单每日查询量为 2700 余次，重点关注名单每日查询量为 400 余次，信用报告每日下载量为 2 万余次。

（四）"信易+"产品

"信易+"中的"信"是守信的信，"易"是容易的易，"+"是指让守信者在生活的方方面面感觉到便利。依托共享平台归集各类信用信息，并向市场机构和政府部门开放共享信用信息，为"信易+"提供有力的支撑。目前，已推出"信易贷""信易租""信易行""信易游""信易批"5 个产品，覆盖融资、租赁、出行、旅游、创新创业等领域实施守信联合激励措施，让信用等级高、信用纪录好的守信主体时时处处受到尊重。

（作者：周　民　汪育明　蒋凯元　王　笑）

中国气象局气象行政审批网上平台建设项目

国家气象信息中心

一、基本情况

中国气象局作为国务院直属事业单位,承担全国气象工作的政府行政管理职能,负责全国气象工作的组织管理,深化气象管理信息化的发展,推进气象部门治理现代化建设。全国气象部门实行统一领导,分级管理,气象部门与地方人民政府双重领导,以气象部门领导为主的管理体制。全国气象部门(不含港、澳、台地区)现有31个省(市、区)气象局、330个地(市、州、盟)气象局、2170个县(市、旗)气象局。中国气象局涉及八类行政审批事项(包括气象台站迁建审批、气象专用技术装备审批、新扩改建设工程审批、防雷装置设计审核和竣工验收审批、防雷装置检测单位资质认定审批、外国组织和个人在华从事气象活动审批、升放无人驾驶自由气球单位资质认定审批、升放无人驾驶自由气球活动审批)的审批及监管。

按照《国务院关于规范国务院部门行政审批行为改进行政审批有关工作的通知》(国发〔2015〕6号)和国务院审改办的具体要求,国家气象信息中心作为实施单位于2016年开始中国气象局气象行政审批网上平台的建设工作,旨在实现县级以上气象主管机构全部八类行政审批事项网上预受理和预审查,行政审批事项申报、受理、审查、反馈、决定和查询告知等全过程网上办理。其中受理、反馈部分集成到中国气象局政府门户网站,审批部分打通了与中国气象局的内部OA审批流程,实现内部受理协同高效。

二、总体技术架构

中国气象局行政审批网上平台总体技术架构以安全保障体系、运行维护体系、标准管理体系为基础,对应用、数据及技术基础架构进行指导、约束和防护。平台的核心通过一个分层的架构体系实现,如图1所示。

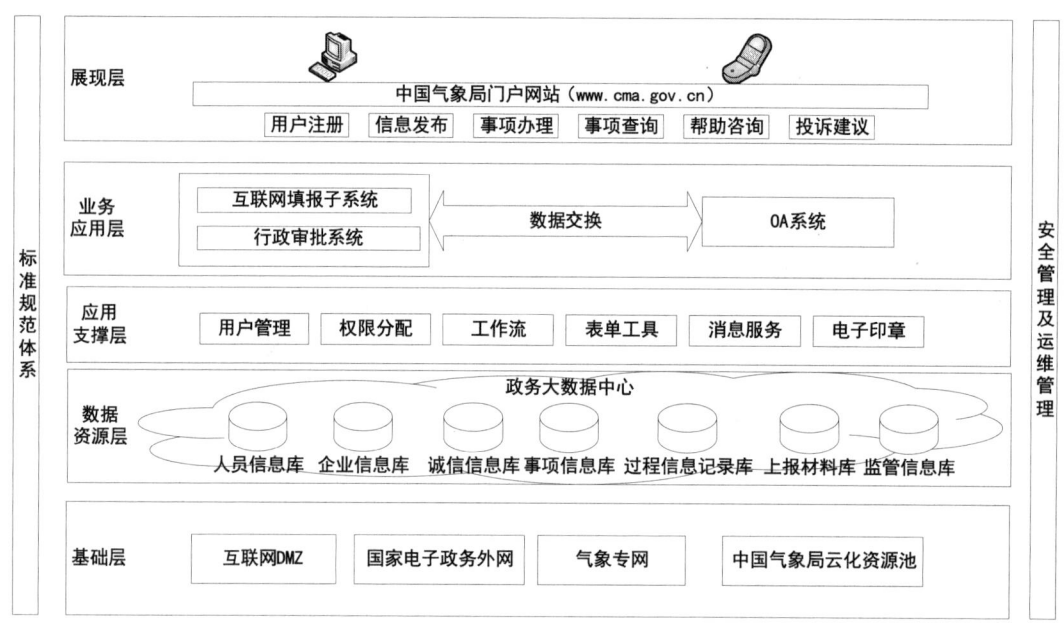

图 1　总体技术架构图

(一) 展现层

展现层整个行政审批平台面向各类用户(包括企业法人、社会团体、自然人等)的统一入口,通过互联网 DMZ 区搭建对外服务网站,是各类用户获取所需服务的主要入口和交互界面。通过与中国气象局政府门户网站(www.cma.gov.cn)的集约整合为用户提供统一的申请提交和结果反馈的服务窗口。

(二) 应用系统层

基于中国气象局综合管理信息系统(气象专网 OA 系统)建设行政审批办理系统,

实现审批过程的流程化、自动化和信息化。对外服务网站与行政审批办理系统之间通过数据交换服务，实现内外网之间用户信息、申请信息、办理过程、办理结果等数据的交换。在部门国家电子政务外网区域，部署气象部门审批前置服务，提供了一套公用的数据接口服务，实现气象部门行政审政务服务数据与外部门、各地方数据互联互通。

（三）应用支撑层

服务支撑层在整个总体架构中承担着承上启下的关键作用，处于应用系统层和数据资源层之间。服务支撑层提供一些公共的功能以方便应用功能的实现，主要包括工作流服务、智能表单服务、Web 门户、移动门户、业务整合、运维监控、统一认证预授权、数据服务、搜索引擎、推荐引擎和数据报表服务等内容。

为实现与国家政务服务平台的对接，基于应用支撑层的扩展搭建了统一身份认证服务、统一电子印章服务、统一电子证照服务、统一数据汇聚共享服务，为政务服务一体化提供服务支撑。

（四）数据资源层

在气象部门信息资源目录体系标准规范的基础上，对面向政务的各类资源数据库和元数据库进行统一管理，为政务信息资源的横向间的数据共享、大数据分析建模提供支持。

（五）基础设施层

基础层提供必要的计算和网络资源：基于气象部门云化资源池提供存储和计算资源；依托气象专网纵向打通国家、省、地市、县四级气象部门，通过互联网提供对相对人的审批服务；利用国家电子政务外网提供共享服务接口满足跨地区、跨部门的数据共享需求。

三、系统主要构成与功能

按照中国气象局行政审批网上平台在互联网 DMZ、气象专网和电子政务外网 3 个不同网络区域介绍系统的主要功能，如图 2 所示。

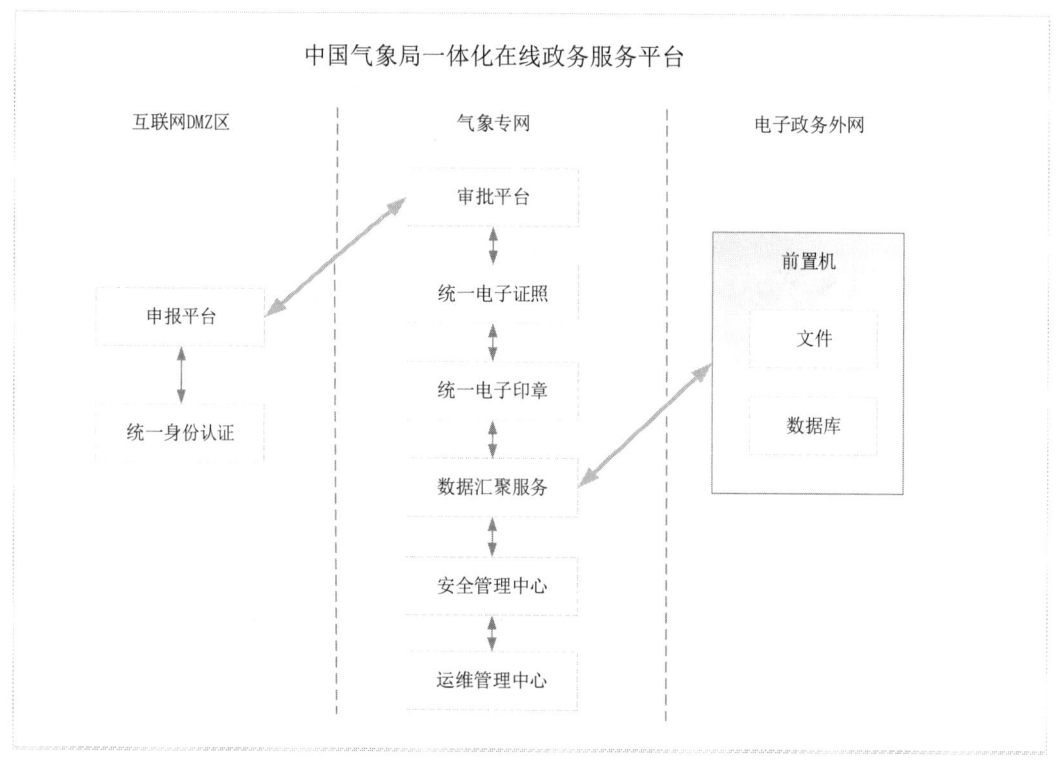

图 2　系统构成及服务部署环境

（一）在互联网 DMZ 区，部署了申报系统，该申报系统目前也与国家政务服务平台集成实现了企业法人和自然人的统一身份认证服务

申报系统：服务于社会公众，包括法人与自然人，便于社会公众在线申报气象部门涉及的八类行政审批事项的具体业务，实时跟踪办理进度、补齐补正申请材料、查询办理结果及公示信息、查阅规章制度及法律法规等。为方便用户使用，系统提供在线注册、信息维护、修改密码、在线申报、在线查询、办理状态跟踪等基础功能，还提供收回重办、撤办等辅助功能；系统提供文书、短信等形式的反馈方式，在审批过程中，审批用户还具有打印表单、材料打包、一键下载、证书打印等便捷功能。

统一身份认证服务：申报平台与国家政务服务平台集成对接了用户统一身份认证服务，服务自然人和法人"一地注册、各地互认"和"一次认证、全网通办"，通过"统一认证"和"信任传递"实现"单点登录，全网通办"。

（二）在气象专网区，部署搭建了审批系统、统一电子证照服务、统一电子印章服务、数据汇聚服务、安全管理中心、运维管理中心

审批系统：审批系统依托中国气象局综合管理信息系统的基础平台、办公资源（组织机构、人员权限角色、系统管理等）和流程引擎，来建立各级行政事项的审批系统，针对不同审批事项实现从受理到决定整个过程的流程化、自动化和信息化，服务于全国各级气象部门用户，完成社会公众申报的行政审批事项各业务流程的在线审批，包括受理、补齐补正、技术审查、行政许可等环节，同时实时推送办理过程性数据至国家政务服务平台；数据交换服务负责对外网站与内网审批系统之间的数据实时交换。

统一电子证照服务：搭建气象部门统一电子证照服务，实现中国气象局行政审批网上平台证照业务的需求，同时完成本单位电子证照数据的推送与共享发布，实现电子证照的跨地区、跨部门之间的共享。

统一电子印章服务：搭建气象部门统一电子印章服务，实现中国气象局行政审批网上平台电子印章的业务需求，同时完成电子印章从制作、发布到应用与国家政务服务平台电子印章系统的实时对接，实现电子印章、数字证书全国范围内的互认互信。

数据汇聚服务：搭建气象部门数据汇聚服务，实现用户信息数据、办件信息数据、电子证照信息数据的所有历史数据及增量数据汇聚，实时或定时推送至国家政务服务平台。

安全管理中心：中国气象局行政审批网上平台依托国家气象信息中心的统一运行监控系统（"天镜"），建设安全管理中心，实现级联配置管理、级联状态管理、事件级联管理、统计报表文件上报、安全通知通报接收、协同工单级联管理、安全数据同步等接口服务，保障本系统与国家政务服务平台安全管理中心之间能上下联动，信息实时交互。

运维管理中心：将本系统纳入"天镜"的运维管理系统模块管理，对本系统的基础环境和在运行的业务系统进行监控，并通过接口将监控的运维数据发送至国家运维节点，实现本系统与国家政务服务平台运维数据的交互。

（三）在电子政务外网区域，部署气象部门审批前置服务，提供了一套公用的数据接口服务，实现气象部门行政审批政务服务数据与外部门、各地方数据互联互通

按照国家政务管理信息系统整合的要求和规范，中国气象局行政审批平台实现了在

电子政务外网提供 4 类共计 11 个公共接口服务，供外部门和地方政务服务平台调用使用，可获取到的信息包括有各类行政许可事项办理：

（1）申请单位（申请人）基本信息。

（2）各行政审批事项申请表单数据项信息。

（3）认定结果数据项信息（资质证书或行政许可决定书）。

（4）认定结果原件（行政许可决定书 pdf 版本）。

同时，根据各地方要求实现应用连通利用国家电子政务外网实现了三种形式的对接，以满足不同地方政府对于一网办理的实际需求。

1. 模式一：用户集成的对接

为了减少用户的注册和多平台使用，通过集成"用户注册""用户登录""数据填报"，将用户提交的数据推送至气象行政审批系统。

2. 模式二：受理过程集成的对接

集成"用户注册""用户登录""数据填报"与"受理"过程，将省政务服务网"受理通过"的数据推送至气象行政审批系统。

3. 模式三：全流程集成的对接

集成从统一用户、统一办理到结果反馈的全部数据，将气象行政审批网上平台对接到地方政务服务平台。

四、基础支撑环境建设

中国气象局行政审批网上平台涉及的基础支撑环境包括网络环境、基础硬件资源环境及基础软件资源环境。

（一）网络环境

为实现"外网受理、内网办理、外网反馈"服务模式，同时完成与国家政务服务平台在电子政务外网的数据汇聚及共享服务，需要在满足安全要求的基础上建立不同网络区域之间的交换通道。

（1）在气象专网，建立数据交换服务，实现气象专网与互联网DMZ区的数据交换（图3）。

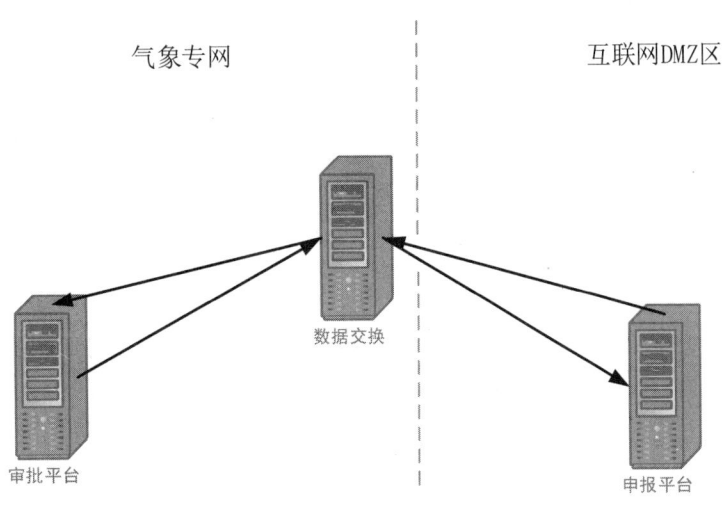

图3 气象专网与互联网

（2）在气象专网，通过建设数据汇聚服务器，实现气象专网业务数据推送至电子政务外网区部署的国家政务服务平台（图4）。

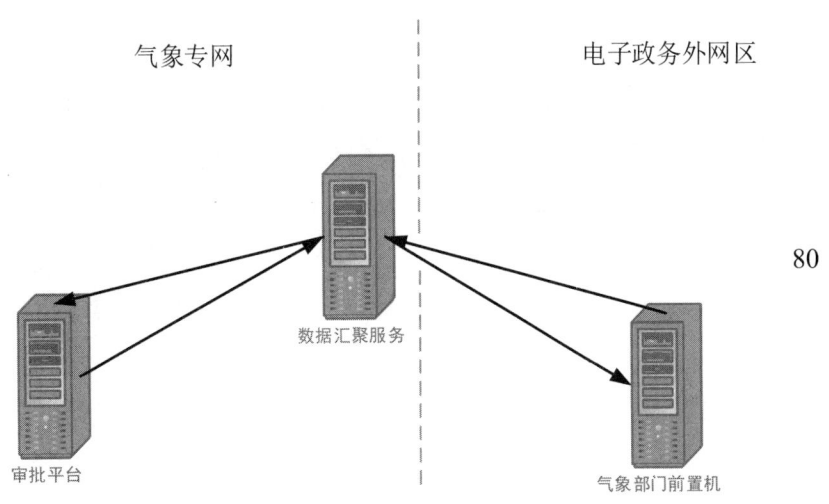

图4 气象专网与电子政务外网

（二）基础硬件资源环境

中国气象局行政审批网上平台依托于中国气象局基础设施云平台建设，在气象专网设置 10 个节点的审批平台集群，2 个节点数据库服务，1 个电子印章服务器，1 个电子证照服务器，1 个安全管理中心服务器，1 个运维管理中线服务器，1 个数据交换服务器，1 个数据汇聚服务；在互联网 DMZ 区，设置 1 台申报平台服务器及 1 台申报平台数据库服务器；在电子政务外网，设置一台气象部门前置机服务器，具体基础硬件资源，如图 5 所示。

（三）基础软件资源环境

中国气象局行政审批网上平台涉及的操作系统为 Cent OS，数据库采用 Oracle 10G，中间件采用 IBM 的 WebSphere。

五、应用系统建设

如图 6 所示：中国气象局行政审批网上平台的 8 个审批事项的核心应用系统［防雷装置检测单位资质认定审批系统，升放无人驾驶自由气球、系留气球单位资质认定审批系统，防雷装置设计审核和竣工验收审批系统，新扩改建建设工程避免危害气象探测环境审批系统，升放无人驾驶自由气球或者系留气球活动审批系统，气象台站迁建审批系统，气象专用技术装备（含人工影响天气作业设备）］使用审批系统、外国组织和个人在华从事气象活动审批系统，依托平台提供的统一流程引擎和表单工具集约起来，实现"一条龙"服务流程。为了实现气象部门"四级应用"，通过与中国气象局 OA 系统（综合管理信息系统）的集约整合，最大化实现"资源共享，集约开发"，使用由 OA 提供的全国气象部门的人员库、权限库及网络访问权限策略，实现全国各级气象部门用户访问一个平台进行事项办理，降低了系统建设成本，提升了资源整合使用率。

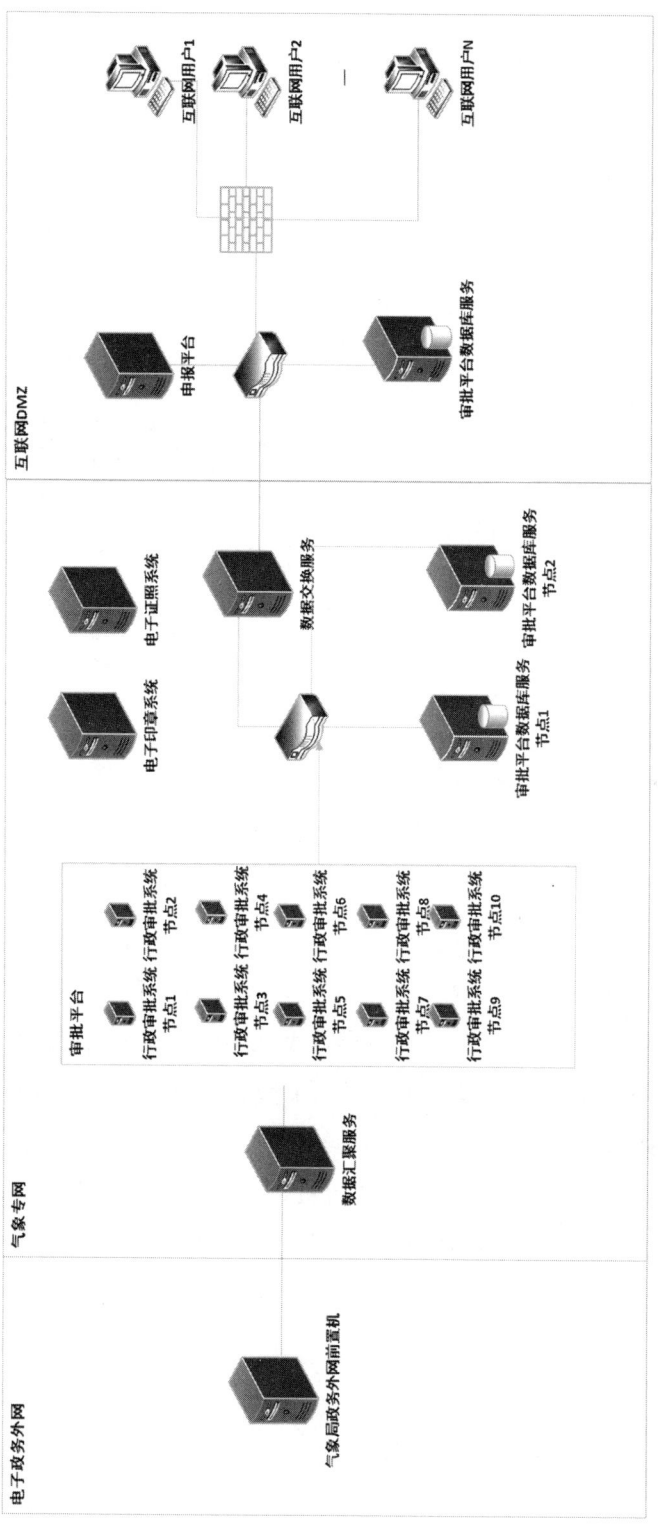

图 5 基础硬件资源

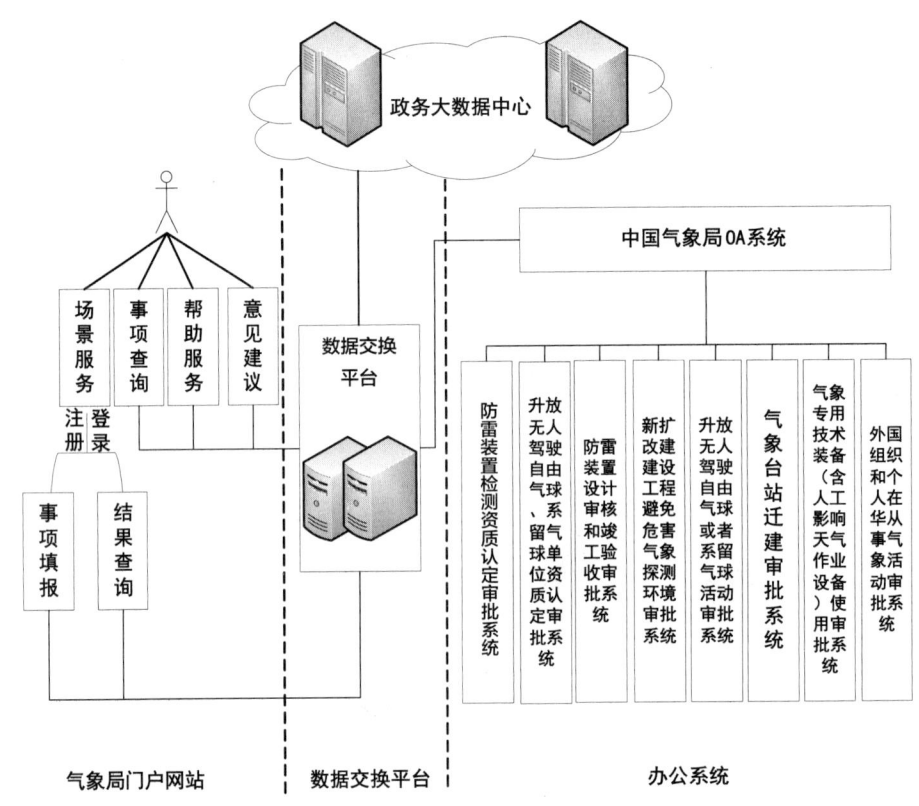

图 6 中国气象局行政审批网上平台应用系统组成

为了支撑行政审批事项的全流程网上办理,实现"外网申报、内网审批、外网反馈"的服务模式及与国家政务服务平台数据互联互通,平台还在不同网络区域建设有相关的应用系统:在互联网 DMZ 区搭建气象行政审批事项的申报应用系统,服务于社会公众,便于业务上报;在气象专网建设有统一电子证照平台、统一电子印章平台、数据汇聚服务、安全管理中心、运维管理中心,实现业务数据的审批、签章、生成证照、安全和运行情况的监控及业务数据清洗汇聚至气象部门前置机;在电子政务外网区,搭建气象部门的前置服务应用,实现气象部门行政审批政务服务数据与国家政务服务平台数据互联互通。

六、数据资源建设

2017年5月，为加强顶层设计，中国气象局印发了《气象管理信息系统总体设计方案》，建设以"气象政务管理平台、气象政务大数据中心、多政务服务应用"为核心的气象管理信息系统的整体框架，以集约整合、共享协同为目标，依托气象专网和集约化资源池，逐步实现各类政务信息系统纳入统一管理，使现有资源发挥更大作用，最大限度地保护投资。气象管理数据中心汇集全部管理数据和业务数据，实现数据统管共用、开放共享，满足气象部门政务服务对外和对内资源共享的需求。采用双核心方式在保证各类政务服务管理应用运行基础上，通过ETL（抽取、转换、加载工具）采集数据至政务管理数据中心ODS区（操作数据采集系统），按照梳理提交的政务资源共享目录，利用元数据软件管理将共享的表、字段提取，依托管理平台及接口引擎进行数据向国家政务共享平台的对接和发布。

在全面集约整合、共享协同的大背景下，全面梳理气象部门面向社会公众提供的具体办事服务事项，实行政府服务事项编码的实时更新、动态管理，通过规范事项名称、条件、材料、流程、时限等，为气象部门四级审批的信息共享和业务协同，提供无差异、均等化政务服务奠定基础。中国气象局行政审批网上平台按照国家政务服务相关数据标准及规范建设，基于中国气象局各类行政审批业务数据，梳理形成符合国家标准的全国气象部门行政审批事项的事项目录库、实施清单库、用户信息库、办件信息库、电子签章库、电子证照库等。

七、大数据分析建设

以气象政务服务为主线，按照人、财、物、事等管理要素为支撑，构建气象管理综合决策分析一张图应用，以空间地理信息为基础，以大数据分析为技术支撑，以数据模型为模式，以管理要素数据为内容，进行挖掘分析，为气象管理综合决策提供数据支撑。

（一）核心指标仪表盘

梳理形成气象部门行政审批事项的数据资源标准及数据模型，核心指标仪表盘从多个角度进行数据分析并以图形展现：地域划分、部门划分、时间范围、用户类别、办件数量、办理实效、执行项目排名、满意度、支持度、活跃度、关注度、用户行为等，系统利用可视化工具软件进行数据分析的展示，为领导决策提供有力支撑。

（二）气象管理数据图

基于地理信息技术，在地图上展示气象服务能力与水平、气象服务贡献率、信息支撑能力、人力资源情况、计财管理情况等气象管理核心数据，决策层可以清楚掌握全国气象管理情况。

（三）决策数据报告

决策数据报告能将综合领导驾驶舱子系统中所分析的模式和数据进行输出，形成支撑管理决策的决策数据报告，高效的记录决策过程和决策结果。

八、关键技术运用、主要技术特点

中国气象局行政审批网上平台基于 J2EE 技术框架实现，在"外网受理、内网办理、外网反馈"的服务模式及与国家政务服务平台对接的实现过程中，使用到的关键技术有：WebScoket 与桥服务、REST 方式接口服务、服务构件架构（SCA）、政务信息系统整合共享相关技术等，各技术运行情况如下。

（一）WebScoket 与桥服务

桥服务是将中国气象局门户网站与中国气象局综合管理信息系统两个隔离的区域建立数据传输通道，实现数据传输，桥服务使用了支持 WebSocket 协议、用于实时通信和跨平台的框架开源技术 Socket.IO。该项开源技术是一套基于 HTTP 通信协议的安全、可靠的解决方案。

WebScoket 实现了实时、双向、基于事件的通信机制，它解决了实时的通信问题，并统一了服务端与客户端的编程方式。启动了 Socket 以后，就像建立了一条数据传输的管道，两边可以实现数据的互通有无，打通了逻辑隔离的瓶颈与限制。

（二）REST 方式接口服务

REST（Representational State Transfer）表象化状态转变是一种软件架构风格（图7）。

为了保证中国气象局行政审批平台结果数据对外部门、外单位数据的一致性和统一性，提供一套基于 REST 公用的数据接口服务，提供给相关系统使用，用以读取中国气象局行政审批平台已存在的数据。接口调用取得的返回值采用 JSON 报文格式传输。平台公共接口依托电子政务外网建设。将"公共接口应用服务"与"公共接口 Oracle 数据库应用"部署至中国气象局政务外网。将"数据同步服务器"部署至气象业务内网，实现由业务内网单项访问中国气象局政务外网的网络策略。

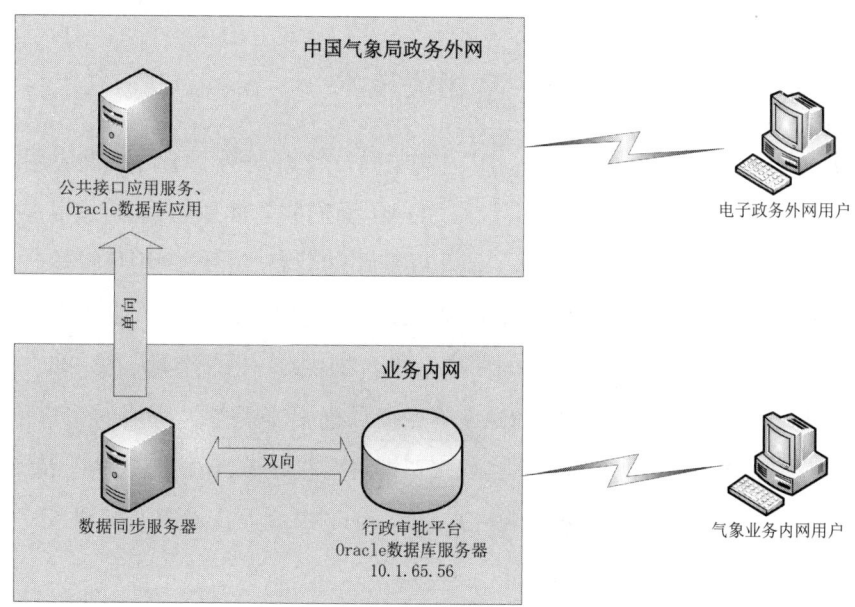

图7 基于 REST 的对外服务接口

（三）服务构件架构（SCA）

通过定义开放的、可扩展的访问和集成接口，提供大量基础的可复用构件，保证了平台的可集成和扩展性。主要提供以下构件。

（1）工作流构件：通过该平台用户可以快速构建、运行、监管和维护用户的业务流程。

（2）报表构件：集先进的数据模型、丰富的表现能力、多样的输出格式、灵活的查询分析、完备的报表管理于一体。

（3）表单构件：面向开发人员和终端用户的电子表单系统，它基于 J2EE 体系架构、跨平台，并支持与多种关系数据库的交互，满足在线和离线两种表单填写方式。

（4）页面及页面流构件：提供了丰富的页面构件、树、表格、Tab、数据表格等，支持拖拽可视化。

（5）编辑器构件：通过编辑器构件，可以让用户在不脱离操作界面的情况下对文件进行编辑。

（6）内容管理构件：可以实现对多网站信息发布系统的管理。

（四）政务信息系统整合共享相关技术

按照政务信息系统整合共享要求，中国气象局行政审批网上平台审批应用系统通过整合集约到气象政务管理平台中。该平台以 SOA（面向服务体系架构），按照基于 Spring Cloud 云平台的技术框架实现平台数据、流程和应用的分离。将统一用户管理、统一认证管理、统一接口管理等模块基于微服务的方式建设，实现平台内部功能间高内聚松耦合的特点，达到分布式集群能力与扩展的要求。平台提供统一用户与认证标准，在原有政务 CA 的基础上进行扩展，通过平台 CAS 单点登录框架实现各类应用的用户认证服务。平台提供统一服务接口标准，应用只需实现接口即可对接菜单、消息、待办、待阅等服务。平台提供统一 CSS 样式标准化，依照响应式布局、HTML5 等技术要求实现系统门户及界面的样式统一。

中国气象局行政审批网上平台外网门户系统依托气象部门在统一门户下建立国省两级的分布式门户网站群，统筹集约实现各级气象部门网上政务公开、行政审批、便民服务和宣传科普等。

（作者：王甫棣　孟晋宝　赵希鹏　王　帅）

国家电子政务外网平台二期工程运行支撑平台及呼叫中心系统项目

国家信息中心

一、基本情况

党的十八大以来,以习近平同志为核心的党中央高度重视信息化在国民经济和社会发展中的带动引领作用,先后作出数字中国、网络强国、智慧社会、大数据发展等一系列重要论述和决策部署。国家电子政务外网作为政务信息化的重要基础设施,由国家电子政务外网管理中心(国家信息中心)具体负责建设和运行,致力于打造政务信息高速公路,为跨部门、跨地区的网络互联互通、信息共享和业务协同提供网络支撑服务,助力于服务型政府建设,充分发挥国家政务公用网络行政基础设施的作用和效能。

国家电子政务外网目前实现了中央、省、市、县四级网络全覆盖,中央级接入部门超过152家,地方各级接入部门超过25万个,超过382万个终端接入政务外网;46个中央部门依托政务外网开展横纵向58项全局性业务应用,地方超过3900多项各类应用;构建了统一CA体系,支撑了33个部委31个省市400多个政务应用;构建超过10000个物理核的统一政务云平台为各类业务提供支撑;启用廊坊数据中心,提供超过1100个机架设备的服务支撑能力。同时,基于政务外网基础设施建设了国家数据共享交换平台、全国投资项目在线审批监管平台、全国新信用信息共享平台、全国公共资源交易平台等一批国家重大工程项目。随着政务外网总体规模扩大、应用增多、信息增加、需求增长,大规模安全攻击频繁发生,在管理、技术规范、上下协同、运行保障方面面临越来越大的压力,对核心网络、关键业务、纵向多级业务的支撑和保障也亟待提高。

具体来说,一是面对运行的超大规模系统,如何解决运维大数据可视化展示和数据深度分析问题,为科学决策提供支撑;二是中央和省级外网各自建设、分级管理,各省级外网在管理体系、建设方式、外网结构、运维模式等方面差异巨大,如何通过分级对接,推进全网运行平台互联和网络一体化,实现纵向多级业务端到端保障;三是复杂关键核心业务应用,如国家数据共享交换平台接入76个中央部门和31个地方省(区、市)及新疆兵团,此类业务应用时效性和可靠性要求高,需要解决系统基础环境运行保障和应用系统服务智能分析问题;四是随着云计算、SDN等技术大规模推进使用,基础环境越发复杂,传统的运行体系、分工、手段工具等需要优化调整或重新构建,亟须解决内部管理效率和外部服务质量提升问题。基于此,通过建设面向全网纵向业务统一运行管理的运行支撑平台,大力提高服务能力和运行质量,实现一体化、规范化、智能化、个性化的网络管理,达到网络监控实时化、整体管理电子化、业务保障可视化、处理过程流程化、覆盖情况在线化、监控对象全面化、支撑服务个性化,以确保纵向业务开通和运行保障以及为公共数据中心用户提供高效业务运行保障。同时通过建设运行支撑平台,向不同使用者提供个性化的支撑服务,服务对象应涵盖政务外网管理单位、相关管理人员、运行维护人员及政务外网接入用户、公共数据中心用户和省级节点用户等。

二、制度改革及创新(含事项服务流程)

一是政务外网原有运维采用传统的业务流程都是通过用户填写纸质申请单,经过各级主管审批后再到运行支撑部门执行,存在业务单流转效率慢,后台处理过程不透明,纸质单存档事后查找不便等问题,造成跨部门协同业务开展效率低下。通过重新构建政务外网运维服务体系,制定相应的流程、制度和操作规程,面向各部委、各省级政务外网运维单位及中心内部相关部门等各类用户,将传统的IT请求类服务,与政务外网网上服务大厅配合使用,采取定制化方式实现用于审批、处理部委和地方用户在线提交的各类网上业务申请流程,包括机房设备托管、存储备份、政务外网接入申请、防火墙策略申请、线路割接、故障申报、IP地址申请、域名注册申请、带宽升级、云资源申请、机房进出、堡垒机开通等。此外,为实现服务的全时支撑,采用移动技术,支持通过PC端、微信端进行在线进行各项业务的申请与进度查询，极大提高工作流程的便捷性和效率。

二是进一步加强变更管理，通过建立规范的变更管理制度，依托平台的变更管理系统，实现变更流程化，规避或降低由于非法变更导致政务外网IT基础架构和系统的不稳定性，提升外网服务的可用性。

三是加强运维过程全覆盖和资产全生命周期管理，通过制定相应制度，依托平台，打通用户、维保商、服务商的服务接口，实现从设备到货、机房进出电子化、上架、纳入监管、机房可视化、故障告警产生、定位、分析、建单、追踪、关闭、入库的运维全过程管理和资产生命周期管理。

三、组织保障

在组织服务保障方面，为加强建设成效，平台在纵向分级协同保障、部委纵向业务保障、核心关键业务保障方面进行了重点部署，业务组织架构建设如图1所示。

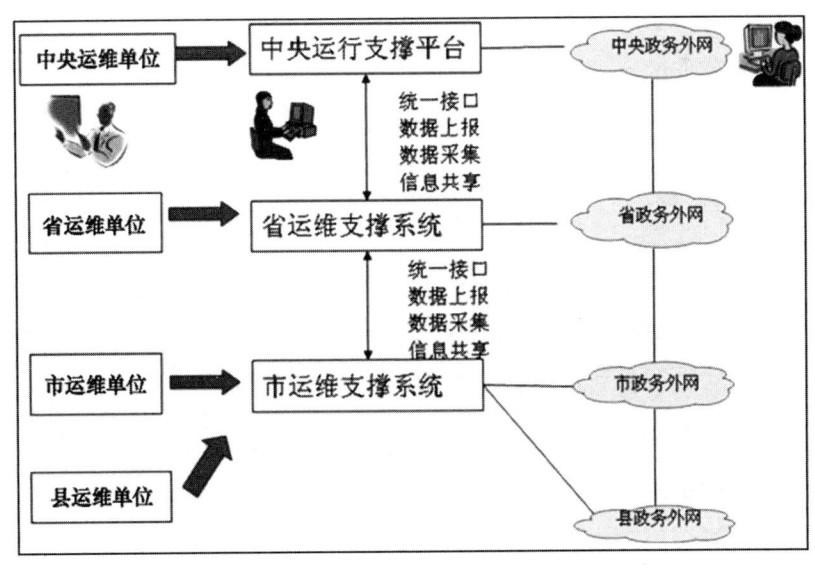

图1　业务组织保障架构图

一是在纵向分级协同保障方面，为了满足电子政务外网服务全网的需求，建立了三级运维支撑体系（中央运行支撑平台、省级运行支撑平台和地市级运行支撑平台），开展网络运行监控、故障响应处理、网络服务开通等运维保障工作，三级运维支撑体系在"分级负责、逐级指导、属地服务、统一调度"原则的指导下，上下协同，为政务外网上的业务应用提供端到端服务。运行支撑平台作为各级运维单位的信息化工作平台，采用了分布式分级管理结构，支持中央、省两级部署，或者中央、省、市三级部署，使系统具备良好的可扩展性，各级运行支撑平台原则上由各级运维单位自行建设，在功能和数据接口上应当遵循中央制定的统一规范，能够实现和中央级运行支撑平台的数据交换和流程对接。

二是在部委纵向多级业务保障方面，中央受理部委纵向业务部署开通申请后，如涉及跨平台协同，部委和地方厅局委办用户和国家政务外网管理中心、地方政务外网运维管理单位形成任务团队，中央发起跨平台各类协同工单，下级单位接到后，安排相关的人员配合完成纵向业务的部署和运行保障工作，最大限度提高纵向业务保障的协同效率。

三是在重要业务保障方面，例如对信用中国、全国公共资源交易平台、国家数据共享交换平台、投资在线审批平台等业务的保障，是政务外网运维日常最重点的工作之一。通过组织运维人员形成虚拟团队，根据重保要求，进行事前、事中、事后等重保在线支撑。在重要业务支撑过程中，平台可以实时分析重要设备、重要业务的多维度运行信息，为运维人员提供方便智能的运维工具。

四、系统建设

为满足跨越多级的大型关键业务对运维服务新需求，完成大规模网络建设及简单通道服务转向各类业务综合保障的转型，实现分布式、实时、双向、个性化等多样化业务保障，通过采集、积累、分析、展现深入挖掘各类运行数据，提升服务保障能力，面向管理决策可视化、关键业务保障、全面资源管理和提升服务质效，建设集中、灵活、智能的IT运营管理平台，建设目标业务框架如图2所示。

运行支撑管理平台建设的总体架构分为服务层、核心功能层、数据采集层和资源层，如图3所示。其中，服务层面向各类用户，提供运维相关各类服务，核心功能层围绕四大核心模块、系统接口要求和安全认证展开，数据采集层重点实现对全网各类资源的统一数据模型与资产管理。

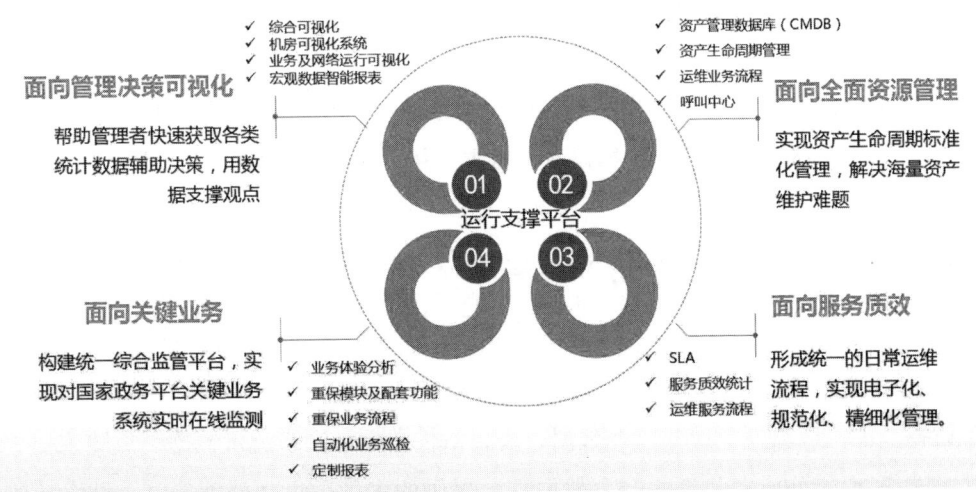

图 2 业务框架图

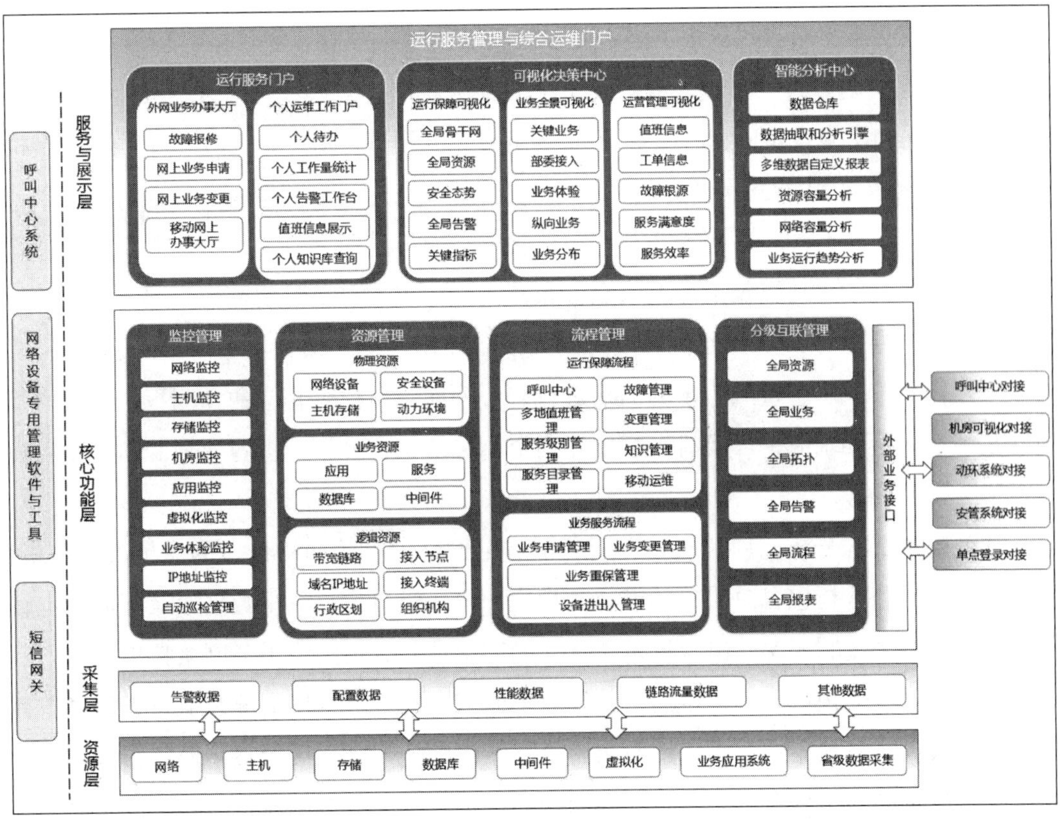

图 3 系统总体架构

五、数据建设与数据分析

为实现对运维数据的有效利用和智能分析,帮助用户在后续运行中进行精准的判断、辅助决策,本次系统建设加强了数据建设和数据分析,具体包括以下几个方面。

(一)加强外网设备运行数据总体分析

系统利用了当前具有高容错、低延时和可扩展的系统架构,通过批处理和流处理技术来处理所有监控资源(中央本级超过3000个设备,地方在全部实现平台对接后将超过5万个设备)的基础数据、业务监控数据、告警事件数据、网络流量数据、故障工单数据等,实现数据智能分析;并且按照大数据平台提供的多种采集和处理工具,结合运维部门需求对数据进行模型化处理,同时为可视化运维提供数据支撑。进而使运维人员能够及时全局掌握资源运行情况。

数据智能分析平台提供了以下多维度分析成果。

(1)物理资源分析。通过提取监控系统的资源监控数据(目前中央本级监控指标近10万个),比如网络设备的CPU、内存及接口带宽利用率,服务器、虚拟机、云平台的CPU分配(配置)、内存容量及存储容量等,进行多维度的分析,比如物理资源同比、环比的增长分析,各时间段资源指标利用率变化的分析,进而分析统计出资源实际的使用情况与分配情况的对比以及资源的热点分布图,给运维人员及时调整资源部署和配置提供合理建议。通过分析聚合分析一段时间内设备使用情况,结合业务需求的余量要求,对以上指标(不限于)按照一定的周期进行趋势预测,并提供相应的预测报表。同时当前容量小于余量要求时,可及时提醒用户制定相关的扩容计划,扩容计划的制定也可以参考预测报表数据。

(2)逻辑资源分析。针对政务外网各节点上网络设备的网络接口的流量数据分析,平台可以统计和分析包含总出口的带宽利用率、出入流量、总流量数据以及不同节点设备间的上下行带宽利用率、出入流量数据。能够统计并分析网络中各网络接口的带宽利用情况及流量变化规律和趋势走向,并能对不同节点的带宽利用情况及流量数据进行高低排序,根据流量数据的大小,按照热力分布图的配比规则,展示整个网络接口带宽利用情况及流量的热力分布图。让政务外网相关人员及时了解全网流量分布情况,并为部署服务节点和调整带宽提供辅助决策支持。

（3）带宽调整决策分析报表。针对政务外网租用运营商近300条城域网、广域网、互联网线路，通过建立测算模型，平台实现了带宽容量统计分析功能，为每条带宽的合理分配和动态调整提供了数据依据。系统可以根据月、季、年查询某个时间段的带宽情况进行数据统计。根据峰值、5×8均值、7×24均值等3个维度加权计算进行统计，并以此定期进行线路租用带宽调整，显著节约了线路租用费用，同时进一步提高了线路集约化利用效率。

（二）加强运营质效分析

运营质效分析指的是在运维流程规范性、及时性、满意度等各个方面的科学评估，对于分析问题，定位问题以及趋势分析等提供有效的科学依据。通过对管理流程的运作情况进行运营分析，可以充分了解流程、人员、服务的现状，为流程的改进提供帮助。

（1）值班数据分析。智能并实时显示多地值班人员在岗状态。分析并呈现交接班延时（或迟到）的值班信息及本周或本月整体占比，并可以按照人员或地点维度进行统计。

（2）工单数据分析。多维度对流程工单统计及可视化分析呈现，例如工单类型、工单状态、工单时间、工单量同比或环比或趋势、工单处理人员排名、TOP N 提交人员或部门等（图4）。

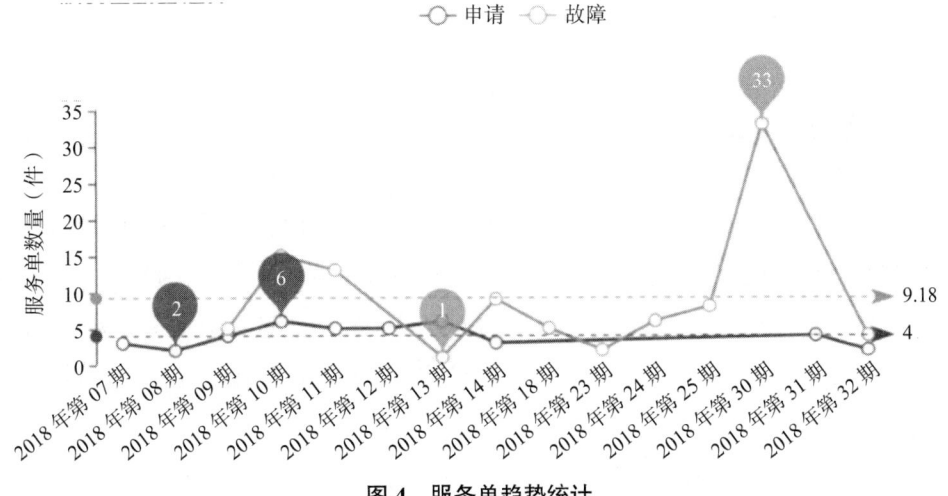

图4 服务单趋势统计

（3）服务满意度数据分析。支持对工单处理的满意度进行统计及呈现。可按工单类型、时间统计出用户对工单处理的满意度评分。

（4）服务效率数据分析。依据服务级别和服务目录，分析并呈现出工单处理平均响应时间、平均处置时间、工单超时次数等维度的服务效率（图5）。

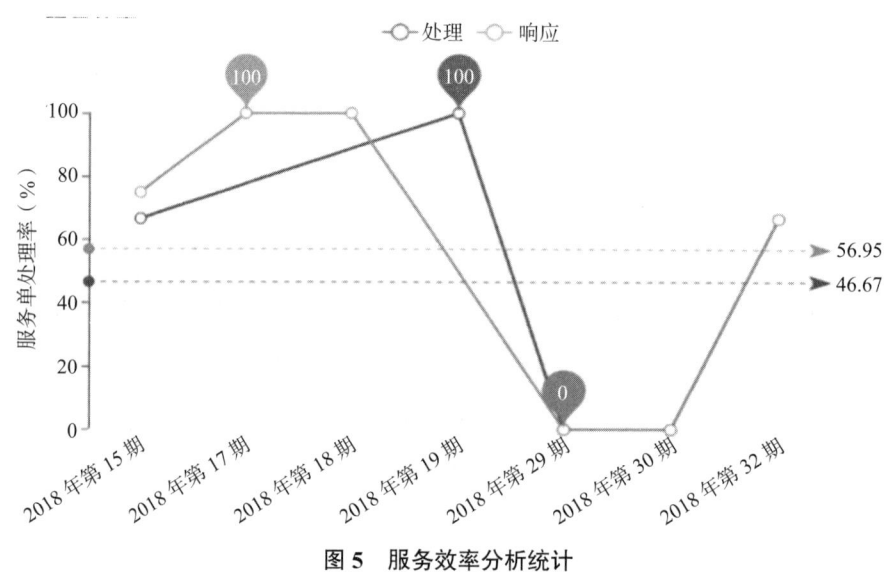

图5　服务效率分析统计

上述使用场景仅为部分示例，随着政务外网运维工作的不断深入，各个方面的数据分析仍在不断扩充中。

六、互联共享，分级协同

为实现全网统一监控，政务外网的故障、性能等监控信息采用"本地采集，分级交换"的方式，即中央监控管理系统负责采集中央级政务外网所管理对象的告警、性能信息，省级监控管理系统负责采集本省的政务外网的告警、性能信息。中央级政务外网的资源数据由中央运维部门统一维护，省级政务外网的资源数据由省级运维部门统一维护。两级资源管理系统采用相同的数据模型，数据格式保持严格一致，中央资源管理系统与省资源管理系统能够通过系统接口资源数据的交换，实现信息共享。分级互联接口支持国家–

省-地市三级分级管理，各地市网络管理中心管理各自范围内的IT设备，并根据管理需要，将IT设备的监控数据上传到省级单位，省级单位按照总部要求再将数据上传国家而实现中心全网统管，各分级单位自管。2019年8月，随着国家运行支撑平台的建成和上线运行，国家—省级运维数据对接工作已经正式展开并落地，国家电子政务外网管理中心编制了《运行支撑平台对接与实施规范》（GWB 18—2019）试行稿，明确了具体的对接框架、对接模式、对接技术要求和对接数据标准。

本次对接涉及的运维数据包括5大类、8小类，共52项数据，针对各省目前的三种情况：同构模式、异构模式、过渡模式分别如何和国家层面对接，给出了详细的指导意见及对接方法。分类互联架构及运维数据类别如图6所示。通过进一步推进分级对接，将有效实现政务外网全网一体化和信息共享。

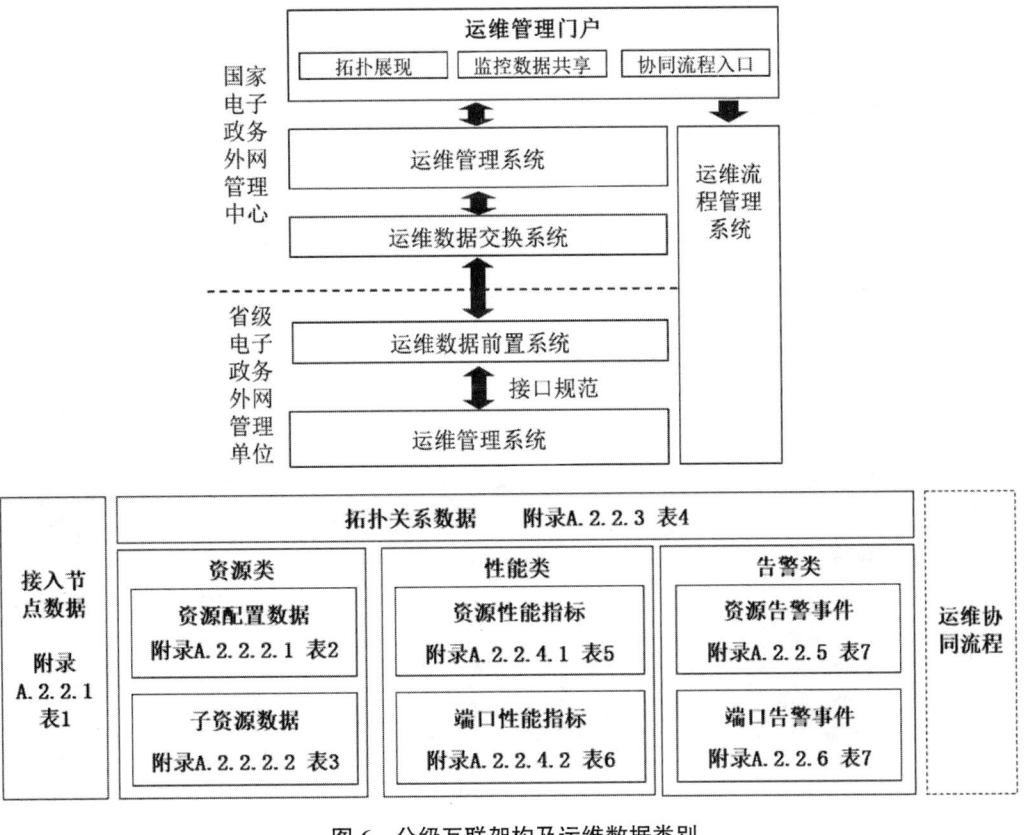

图6 分级互联架构及运维数据类别

（1）面向全网，将国家与省级骨干网络接入设备的运行状态以及全网范围内各省厅局到国家部委网络链路状态进行纵向及横向全链路监控保障，汇集为全网运行大数据库；并基于大数据分析，找到网络带宽及 IO 瓶颈，以持续优化改善政务外网服务质量。

（2）面向业务，支撑多个中央部门依托政务外网开展的纵横向重要业务应用，例如信用中国、一带一路、公共资源交易平台等，从网络层面及时发现重要应用运行时的用户访问体验，实现故障根源的精准定位和快速响应。

（3）面向协同，实现对横向部委、纵向省级的全流程线上电子化支撑，例如业务开通、业务重保、割接申请、故障协同等多场景下的流程梳理，提升政务外网对接入用户的服务支撑效率。

七、组织管理、技术运用、实施过程中的做法、突破、亮点等

（一）组织管理方面

为保障项目顺利实施，国家电子政务外网管理中心专门安排骨干人员和厂商相关技术人员，组成联合项目组以完成本项目的建设，建设方所有成员均有多年的系统集成、项目管理或软件开发经验。项目组协同组织架构建设情况如图 7 所示。

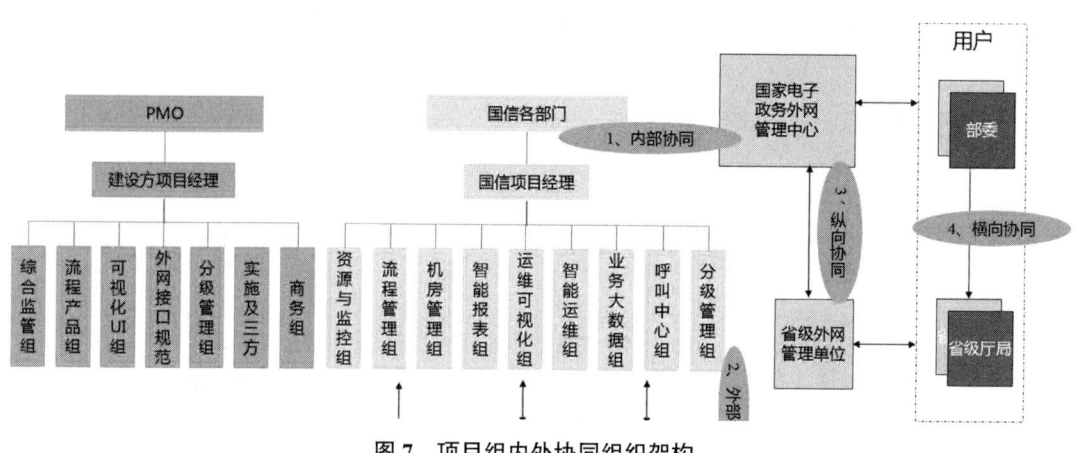

图 7　项目组内外协同组织架构

在组织架构设计方面，分别面向系统内部用户、外部用户提供以下四类协同职能。

（1）内部协同：面向国信内部各个处室的运维支撑服务，例如面向安全管理处提供防火墙策略场景的线上开通与变更流程服务，面向投资平台处提供公共资源投资平台的重要业务保障监控服务等。

（2）外部协同：面向驻场运维服务团队、服务商、厂商提供服务台呼叫中心、多地值班联动、工单流程在线跟踪、服务满意度打分等服务。

（3）纵向协同：面向省级外网管理单位，提供网络互连状态监控数据共享服务、故障协同处理服务、使各方在协作过程中，能同时得到相同信息。

（4）横向协同：面向部委及横向委办厅局提供业务开通及申请支撑服务，让数据多跑路，让部委少跑腿，提升对部委外网接入及业务开通的支撑效率和服务满意度。

（二）技术应用

系统建设过程中，分别在架构设计、功能研发、项目管理等方面采用了多种技术应用。在架构设计方面，系统采用了微服务架构、基于时序数据库的高吞吐高并发、负载均衡技术，实现了对系统高可用、高弹性、高扩展的强有力保障；在功能研发方面，应用了互联网、物联网、移动化、RFID 射频、三维机房可视化等新技术。例如，在物联网方面，通过 RFID 无线射频识别技术，实现各类设备的管理，包括机房进出、资产登记、资源定位和跟踪、查看和盘点设备等功能，提高资源调度的效率和管理效率。

在可视化方面，通过 3D 建模技术实现了对三里河、广安门、廊坊多地机房的可视化楼宇建模、机房机柜建模，逼真的呈现了机房 IT 设备、动力环境、业务系统的分布情况和实时监控数据，让运维管理工作变得更直观。

（1）在移动化方面，系统使用了基于微信等移动技术，通过和企业微信的对接及定制开发，将工单、值班、监控告警、报表分析等进行移动化运维，实现了高效运维。

（2）在业务监控方面，应用了 NPM（Network Performance Management）网络性能监控技术，它将端到端业务和用户方位应用的体验与网络流量行为分析相结合，来解决网络运维管理方面难以发现、定位和诊断故障的挑战。

（3）在算法设计方面，引入了 Apdex 用户体验算法技术，从用户的角度出发，将对应用响应时间的表现，转为用户对于应用性能的可量化为范围为 0~1 的满意度评价。系统按照用户自行设定的对于业务响应的满意时间来计算体验指数。当用户体验指数 <0.7 时，系统会产生业务访问体验差的告警。

在项目管理方面，系统引入了 PMP、PDCA、敏捷开发管理、黑白盒测试等先进的管理方法，确保项目在每个关键里程碑进度可控、风险可控、输出的代码质量、文档质量合规。

（三）实施过程中的做法

项目整体管理主要从全局的高度负责项目的全生命周期管理、全局性管理和综合性管理。全生命周期管理意味着项目整体管理过程负责管理项目的启动阶段直到项目收尾阶段的这个项目生命周期；全局性管理意味着项目整体管理过程负责管理项目的整体包括项目管理工作、技术工作和商务工作；综合性管理意味着项目整体管理过程负责管理项目的需求、范围、时间、成本、质量、人力资源、沟通、风险和采购等。

（四）突破

项目建设的突破主要表现在以下三个方面。

1. 单一技术的应用突破

在流程管理系统的建设方面，系统遵循了 ITIL 和 ISO 20000 的最佳实践指导，并进行了优化改良，结合电子政务外网自身特色的需求场景，输出了覆盖全流程的 27 个运维支撑流程，例如 ITIL 中仅有标准变更、紧急变更、常规变更，国信根据自身需求梳理出了十几个变更流程（例如，机房设备上下架变更、IP 地址变更、防火墙策略变更等），流程更简洁、更高效、更透明。

2. 多个技术解决疑难问题

在业务监控方面，系统通过多种复合技术实现对业务系统可用性、访问体验、负载繁忙度的监控。例如通过拨测技术，实现对某个关键业务的端到端访问异常进行分段定位，包括 DNS 解析时间、页面加载时间、网络加载时间等各段的网络延迟进行横向对比从而确定问题点。同时，结合 SNMP/WMI/JDBC/SMI-S/ 标准协议方式，对支撑某个业务的服务器、数据库、存储设备进行指标级定位，可以更深入的监控业务运行核心故障点的性能数据。例如，对 Oracle 的死锁数、TOP 10 CPU Usage SQL 语句等影响业务性能的指标进行深入监控。

3. 大规模分级管理的突破

系统对大规模分级数据对接的突破，当前中心已经正式发文，全面推动中央到各省运维平台对接，确定了技术接口规范、实施规范，并已经完成了安徽、山西、湖北、贵州等多个试点省的平台对接和处理。突破主要是考虑各省情况不同,接口设计兼容了国家-省级同构模式、异构模式、过渡模式三种不同的复杂情况，并给出了详细对接指导。

（五）亮点

（1）基于一个大运行支撑平台，实现对多个部委业务从申请、跟进、开通、运行到后期服务保障等一系列服务支持，提升了审批与服务过程的全程可视化追溯能力，同时实现从机房环境、服务器、网络设备、数据库、应用系统的全链条一体化监控。

（2）通过国家–省–地市运维数据分级对接，实现对全网各级资源的整合和融合，进行骨干网运行态势进行实时展现。

（3）实现对设备全生命周期的管理，从计划采购、设备入库、上架、下架、维修、报废、出库的全过程自动化管理，提升设备资产管理的效率。

（4）通过可视化实现对多团队、多机房、异地协同的运行保障和调度。

（5）实现对超大规模应用保障，如针对信用中国的全时保障，单个业务资源量超过1000个，日访问量超一亿次；国家数据交换平台的保障，该平台已提供超过5亿次接口查询服务和450亿条库表交换。

（6）实现对多云平台、异构厂商的集中监控和统一展示，通过大容器技术为运维大数据分析提供支撑。

八、服务成效

一是随着本平台的建成和运行，不同人员围绕着系统展开多维度、多样化的线上支撑服务,已经取得了不同的成效,主要体现在以下四个方面。

(一)面向一线用户

在故障受理及时性方面,从以前的小时级别提升到分钟级,解决了效率提升和客户满意度提升的问题。

(二)面向管理用户

通过运行支撑平台对网络与业务运行数据的挖掘与分析,了解整网运行情况、关键业务运行状况、人员工作量、服务满意度等内容,为工作绩效考核与决策提供依据。例如,通过关键链路 5×8 小时及 7×24 小时链路带宽报表,为带宽决策调整提供参考依据,节省了投资经费。

(三)面向部委服务用户

在部委业务申请开通方面,已经梳理并上线 27 类工单并实现线上电子化流转,解决了传统纸质单提交业务申请时效率低、管理困难等痛点,审批处理时间缩短 70%。

(四)面向省级服务用户

运行支撑平台可以为省级节点用户提供有效的手段和工具,来支持上下多级间多方位运维协同、实现对各类重要纵向业务进行全程保障,通过业务运行管理信息的有效共享,带来全网运维整体协同水平提升。

二是通过本项目建设,有效推进了政务外网各级运行支撑平台分级对接互联,实质性推动了政务外网全网运维一体化进程,为各类核心关键政务业务端到保障端提供了有力支撑。

(作者:刘建国　徐春学　吴阿明　唐朴谦　宁　旭　焦　伟　栗思奇　王　健)

全国土壤环境信息平台建设

生态环境部信息中心

一、基本情况

土壤环境质量关系到经济、社会的可持续发展和人民群众身体健康，土壤污染防治是推进生态文明建设和维护国家生态安全的重要内容。党中央、国务院高度重视土壤污染防治工作，党的十九大对加强生态文明建设、打好污染防治攻坚战、建设美丽中国作出了全面部署。

2018年4月2日，习近平总书记主持中央财经委员会第一次会议，研究打好污染防治攻坚战的思路和举措。党中央、国务院召开全国生态环境保护大会，习近平总书记出席会议并发表重要讲话，对全面加强生态环境保护、坚决打好污染防治攻坚战作出再部署，提出新要求，要全面落实土壤污染防治行动计划，突出重点区域、行业和污染物，强化土壤污染管控和修复，有效防范风险，让老百姓吃得放心、住得安心。

2016年5月28日，国务院印发了《土壤污染防治行动计划》(以下简称《土十条》)，2018年8月31日第十三届全国人民代表大会常务委员会第五次会议通过《中华人民共和国土壤污染防治法》(以下简称《土壤污染防治法》)。这些法律和政策文件是我国当前和今后一个时期土壤污染防治工作的行动纲领，为顺利贯彻和落实《土壤污染防治法》《土十条》等提出的建设全国土壤环境基础数据库和信息平台的要求，落实习近平总书记关于大数据建设要求，推进实生态环境大数据、大平台、大系统的建设目标。

生态环境部信息中心运用生态环境大数据、"互联网+"、人工智能等技术推进土壤生态环境治理体系和治理能力建设，建立全国土壤环境基础数据库，构建全国土壤环境信息平台。平台建设瞄准部委和地方管理需求，加强各业务系统整合集成，打造"土壤环境信息一张图"，坚持以建促用、以用带建，发挥土壤环境大数据在污染防治、城乡规划、土地利用、农业生产中的作用，严把入库数据质量，建立数据更新机制，支撑土壤污染防治攻坚战。

二、总体技术架构

全国土壤环境信息平台的建设是土壤环境信息化双重管理的先行示范，是土壤环境全过程管理与信息化深度融合的大平台，有益于提高工作效率、公平正义和信息化管理水平。

（一）平台技术架构

全国土壤环境信息平台的技术架构遵循生态环境大数据的总体技术框架，采用"1311"的架构体系进行设计，总体技术架构分为基础层、数据层、支撑层、应用层和门户层（图1）。

基础层遵循云服务和云架构模式建立共享资源池，形成可按需动态扩展的高性能计算环境、大容量存储环境，满足土壤环境质量调查数据，监测数据的存储管理，数据查询、分析和共享应用。

数据层由土壤环境质量调查数据、土壤污染监测数据、土壤污染状况详查和评价分析结果数据及其他数据等组成，对应用层的土壤污染数据采集、查询分析、监督监管、评价决策等系统提供数据支撑。

平台层是全国土壤环境信息化管理平台的枢纽，负责对物理资源、数据资源、应用服务、通用资源等进行统一管理、监控与调度。

应用层面向各类用户，通过网络提供土壤数据和土壤环境质量信息的查询、分析、交换、共享服务。

全国土壤环境信息平台建设

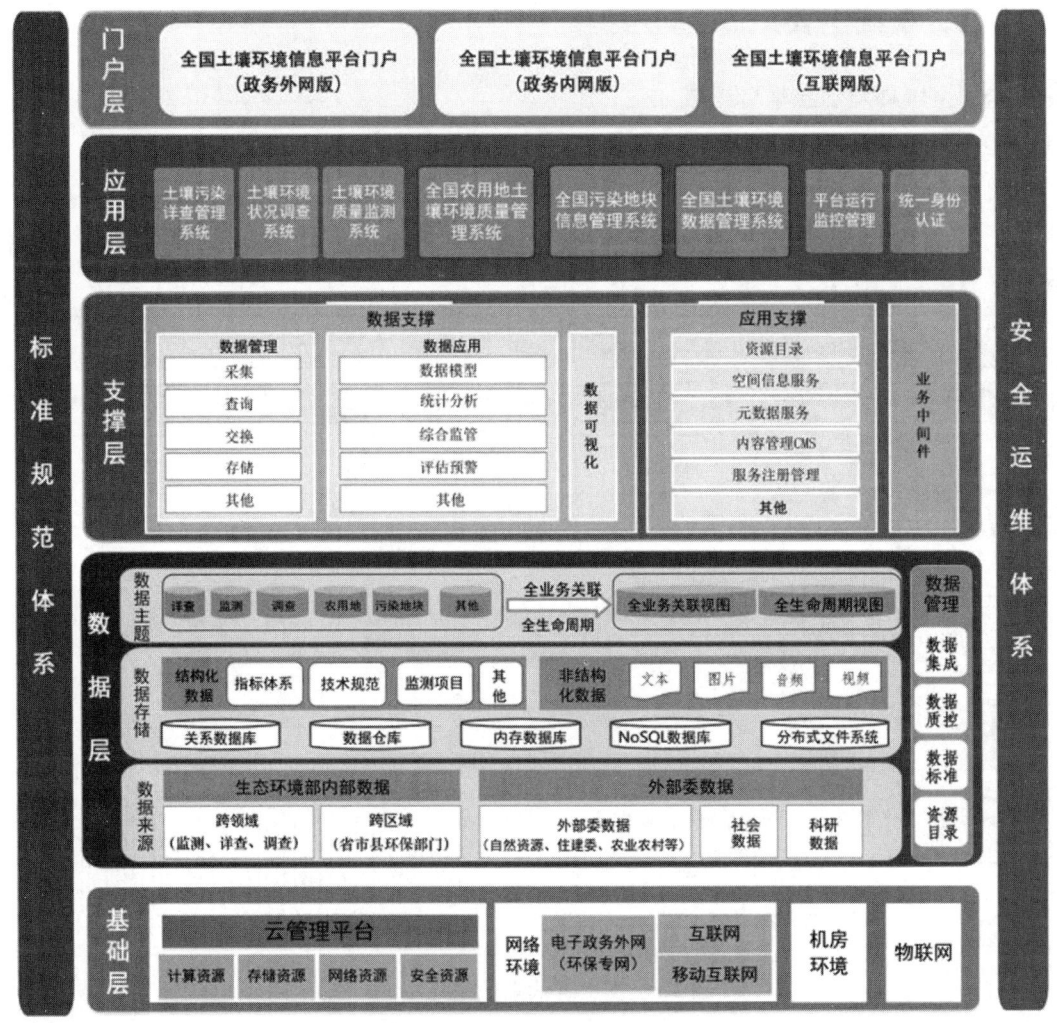

图 1　总体技术架构

门户层向外提供统一的土壤环境数据共享入口，即为中华人民共和国生态环境部（以下简称"生态环境部"）、中华人民共和国自然资源部（以下简称"自然资源部"）、中华人民共和国住房和城乡建设部（以下简称"住建部"）、中华人民共和国农业农村部（以下简称"农业农村部"）、中华人民共和国国家卫生健康委员会（以下简称"卫健委"）等及土壤污染防治的责任主体部门提供统一应用服务门户。

（二）系统主要组成与功能

全国土壤环境信息平台组成如图2所示。

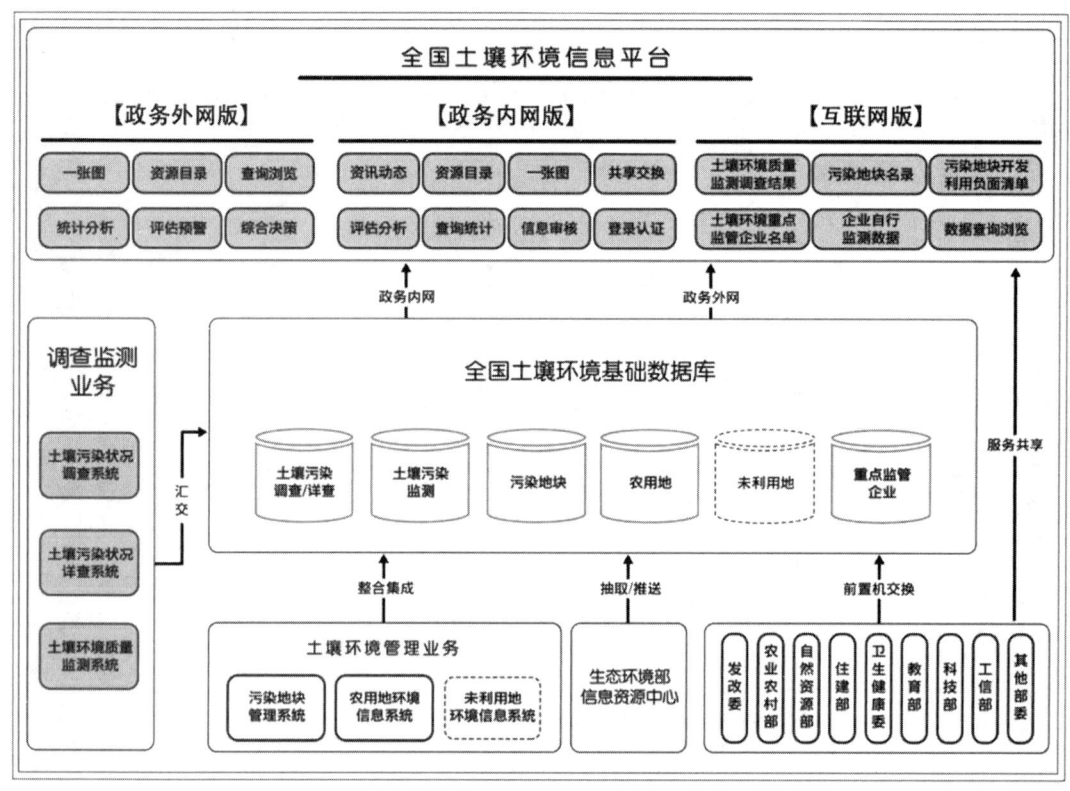

图 2　全国土壤环境信息平台组成

全国土壤环境信息平台的组成包括土壤环境管理业务信息系统、土壤环境基础数据库系统和土壤环境管理信息平台门户系统及土壤环境数据管理业务系统。

土壤环境管理信息平台门户系统在横向上与各部委互联互通，基于资源目录实现土壤环境数据的交换共享。数据管理系统纵向形成县—市—省—国家四级应用的数据汇交、整合和共享模式。对生态环境部系统，数据通过环境专网实现传输、汇交；对外部委，数据通过前置交换方式实现共享交换。系统各部分之间及与外部系统之间的逻辑关系以数据为驱动，包括抽取、整合、汇交等。

（三）全国土壤环境信息平台门户

全国土壤环境信息平台门户是土壤环境业务系统的统一入口、综合信息展示、外部数据共享交换和综合统计分析与应用的窗口，土壤环境管理业务系统支撑土壤污染状况调查、污染地块和农业地土壤环境数据调查、监测及监管数据的采集、统计分析。

土壤环境基础数据库，集成包括土壤污染状况调查、质量监测、污染地块和农用地等数据的监管，土壤环境数据管理系统支撑土壤数据整理入库、管理和分析。

（四）平台基础支撑环境建设

该平台使用生态环境云平台进行部署应用，运行在生态环境专网环境下，平台基础支撑环境按照云服务模式和云架构建立共享资源池，形成可按需动态扩展的高性能计算环境、大容量存储环境，满足土壤环境质量调查数据、监测数据的存储管理，数据查询、分析和共享应用以及其他部门土壤污染防治数据接入平台的需要。

（五）平台业务系统建设

全国土壤环境信息平台是为国家土壤污染防治行动工作管理提供基础数据和信息服务的工作平台，主要包括首页、资讯动态、一张图、评估分析、共享交换、系统管理及关于平台等部分。具体如下。

（1）首页：包含最新动态、系统入口、数据概览、地图展示、共建单位、业务支持等信息，用于展示当前土壤环境数据总体情况及最新或最热门数据的概况等。

（2）资讯动态：包含部委动态、地方动态及各类法律法规和标准规范，支持各类资讯的动态展示与统计分析，并可通过资讯关键词对同一类事件进行关联查询。

（3）一张图：利用天地图作为基础底图，将所有基础地理和土壤环境空间数据在同一个地图上进行叠加展示，支持在专题图与分布图间切换，同时对所有叠加到地图上的矢量要素支持进行详细信息查询与空间分析。

（4）评估分析：支持以土壤环境各类数据进行空间及属性的关联分析，以此辅助用户进行预警管理和决策支撑。

（5）共享交换：包含资源目录、数据概览、元数据、数据详情、使用申请、更新历史等内容,其中资源目录是数据共享交换的核心模块,起到组织共享交换数据承上启下的作用,不同管理用户可对已授权的资源目录进行浏览和使用。

(6)系统管理:具备对资讯动态和系统用户角色的管理,同时还可对数据使用申请进行审批管理,通过日志管理与站内统计了解当前系统使用情况。

(六)土壤大数据分析应用

全国土壤环境信息平台依据完善的顶层设计方案,综合土壤环境基础数据与监管业务数据,实现对土壤环境数据的综合评估大数据分析,通过对重点企业排污许可证注销及撤销数据的实时监控、对比分析和空间分析,结合污染地块、敏感受体等空间分布特点,实现对疑似污染地块的预警分析功能,并对排污许可企业的基本信息、主要产品及产能信息、废水直接排放口基本情况信息、自行监测及记录信息、主要原辅材料信息、废水间接排放口基本情况信息、固体废物排放信息、燃料信息、许可证变更、延续记录信息进行综合展示。

三、数据建设

全国土壤环境信息管理平台的建设,要求全面、准确掌握全国土壤环境基础情况、背景情况,通过政府部门间信息资源整合与共享,实现数据交换管理的需求。

该平台有望成为全国土壤领域最权威、覆盖面最广的资料库和数据库,以全国土壤污染状况调查成果、土壤环境质量监测数据、污染地块上报数据等为基础,开展土壤环境数据整合建库,建立全国土壤环境质量基础数据库系统。

依托该平台,可编制土壤环境数据资源共享目录,作为土壤环境数据共享和交换的依据。平台数据通过在线数据接口同步、离线数据导入等方式,实现土壤环境基础数据资源的统一收集、统一存储,现已收集8大类、37个二级类、58个三级类目的土壤环境质量数据,实现数据入库管理,目前已经收集土壤环境质量相关数量记录260万条。

四、互联共享,内外协同

为推动部门土壤环境数据共享,依托全国土壤环境信息平台,按照《国务院关于印发政务信息资源共享管理暂行办法的通知》(国发〔2016〕51号),根据《土十条》和《生态环境大数据建设总体方案》中有关环境数据资源共享的要求,编制形成《土壤环境数据资源共享管理办法》,制定土壤环境数据资源共享实施细则,资源共享目录明确土壤环境数据资源的分类、数据格式、属性、数据责任方、更新时限、共享类型、共享方式、使用要求等内容,厘清各部门对土壤环境数据共享的义务和权力,有序的管理土壤环境数据资源。

由生态环境保护部土壤环境管理司牵头,生态环境部信息中心编制土壤环境数据资源共享目录,作为土壤环境数据共享和交换的依据。充分征求各部门(数据提供方或资源方)意见,形成全国土壤环境数据资源共享目录。

依托全国土壤环境信息化管理平台的顶层设计和技术框架,编制了《土壤环境数据资源共享协议》,包括生态环境部、中华人民共和国国家发展和改革委员会(以下简称"国家发改委")、中华人民共和国教育部(以下简称"教育部")、中华人民共和国科学技术部(以下简称"科技部")等11个部委已签署,完成对土壤污染来源、土壤污染的潜在风险数据资源目录的整合更新,推进土壤环境数据共享交换,保障土壤环境数据统一管理和应用,完善土壤环境信息化管理平台门户功能,支撑《土十条》提出的土壤环境信息化管理平台建设目标。

国家发改委、教育部、科技部、中华人民共和国工业和信息化部(以下简称"工信部")、中华人民共和国自然资源部(以下简称"自然资源部")、住建部、中华人民共和国水利部(以下简称"水利部")、农业农村部、卫健委、国家粮食和物资储备局等共建部委基于平台实现数据共享交换。

五、技术运用

(一)基于土壤环境"一张图"的顶层框架

在全国土壤环境基础空间数据的基础上,叠加各种专题空间信息数据,建立数据的共享与更新机制。"一张图"模式的核心是数据整合、共享和数据的自适应扩展。土壤环境空间数据的整合采用集中的模式，将业务部门的专题空间数据整合到统一的土壤环境空间数据库中。

（二）土壤环境空间网格化监管模式

十八届三中全会通过的《中共中央关于全面深化改革若干重大问题的决定》提出，要改进社会治理方式，创新社会治理体制，以网格化管理、社会化服务为方向，健全基层综合服务管理平台。创新社会治理，必须着眼于维护最广大人民根本利益，最大程度增加和谐因素，增强社会发展活力，提高社会治理水平，全面推进平安中国建设，维护国家安全，确保人民安居乐业、社会安定有序。土壤网格在全国空间范围内生成大小一致的公里网格，通过网格管理的方式体现全国土壤环境的分布情况，以网格为中心进行管理，在网格上获取重点行业监管企业、土地利用、污染地块、网络舆情等各类信息，并进行地图专题表达，更为明确的表达出不同空间范围内的数据变化情况。

（三）数据集 + 元数据的土壤环境数据共享管理

土壤环境数据以数据集 + 元数据的模式进行管理维护，数据集是各类空间及属性数据的基本单元，包含属性数据及元数据信息，元数据即描述数据的数据。元数据用于描述要素、数据集或数据集系列的内容、覆盖范围、质量、管理方式、数据的所有者、数据的提供方式等有关的信息。

（四）基于 Web Service 服务接口与业务数据交换

Web Service 是为了使各自孤立的业务系统之间的信息能够相互通信、共享而提出的一种接口。Web Service 通过使用互联网上统一、开放的标准，如 HTTP、XML、SOAP（简单对象访问协议）、WSDL 等，实现不同系统之间的信息交换，Web Service 可以在任何支持这些标准的环境（Windows、Linux、Unix）中使用，主要用于跨网络或跨系统之间的信息互通和共享。

（五）基于 Service GIS 的空间可视化表达

服务式 GIS（Service GIS）是一种基于面向服务软件工程方法的 GIS 技术体系，它支持按照一定规范把 GIS 的全部功能以服务的方式发布出来，可以跨平台、跨网络、跨语言地被多种客户端调用，并具备服务聚合能力以集成来自其他服务器发布的 GIS 服务。Service GIS 能更全面地支持 SOA，通过对多种 SOA 实践标准与空间信息服务标准的支持，可以使用于各种 SOA 架构体系中，与其他 IT 业务系统进行无缝的异构集成，从而可以更容易地让应用开发者快速构建业务敏捷应用系统。与基于面向组件软件工程方法的组件式 GIS 相比，服务式 GIS 继承了前者的技术优势，但同时又有一个质的飞跃。Service GIS 可以提供开放的、易于定制和扩充的、可复用和聚合的地理空间信息服务，具备很强的兼容性、适应性和业务敏捷性，能为土壤环境信息化管理平台提供一个理想的架构体系。

（六）基于生态环境云平台的集成部署技术路线

采用云计算、物联网和信息网格技术，对在用的业务系统进行分析，建立一个基于云存储的、可扩展，具有统一规范数据格式的中心数据库，将业务系统核心数据抽取到中心数据库进行数据集成；利用云计算平台的强大处理能力进行数据的处理和挖掘；最后，在中心数据库上开发建立包括企业信息全生命周期的管理、数据精确分析、处置决策、趋势分析等在内的应用，并为其他系统预留数据调用接口，最终建成一个涵盖在用系统数据，支持全局信息管理分析与应用的"智慧环保"系统。

六、实施过程

全国土壤环境信息平台的建设，依托于平台的顶层设计和技术框架，编制土壤环境数据资源共享目录，在土壤环境基础数据库建设的基础上，实现对土壤环境业务数据的共享、交换、综合管理与应用分析，具备向各省、市推广复制的能力，为各地区的土壤环境基础数据库及土壤环境信息管理平台建设提供经验。

2018 年 12 月 26 日，全国土壤环境信息平台上线启动。国家发改委、教育部、科技部、工信部、自然资源部、住建部、水利部、农业农村部、卫健委、国家粮食和物资储备局等 10 个共建部委代表参加了启动仪式。生态环境部官网、生态环境部微博微信、中国环境报、中国环境新闻、环境保护微信、河南省生态环境厅、山东省生态环境厅等生态环境系统媒体，经济参考报、证券时报、中国化工报等行业媒体，澎湃新闻、北京商报、头条资讯、东方头条等市场媒体以及人民网、中新网、新浪网、搜狐网、网易等网络媒体，对此进行了全方位报道，引发媒体和社会的高度关注。

七、服务成效

全国土壤环境信息平台建设实现土壤环境查、监测和监管数据整合，集成土壤污染防治的多个业务链条和监管业务场景，有力地支撑了土壤环境"一张图"的监管能力。全国土壤环境信息平台部署运行在生态环境云平台，该平台实现了自然资源、生态环境、水利、农业、林业等多部门土壤环境数据的共享交换，基于土壤环境数据资源目录为10个共建部委提供数据共享服务。

平台支持全国32个省级行政区（直辖市、自治区）开展疑似污染地块联网填报、逐级审核和污染地块监管，目前已累计采集全国地块信息10000多个，上传各类报告近6000份，有效保障了建设用地使用安全。

平台"一张图"可视化实现土壤污染状况调查、污染地块、土壤重点监管企业、八大行业排污许可和环评数据、涉土环境举报和互联网舆情等信息"一张图"展示，支撑了用图决策。

平台支持土壤重点监管企业管理，实现8大行业企业的排污许可证注销或撤销后自动从全国排污许可管理系统推送到平台，支撑地方对注销或撤销许可证的企业进行审核，核实后自动进入疑似污染地块进行管理，实现跨业务域协同，支撑快速发现疑似污染地块纳入监管。

（作者：章少民　徐富春　魏　斌　李　顺　黄明祥　贾红霞　王　琛　孙　洁　陆　楠　杨　毅）

农业农村部积极推进政务信息资源"一张图"建设

农村农业信息中心

一、基本情况

为更好推动政务信息资源整合共享,党中央发布了《国务院关于印发政务信息资源共享管理暂行办法的通知》(国发〔2016〕51号)、《国务院关于印发"十三五"国家信息化规划的通知》(国发〔2016〕73号)等有关文件,制定了《政务信息系统整合共享实施方案》(国办发〔2017〕39号),明确提出了信息资源共享的原则和要求,全面推动中央、省、市、县各级政务信息资源整合共享。

2018年国务院机构改革,组建了农业农村部。机构改革,必然带来农业农村业务的融合及农业农村政务信息资源的整合。

在此背景下,国家农业农村地理信息服务平台(以下简称"平台")的建设是以《"十三五"农业部电子政务发展规划》(农办发〔2016〕30号)中提出的"农业政务信息资源一张图"建设为基础,以推进国家级和各省市农业农村政务信息资源共享开放,提升农业农村政务信息化水平为目标开展起来的。平台可为农业农村部各司局各单位、各省级农业农村部门提供全方位的地理信息服务,从而形成全国农业农村信息资源的"数据超市"。

平台着力于系统、全面地解决农业农村地理信息建设工作中存在的标准体系不完善,数据资源应用难、共享难，部分系统重复建设等问题，从统一的时空信息服务和促进行业内资源共享的角度开展平台建设。

二、系统建设

国家农业农村地理信息服务平台是依托国家农业数据中心的软硬件基础设施资源搭建的，逐步完成了农业农村业务数据空间化展示、地图发布及底图调用；能够提供地理信息时空属性数据的一体化存储、管理、查询、分析、决策、二三维可视化等方面的服务；通过统一的共享服务门户，向农业农村部各司局各单位和各级农业农村部门提供农业农村时空数据共享和应用服务。

（一）平台门户

呈现平台中各类资源的统计数据，查看热点资源、最新资源，能够通过关键字快速检索资源，预览资源内容，方便资源申请。

（二）资源服务超市子系统

根据部门和专题划分对数据资源与服务分类上架，面向农业农村部各司局各单位和各级农业农村部门提供农业农村时空数据共享和应用服务，各级用户能够按需检索获取平台资源，实现用户个性化的资源预览、服务申请及元数据查看等。

（三）资源"一张图"子系统

提供平台各类信息资源的统一展示、查询、分析、私有数据上传、快速制图等应用，提供多样化的展现方式。

（四）数据在线编辑子系统

通过在线编辑数据，用户能够查看其所属的数据，可基于地图补充或者修正数据的空间位置，也可对数据的业务信息进行编辑和修正，并保存到平台中。

（五）运维管理子系统

能够全面掌握、管理、监控各部门用户对平台使用情况，实现国家农业农村地理信息服务平台各子系统的业务进行审批处理，对各系统安全运行的各环节进行实时监控，对系统运行的关键信息进行记录等。

（六）时空信息一体化系统

基于统一的标准规范和时空数据模型，实现农业农村部各司局直属单位、地方各农业农村部门、相关部委等的数据接入与汇聚，并基于时空特性进行数据的清洗与转换、关联与入库（图1）。

图1　系统组成图

三、数据建设

农业农村覆盖的业务领域广、数据来源多样、格式不同，需要对多源、异构的各专题数据按照统一的标准规范进行同构，建立统一的农业农村地理信息数据资源库，确保实现数据的互联互通与共享共用。农业农村行业时空数据库是国家农业农村地理信息服务平台的基础与核心组成部分，为分析、评估与决策提供重要的数据支撑。

在统一的农业农村空间数据资源体系下，整合多要素、多时相和多区域的基础地理信息数据、行业基础空间数据、行业专题空间数据、行业业务数据、多媒体数据、流数据等资源,逐步形成内容齐全、覆盖全面、标准统一、动态更新、现实性强的国家农业农村行业时空数据库,实现对农业农村时空信息资源的一体化管理。农业农村行业时空数据库各模块如图2所示。

(1)基础地理数据库。基于农业农村部已有基础地理数据,结合实际业务需求,建设基础地理数据库资源,包括基础矢量数据、农业遥感数据、三维数据等。

(2)行业专题数据库。通过空间数据提取、地址匹配、空间数据关联等方式,完成各类行业数据资源的空间化。根据数据种类不同,约定其时间特性,保存历史数据,形成时空专题数据库,包括种植业、畜牧兽医、渔业渔政、监督管理、资源环境、科技教育、国际合作、政务管理、农业气象9大行业数据。

(3)平台支撑数据库。用于存储支撑整个平台运行的各类管理数据,包括组织机构数据、用户数据、角色权限数据、日志数据、元数据等。

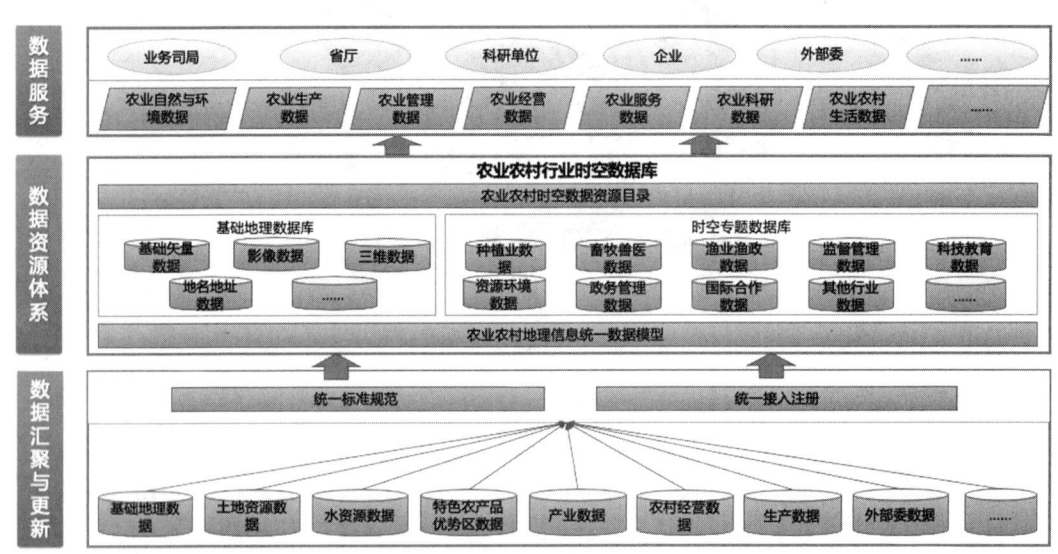

图2　数据架构图

四、互联共享,内外协同

基于统一的农业农村地理信息时空数据模型,全面整合农业农村各类空间数据。打破农业农村部各司局、省市农业农村政府职能部门之间的信息壁垒和孤岛，全面推进农业农村政务信息资源整合共享，建立全国统一的农业农村地理信息时空数据目录，形成覆盖全国、内容完整、准确权威、动态鲜活的农业农村地理信息时空数据资源池，为农业农村信息资源服务奠定扎实的数据基础，并以共享服务的方式为各级农业农村政府管理部门、相关单位、社会公众提供统一、标准的地理信息服务，逐步建成符合大数据、大融合要求的农业农村地理信息时空数据资源共享体系，助力智慧农业、智慧农村信息化建设，实现各节点的农业农村地理信息时空数据实时互通共享和同步更新。

农业农村地理信息时空数据库通过统一的共享服务门户，向农业农村系统各单位和各级政府部门提供在线资源共享和应用服务；逐步形成用数据管理、用数据服务和用数据决策的创新管理模式，不断提高农业农村政策制定的科学性、社会风险的预见性、监督监管的精准性、公共服务的便捷性。

五、技术运用

（一）基于地理信息技术整合农业农村信息资源

以地理信息为基础，整合农业农村业务数据资源，建设农业农村基础地理信息数据库，融合各种农业农村时空专题数据，从而形成农业农村时空数据资源的共享与更新机制。数据整合是数据共享的基础。通过平台的建设，以"一张图"模式为核心，以时空为纽带，实现数据整合、共享，将目前分散于不同部门业务空间数据整合到一个统一的地理信息平台中。

（二）融合时空大数据技术，实现农业农村各类数据的治理、管理与呈现

农业农村的时空和业务数据具有种类多样、数据量大的特点，具有很高的挖掘、分析价值。

通过对分布式文件系统、分布式数据库的扩展支持，实现对时空大数据高效稳定的存储管理能力。基于业务特点创建数据模型库，结合业务分析、数据挖掘及数据可视化等技术，为不同的农业应用提供决策支持。采用SuperMap全新的空间大数据存储、空间

大数据分析、实时流数据处理等大数据功能服务，降低大数据环境部署门槛。采用表现形式丰富的、二维三维兼具的各种聚合图、密度图、关系图、热度图等空间大数据可视化技术，实现农业农村空间专题数据及业务数据的可视化展示。

（三）采用微服务技术架构，提升平台的高可用性及易扩展性

微服务架构将系统以组件化的方式分解为多个服务，服务之间相对独立且互相耦合，单一功能的改变只需要重新构建部署相应的服务即可，使平台具备易扩展性。

在部署多个服务方面，通过 API 网关分流到对应的服务实例上，提升平台的并发服务能力；利用服务限流、熔断等机制，降低单个服务故障对平台其他功能的影响，提高平台的高可用性。

六、实施过程

（一）立足基础、统筹建设

立足已有农业农村空间数据、基础设施及应用建设基础，充分发挥各业务单位信息化部门的特长，最大限度发挥已有基础作用；加强农业农村信息资源整合利用，不取代、不替代各单位已有数据资源优势；以强化农业农村信息资源综合利用、提升农业农村信息化服务能力为导向，加强顶层设计，理顺体制机制，统筹协调和科学推动平台建设。

（二）需求牵引、应用导向

需求是核心，应用是导向。平台通过云计算、大数据、物联网、地理空间信息技术的综合应用，为农业农村部综合管理与决策、各业务司局业务管理以及其他部门和单位的农业农村生产与经营、规划与发展、科学与研究等方面提供数据服务、地图服务、功能服务、地理空间大数据分析及应用集成。在信息资源的组织、更新、服务等环节应充分体现这一原则，以满足农业农村部各类资源管理、各项业务优化需求为第一要务。

（三）开放共享，安全并重

建立科学规范的数据共享开放机制，大力推动农业农村地理信息时空数据在农业农村各单位间的共享，稳步有序推进农业农村地理信息向社会开放。同时，构建安全、规范的农业农村地理信息时空数据共享应用环境，妥善处理数据开放与安全的关系，切实保障数据安全。

七、服务成效

国家农业农村地理信息服务平台实现了地理信息服务注册、服务发布、服务监控，为各业务系统提供基础性、公用性的地图服务。目前，平台已完成39个系统数据的空间化工作，发布服务679个，并对农业农村部乡村产业发展司及农产品质量安全中心、工程建设服务中心、疫控中心、水产总站、新疆畜牧厅等多个单位开放服务，支撑全国一村一品信息调查系统、国家苹果大数据公共平台、农业建设项目管理平台等业务系统建设。

（作者：董春岩　丛小蔓　饶晓燕　韩周杰　程书娟　李春朋　陈燕辉）

文化和旅游部综合监测与应急指挥平台

文化和旅游部信息中心

一、基本情况

党的十八大以来，以习近平同志为核心的党中央高度重视以信息化推进国家治理体系和治理能力现代化，强调运用新一代信息技术，打通大数据供需鸿沟，实现政府职能转变、社会治理创新。文化和旅游部紧紧抓住新一轮科技革命有利时机，将信息化建设作为推进文化和旅游融合发展的关键环节，运用大数据技术对海量多源、异域异构数据进行集中统一管理、信息融合共享、深度分析挖掘，全面提升信息资源利用水平和数据管理效率，已成为整个行业的迫切需求。

建设综合监测与应急指挥平台是满足当前人民群众精神文化需求和旅游安全需要的有力举措。近年来，我国文化和旅游改革发展取得了积极成效，有力促进了文化事业、文化产业和旅游业的发展繁荣，持续激发了人民群众的精神文化需求和出行游览热情，也对下一步行业管理和安全生产提出了更高、更为迫切的要求。文化和旅游部门势必要对行业发展整体态势作出准确判断和合理规划，对可能出现的隐患和问题进行全面监控、及时预警、科学分析和妥善处置。文化和旅游综合监测与应急指挥平台作为全国文化和旅游系统的信息汇聚中枢和监测监管中枢，在行业监测、市场管理、预警预报、应急指挥、公共服务、宣传展示、数据分析等多个方面发挥重要作用，更好助力了文化和旅游部门履职尽责。

建设综合监测与应急指挥平台是提升文化和旅游系统信息化管理水平，实现网络通、数据通、业务通的重要工程。目前，我国文化和旅游信息系统以分散的单项应用为主，尚未开展面向全行业领域的数据整合，没有从全局上和根本上解决"各自为政、条块分割、系统林立、标准不一"等问题，互联互通难、归集共享难、业务协同难、分析应用难的问题仍然存在，跨层级、跨地域、跨系统、跨部门、跨业务的协同管理和应急联动机制亟待建立，对标实现文化强国战略、推进社会主义文化和旅游大发展大繁荣的要求仍有不小差距。平台作为解决"信息孤岛""管理孤岛""应用孤岛"问题的有效手段，对建立全行业数据全景视图、增强全系统信息化管理能力、优化全国文化和旅游市场综合治理效率意义重大。

建设综合监测与应急指挥平台是主动创新文化和旅游融合方式、充分发挥部门职能作用的创新途径。平台建设将进一步发挥信息技术容量大、速度快、范围广、互动性强的特点和优势，切实加强文化和旅游信息资源整合，全面提高文化和旅游市场监督管理质量，有效打击欺诈、宰客、不合理低价游、强制消费等不良市场行为，不断完善A级景区和星级酒店动态管理，倡导文明旅游，引导文明行为。平台建设也将进一步优化文化和旅游系统应急管理机制，不断完善包括监督检查、预警提示、应急处置在内的安全保障体系，坚决防止重特大旅游安全事故发生，切实提升文化和旅游部门应急管理水平和指挥调度能力。

二、制度改革

（一）加强顶层设计

一是确立"数据展示窗口＋业务应用系统＋服务支撑平台＋信息资源库"的顶层设计方案，并围绕此方案进行了整体规划和建设开发，完成系统框架搭建、指标体系设计、数据仓库建设、数据采集整合、应用接口开发等工作。二是做好平台建设同政务信息系统整合共享、全国一体化在线政务服务平台间的政策衔接，充分利用文化和旅游部已建的96个业务系统，分阶段、分步骤、有重点推进全国文化事业、文化产业和旅游业的数据集成和集中展示，实现跨司局、跨业务、跨系统的系统对接和信息共享，构建统一高效、功能完善、互联互通、数据共享的综合监测和应急指挥体系，全面满足部机关行业管理、应急处置工作需要。

（二）健全标准规范

一是建立健全综合监测与应急指挥平台技术框架、系统对接、数据采集、数据质量、目录分类、共享交换、分析应用、网络安全、运行管理等标准规范，以标准化促进平台建设一体化、功能服务规范化、应急指挥协同化。二是建立健全平台日常值班、数据共享、运行维护、业务协同、网络安全保障、应急管理处置等管理制度，确保平台运行管理有规可依、有章可循。

三、组织保障

（一）加强组织领导

根据"统一领导、上下协同、紧密协作"的原则，由文化和旅游部信息中心牵头成立平台建设协调工作小组，负责顶层设计、规划建设、组织推进、统筹协调和监督指导等工作。文化和旅游部信息中心按照召开专家研讨会、专业机构提供意见建议、中心办公会讨论通过等流程进行分析决策，确保技术可行、管理合规、程序透明。文化和旅游部机关各司局、直属单位指定具体部门和精干人员，配合开展系统对接、信息报送、数据整合等工作。

（二）加强运营管理

按照"一张蓝图规划、一套制度管理、一支队伍保障"的原则，建立统一规划、分级管理、责任明晰、保障有力的平台运营管理体系。一是平台规划是引领平台科学建设的关键前提，通过编制具有前瞻性、可行性的《文化和旅游部综合监测与应急指挥平台三年工作计划》，明确平台工作方向和发展目标，确保一张蓝图绘到底。二是管理制度是确保平台高质量发展的重要因素，根据国家有关法律法规及电子政务工程项目管理有关要求，制定《文化和旅游部综合监测与应急指挥平台管理办法》等一揽子管理制度，科学规范平台管理。三是专业团队是实现平台平稳运行的核心力量，创新平台决策支持和技术维护机制，引入专业监理、咨询机构协助做好项目管理工作，邀请国内专业大数据企业、研究机构深度参与平台建设，充分发挥外脑优势，建立搭配合理、专业高效、安全可靠的运营管理队伍。

（三）加强培训交流

按照"常态化调研交流、专业化工作培训、系统化总结推广"的原则，一是建立与部机关司局、直属单位、文旅企业、科研机构的常态化交流机制，开展多种形式的调研考察和座谈研讨以及时对接工作进度、积极解决问题困难、广泛交流经验信息。二是建立专业化培训机制，围绕业务应用、技术体系、运营管理、安全保障、标准规范等定期组织培训，加强专业人才队伍建设。三是建立系统化的总结推广机制，针对平台建设过程中的重点难点问题开展专项试点、区域试点，总结成熟经验，推广试点成果。

四、系统建设

按照"云平台+大数据"建设模式，以文化和旅游部政务共享平台为基础，采用开放式平台架构，建立一体化数据采集整合、加工处理、存储分析、管控共享平台，实现对文化和旅游数据资源的集成整合、开放共享、动态分配、创新应用，实现对文化和旅游行业管理和应急处置的全域覆盖、全程监控、全面分析、全时调度。平台系统架构由设施云平台、数据支撑层、数据应用层、支撑系统层、数据展示层等五部分组成。

设施云平台是整个系统的基础，包括服务器及存储系统、网络系统、安全系统、基础软件等，负责满足平台所需云计算、存储资源及安全、备份等相关要求。

数据支撑层是整个系统的核心，通过联通行业内各业务系统，实现行业数据的统计直报、存量采集、整合清洗、质量管控，实现行业各部门之间的数据交换和调度管理，建立交换数据库、共享数据库，满足行业数据整合利用要求、数据共享要求、数据分析挖掘要求。

数据应用层是整个系统的展示前段，按照"业务引领、总分有序、突出融合"的规划理念，运用数据可视化技术开发了16个应用模块。其中，文化和旅游产业运行分析综合展示了我国文化和旅游产业整体发展情况，包括产业增加值、增速及占GDP比重等；文化产业园区、产业投融资则从各省市、各领域等不同维度展示产业园区发展与投融资形势；文化市场技术监管、12318举报、12301投诉则整合了原有平台的系统数据，从市场管理、综合执法、公共服务、投诉举报等方面进行综合监测；旅游市场监管服务依托全国旅游监管服务平台内容,包括旅行社、导游、团队管理、电子合同、投诉举报、案件、权限管理等功能;全域旅游、旅游度假区和休闲示范城市、旅游景区、乡村旅游、红色旅游等版块按照总分有序的结构布置,对旅游业不同业态和发展模式进行细化展示;在博物馆、美术馆、图书馆版块中,除了三馆的基础运行数据外,还结合中国联通、中国移动、高德地图等第三方大数据公司提供的专业数据,对观众客流量进行动态监测,对互联网实时评论进行分析展示;应急指挥部分,实时监控多家全国一级博物馆、文化遗产地、5A和4A级旅游景区现场画面,实现对景区和执法现场的移动指挥。

支撑系统层是整个系统得以实施和平稳运行的关键,支撑系统层包括应用服务中间件、数据交换中间件、数据处理中间件等支撑软件。

数据展示层是系统数据对外展示和创新应用的窗口,包括数据展示大屏、信息发布系统、手机App应用端等。

五、数据建设

(一)数据采集

平台提供丰富的数据采集功能,支持采集外部数据源数据(如结构化数据、半结构化数据、非结构化数据)写入源数据群(如写入HDFS、Hive、HBase等)。同时,提供在线界面方便用户定义、管理和监控采集任务。

平台数据采集方式包括:基于开源组件Sqoop实现关系数据库和大数据集群之间的批量数据迁移;基于开源组件Flume实现文件采集;基于开源组件Kafka的Kafka Connect特性实现关系数据库和消息队列之间的实时数据迁移;基于开源组件WebMagic实现网站静态资源和REST接口的采集。

平台采集的数据将传输至各类数据存储端,如HDFS、HBase、Hive、消息队列等。

(二)数据处理

数据处理解决数据抽取、清洗、转换问题,包括源数据处理系统和主题数据库群两个方面。源数据处理系统分析每个源数据库数据特征,根据源数据特征和目标数据库结构安装配置ETL工具,进行数据抽取、清洗、转换、加载,建立目标数据仓库。

平台提供易于使用、功能强大而且可靠的数据流工具用于数据处理和分发系统。支持强大且高度可配置的基于有向图的数据路由、转换和系统数据中介逻辑。数据流工具实现外部数据源和大数据基础平台之间的数据流自动化。对接外部多种数据源，将其数据通过数据编排的方式抽取导入到大数据基础平台存储介质中。

（三）数据存储

平台支持多种数据存储，包括分布式文件系统 HDFS、分布式数据仓库 HIVE、分布式 NoSQL 数据库 Hbase、分布式内存 Key-Value 数据库等。

（四）数据计算

平台计算分析依托于目前流行的 Spark 大数据计算架构。Spark 是基于内存计算的大数据并行计算框架，提高了在大数据环境下数据处理的实时性，同时保证了高容错性和高可伸缩性，允许用户将 Spark 部署在大量廉价硬件之上，形成集群。

（五）数据交换

平台支持消息中间件、Web 服务、库表、文件等多种数据交换方式。

（六）数据管控

平台数据管控手段包括资源目录管理、数据质量管理、数据权限管理，通过申请审批业务流程管控严格把控数据的查看、使用和数据结构的调用。

（七）数据可视化

平台以数据可视化技术为核心，通过多源数据接入、创建数据视图，采用 D3、Echarts 等图表库，为用户提供多维分析、图表联动、数据筛选、拖拽式报表设计等商业智能服务，包含数据源管理、后台模型、可视化引擎、报表、仪表盘、工作台、运维监控、API 接口等板块。

（八）多种数据源接入

平台支持多种数据源接入，根据来源可分为服务器和本地文件，其中服务器来源的数据连接支持 MySQL 和 Oracle 数据库，本地文件来源的数据连接支持 Excel、CSV 和 JSON 文件。

六、互联共享

一是通过成立平台建设协调工作小组，理清工作职责，加强顶层设计，构建深度应用、上下联动、纵横协管的数据整合共享工作机制。

二是通过制定《平台数据资源整合共享目录清单》《视频数据对接共享方案》《景区客流数据对接共享方案》《省级平台数据对接共享方案》，推动平台与文化和旅游部业务系统、省级应急管理系统、旅游景区视频监控系统的基本联通。

三是逐步拓展数据互联共享范围，加强同全国 31 个省区市的纵向联通，协助各地建立标准统一、功能齐全、能上能下的行业大数据管理平台，在全国串珠成线、连接成网。

四是加强同交通、气象、通信、文物等有关部门的横向联系，充分发挥大数据的乘数效应和增量作用。

五是加强同现有使用单位的沟通对接，通过开通使用权限、引导创新应用等途径，让行业内更多部门逐步了解平台、科学使用平台、主动融入平台，全面提升文化和旅游数据的使用频率和分析效率，进一步增强平台的创新活力和发展动力。

七、突破亮点

（一）强调数据整合，为产业发展提供坚实基础。

平台积极打造辐射全产业链的动态可视化监测系统，有序整合天气预报、道路交通、景区人流等公共服务数据；国家一级博物馆、省级以上图书馆、重点美术馆等文化文物数据；12318 举报、12301 投诉、旅游团队管理等市场监管数据；文化消费、产业投融资、全域旅游、旅游景区等产业发展数据；景区视频监控、网络舆情、安全预警等应急管理数据，全域全时、精准高效展示了我国文化和旅游整体运行情况，切实推动了大数据支撑下的政策设计和效能评估。

（二）强调互联互通，为行业治理提供全新思路。

平台以数据集中和共享为途径，全面整合了原文化部和原国家旅游局96个业务系统，打通了部机关同11家直属事业单位、31个省区市文化和旅游厅（局）、3000余家5A和4A级旅游景区、国家一级博物馆、省级以上图书馆、重点美术馆的数据连接渠道，对接了多家地图数据商、移动运营商、旅游OTA企业的社会第三方数据，逐步形成了覆盖行业、统筹利用、统一接入的数据共享大平台，基本构建了部系统信息资源共享体系，初步实现了跨层级、跨地域、跨系统、跨部门、跨业务的信息共享和业务协同。

（三）实现科学分析，为政府决策提供精准支撑。

平台积极引入大数据动态归集、应用数据分析、文本语义挖掘和5G移动通信等新一代信息化技术，实时监测景区、博物馆、美术馆、图书馆等场所的周边交通、人流聚集情况，动态掌握社会公众、新闻媒体的主要诉求和关注热点，客观评价公共服务质量，科学研判市场发展趋势，为部机关行政决策科学化、行业治理精准化、公共服务高效化提供了数据支撑和有力保障。

（四）推动平战结合，为应急管理提供有效手段。

平台充分利用大数据、人工智能等高科技手段，强化应急指挥决策的科技支撑，构建了横向整合全国应急管理、天气、交通、客流轨迹、投诉举报、网络舆情等信息资源，纵向贯通国家、省市、区县三级文化和旅游部门的应急联动机制，切实做好事前预测预警、事中指挥调度、事后评估分析，有效提升了全国文化和旅游系统对各类风险因素的感知、监测、防范能力。

八、服务成效

（一）"文化和旅游产业运行分析"功能模块

截至2019年6月，各地通过系统统计上报2018年1季度至2019年1季度文化和旅游产业发展数据，全面监测文化产业和旅游产业整体发展情况、发展态势、细分行业发展情况。

（二）"文化消费和产业园区"功能模块

截至 2019 年 6 月，各地通过系统统计上报 2019 年 1 季度全国文化消费试点城市和国家级产业园区数据，重点分析监测对象文化和旅游消费规模、企业和商户分布、收入情况。

（三）"产业投融资"功能模块

截至 2019 年 6 月，各地通过系统统计上报 2019 年 1 季度文化和旅游产业投融资数据，精准掌握融资规模、融资渠道、资金流向、上市企业数量和净利润情况。

（四）"旅游市场监督管理"功能模块

截至 2019 年 6 月，各地通过系统统计上报 2016—2019 年每日旅游市场监管数据，科学分析我国出境旅行社数据、旅游团队电子合同数据和导游执业信息，系统研判我国日均、月度、年度入境旅游趋势、入境游客特征、入境旅游客源地和目的地情况。

（五）"全域旅游运行监测"功能模块

截至 2019 年 6 月，各地通过系统统计上报 2018 年和 2019 年 1 季度 505 家全域旅游示范区创建单位产业运行数据，从吃住行游购娱等关键要素入手分析全域旅游发展状况，从重大旅游基础和公共服务设施、重大旅游经营项目入手分析全域旅游建设重点。

（六）"旅游景区运行监测"功能模块

截至 2019 年 6 月，各地通过系统统计上报 2016 年至 2019 年 1 季度全国 11924 家 A 级旅游景区数据，从景区数量、游客接待量、旅游收入、免票范围、就业情况、建设情况等 6 个方面，对不同等级旅游景区发展数据进行分析展示。

（七）"全国博物馆"功能模块

截至 2019 年 6 月，各地通过系统统计上报 2012—2018 年全国一级博物馆运行管理数据和视频监控信号，从博物馆数量、藏品情况、展览活动、接待观众及门票收入情况全面分析博物馆发展整体情况，从博物馆游客预约数据、手机 App 位置数据、周边交通车辆数据、重点区域视频监控数据科学指导博物馆应急管理工作开展。

（八）"12318 举报"功能模块

截至 2019 年 6 月，各地通过系统统计上报 2018—2019 年 12318 平台举报信息、案件办理和行政处罚数据，按月度、分地区汇总分析平台举报数量、受理数量、办结率、市场执法检查和行政处罚情况。

（九）"应急指挥"功能模块

截至 2019 年 6 月，同 31 个省区市文化和旅游厅（局）应急指挥平台完成数据对接，实时获取 259 家 5A 旅游景区、3000 余家 4A 旅游景区的视频监控信息，集中展示全国文化和旅游系统应急管理整体态势，并可通过部视频会议专线第一时间在线指挥各地应急处突工作开展。

（作者：刘　艳　赵　琳　郭　鹏）

水利部信息中心——打造智慧水利综合运维指挥中心

水利部信息中心

一、需求背景分析

中华人民共和国水利部（以下简称"水利部"）信息中心，长期以来非常重视信息化的建设工作，IT 基础设施与业务应用经过多年的系统建设，已形成了相当规模，所承担的信息化运维管理工作具有技术复杂、涉及专业面广、时间跨度大、汛期保障任务艰巨等特点。

随着水利部信息化建设的不断深化，为解决 IT 运维工作点多面广、维护力量不足、维护工作难以开展等一系列问题，水利部信息中心决定在 2018 年对原有的运维平台进行升级替换。

锐捷网络通过半年的深入调研、产品现场安装测试、测试后汇报沟通等工作，初步了解了水利部网络中心目前的需求和使用痛点。锐捷网络从"智能化、自动化、可视化"的设计理念出发，提出了"RIIL 智能化综合运维平台建设方案"，利用基于统一信息模型的建模技术和自动发现技术，实现对整个网络中各种基于 IP 技术的基础设施的自动发现和综合管理，并结合 CMDB（配置管理系统）平台建设，将 CMDB 和 IT 资源监控、业务系统运行、故障影响分析、资源自动巡检、运维流程管理等系统进行无缝统一整合，从而建设一套集中的运维管理平台，改变现有的系统割裂无法联动的状况，让管理者和工程师的运维精细化水平、自动化水平、智能化水平得到大幅度提升。

二、系统整体概述

在本项目中，主要实现以下几个方面的平台建设：

（1）建立一套集中监控管理平台，目的是对互联网、专网的IT设备进行实时监控，包括网络设备、服务器、数据库、中间件、VMWare虚拟化资源、业务系统、机房等，通过告警自定义的分级、分时段智能阈值设置实现对IT设备和业务的集中监控管理。

（2）构建自助服务台、故障管理、变更管理、知识库管理、业务上线流程、资源申请流程、应用系统部署流程、服务级别管理等各种常用的IT运维流程，完善现有的运维管理流程体系，形成统一的日常运维流程，实现电子化、规范化、精细化管理。

（3）对CMDB（配置管理系统）进行建设，并打通集中监控管理平台与CMDB平台的数据互联互通接口，打通运维流程平台和CMDB的数据接口，帮助用户通过IT资源和机房空间的关系定位、网络拓扑视图定位、IT故障和业务应用的影响分析、流程自动驱动修改CI信息等几个维度，重塑整个信息化运维管理的价值。

（4）建设可视化运维平台，将运维管理的建设成果和实时信息，通过个性化门户页面为网络中心不同科室的工程师、领导提供在日常值班监控、故障处理、流程跟踪、参观展示等各类场景下的信息化建设运维成果展示。

在完成上述平台系统建设的同时，锐捷网络将对水利部网络中心现有的IT运维制度与流程进行梳理和优化，建立一系列规范化的IT运维管理流程，使人员从大量的手工式运维模式中解放出来，解决内控的控制力度与管理成本之间的两难问题，并将通过可视化运维平台帮助客户的领导层和工程师从多维度分析当前IT运行整体状况、设备运行情况、业务系统运行分析、人员工作量统计等指标，为管理决策提供有价值的IT运维分析数据。

三、系统整体架构

RIIL综合运维管理平台从体系架构上如图1所示分为四层。

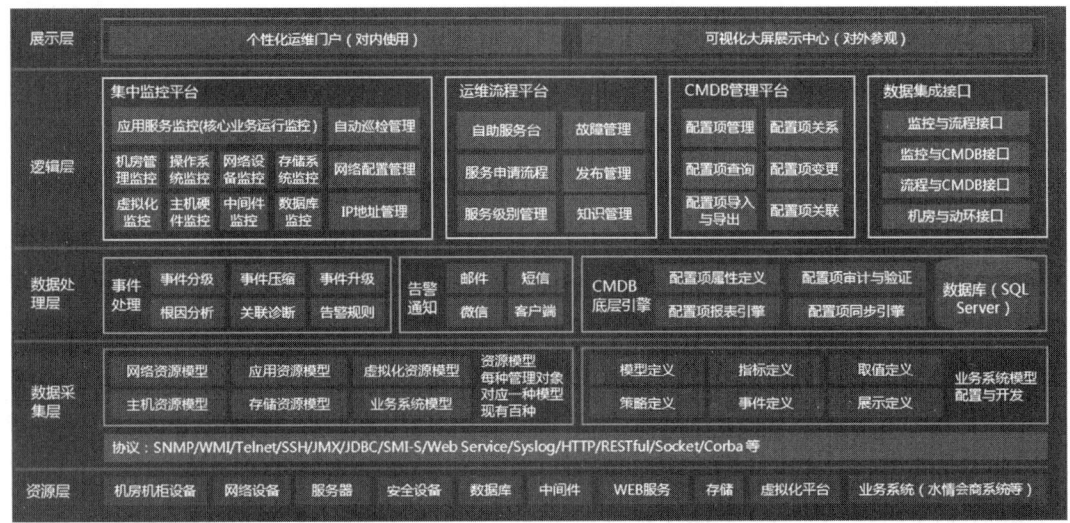

图 1　RIIL 平台整体架构设计图

（一）数据采集层

本层由各种协议适配器构成，向上层提供统一的接口访问管理协议栈（SNMP/WMI/Telnet/SSH/JMX/JDBC/SMI-S/Web Service/Syslog/HTML/CMIP/RESTful/Socket/Corba 等），获取管理信息（包括事件信息、性能信息和拓扑信息等），并在初始发现时作为驱动模块构建信息模型。

（二）数据处理层

对底层采集的数据进行统一描述，形成管理信息库，向上提供统一的管理语义和调用接口，使各个业务模块面对统一的数据模型，使资源的管理方式一致并处于单一的可控路径下，方便对资源进行权限管理、互斥访问等操作，使面向事务的并发管理成为可能。专注于管理业务的实现，不再关心底层协议的差异性。响应前台应用的请求，完成数据查询、处理等功能。

（三）逻辑层

提供集中监控平台、运维流程平台、CMDB 管理平台及数据集成接口等。

（四）展示层

前台信息展示界面，从逻辑层得到数据加以汇总、分析、展现，主要包括个性化运维门户管理、可视化大屏展示中心。

利用分布式总线实现各逻辑层之间的通信，功能模块之间通过内部定义数据接口利用消息总线进行交互式操作。

四、集中监控平台

IT 资源综合监控平台（RIIL-BMC）主要针对各个核心业务应用系统、服务器（操作系统）、网络设备（路由器、交换机等）、数据库、中间件、存储、虚拟化、安全设备等 IT 资源进行资源配置信息、告警信息、性能指标等方面的统一综合监控。

该平台与运维流程平台对接，将关键告警信息实时同步到运维流程平台，并自动创建故障工单，为故障的高效、有序、电子化处理提供稳定保障。

该平台与 CMDB（配置管理系统）平台对接，在数据层面和 CMDB 平台进行同步，可以在集中监控平台中查看到 IT 资源对业务系统运行的影响程度等，帮助用户通过业务分析视图快速、准确地分析 IT 故障对业务造成的影响。

（一）运维流程平台

运维流程平台（RIIL-Relax）将技术系统、技术人员、管理流程有机地结合起来，实现 IT 部门日常运维业务的处理以及资源（人和设备）的流程化、规范化、电子化管理，利用该系统提高工作效率、改善服务管理水平。

该平台与 CMDB（配置管理系统）平台对接，实现通过流程执行将工单数据和 CMDB 的配置数据（CI 信息）进行自动同步，帮助用户进行数据一致性维护，减轻手工运维的工作难度和工作量，提高运维效率。

（二）CMDB 管理平台

CMDB 管理平台（RIIL-CMDB）是本期系统建设的核心，重点针对应用业务系统、服务器、网络设备、安全设备、机柜、机房 6 个 CI（配置项）大类开展 CMDB 的建设。

CMDB 平台和集中监控平台、运维流程平台的工单管理、自动巡检平台都存在内部数据接口和信息联动，具有提供基于机房空间位置的资产定位、基于业务系统故障分析的 IT 设备定位、基于流程工单的配置关联关系等功能。

（三）可视化运维平台

可视化运维平台是一套建设生动形象的技术成果展示系统的解决方案。通过现代化的多媒体手段和大屏方式，集中客户信息化建设成果和 IT 环境的实时运行情况，展现新时期信息化风貌，为信息部门领导提供可视化的指挥和决策工具。

五、系统逻辑架构设计

RIIL 系统逻辑架构（图 2）中包含以下组件：

Portal Server 门户服务器：为用户提供基于业务、3D 动态真实的 IT 资源统一管理展现，并作为整个系统与用户的唯一接口，完成用户各项指令的交互，并对中央控制层传达用户的指令。

Center Controler Server（CCS）控制中心服务器：完成所有数据的统一分析和处理、portal 传达指令的中转控制、系统策略的全局配置和下发、资源事件和告警的同步、链路信息的采集分析、脚本监控等功能。

Remote Controler Server（RCS）远程控制中心服务器：主要完成非 SNMP 协议可监管设备的信息采集，采集方式包括 WMI、telnet/SSH、ping 等。

Data Collector Server（DCS）数据采集服务器：主要面对支持 SNMP 协议的 IT 资源指标信息的数据采集，并且将其传递给 CCS 统一处理。

Discovery Server（DIS）发现服务器：完成系统初始化工作时资源的自动发现功能。

DB（包含 RIIL_BMC 集中监控系统数据库、RIIL_Relax 运维流程系统数据库）：用于存储系统采集到的各项数据和历史，各数据库可保持独立部署，内部之间具有数据通信接口。

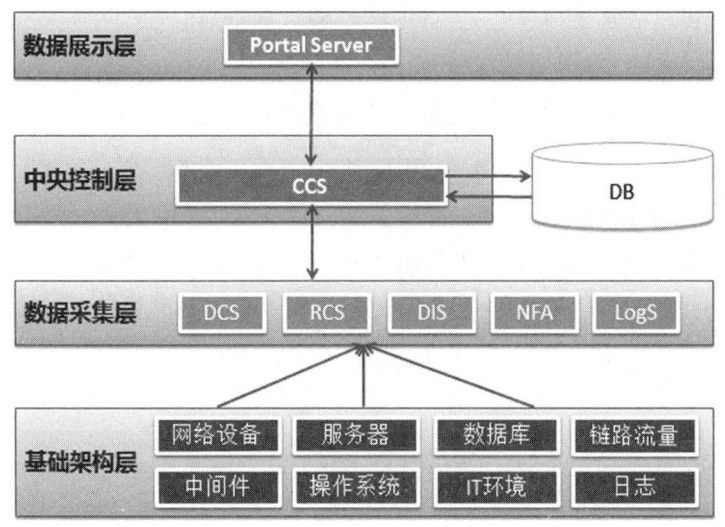

图 2 RIIL 系统逻辑架构图

六、系统亮点

（一）以 CMDB 为中心的统一数据源设计

RIIL-CMDB 为各个子系统数据互联互通的底层统一数据库，用户只需一次构建 CMDB 库，就可以实现将集中监控平台、运维流程平台进行统一关联、展示、分析。同时，CMDB 配置项从采购到报废的整个流程，是基于生命周期管理的流程。RIIL-CMDB 和其他子系统之间具有紧耦合的关联设计，可以将配置项与监控系统的机房机柜位置、业务系统故障影响分析进行紧密关联；同时，可以将 CMDB 中配置项与运维流程管理的各个工单，如故障工单、服务申请工单、知识库等进行紧密关联，从而为后续的大数据分析提供有价值的决策信息。

（二）面向核心业务系统的综合管理

从业务视角对 IT 资源管理是 RIIL 的一大特色。在这个模块，RIIL 将为用户呈现基于业务的 IT 资源管理，从业务视角进行建模，打通 IT 管理工作与企业战略、企业业务和业务部门的价值链,确保 IT 管理工作价值能够最好地体现,同时让运维管理不再与业务分离,而是紧紧结合业务,时刻为业务服务。

系统以业务评估建模为核心,为重要业务系统通过健康指数分析视图、业务雷达、业务卡片建立一页式运行监控视图,在 RIIL 平台中进行一页图形化展示,提供从机房运行环境层面、网络设备层面、硬件支持层面到软件应用层面的监控视图,支持业务运行健康走势、实时业务运行状态雷达式扫描监控,直观显示关键业务系统的运行状况是否超过设定的警戒线、是否可用,提前预警、提前防范,当发生故障时方便进行业务的根源故障分析,保障业务的高质量无间断运行。

(三)具备高可靠性和良好的易用性

在可靠性方面,RIIL 系统能够做到:在无自然因素(如断电等)干扰的情况下 7×24 小时连续稳定运行;对自身系统进行自检,能够监控各功能模块的运行状况,包括自身服务、组件的可用性、端口、连续运行时间、JVM 使用率,随时发现系统自身的问题,对于采集服务或组件可提供 1 分钟、5 分钟、10 分钟内采集的指标个数。同时,系统提供独立的守护进程,一旦发现异常,可进行及时干预;系统提供定期备份方案,能够定时地对程序和数据进行备份;系统提供完善的数据校验,能够保障数据的全面、完整、真实、准确,保证数据被系统正常使用,进而保证系统的可靠性和系统产生结果的有效性;系统考虑到数据的及时性,确保从各种途径获得的数据能够及时地进入系统,并能够及时地得到维护和审批;安装在被监控对象上的探测工具占用被监控对象的资源在 3% 以内。

在易用性方面,RIIL 系统充分考虑了用户的体验:提供简洁、方便、有效的管理工具和界面,有完整的系统文档;产品基于 J2EE 架构进行设计开发,采用最新的 HTML 5 语言开发;提供可扩充性的接口设计以便维护人员的日常管理和维护;采用纯 B/S 结构,无须安装任何客户端或 C/S 程序;用户界面有容错能力,所用术语保持一致;用户进入系统的相应功能模块后,该模块所涉及的各项功能均在统一的一个界面中显示和完成;所有故障信息均完整易懂、准确定位到告警源设备并有具体故障说明。

(四)遵从 ITIL 最佳实践标准

RIIL 系统技术成熟,是在国外先进管理理论的基础上进行研发,并结合国内各个部委客户的实际情况进行发展和完善，符合国内客户实情。RIIL-Relax 运维管理系统基于先进的 ITIL 管理理念和灵活的流程引擎、表单引擎，不需要任何定制开发即可实现流程的快速创建和调整，是一套成熟、先进的系统。

（五）具备海量数据的管理能力

具有对用户监控海量数据的管理能力，解决方案采用了多种技术优化保障系统的性能指标，包括被监控系统资源平均占用不超过被监控对象的 3%；为了使数据不会无限量的增加，系统提供了配置数据保存时间的平台，从而定期删除已过期的数据。性能原始数据在系统中存储 ≥ 2 个月；告警原始数据在系统中存储 ≥ 1 年；能够提供详尽的历史趋势分析功能，支持当前一年内数据的智能展现。

（六）灵活的用户权限管理

支持多用户权限划分，可以进行功能权限和设备监测权限的单独划分，允许通过指定的 IP 地址进行访问，并具有详细的操作审核机制。用户的任何配置信息全部采用（不低于）128 位 EDS 加密方法进行本地存储，保障用户配置的账户信息的安全。

用户管理模块必须要足够灵活，可以增加、修改、删除用户，也可以给不同用户赋予不同权限。实现分组管理，组内人员自动拥有该组的权限。最高级别的系统管理员可以为其他系统管理人员配置不同的用户名、密码和权限。权限设置覆盖所有功能，包括监测器、报警、报告和诊断工具等。不同的系统管理员用不同的用户名和密码登录系统，只能看到各自权限范围内的监测内容，系统管理职责不同的人拥有不同权限，权责分明，以便系统管理规范化。

（七）具备良好的可维护性

在可维护性方面，RIIL 系统能够做到：对常用参数、配置修改提供了相应的配置界面或配置文件，提供图形化的拓扑图编辑维护；支持以系统服务方式运行和绿色程序运行，方便日常维护，方便系统测试和系统迁移；系统代码对程序类、接口、成员、参数、变量等的命名上具有统一的规范、对接口和复杂代码有详细的注释说明、所有代码均合理进行缩进，方便阅读；代码编写过程中，均使用 Junit 进行单元测试，修改后可以进行灵活测试。

（八）具备绚丽的展示效果

RIIL 通过 FLEX、JSP 等技术实现动态、3D 仿真的展示效果，带给用户最真实的 IT 管理体验。同时，RIIL 为了将用户 IT 工作价值更好地进行展现，在展示效果中做了相应的优化，使 RIIL 的页面可以支持高分辨率的自适应展示，可以通过屏幕矩阵将 IT 管理页面挂在墙上，更加方便用户日常管理工作和价值呈现。

（作者：贺　挺）

认证认可信息共享公共服务平台"云桥"

国家市场监管总局信息中心

"云桥"的全称是"认证认可信息共享公共服务平台",是在运用"互联网+"思维建立的面向社会、企业、公众服务的"信息之桥",是国内最权威、最全面、最详细的认证认可信息共享服务平台。"共享"和"服务"是认证认可"云桥"最重要的两个"标签"。

"云桥"是在"互联网+"时代下创新政府信息公开和公共服务的新形式、新渠道。"云桥"是认证认可检验检测行业大数据建设的重要组成部分,是实现数据"开源"的重要机制。"云桥"有助于形成"加强治理、推动采信、促进发展"的共赢模式。"云桥"是落实"放、管、服"改革要求,服务事中事后监管的有效手段。

一、基本情况

认证认可信息共享公共服务平台"云桥"(以下简称"云桥")是中国国家认证认可监督管理委员会(以下简称国家认监委)按照国家"放、管、服"结合的要求,在"互联网+"背景时代下探索信息共享公共服务的新模式;是通过数据清洗整合之后,形成向电商平台提供认证证书数据的验证服务。

自 2015 年 12 月国家认监委开通"云桥"以来,各大电商平台通过"云桥"查核认证信息累计 1 亿多次,识别可疑商品超过 6000 万件并对其中约 300 万件作下架处理。

四年来,"云桥"平台提供认证证书信息验收服务已经与阿里巴巴、京东、中粮我买网、苏宁易购、唯品会等多家电商平台实现数据共享，帮助平台对产品进行认证证书核查服务，识别出可疑商品，并将认证结构信息传递给消费者，引导消费者基于认证信息来选择商品，"云桥"平台对电商平台的产品质量治理发挥着重要作用。

电商平台通过与"云桥"的对接，实现了产品与认证证书的实时验证，帮助消费者在电商平台上查对获证信息，从而避免无证或假冒认证产品，电商平台可通过"云桥"反馈问题数据，实现全过程管理。

目前，"云桥"已与国内主要电商平台建立了数据合作，向他们提供认证证书线上核验服务，帮助电商平台对销售商品进行认证质量管控，杜绝虚假认证的产品上线。消费者在购物时可直接从电商平台上识别出商品是否获得认证，从而放心购物。

在服务国内电商平台的同时，"云桥"也开始积极探索在跨境电商出口方面开拓新的服务领域，助力中国企业"走出去"。目前，"云桥"正在和阿里巴巴全球"速卖通"等平台开展合作研究，帮助阿里巴巴加强在跨境电商出口平台的产品质量管控，向国外采购方展示产品检验检测认证质量信息，促进国外采购方采信中国的检验检测认证质量信息。

同时，通过调研中央政府采购网、地方政采中心、大型国企采购中心等，积极推动在政府采购中广泛采信"云桥"质量验证结果，促进企业承担主体责任，提质增效。

二、制度改革（含事项服务流程）

"云桥"向各电子商务平台提供有效的认证证书信息。
"云桥"向各电子商务平台推送认证证书更新信息。
"云桥"收集电商企业在认证数据比对核查中发现的问题数据。
"云桥"建立数据反馈机制，收集电商企业反馈的自查问题数据。
具体如图 1 所示。

三、组织保障

为保证项目顺利实施，建立以项目经理负责制的运作体制，项目实施过程严格执行质量保证体系（符合 CMMI、ISO9000），由项目经理全权负责调配资源与沟通协调，并定期向项目建设单位进行汇报。

同时，为保证项目组的稳定性，依据项目的进展，调配相关的人员，并以本地化为主的人员体制参与整个项目生命周期，保证项目后期的维护及响应。

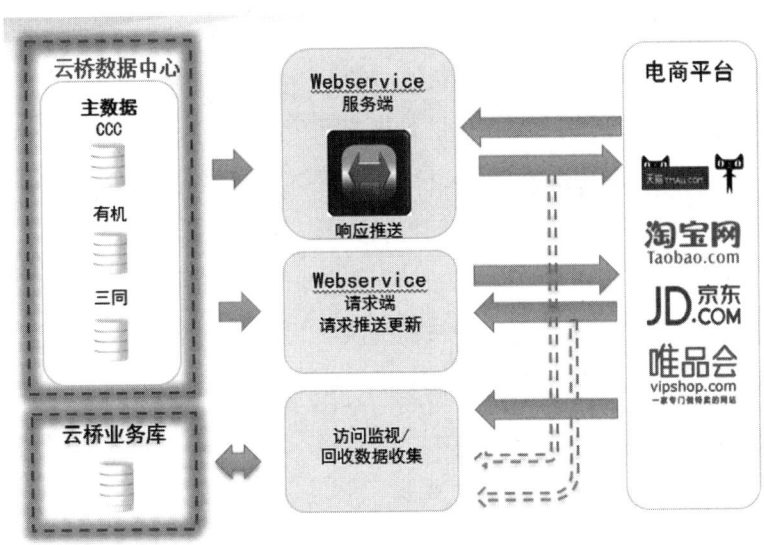

图 1　制度改革（含事项服务流程）

四、系统建设

采用开源数据共享机制 Web Services，在此方式基础上，开发对应业务的应用，向外部系统开放能够通过 Web 进行调用的 API。这种方式是平台独立、低耦合、自包含、基于可编程的 web 的应用程序。使用开放的 XML 标准来描述、发布、发现、协调和配置应用程序，支持分布式互操作的应用程序。

随着"云桥"信息共享平台的建设，接入的电商平台数量增加，需要开放的数据需要优化和扩展，其访问数量也会随着信息系共享平台的服务内容增长而增加。"云桥"信息共享平台的建设及优化，其技术架构重点在于数据整合和优化，需要提高系统开放数据质量、扩大数据收集范围以及增强收集内容的整理和存储，以便提高数据质量，实现数据收集与监督管理的信息对接。

五、数据建设

认证认可信息共享公共服务平台"云桥"通过基于 SOAP 协议的 Web Services 提供认证证书核查服务,数据接收方通过调用数据交互接口发送待验证"认证类别"+"认证证书编号"+"发证机构"给"云桥"服务端,"云桥"服务端收到后返回查询结果。

认证认可信息共享公共服务平台"云桥"对接中国物品编码中心商品条码系统,向认证认可检验检测内部系统提供商品条码的数据查询功能接口。

认证认可信息共享公共服务平台"云桥"收集反馈问题数据,对反馈问题数据进行整理、统计、分析,向相关监管系统及部门提供数据支持。

"云桥"对抽检不合格、顾客投诉率高的问题数据进行收集清洗,然后拆分对应发证机构的信息并进行统计整理,最终向发证机构提供反馈问题数据。

"云桥"数据建设采用科学合理的信息技术,充分保证认证数据的及时性、准确性以及用户大量抽取数据的稳定性(图 2、图 3)。

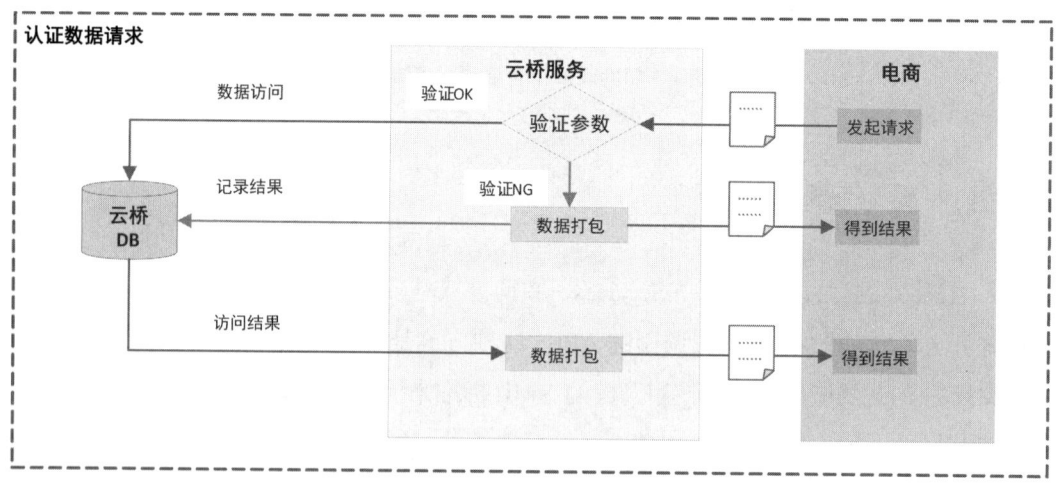

图 2 认证数据请求

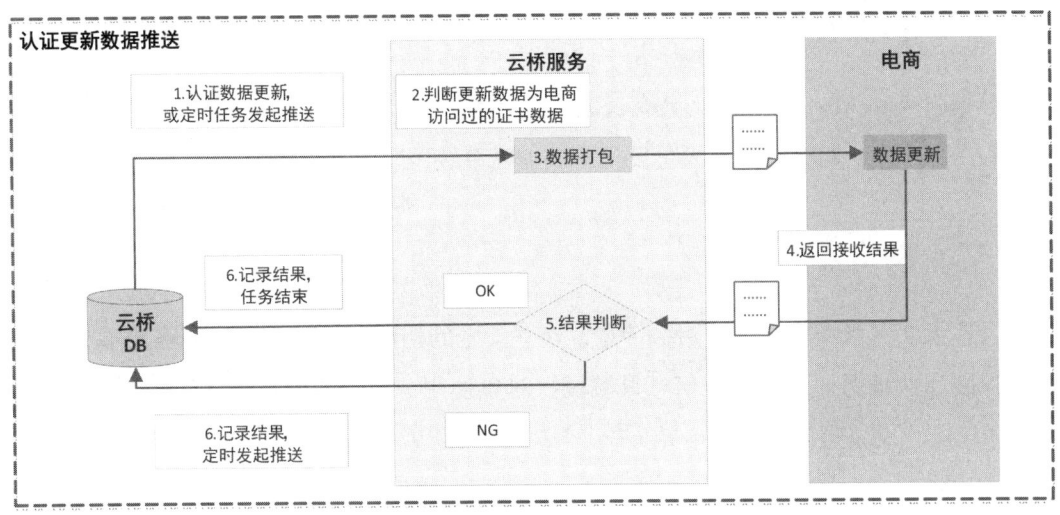

图 3　认证更新数据推送

六、互联共享，内外协同

"云桥"是整合认证认可、检验检测公共服务资源，实现公共信息服务的综合"平台"；是打造连接国家部委、行业、社会组织、企业的信息资源合作、共享的"桥梁"；是实现对外信息服务、社会反馈信息收集、行政监管信息联动的认证认可良性"生态圈"。

七、组织管理、技术运用、实施过程中的做法、突破、难点等

"云桥"系统建设从数据、数据流及应用场景角度出发，充分考虑信息安全问题，并邀请第三方评测方进行信息安全的评估。具体信息安全设计要求参照国标 GB-T 22240—2008《信息系统安全保护等级定级指南》中对于等保二级的要求。从数据安全、物理安全、网络安全、主机安全四个方面保证系统的安全性。"云桥"信息共享服务平台的构建依照国家信息安全等级保护二级信息系统的保护制度实行以下几个方面安全策略。

（一）物理安全

数据服务和 AP 服务不采用公有云服务，将服务器放置于中心机房，开发办公地也限于中心内部开发，对参与开发人员设备安装加密系统，防止文件外泄等。

（二）网络安全

合理预期网络峰值，设计网络带宽，建立安全的访问路径；通过访问客户端 IP 地址范围控制和认证保证云桥系统信息只被授权对象使用，单位时间访问次数控制及认证控制等手段防止网络爬虫并进行边界防护。

（三）主机安全

操作系统和数据库系统进行用户身份识别，权限分级管理，由授权主体设置对客体访问和操作的权限。

（四）数据完整

数据在传输、交换、存储和处理过程保持不可修改、不可破坏和避免丢失的特性，即保持信息原样性，使信息能正确生成、存储、传输。

（五）数据可用性

"云桥"信息共享平台信息可被授权实体正确访问，并具有按要求能正常使用或在非正常情况下能恢复使用的特征，即在系统运行时能正确存取所需信息，当系统遭受攻击或破坏时，能迅速启用备份系统恢复并能投入使用。

"云桥"信息共享平台能够从不同平台，不同技术路线的业务系统中快速抽取数据；满足海量业务数据的存储、计算能力，并基于大数据技术平台实现认证认可机构多类数据模型的快速构建。同时，信息共享平台数据采集系统需要满足多数据源和非结构化数据处理，同时平台具备友好的数据可视化能力，做到数据实现方式多样化展示。

八、服务成效

电商平台接入认证认可"云桥"平台后,有效提升了国内电商领域的商品及服务质量,为消费者带来更优的商品服务和更佳的购物体验。

"云桥"已与国内主流电商平台阿里巴巴、京东、中粮我买网、苏宁易购、唯品会等多家电商平台建立数据合作,覆盖了国内 B2C 电商市场份额的 90% 以上的电商平台。"云桥"开通以来,为电商平台在线校验证书 1 亿余次,帮助电商平台下架商品 300 余万件,为电商交易提供了质量保证。各大电商平台利用"云桥"提供的数据验证服务,落实多方协同监管机制,进一步加强了平台售卖商品的品控管理,杜绝了未获证的 CCC 产品流入市场,对被暂停、撤销 CCC 证书的产品及无证销售的有机、三同产品做到跟踪、监控和后续处理,把发现的问题及时反馈给监管部门。通过"云桥",地方监管部门、认证机构、电商平台和消费者紧密地联系起来,形成"互联网+"时代下传递信任、协同监管的新局面。

(作者:李 锋)

生态环境部"互联网+政务服务"平台

生态环境部信息中心

党的十八大以来,党中央、国务院坚持全面深化改革,深入推进简政放权、放管结合、优化服务(以下简称"放管服"),大力发展"互联网+政务服务"建设,先后出台《关于加快推进"互联网+政务服务"工作的指导意见》《进一步深化"互联网+政务服务"推进政务服务"一网、一门、一次"改革实施方案》等重要文件。

为进一步深化生态环境领域"放管服"改革,贯彻落实党中央、国务院关于深入推进"互联网+政务服务"工作的决策部署,生态环境部积极开展"互联网+政务服务"平台建设工作。2017年12月29日,生态环境部"互联网+政务服务"平台(以下简称平台)上线运行。平台实现了生态环境部所有行政审批事项在同一平台申请、审批、监管和信息公开,形成从用户登录、办理、查询到满意度评价的闭环管理,创新了生态环境部政务服务"网上办、线上批、实时管、掌中查"的新格局,提升了政务服务管理效能,为建立生态环境部"一网通办"政务服务新体系提供了信息化基础。

一、平台组成

生态环境部"互联网+政务服务"平台由"一门户、一系统"即生态环境部政务服务大厅和生态环境部政务服务管理系统组成。生态环境部政务服务大厅为互联网门户,主要为公众提供办事服务和信息公开。生态环境部政务服务管理系统为政务服务大厅支撑系统,主要为环保审批部门提供办件审批管理、用户管理、办事指南管理、咨询问答等管理。

二、建设情况

（一）统一服务入口

2016年，《生态环境大数据建设总体方案》将公共服务便民化作为大数据建设应用的主要目标之一，并启动"一站式"网上办事大厅建设。2017年，《环境保护部政务信息系统整合共享实施方案》提出依托部政府网站，建设生态环境互联网政务服务门户暨"互联网+政务服务"平台。2017年12月29日，"互联网+政务服务"平台正式上线运行，实现统一登录、统一申请、统一反馈。

部机构改革后，新转隶司局海洋生态环境司和应对气候变化司主管的行政审批事项也需统一接入平台。经与新转隶司局对接，明确海洋生态环境司有6个、应对气候变化司有1个接入事项。目前，7个事项已全部接入。

（二）整合服务资源

按照"整合系统、共享资源、规范标准、无缝衔接"的原则，加大服务资源整合和共享力度。在功能融合方面，集成整合建设项目环境影响评价技术服务机构资格认定系统、新化学物质环境管理登记证核发系统等10个审批业务系统。在互联互通方面，建立政务服务申请人基本信息库（6363条数据）、行政审批事权清单库（271条数据）、材料共享库（271条数据）、办件审批节点库（42901条数据）等基础数据库。"一次上传、多点应用"，避免了数据重复采集、来源多头、存储差异等问题，实现了业务互联互通。

（三）优化服务流程

深入开展线上线下政务服务流程再造、数据共享、业务协同，形成"一网受理、协同办理、综合管理"的一体化政务服务架构。统一梳理了行政审批事项的办事流程，明确了审批流程、办理时限、反馈节点等核心环节，规范和完善了行政审批事项办事指南。针对已有系统的事项，整合前端受理功能；针对无系统的事项，统一由平台设计、建设在线服务流程，实现统一前台受理，后台办理流程整合优化。

（四）强化服务监督

针对审批事项办理各个环节，全面加强事项公开信息的完整性、事项办理的时效性、流程合法性和内容规范性等方面的监督管理。通过平台公开所有事项办事服务信息及办件公示信息，为公众监督提供窗口，实现阳光审批、阳光政务。依托平台建设在线电子监察系统，为纪检监察、监督、审计等提供办件监察、咨询投诉监督等服务，实现监管部门对行政审批情况的动态掌握和实时监督。

三、建设成效

（一）改进服务机制

一是优化服务"马上办"。加快政务服务标准化，材料齐全、符合条件"马上办"。二是线上服务"网上办"。行政审批事项"应上尽上"，全程在线办理。三是集成服务"一次办"。推动一般事项"不见面"，复杂事项"一次办"。四是阳光服务"跟踪办"。实现行政审批全程网上跟踪，网上监督，让企业和群众实时掌握事项办理进度。

（二）健全服务体系

按照一体化政务服务标准，打造线上线下整体联动、融合发展的政务服务体系，有效结合网上政务服务大厅和线下实体行政审批大厅，使网上申请资料与报送纸质材料相对应，实现线下申请、线上留存；线上申请、线下提交。将行政审批事项目录、办事指南、办事状态等相关信息在平台、移动端、实体大厅在多个服务渠道同源发布，有效促进了线上线下办事服务深度融合。

（三）提升服务质量

通过"单点登录，全网通办"的办事服务，从材料接收、受理告知到结果答复，为办事人提供"一站式"审批服务，有效避免申请人反复送材料、多次跑大厅等问题，简化了办事流程，提高了办事效率，实现了政务服务"三大转变"：从"群众多跑腿"转变为"数据多跑路",从"群众来回跑"转变为"部门协同办",从"被动服务"转变为"主动服务"。

(四)创新服务方式

为向社会公众提供更加便捷的行政审批服务,创新建设了"生态环境部政务服务"移动端App,与平台同步上线并实现数据同步更新。申请人可通过手机登录App查看行政审批事项办事指南、办理进度以及时了解办件状态及查询事项办理流程,并可进行线上"不见面"咨询互动。

四、解决的痛点、堵点、难点

(一)实现用户在一个平台上办理行政审批业务,解决数据重复填报问题

平台按照用户类型进行分类,包括个人用户与企业用户。平台事项按行业划分为五大类,明确办理类型,便于申请人办事。平台设置了事项申报、办理流程查看、咨询互动、个人大厅等模块。用户通过互联网在门户注册时填写相应基本信息,在进行多个事项办理的同时,基本信息会自动生成,使得用户不必重复填写,用户按照事项办理流程及所需证明材料,只需提交一次便可满足事项申报条件,减轻申请人反复填报的问题,并可实时查看事项办理的审核进度。

(二)实现环保监管部门在同一平台进行所有行政审批事项的实施监管

监管部门利用管理平台实现在线监管,从提交、受理、审批、办结等各个环节进行全过程的监控。对逾期未办的事项进行督办,并通过短信、邮件等方式告知业务相关人员,有效实现监管部门对审批情况的动态掌握和实时监督,为政务服务事项公开透明运行提供有力的支撑保障。

（三）实现生态环境部所有行政审批事项服务信息在多渠道同源发布

平台准确清晰地公开生态环境部所有行政审批事项办事服务信息，实时发布事项办理公告及公示信息等，使政务服务方面更加透明，实现阳光审批、阳光政务，为公众监督提供窗口。同时，按"互联网＋政务服务"体系建设要求，生态环境部实现了政务服务事项清单、办事指南、办事状态等相关信息在平台、移动端、实体大厅等服务渠道的同源发布，积极打造线上线下整体联动、融合发展的政务服务体系，并逐步规范政务服务一体化办理流程，促进实体行政审批大厅规范化建设，推进线上线下办事服务深度融合。

（四）初步实现政务信息资源的整合共享，解决"信息孤岛"问题

生态环境部按照"整合业务系统，统筹服务资源，统一服务标准，做到无缝衔接"的思路，加大了政务信息资源整合和协同共享力度。在功能融合方面，集成了建设项目环境影响评价及验收申报系统、建设项目环境影响评价技术服务机构资格认定系统、建设项目环境影响评价技术服务机构资格认定系统等各类行政审批业务系统。在互联互通方面，建立政务服务申请人基本信息库、行政审批事权清单库、材料共享库、办件审批节点数据库等，实现了部内各行政审批业务互联互通，为各部门业务协同建立良好基础，初步解决了"数出多门"和"信息孤岛"问题。同时，便捷了申请人事项办理，建立了材料"一次上传，多点应用"的资源流共享体系，避免了部分基础类信息的数据重复采集、来源多头、存储差异等问题。

（五）实现技术创新，促进生态环境保护工作管理精准化、服务便捷化

依照国家统一要求，生态环境部"互联网＋政务服务"平台将于2020年年底前建成。目前，平台仍处于建设阶段，计划建立"互联网＋政务服务"智能AI平台，运用大数据处理技术，增设智能问答、智能互动功能，通过大数据"神经网络"建立智慧知识库，搭建人工智能平台为企业或群众解答政务事项办理过程中的疑问，实现"互联网＋政务

服务"平台与申请人智能互动。同时，不断优化平台架构，改善平台功能，提高用户体验，以微服务架构形式为业务系统提供包括用户管理等公共服务。增强页面交互性，使平台操作更为人性化，便于申请人进行事项申请。此外，建立政务服务大数据平台，挖掘政务服务相关信息，更有效地发现问题，为提升政务服务能力提供保障。分析各类事项办理条件及所针对的对象，按照时间、空间等维度划分，结合周边信息环境，全方位分析政务服务存在的问题，为事中、事后的监管奠定基础，为全面了解政务服务现状提供可视化的大数据平台。

（作者：何蓓琦　符春艳　徐　昊　郝　莹　王丽平）

国家发展和改革委员会政务服务大厅系统项目

国家信息中心

一、基本情况

为转变政府职能,深化行政审批制度改革,规范行政审批行为,优化营商,国家发展和改革委员会(以下简称"国家发改委")于2015年1月1日设立政务服务大厅,一口受理行政审批和业务咨询。按照委党组要求,政务服务大厅深入落实党中央国务院关于"放管服"改革、"互联网+政务服务"重要部署,在"实体大厅"基础上,建成"网上大厅""移动大厅",形成了"一体两翼"线上线下融合服务新模式,并与国家多个平台互联互通、信息共享,实现了群众少跑腿、数据多跑路、部门协同办。

二、制度改革

一口受理制度。国家发改委行政审批事项全部纳入政务服务大厅统一管理、一口受理,实现线上线下统一接收、统一答复、过程督办,企业、基层和群众只进一扇门、只上一张网、最多跑一次。

信息公开制度。一是通过实体大厅、网上大厅、移动大厅多渠道公开含有26个要素的办事指南,方便服务对象查阅。二是通过短信方式主动将办理进度告知申请人,申请人也可以登录网上大厅或移动大厅自行查询。三是通过网上大厅、移动大厅主动公开行政许可事项办理结果。

三、组织保障

国家信息中心派驻一支政治素质过硬，既懂服务又懂技术的复合型人才队伍，负责政务大厅日常运行工作及网上大厅、移动大厅建设运维工作。这种能力复合型的组织安排有效保障了业务服务和技术支撑的有机融合，提升了系统建设运维工作的效率、质量和水平。

四、系统建设

在申报系统基础上，2016年7月建成网上大厅，2019年1月开通移动大厅，与实体大厅共同形成"一体两翼"线上线下融合服务新模式。这一模式有效拓宽了服务渠道，提升了服务效能。网上大厅包括用户申报和业务受理两个模块。用户申报模块为企业、基层和群众提供服务指引、事项申报、业务咨询、自动问答和办理结果公示等服务；业务受理模块为工作人员提供材料接收、咨询答复、信用信息查询、统计分析等业务办理服务，并将接收事项信息导入委机关办公内网。移动大厅包含微信公众号和微信小程序两部分，微信公众号主要为申请人推送政务服务消息、政策解读等内容，微信小程序则实现了移动端的服务指引、事项申报、业务咨询、自动问答等功能。移动大厅、网上大厅共用同一数据库，实现了数据同源。

五、数据管理

数据录入和核验。政务大厅每日接收文件、受理咨询等业务数据均保存在网上大厅数据库中。网上大厅通过国家数据共享交换平台接口调用法人库、人口库数据，实现了网上申报、窗口收件、结果送达等环节对法人、个人身份信息的在线核验，确保了身份信息的准确性与一致性。

数据导入和导出。网上大厅与内网公文系统物理隔离，每日通过自动光闸与刻录光盘对数据进行导入导出。为确保内外网数据一致，政务大厅建立了内外网数据核对机制。

数据应用和展示。定期对政务大厅产生的数据进行分析，得出申报与咨询工作趋势报告，供委领导与司局决策参考。绘制数据图表，在现场教学、参观调研等活动中利用数据和流程可视化系统对外宣传展示。

六、互联互通

与国家政务服务平台互联互通，实现"一网通办"。我委网上大厅与国家政务服务平台对接，实现了统一身份认证，方便企业和群众依托统一入口申报我委政务服务事项。

与投资平台互联互通，强化协同服务。项目单位通过全国投资项目在线审批监管平台申报项目后，凭借平台核发的统一项目代码就可以在我委政务服务大厅办理项目审批、核准手续，无须重复录入项目信息。

与信用平台互联互通，推动信用监管。通过全国信用信息共享平台查询企业信用信息，在行政审批工作中实施信用监管，并将我委产生的信用信息实时上传到全国信用信息共享平台，供相关部门和地方共享应用。

七、组织管理、技术运用、实施过程中的做法、突破、亮点等

（一）物理隔离网络安全衔接，支撑前店后厂一体运转

前店指政务服务大厅，在外网工作，主要负责事项的统一接收、统一答复、进展告知和过程督办。后厂指业务司局，在内网工作，主要负责按照有关规定限时办理。在以前没有政务大厅时，申请人不管是交材料还是问进展，都必须找到相应司局。现在只进一扇门、只上一张网就可以交材料、问进展，办理所有行政审批事项，整体服务效能得到了提升。

（二）"制度 + 技术"双轮驱动，确保审批办理零超时

专门制定了《督办管理办法》，建设了相应的信息系统和预警提醒机制，利用信息系统自动记录下从收件、批分、会签、办理，到核签、发文的每一个步骤，精确到秒，实

现了全过程留痕和全环节督办。采用"制度+技术"方式，持续保持审批零超时。

（三）将信用信息嵌入审批系统，强化信用联合奖惩机制

建立信用信息"逢报必查"和"逢办必查"机制，在窗口收件环节，通过全国信用信息共享平台，自动查询申报企业的信用记录，并将企业信用信息同步到内网办理系统，以弹屏方式提示承办司局查看，在行政审批中参考；承办司局在作出行政决定前，必须对企业信用信息再次查询，依据联合奖惩备忘录开展相关工作，使守信者一路绿灯，失信者处处受限。

（四）建立自动问答系统，提高咨询服务效率

我委政务服务大厅设有现场、电话和网络多个咨询服务渠道，受理各类政策和业务咨询，提供方便快捷的咨询服务。2019年1月我们开通移动大厅微信小程序，创新提供自动问答服务，实现较好效果。线上知识库自动回答占比达62.9%，咨询总体满意度达到97.93%。

（五）建立审批服务标准化体系，持续提升服务水平

按照国务院审改办有关文件要求，仔细对照《行政许可标准化指引（2016版）》有关要求，找差距、补短板，形成《政务服务大厅行政许可服务规范》等多项制度规范，切实提升服务规范化和依法行政水平，也为信息系统标准化建设打下了坚实基础，保障了政务大厅线上线下服务水平的持续提升。

八、服务成效

2015年12月7日，李克强总理亲临大厅考察并给予高度评价。2018年4月，韩正副总理莅临考察并给予充分肯定。中央党校（国家行政学院）将大厅遴选为深化"放管服"改革现场教学基地，充分发挥改革先锋示范作用；我委政务服务大厅在国务院部门行政许可标准化测评中以满分的成绩获得第一名，全国行政审批标准化工作组将我委

树立为标杆典型;共青团中央将大厅团队命名为"全国青年文明号"。实现审批零超时、服务零投诉、运行零事故。

在中央国家机关工委《紫光阁》杂志社、中国行政体制改革研究会、人民网联合举办的第二届全国行政服务大厅典型案例展示活动中荣获"创新性优秀"称号。

(作者:赵 农 刘晓光 戈文杰 朱 虹 范睿婷

佟 鑫 刘梦楚 丁声一 冯 雪)

国家发展和改革委员会宏观经济信息资源库先导工程二阶段项目档案管理系统

国家信息中心

一、基本情况

宏观经济信息资源库先导工程二阶段（以下简称"先导工程二阶段"）由国家发展和改革委员会办公厅委托国家信息中心组织建设。在建设过程中，先导工程二阶段建管组为提高档案查询、调用、阅览等工作的效率，与工程项目同步开展建设了项目档案管理系统。

在先导工程二阶段开展建设之前，原有档案的管理停留在手工纸质管理阶段，档案占地空间大，且查找取阅费时费力。随着政务信息化工程建设的突飞猛进以及信息技术的日新月异，实现档案的数字化、电子化管理已迫在眉睫。项目档案管理系统的建设，能充分发挥政务信息化工程建设项目档案在日常管理工作中的应用，提高各部门、各项目组的办事效率和服务水平，具有十分重要和深远的意义。

项目档案管理系统利用时下最先进和成熟的计算机网络技术进行建设，并在政务外网云平台上进行部署，是一套安全、便捷、实用、稳定和统一的数字化档案管理系统，既实现了分布式、海量数据存储，保证影像数据的稳定性、安全性、高效性，也实现了档案条码、虚拟库房建设，保证电子档案和实体档案的统一管理，最终形成业务受理多渠道化、业务办理流程化、档案管理规范化、业务办理电子化、库房管理集约化的档案管理体系。

二、总体技术架构

项目档案管理系统总体架构如图1所示。

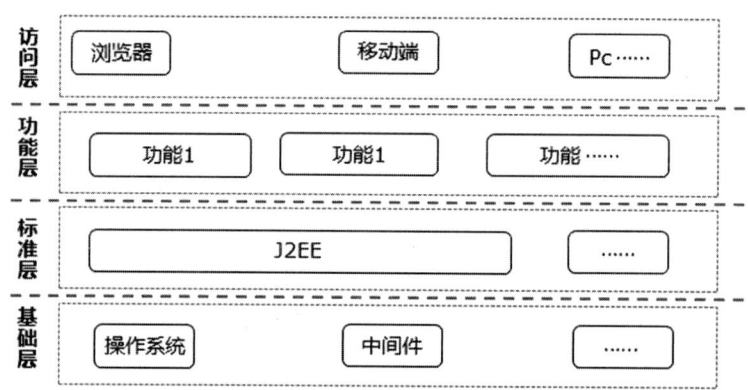

图1 项目档案管理系统总体架构图

（一）数据结构

数据结构的灵活性及可扩展性方便系统对当前索引或其他数据结构进行管理，满足系统在业务发展上的扩展性要求。

（二）体系结构

J2EE体系基于组件技术的企业应用服务可以灵活地配置和组装，便于移植和重用，使系统免受操作系统的束缚，获得较好的稳定性、可靠性和扩展性，符合国家电子政务标准要求。项目档案管理系统的建设主要基于J2EE技术思想，选择业界领先、性能稳定的应用服务器，建立以应用服务器为中心的多层的体系结构，实现系统数据逻辑、业务逻辑、应用逻辑和表现逻辑的分离，既保证了系统的扩展性，也大大增强了系统的可靠性和安全性。

（三）架构模式

项目档案管理系统的架构设计遵循标准的面向对象思想，采用纯 B/S 方式结构，使审核转换、分析汇总等各种负责运算的功能由服务器集中处理，为数据的整理转换和分析应用提供统一集中的核心应用服务功能，既提高了服务的效率，也便于系统的配置、部署和移植。

（四）系统安全

项目档案管理系统的数据结构设计、代码实现设计等关键技术，使档案管理系统具有较强的系统安全性和灾难恢复能力。档案管理流程中业务模块的设计也严格按照档案管理部门的保密性要求进行制定。

（五）扩展能力

项目档案管理系统具有较强的扩展能力，便于后续系统功能方面的扩充。

（六）稳定性能

在影像数据集中存储机制下，项目档案管理系统采用相应技术手段，保证影像数据在应用不稳定或崩溃情况下依然提供持续和稳定的基础影像保存及访问能力，具有较高的可靠性和稳定性。

三、系统主要构成与功能

先导工程二阶段档案整体分为三级管理：第一级为档案要素，即工程的相关信息；第二级为档案目录，即档案分类；第三级为档案影像或者电子文件。每份工程档案均按卷进行收集。

系统主要流程包括以下几方面。

（1）创建档案信息。创建人登录项目档案管理系统，录入档案要素创建数据。档案编号为档案数据的唯一性标识。

（2）添加档案目录。依据需要扫描的资料，增加对应的档案目录种类。

（3）扫描影像或者上传文件。创建人下载 zip 模板上传、扫描纸质材料或者在扫描控件中上传电子文档。

（4）档案信息查询。根据给定的查询条件，搜索出对应的档案数据。

系统主要功能如下：

（1）条码管理。引入条码技术对档案进行编码和管理。条码编码原则要保证唯一性和实用性。

（2）档案扫描。控制扫描设备进行档案数字化处理，包括图像采集、图像处理。

（3）档案交接。实现不同操作员档案交接工作。系统提供交接清单，并自动核对交接数量、类型等信息。

（4）库房管理。建立和实体档案库房相一致的虚拟档案库房，并由系统提示相关人员按规范进行库房管理操作。库房管理主要包括档案盒交接管理和上架管理，即库房操作人员对已经装盒且已经登记交接的档案资料进行接收，并将档案盒上架保存。

（5）档案参数自定义。内容管理平台具有较大的灵活性，在系统定制方面具有灵活方便的特点。当外部使用环境发生变化时，用户可以根据具体需求对系统进行二次客户化，通过配置选项自行定义档案参数，无须再次修改应用程序。档案参数自定义包括以下 5 项。

① 档案参数自定义，包含档案类型代码管理、档案纸质类型管理、档案密级类型定义、档案保管年限管理、文档自定义共享项管理、文档查询项选择参数配置管理等。

② 档案类型的自定义。文档类型层次结构管理可以按档案类型建立清晰的档案分类信息，为档案提供高效、准确的管理。

文档类型参数定义：可以在任意文档分类中创建文档类型管理，在类型层次树结构中实现逐级继承的逻辑关系，按档案的管理要求为每种档案建立自定义的档案管理查询项，提供该档案的信息的专属特点管理。

③ 档案收集登记自定义。在档案参数的自定义管理后生成档案登记信息的自定义界面。

④ 档案资料查询自定义。在档案参数的自定义管理后生成档案查询信息的自定义界面。

⑤ 操作界面自定义。档案类型查询项自定义可以灵活配置各档案类型登记时所需录

入的查询项。

界面显示查询项自定义：在各类型档案资料列表界面以及系统其他所有列表界面中，都可以对界面内容进行选择性显示。

（6）电子文档管理。实现电子文档、照片、音频或视频等文件的电子化管理。

（7）档案查询检索。查询条件包括案卷标题、档案编号、办理人员、办理部门、业务日期、关键信息等。

（8）权限管理功能。监理人员可修改、删除自己创建的档案信息，可以进行档案装盒、档案盒交接，档案管理人员可以进行档案盒接收、档案盒上架。

（9）页面布局。保持统一的界面风格，界面整洁清晰、控件布局排部统一、字体统一、颜色统一、输入和操作简便、操作提示全面。

四、基础支撑环境建设

项目档案管理系统分为前置机和服务器端两部分部署，其中前置机为项目档案管理人员所用工作电脑，服务器端部署在先导工程二阶段统一建设的发改云平台中。

服务器端具体部署环境如表1所示。

表1 项目电子档案系统服务器端部署环境

应用系统名称	电子档案管理系统			
服务器架构类型	虚拟机			
服务用途	Web 服务器			
硬件配置	CPU	内核	系统盘	数据盘
	4核	16G	200G	824G
SAN 储存空间	1024G			
数据库版本	人大金仓数据库 KingBase7.1.2			
中间件版本	东方通中间件 TongWeb6.1.3.0			

部署结构如图2所示。为保证系统安全稳定，云端服务器须通过政务外网统一堡垒机进行修改、更新等操作。

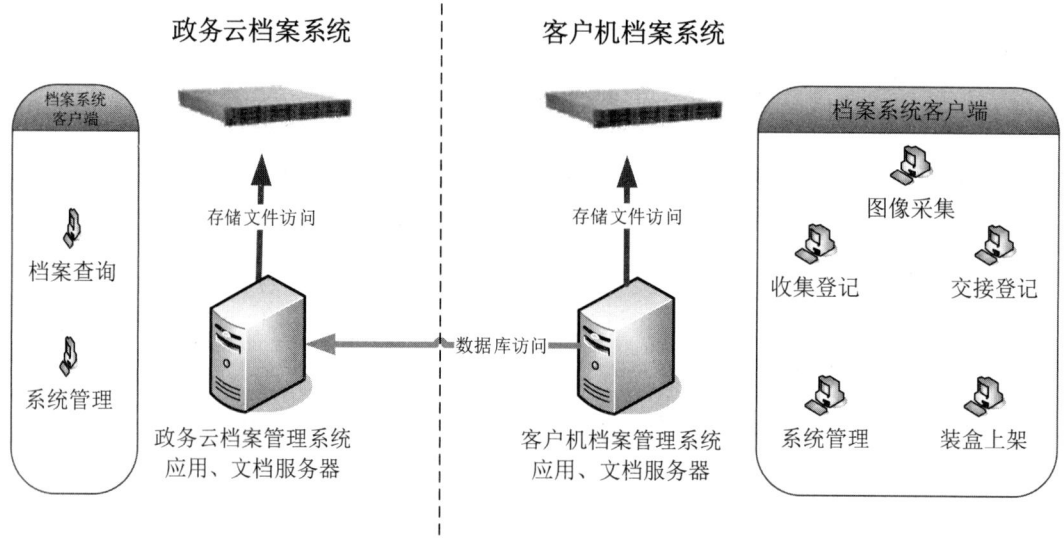

图 2 项目档案管理系统部署结构图

五、应用系统建设

先导工程二阶段项目档案管理系统合同通过直接委托的方式,与北京德实智信数据科技有限公司签订,由该公司负责项目档案管理系统主体开发和建设工作,并部署在国家信息中心牵头建设维护的发改云平台上。项目档案管理系统实际开发周期为4个月,并已于2018年8月通过合同终验,正式投入运行。

六、数据资源建设

项目档案管理系统存储先导工程二阶段全部纸质档案的电子化版本及相关音频或视频等资料。先导工程二阶段档案管理人员、档案管理系统承建单位、监理单位在系统初验后对整体数据量进行了评估。系统在2017年8月至2018年3月7个月的建设试用中,共有23个单项初验数据及定期的综合类业务数据录入,数据库的数据容量约为50MB,相关图像、pdf文件、压缩文件等,总计约为13GB。

依据该数据量,先导工程二阶段总文件预估量不超过25G,系统盘备份容量不超过200G。在发改云平台系统和PC机系统双备份的情况下,服务器和客户机两套系统均有数据存储。根据整体业务流程，综合档案管理员最终会将客户机系统数据上传至云端服务器，最终两套系统的存储量大致相同。保守预估，全部的数据量不会超过1TB。基于此，项目承建单位制订了关于整套系统及数据的备份方案。

项目档案管理系统数据分为两个部分：结构化数据和非结构化数据。结构化数据主要指档案、档案盒、档案架等属性信息，包括名称、编号、位置、创建时间等。一般这类属性信息会以文字的形式储存在数据库表空间中，表空间以.dbf文件形式储存在系统指定目录下，即表空间的大小为总体的结构化数据大小。非结构化数据指存入系统中的扫描件、图像、文本、pdf文件、压缩文件等。这类文件在存入时会自动储存在系统某一固定的目录下。从业务上划分为单项验收文件和综合类文件。

（1）结构化数据备份。此部分数据是存放在数据库中的档案索引信息、日志信息及相关的管理信息，其体量较小。

① 备份工具或软件。人大金仓数据库内核提供数据库的备份和恢复机制，故此部分数据将使用人大金仓数据库自带的备份恢复工具 sys_dumpl 进行备份和恢复。

② 备份策略与时间。数据库中的数据量较小，采用每周六对数据库进行一次联机全备（热备）、每月最后一个周六对数据库进行一次全冷备的方式。此外，具体的备份时间可以由系统管理员通过界面进行调整，一般建议安排在非工作时间进行。

（2）非结构化数据备份。此部分数据主要是档案影像，其存储量较大，占到系统整个存储的70%以上。

① 备份工具或软件。文件服务器上的数据均以文件方式存在，可以先通过下载软件将数据下载到本地，再使用DVD刻录的方式进行备份。

② 备份策略与时间。此部分数据体量较大，且一般不会进行改动，其变动主要在数据发布的时候存在，故对此部分数据事先进行一次全备，之后每月最后一个星期六进行增量备份。

七、关键技术运用和主要技术特点

（一）缓存加载设计

Web缓存游走于服务器与客户端之间。发出请求后，Web缓存将请求输出的内容（如HTML页面、图片和文件等，统称为副本）另存一份，如果后续请求是相同的URL，则直接请求保存副本。使用缓存有以下两个主要原因：降低延迟，缓存离客户端更近，因此从缓存请求内容比从源服务器请求内容所用时间更少，呈现速度更快，网站显示更灵敏；降低网络传输，副本被重复使用，大大降低用户的带宽需求，既节约成本，也便于维护。

（二）读写分离设计

对于读大于写且数据量增加不明显的数据库，推荐采用读写分离+缓存的模式。项目档案管理系统中，用户注册、修改用户信息、记录用户登录时间、记录用户登录IP、修改登录密码等属于写操作。由于以上操作出现次数较少，整个数据库写压力较小。若将经常变动的信息排除在外，则写操作可以忽略不计，故读写分离首先需要解决的是经常变化的数据的拆分。比如，可将用户登录时间、记录用户登录IP等变动较频繁的信息单独抽出来，记录在持久化类的缓存中。

（三）延迟写入设计

延迟写是指把要写的电脑数据先放入内存中，待积累到足够数量后一次性写到硬盘中，降低对硬盘的读写损耗。信息录入时将上传的文件先存储到本地，在需要上传到服务器时将文件统一上传，减少文件存储的压力。

八、系统运维服务

承建单位提供为期3年的质量保证服务如下：
（1）提供7×24小时电话技术支持。
（2）提供定期巡检服务，每季度或重大节假日、重大活动期间进行巡检维护。
（3）提供故障响应服务，2小时内电话或远程解决问题，非工作时间4小时内电话或远程解决问题；如电话或远程不能解决，需派技术人员到达现场进行维护，并在8小时内解决故障。
（4）提供稳定的系统升级和版本维护服务，并有偿提供系统扩展服务。

（作者：刘建国　周　东　吕泽雲　司宏伟　郑　瑜）

第二章 政府治理承建方案例

知识产权智能化互联网+政务服务平台项目

长城计算机软件与系统有限公司

一、基本情况

该系统是智能化技术的深入应用，通过政务业务办理的智能化，进一步推进专利业务从线下转向线上、从人工走向自动。交互式业务办理平台充分体现在线交互和实时办理的特点，利用智能业务办理引擎，完成信息推送、实施校验、业务自动筛选、案件智能管理、在线电子备案、多层级用户管理等功能；智能检索为申请人提供了权威检索服务；集成智能规则引擎利用采集的结构化数据实现发明案件、PCT案件、实用新型案件、外观案件的自动业务办理、通知书自动生成及发送等功能。

二、总体技术架构

本系统总体技术架构基于J2EE技术体系，采用本公司成熟的开发支撑平台和基于服务的应用集成路线，另外综合运用了基于深度学习的图像识别、图像检索引擎、全文检索引擎，基于规则引擎的自动业务办理技术，基于大数据的日志分析技术等新关键技术，满足了交互式业务办理、智能化检索、智能化政务服务等新一代业务需求。具体架构如图1所示。

图 1 系统总体技术架构

三、系统主要构成与功能

本系统在于构建国家知识产权局智能化在线政务服务体系，实现发明、外观、实用新型、PCT 等类型专利的办理手续网络化、智能化，具体包括以下三点。

（一）专利申请阶段，建立交互式申请平台

通过发明、外观、新型三种专利申请的交互式申请平台提高申请质量，搭建国家知识产权的电子申请交互式平台，支持申请人、代理人在线自助办理业务，并在业务办理中提供交互式提醒、智能信息推送、智能信息关联提醒、业务反馈等方式，提升国家知识产权局对外服务能力，提高专利申请质量。

（二）为申请人和其他社会公众建立智能检索平台

为申请人和其他社会公众提供权威、免费、高度智能化的检索分析服务，范围涵盖专利和商标。

（三）智能化政务业务服务

通过引入人工智能技术将发明、新型、外观、PCT等审查业务智能化，对申请人提供比以往更短周期、更高质量的审查类政务服务。

四、基础支撑环境建设

本系统基础支撑环境部署分为两个部分。

（一）局外网

电子申请注册用户（申请人、代理机构用户）经互联网通过浏览器登录交互式申请平台进行在线业务办理，同时可通过离线客户端提交专利申请。用户提交的请求数据由服务端接收并通过数据传输服务发送至内网，最终由智能审查引擎进行处理。其中，在外网分别部署交互式申请数据库、对外服务数据库，分别存储用户提交的申请数据及对外服务数据。同时，用户可使用商标检索和多国专利检索系统检索信息。

（二）局内网

主要部署包括后续处理业务、数据传输服务、智能引擎、智能业务办理应用服务器、审查核心业务系统等。

五、应用系统建设

本应用系统主要由申请类应用、检索类应用构成，如图2所示。

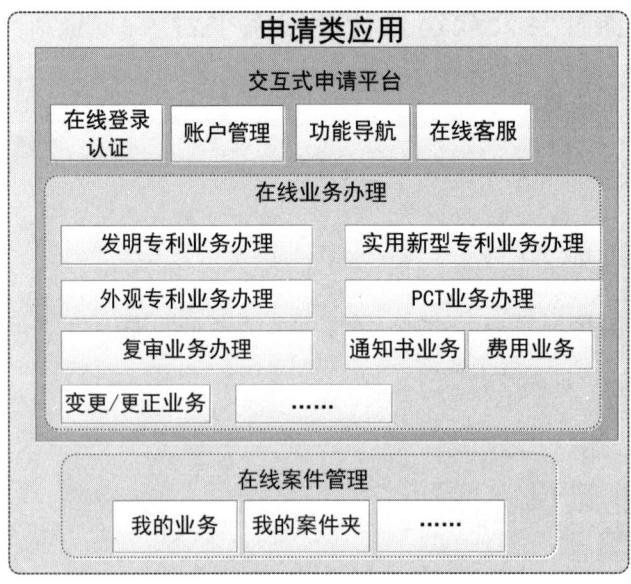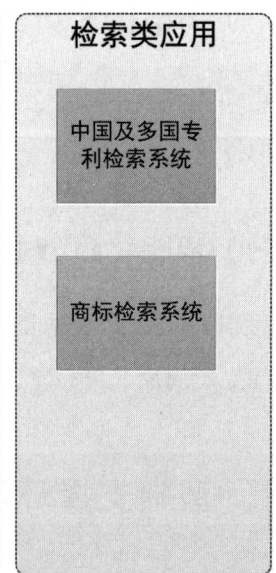

图 2　系统架构

（一）申请类应用

交互式在线申请主要包括在线登录认证、账户管理、功能导航、在线客服、发明、使用新型、外观、PCT、复审等业务在线办理、在线案件管理等。

（二）检索类应用

检索类应用主要包括多国专利检索与分析、商标检索系统。

六、数据资源建设

系统数据资源逻辑架构如图 3 所示。
系统的数据资源总体分为核心业务类数据、管理类数据和交换类数据。

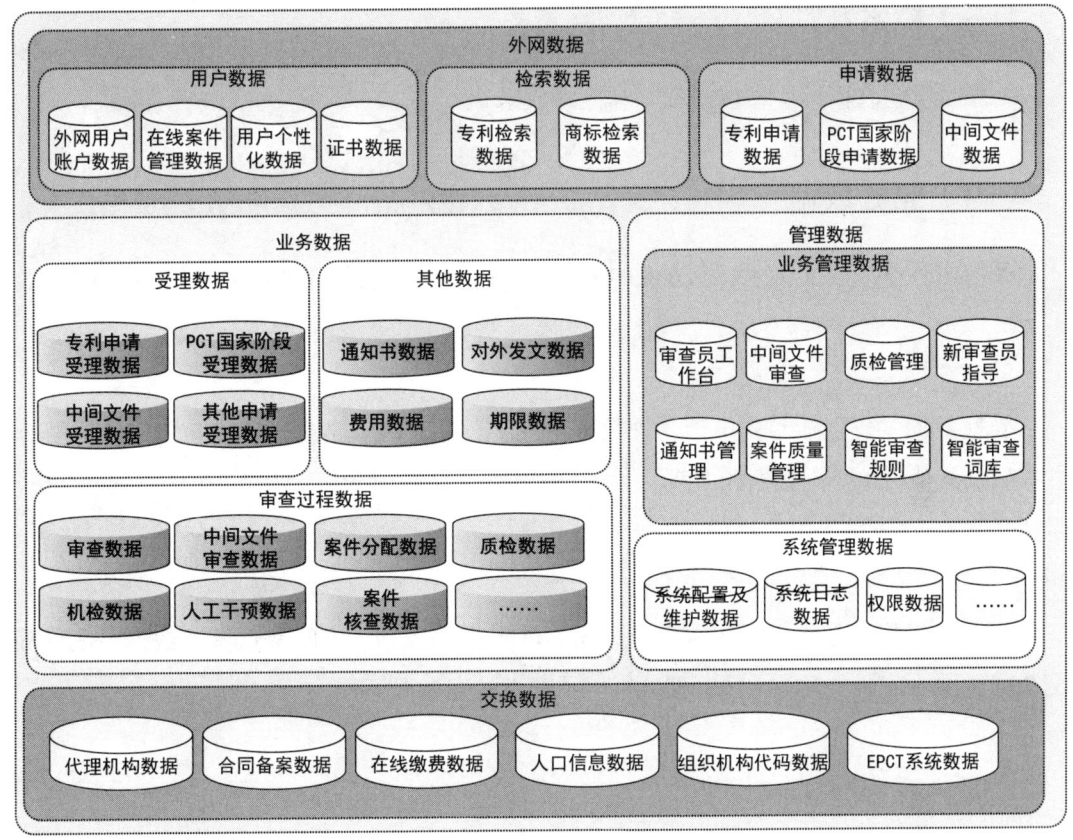

图 3　系统数据资源逻辑架构

（一）用户数据

用户数据的划分主要围绕局用户及外网用户（包括代理机构、申请人、第三方）。这两类用户在系统操作运行过程中产生的数据进行集中存储和管理维护。用户数据主要分局用户账户数据（来自核心业务系统）、外网用户账户数据、在线案件管理数据、用户日志、用户个性化数据。

（二）申请数据

申请数据主要包括专利申请数据、PCT 国家阶段申请数据、法律手续中间文件数据、通知书、回执数据、证书数据、费用数据、检索或评价报告。

（三）检索数据

检索数据包含商标检索数据和专利检索数据。

（四）业务数据

系统审查业务数据包括三个方面的内容，分别是受理数据、审查过程数据和其他数据。

1. 受理数据

受理数据主要包括专利申请受理数据、PCT 国家阶段申请受理数据、中间文件受理数据以及其他申请受理数据四大类。

2. 审查过程数据

审查过程数据主要包括初审审查数据、PCT 审查数据、中间文件审查数据、案件分配数据、质检数据、人工干预管理数据以及案件核查数据等。

3. 其他数据

其他数据主要包括通知书数据、对外发文数据、费用数据和期限数据。

（五）交换数据

交换数据主要存储智能审查系统与外部交换的业务数据，包括代理机构数据、合同备案数据、在线缴费数据、人口信息数据、组织机构代码数据和 CEPCT 系统数据。

（六）管理数据

管理数据主要是为系统的平稳运行或者业务的正常开展提供服务的各类管理信息，主要包括两个方面的内容，分别是业务管理数据和系统管理数据。

1. 业务管理数据

业务管理数据分为智能规则数据和业务监控管理数据两大类。智能规则数据主要包括智审规则、法律手续规则及智能词库；业务监控管理数据主要包括专利申请监控数据、PCT 国家阶段申请监控数据及中间文件监控数据等。

2. 系统管理数据

系统管理数据包括系统配置及维护数据、系统日志数据、权限数据等。

七、大数据分析建设

（一）专利大数据分析

本系统基于专利大数据建立了大数据分析系统提供给公众用户。专利领域现有技术方案面临的挑战是现有专利地图数据运算过程较为复杂、计算量大，对 CPU、内存开销很大，使用率过高，在支持并发时存在缺陷；现有专利地图聚类算法多采用通用技术，对专利自身的摘要、权利要求书、说明书数据特征及权重等考虑不多，生成呈现可视化效果欠佳；现有专利地图技术对地图展现效果与专利文献的关联性欠佳，如等高线、文献分布等。本项目提供一些技术提升了分析性能，包括以下几点。

1. 专利文献的文本向量化处理

专利文献是非结构化数据，需要对其提取特征构建向量，实现专利文本向量化。采用文本向量模型，就是将专利文献的标题、摘要、权利要求书、说明数据内容表示成向量空间的向量，利用余弦相似度作为专利文本间的相似度度量。

2. 基于统计的大数据分析可视化

当给定数据进行关键数据分析时，随着数据量的增长，使分析会越来越慢，数据越来越难以展现，数据的主要特征被淹没，当数据量达到一定程度时，可能传统的方法将无法进行分析了。本系统在选择统计分析维度和执行数据分析，会依分析定义自动生产自定义的检索表达式的语法，通过语法处理解析、转换，翻译成对应检索引擎的语法进行检索；在依据不同检索引擎的特性，采用分组统计或聚合的方式实现数据的统计汇总，高效地满足数据可视化的需要。该实现方法将大数据的分析工作转化成简单检索，采用分组统计或聚合实现数据总体排名，默认或人工选取关注数据，排除干扰数据，合理降低数据量；依赖分布式全文检索引擎提供高性能的复杂级联分析，保证在高并发的情况下拥有高性能；强大的语法处理屏蔽了不同检索引擎的差异，使本方案有更强的通用性。

（二）专利大数据文件管理

专利数据以非结构化为主，一般现有系统中包含关系型数据和非关系型数据时，通常情况下采用 NAS 存储非结构化数据，采用关系型数据库存储关系型数据。同时，将 NAS 上的文件路径及文件名称也保存在关系型数据库中。关系型数据库单表数据量达到 10 亿量集后性能下降较大，极大影响文件访问效率。针对上述问题，本系统具体的实现如下。

1. 文件写入服务

数据编码是分布式文件存储系统的设计核心，是关系业务数据、文件存储、文件访问之间的纽带，也是数据的唯一标识。根据业务数据提取特征值，标识业务数据的唯一性，依据业务数据特征值设计数据编码。

2. 分布式文件存储

采用分布式文件存储海量小文件。分布式文件存储由元数据节点、数据节点、统一存储管理控制台、存储客户端代理组成。元数据节点是保存文件属性、存储位置等；数据节点是保存文件实体本身；统一存储管理控制台是对存储的硬件资源、存储运行状态、存储的参数配置等进行统一管理；存储客户端代理是安装在使用存储的服务器上，负责服务器和存储之间的通信。

3. 文件读取

文件读取服务可以通过浏览器直接访问，也可以通过 HTTP 客户端访问，访问文件资源简单方便。文件读取服务根据并发量要求可以通过负载均衡设备组成集群服务，每个读取服务都有必要的访问控制，通过只读方式进行文件读取。系统整体实现读写分离，根据读写比灵活部署与配置文件写入服务、分布式存储、文件读取服务以满足应用需求。

（三）大数据日志分析

本系统基于专利审查业务日志大数据建立了大数据平台日志管理分析系统用于支撑智能审查，系统具有处理海量的数据以及应对日志更新频繁、存储海量数据的特点，可进行数据归集、提炼，对数据进行智能处理，分析和挖掘出有价值的信息。

1. 日志收集

可以在 WEB 层、TXN 层、DAO 层，采用 AOP 的方式实现日志信息数据采集，并提供扩展接口，应用可以自己扩展采集更多日志信息，实现高可用的、高可靠的、分布式的海量日志采集、聚合和传输。

2. 日志和关键词搜索

支持在日志系统中定制各类数据发送方，用于收集数据。支持对数据进行简单处理，并写到各种数据接受方（可定制）的能力。支持分布式多用户能力的全文搜索；支持基于 RESTful Web 接口的全文搜索。可以直接输入文本字符串。可同时处理 10000 以上并发检索。

3. 日志可视化展现

支持汇总、搜索重要数据日志，以饼状图、柱状图、线性图、热力图等方式展示，也可以将自定义的多个展示图制作成仪表盘，并提供友好的 web 界面。

八、关键技术运用和主要技术特点

（一）在线交互式申请技术

在线交互式申请采用人机互动方式协助申请人撰写申请文件，采用 AJAX、HTML5 等最新的网页开发技术，根据申请人已填写内容，动态提示当前项目的填写内容或引导后续操作步骤。申请人还随时可以针对当前填写项目启动在线帮助。当出现填写错误时，系统提示错误信息、给出正确信息的填写建议。

交互式申请能有效帮助没有经验的申请人顺利完成专利申请的文件撰写，而不必在申请前先去细致学习专利申请法规，并且在轻松愉悦的状态下撰写文件。

智能审查将审查端的业务规则前置到在线交互式申请，整合多层面的信息检查、规则校验，申请人能够及时获知填写内容中的缺陷，在系统指导下进行修改，避免了形式缺陷，从而避免因这些缺陷导致的补正或答复审查意见，不仅节约了审查资源，也能大大缩短审查周期。

在线交互式申请，通过提高申请人撰写文件的操作体验、避免形式缺陷产生的补正答复环节，提升了国家知识产权局对公众服务的水平。

（二）基于全文检索技术的检索引擎设计与实现

检索引擎具有稳定、高效、易扩展特点，同时提供大数据、强大的中文智能化的支持，实现对上亿、上百亿的数据进行高性能检索。为知识产权领域设计了一套简单易用的检索语言，让检索工作更加易于理解。检索语言定义了检索要素和检索逻辑：检索要素是定义了在知识产权领域可以作为检索项的各类主体，并为其定义了各类属性，如全文检索、字段检索、位检索、统计分组等；检索逻辑是以检索要素之间的逻辑关系，通常以表达式方式体现。

例如：申请人：张××，名称：××专利，逻辑符选择and，则生成的表达式为"申请人 = 张×× and 名称 = ××专利"。

为专利、商标、裁判文书等知识产权领域都预置了全面的检索要素定义，其中专利最为复杂、最全面、最完善，共预置了331个要素，提供行业应用使用。

（三）分布式图像检索引擎技术

图像检索平台基于分布式并行计算架构，具有很强的大数据计算能力和平滑扩展能力，可以从容应对数据量和并发量的高速增长。

图像检索平台通过先进的图像特征描述算法、多特征融合技术、多视图检索技术、实用的检索模式及便捷的参数设置方法，使得检索前15%的返回结果至少包含90%的正确答案。

图像检索平台采用特征优化、分布计算、分段排序、多级缓存等性能保障机制，使得常见检索任务的响应时间在 2.5 秒以内。

图像检索平台采用 SQL 作为调用接口,便于系统业务层和其他系统的调用。

(四)基于深度学习的专利图像识别分类技术

2016 年专利申请文件总量达 2,000 多万件,其中发明专利申请中含图像约 60 万张,而且图像种类繁多,经过统计,专利申请文件中至少存在 12 种可识别的图像种类,如表格、化学式、数学式、文字类的程序源代码、文档截屏或者序列表、电路图、机械图及零件图、流程图及框架图、示意图、图表、照片、UI 界面等,其中仅化学式、数学式及表格 3 种类型的图像占比约 20%。

1. 专利申请文件图像识别分类存在的问题

(1)专利申请文件图像种类繁多,缺乏辅助手段,审查员的审查压力变得越来越大。为了有效提高审查效率,对于专利申请文件中图像的处理需要增加相应的辅助手段。

(2)专利申请文件图像处理需要统一的数据标准,专利审批系统对图像加工和图像审查都采用人工的方式进行,对图像的审查严重影响了案件的审查效率。为了保证审查质量,专利申请文件图像处理需要建立统一的数据标准。

2. 将深度学习应用于专利图像识别与分类

传统的图像识别技术,识别图像的步骤为原图预处理、特征提取、分类器训练、输出分类结果等。其主要应用于样本需求量小的领域,对于专利图像上万级的数据领域,传统图像识别技术已经不是很适用。

与传统的图像识别技术相比,本项目采用深度学习技术,从专利申请文件中常见的图像入手,包括表格、数学式、化学式、文档截图及其他图像,自动提取图像特征,增加了泛化性,采用归一化的方式,减少了过多的人为因素,通过 CNN(卷积神经网络)和 RNN(循环神经网络)方式自行搭建网络,使用训练成功的分类模型,形成代码化加工的插图分类标准,实现专利申请文件中图像的自动识别和自动分类,提高审查效率和审查质量。

(1) 图像识别结果精确,提高图像审查效率。

深度学习技术采用原图识别、归一化、训练成功的分类模型、输出分类结果四个步骤进行图像特征的提取与对比,采用神经网络对专利图像信息进行构型,能够大幅提高机器对专利图像信息的辨识能力,面对海量专利图像信息时,使图像识别的结果更为精确。

图像特征的精确识别不仅解决了当前专利申请文件数据加工的常见错误问题,而且帮助数据加工人员准确地定位图像的类型,提高了数据加工及图像审查效率。

(2) 形成图像分类标准,提高图像审查质量。

通过采用卷积神经网络方式可以在专利图像分类方面取得很好的效果,准确地选择网络结构及参数对图像分类的效果和效率有很大的提高。专利申请文件中的图像种类繁多,目前仅有表格、化学式、数学式等主要类型。采用深度学习技术识别图像特征,可以根据图像特征形成图像分类的标准,经过理论分析及实际实验,采用卷积神经网络方式,对专利申请文件按照图像特征分为 12 个图像种类。

(五)基于规则引擎的自动业务办理技术

新申请或中间文件提交到系统后,系统使用含有预定义业务规则的规则引擎对所有审查项进行自动审查,包括对自由撰写的文字内容进行文本分析,最后给出相应的审查结论。智能审查系统需要区分全自动审查项和人工协助审查项。对于全自动审查项,系统不需要人工干预就能判断信息的正确性,给出精准的审查结论。

对于那些情形较简单的申请,只涉及全自动审查项,则智能审查完成能够直接作出审查结论,那么这些案件就不必经案件分配、审查员审查、撰写通知书、质检等人工环节,直接由系统自动完成这些处理,向申请人发送通知书。由于系统处理的高效,这些案件不会积压,案件本身的审查周期大为压缩。

自动审查不仅结论准确、生成的通知书规范,有助于审查质量的提升,而且系统自动审查替代审查员的人工审查,可以将一部分审查员从这些案件的审查中解放出来去审查其他复杂的案件,缓解了人工审查的压力。那么,即使在不投入更多审查员的情况下,采用自动审查在直接缩短个案的审查周期的同时,压缩了人工审查案件的平均审查周期。

（六）基于文本挖掘的智能辅助人工业务办理技术

根据专利法的规定，授予专利权的发明和实用新型应当具备新颖性、创造性和实用性。目前，我国对实用新型和外观设计专利申请采用初步审查加评价报告制度，对实用新型申请还要进行明显实质性缺陷的审查，对发明专利申请采用人工实质审查制度。

1. 专利人工实质审查中的问题

（1）实质审查依靠智力判断。

根据当前法规的规定，实质审查的内容比初步审查要多得多，每一件发明专利申请在被授予专利权前都应当进行检索，其目的在于找出与申请的主题密切相关或者相关的现有技术中的对比文件，或者找出抵触申请文件和防止重复授权的文件；完成检索后，按照"三性"的审查要求，需要审查员将现有技术与当前专利申请进行比对，审查过程中还需要引用附图等文件进行说明。

（2）专利实质审查周期长。

因为专利实质审查的内容多、审查标准更高、审查员工作量更大，所以实质审查程序持续时间也比初步审查要长很多，如初步审查可能只需要3个月，而实质审查往往需要1~3年，甚至更长时间。

2. 文本挖掘技术在专利智能辅助审查领域的应用

本项目开发的智能辅助审查，就是依赖信息化技术和手段，分别从现有专利法规、业务规程及审查员发出的通知书入手，对专利法规、业务规程及审查员发出通知书的内容进行信息识别抽取量化，提取智能化审查项目及计算机可识别的规则，最终实现系统辅助审查员快速理解发明、帮助审查员快速定位明显缺陷语句、协助判断权利要求是否清楚等目标。

本项目使用的文本挖掘技术是指从一段自然语言文本中抽取指定的事件、事实信息，并以结构化形式描述信息，供信息查询、文本深层挖掘等应用，为人们提供有力的信息获取工具。也就是从文本中抽取用户感兴趣的事件、实体和关系，被抽取出来的信息以结构化的形式描述，然后存储在数据库中，为各种应用提供服务。支持的文档格式包括XML、RTF、电子邮件、HTML、SGML和纯文本。

（1）抽取实质性缺陷信息，快速理解发明，提高审查效率。

采用文本挖掘技术对专利实质性缺陷信息进行抽取，将专利申请文件作为文本抽取对象，抽取出符合专利审查规范要求的缺陷信息内容，并高亮推送审查员查看，还可以随时选择不同的缺陷信息进行对比阅读，节省了审查员阅读理解发明的时间。

（2）适用性更新规则，审查的延展性更强。

提供的标注规则表达式功能富有弹性，可适应审查员的需求，不断扩充审查规则，可根据审查员的反馈对审查规则进行调整，如根据系统抽取信息的不断反馈，对发明的四要素提取的规则进行不断的修正，直至审查员脑力理解的发明与系统输出的结果一致。以审查员为中心，满足审查员的在理解发明过程中不断变化的需求，让智能辅助审查发挥最大的效能，提高审查的效率。

（3）建立领域词库收集平台，传承优秀审查经验和智慧。

目前没有太多信息化的手段能够自动对审查员的审查经验进行收集和积累，文本挖掘技术提供了一个词表工具，基于该工具可建立专利领域词库的收集平台。审查员对审查过程中发现的关键词表、敏感词表或者领域词表进行自定义分类，由系统进行收集并定期发布，以达到经验传承的效果。

（作者：翟立新）

国家信息中心政务云服务平台项目

北京国信新网通讯技术有限公司

一、基本情况

为了深化政务信息资源整合，促进云计算技术在政务服务的应用，创新"互联网+政务服务"模式，进一步推进电子政务集约化建设，国家信息中心自2016年牵头承担了《构建国家电子政务云数据中心体系》（试点示范）专项工程，北京国信新网通讯技术有限公司（以下简称国信新网）作为主要参与单位之一，承担具体的运营工作和主数据中心建设和运营。为此，国家信息中心新网结合政府典型的"两头在外、中间在内"的业务特点和高安全性需求，基于国家电子政务外网，建设了"国信政务云"。

基于云计算模式，政务云与服务资源、技术服务、服务制度等顶层设计相结合，国信政务云平台为政府部门提供更加公平、高效、优质、便捷的政务云服务，实现政府组织和工作流程的优化重组，打通内外网面向公众提供服务，充分解决传统电子政务重复建设、信息孤岛等问题，助力政府部门高效实现资源共享、成本节约、管理创新。

二、总体技术架构

国信政务云依托政务外网平台和国家电子政务云数据中心体系，践行政府投资、企业补充和市场化运营的方式，结合"两头在外、中间在内"的政务应用特点，适时推出混合云、云灾备、云安全和云运维服务，发布"政务云+"政务服务、政务管理、信用服务及政务信息资源共享等解决方案。

国信政务云平台技术架构由 IaaS 层（基础设施层）、DaaS 层（数据资源层）、PaaS 层（应用支撑层）、SaaS 层（业务应用层）四个层次组成，如图 1 所示。

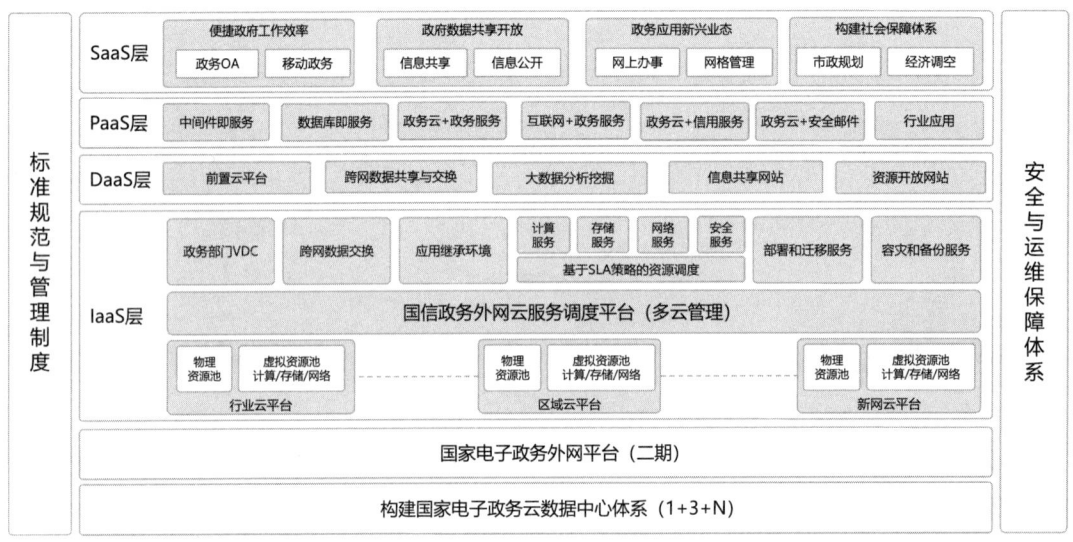

图 1　国信政务云平台技术架构图

三、系统主要构成与功能

依托政务外网与互联网，在基础设施之上，可以把国信政务云服务分为四个层次和三大体系，分别为：IaaS 层、DaaS 层、PaaS 层、SaaS 层、标准规范体系、信息安全保障体系和运营管理体系。

（一）IaaS 层

IaaS 层包括网络、基础平台资源两个方面。

网络：主要依托于政务外网和互联网，针对云平台建设统一的政务外网出口节点，与现有的政务外网骨干节点打通，利用国家电子政务外网二期工程中已经完成全国五级覆盖的电子政务外网，满足云平台中政务应用系统的网络连接需求；建设统一的互联网出口节点，并接入三大运营商互联网络，实现云平台中互联网应用系统的公网访问需求。

基础云平台资源：提供基本的计算、存储、网络服务；服务于部委办局对计算、存储、网络资源的项目。

（二）DaaS 层

DaaS 层依托国家数据共享交换平台（政务外网）提供信息共享的数据交换平台、数据目录服务平台及支撑政务信息发布的发布平台。同时，提供同城异地数据级容灾服务，实现数据的同城异地备份，满足政府内部管理、外部服务类应用的数据需求。

（三）PaaS 层

PaaS 层主要是提供标准的数据库、中间件以及应用开发、测试、分析和运行的平台。用户可以基于该平台，进行应用的快速开发、测试、分析和部署运行。PaaS 层依托于云计算基础架构，把基础架构资源变成平台环境提供给用户和应用；为业务信息系统提供软件开发和测试环境，同时可以将各业务信息系统功能纳入一个集中的服务平台上，有效地编排和复用平台内部的应用服务组件，以便按需组织这些服务组件，以支撑 SaaS 层的各类应用系统。

（四）SaaS 层

SaaS 层通过将政府信息化领域常用的软件与各类资源服务目录进行深度整合，实现云平台服务目录的定期按需更新，满足业务服务的需求迭代与快速扩展需要。在这个层次上，"国信政务云平台"将承载各个政府部门所需的各类政务应用。根据政务业务的分类，承载业务可分为互联网业务、政务外网共享业务及政务外网专享业务。

（五）标准规范体系

标准规范体系是"国信政务云平台"建设的基本保障，并在国家电子政务标准、规范建设正在逐步健全的情况下，结合建设实际情况，在严格遵循国家有关规范标准的基础上，逐步建立起"国信政务云平台"适用的、完整的信息化标准规范和保障体系。

（六）信息安全保障体系

以上四个服务层次都需要"国信政务云平台"的信息安全保障体系来进行防护。信息安全体系主要包括：安全域的隔离、互联网威胁防护、虚拟化与云计算安全、应用安全、安全管理、数据保护及容灾备份。

（七）运维管理体系

要保障"国信政务云平台"的稳定高效运行，除了信息安全体系之外还构建了一个良好的运维体系，以提供资源管理、调度管理、监控管理等运维功能。

四、基础支撑环境建设

（一）国信政务云数据中心体系

采用"1+3+N模式"建立"标准一致、物理分散、逻辑互联、信息互通、全国一体"的国信政务云数据中心体系，如图2所示。

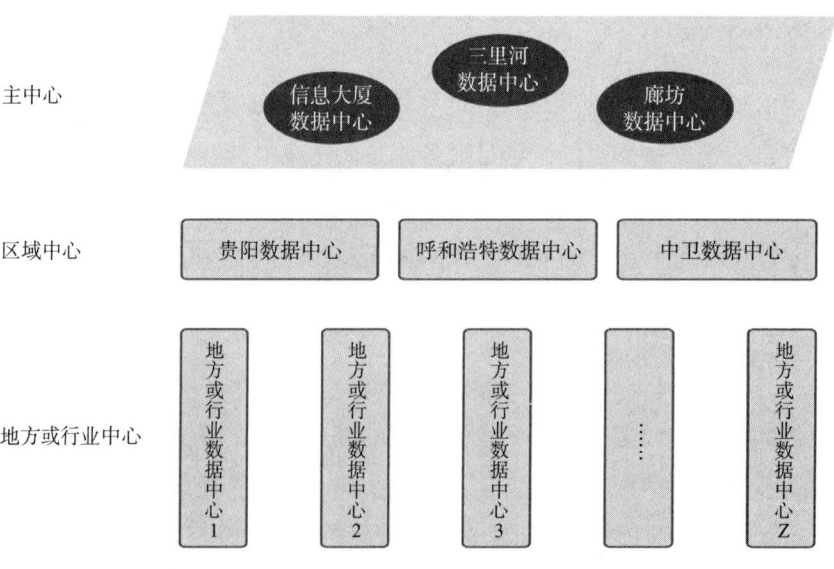

图2 "国信政务云"数据中心体系

（1）1是指国家信息中心拥有的"三里河数据中心+信息大厦数据中心+廊坊数据中心"共同构成国家电子政务外网主数据中心；

（2）3为运营商建设的贵阳、呼和浩特、中卫数据中心的区域中心；

（3）N为各外网省级分中心或部委建设并加入国家电子政务云数据中心体系的地方中心或行业中心。

机房全部按照国家A级机房标准，采用传输或专线方式与国家电子政务外网（中央本级）互联，并提供BGP互联网带宽，用于基于互联网业务的支撑。

（二）国信政务云IaaS层建设

1. 国信政务云逻辑架构

国信政务云逻辑架构如图3所示。

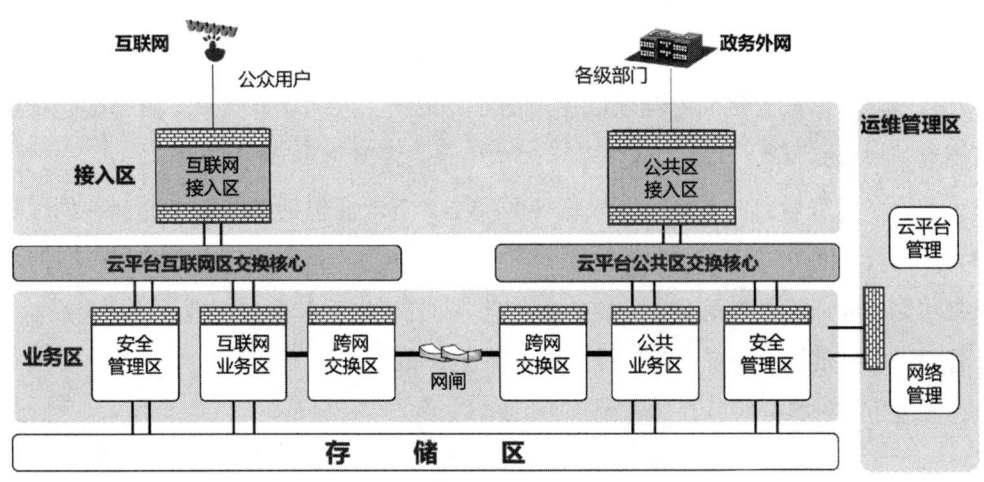

图3 "国信政务云平台"逻辑架构

公共区和互联网区通过网闸隔离，各个区域分别构建一套云计算虚拟化平台，通过服务器、存储、网络提供计算、数据存储和交换的能力。互联网区对公众和企业提供服务，公共区面向政府内部提供服务。通过统一的运维管理区对基础设施提供运维和管理。

2. 国信政务云总体布局

分为互联网区、公共区、数据交换区、管理区和存储区，如图4所示。

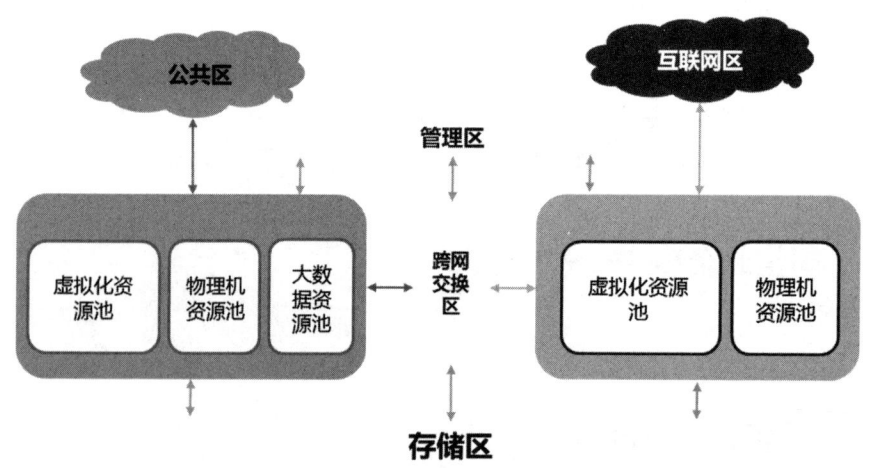

图4 "国信政务云"平台总体布局

互联网区：承载直接面向互联网用户的业务系统。根据业务类型，资源池包括虚拟化资源池、物理资源池。

公共区：承载后台业务系统。根据业务类型，资源池包括虚拟化资源池、物理资源池和大数据资源池。

跨网交换区：部署跨网安全隔离交换系统，对互联网区和公共区进行数据交换。

管理区：提供统一的安全、运维、灾备等管理系统。

存储区：提供各分区的存储资源。

3. 国信政务云网络架构

互联网区又细分为核心区、互联网接入区、互联网托管区、运维管理区、安全管理区、开发测试区及不同的云业务区。

政务外网区又细分为核心区、政务外网接入区、移动互联网安全接入区、政务外网托管区、运维管理区、安全管理区、开发测试区及不同的云业务区。互联网区和政务外网区通过独立的链路与同城双活中心互联，保障业务可靠永续。

通过以上方案构建超大计算和存储资源池，资源集约建设，业务按需隔离，方便信息共享。该方案能大幅消减信息孤岛现象，利用虚拟化的优势，促进跨地区、跨部门、跨层级信息共享。该方案与政府匹配的多层级基础网络，纵横拉通、支持虚拟机迁移，随时随地接入，能为市民提供更好的互动服务。

五、应用系统建设

典型的应用系统运用模式就是用户通过标准的 Web 浏览器来使用互联网上的软件，因此可以不必购买软件，只需要按需租用软件，并直接应用。典型的如电子邮件系统的在线软件服务，用户只需做简单的域名设置，即可部署本单位的电子邮件服务。下面以"国信政务云＋信用云服务"为例加以描述。

国信政务云＋信用云服务是在信用体系的成熟经验和标准下提出的，以 PaaS 和 SaaS 的方式从数据采集到应用支撑实现统一规划、统一部署，实现各级信用平台的互联互通。

该应用服务有助于响应国家发展和改革委员会（以下简称"国家发改委"）"关于加强全国信用信息共享平台一体化建设和信用门户网站一体化"的建设要求，保证了全国业务规范统一。信用云服务总体架构如图 5 所示。

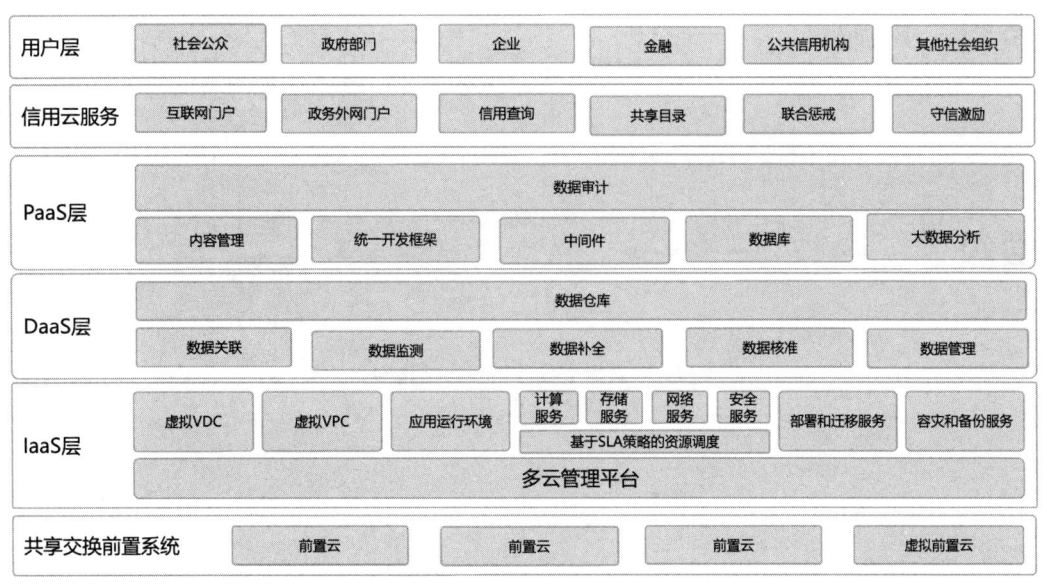

图 5　信用云服务总体架构

六、数据资源建设

（一）统一数据交换

充分利用国家数据共享交换平台（政务外网）和各地方已有的数据共享交换平台等信息基础设施资源，国信政务云协助构建全国政务服务数据共享平台体系，如图 6 所示。

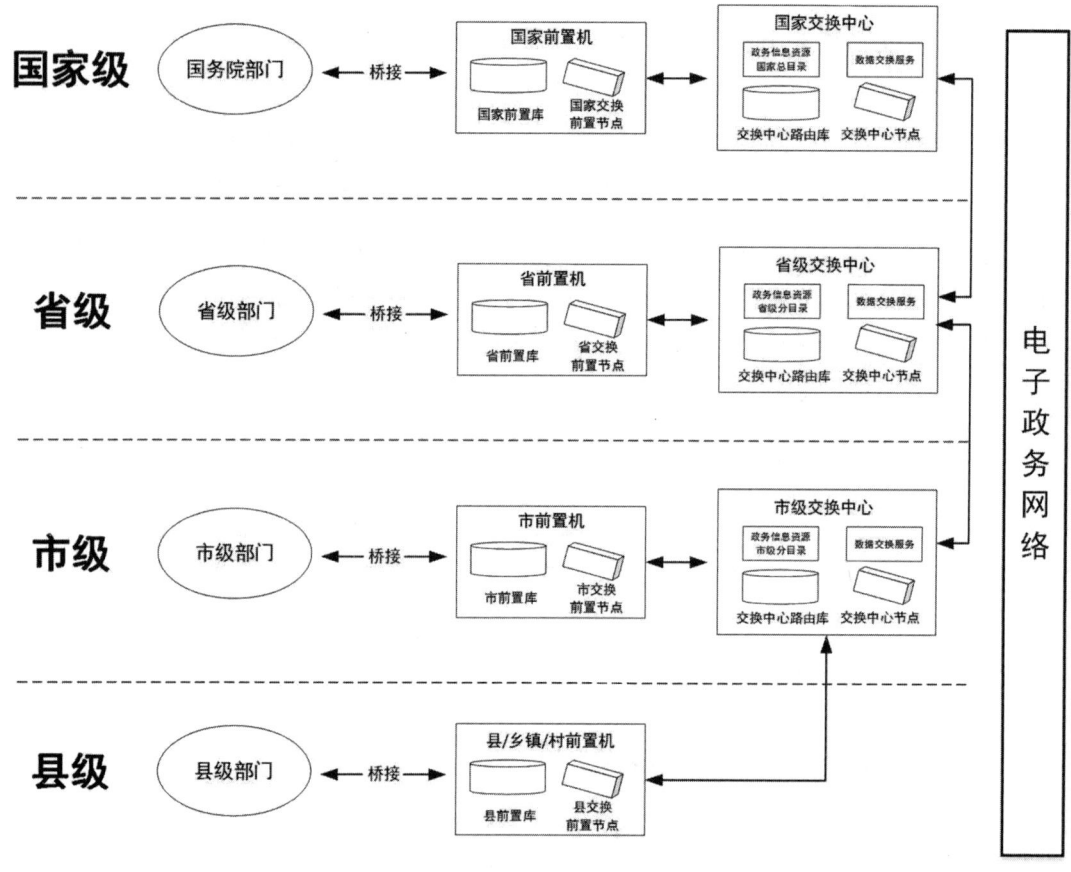

图 6 数据交换体系层级结构图

（二）统一容灾备份

国信政务云提供同城异地数据级容灾服务，实现数据的同城异地备份，根据各使用单位的容灾需求，将云平台业务系统的数据备份至灾备中心。定期对生产系统数据库备份，并将备份数据存储在阵列、磁带等介质上，如图7所示。

在应用级容灾服务下，生产中心和容灾中心同时处于工作状态，一旦发生灾难，容灾中心可随时接管应用，从而实现零时延，保证业务连续性。

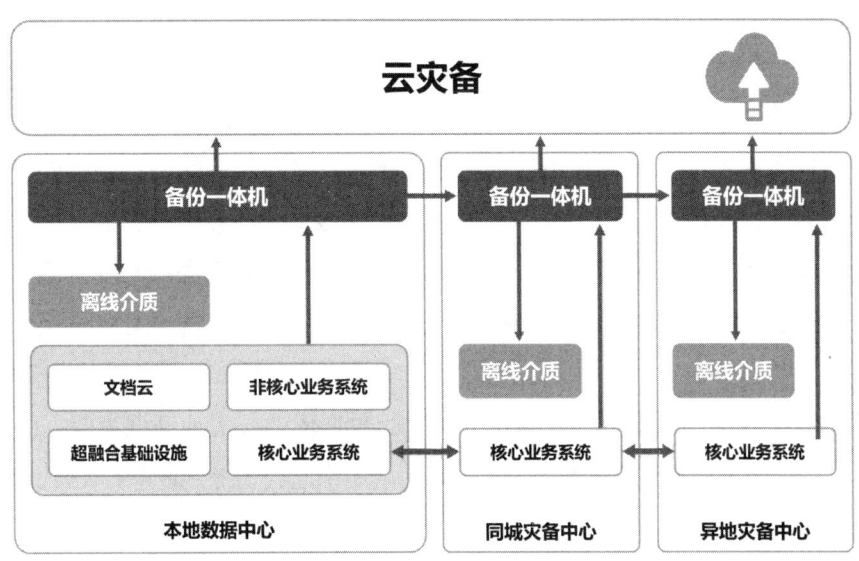

图7 国信政务云云灾备服务

七、大数据分析建设

适应大数据产业及服务在我国加速推广普及的大趋势，网信新网充分利用在政务网络研究、数据库建设、数据交换平台建设运维、互联网大数据分析等方面具有的比较优势，积极主动地与业内专业化企业和机构创新合作模式和机制，在大数据分析技术研发和决策支撑应用方面，做了大量的开拓性工作和原创性工作（图8）。

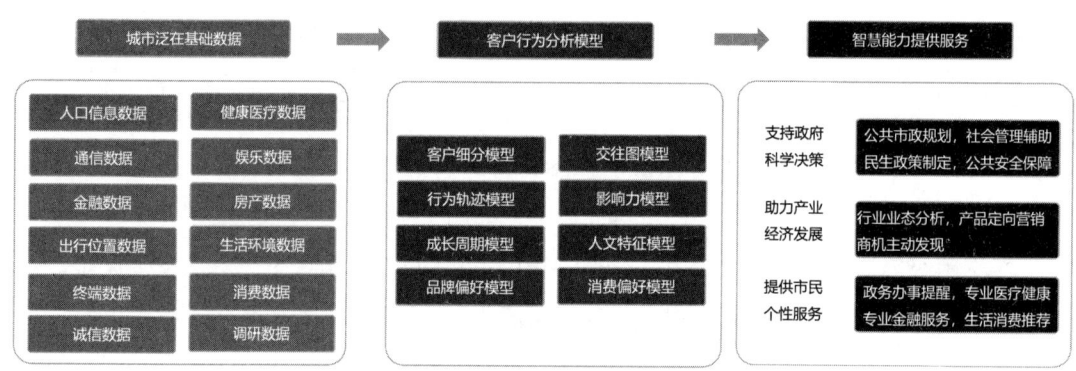

图 8　政府大数据产业链

例如，紧密围绕支撑国家发改委宏观决策、改善预期管理这一主题，基于广泛海量采集的互联网大数据，并配套利用具有关联性政务数据和统计数据（主要用于一段时间后的分析结果校正分析），前瞻性、系统性地开展了专业化研发工作，形成了一系列基于算法的大数据分析产品，包括一系列指数化产品和专项分析报告，走在了国家政府部门应用大数据的前列，多次受到国务院领导和国家发改委领导的充分肯定和表扬。

下一步，我们将重点放在规范各类数据采集及安全存储、加强算法及指数化产品研发、对政府数据共享交换平台（政务外网）上的数据依法合规地开展大数据分析、利用大数据开展在线预警监测和工作评估、支撑事中事后中监管服务、促进大数据生态链发展、加强专业人才队伍培养等方面。

八、关键技术运用、主要技术特点

（一）快速敏捷地满足政务业务需求

国信政务云服务平台采用开放架构 OpenStack、开源的 KVM 虚拟化技术，依托国家电子政务外网构建，是唯一快速敏捷满足政务"两头在外，中间在内"业务应用需求和场景特点的混合云，在互联网上采集和发布政务事项，在政务外网上处理政务事项，并依托政务外网实现横向跨部门、纵向跨层级的业务流转与数据交换。

（二）多层安全体系保障的政务云

国信政务云服务平台基于自主研发、安全可控的云计算核心技术，坚持在信息管理、信息保护等的关键技术方面加强研究，满足监管合规要求，通过了云计算等级保护三级测评及中央网信办党政部门增强级网络安全审查；加强了关键信息基础设施核心技术装备威胁感知和持续防御能力建设，提高了国信政务云服务平台自主保障能力，拥有以国信新网公司参股方深信服公司为主的等保合规安全生态体系。

（三）高效的集约化建设和运维能力

基于十多年来全程参与国家电子政务外网建设和运维经验的积累并依赖 ITSS 标准衍生出来的运维服务，拥有 50+ 云计算服务专家团队与经过认证的信息安全服务资质，通过人、服务体系、产品工具、全栈资源的整合，为政务行业用户自身基础架构业务、泛云计算管理等提供个性定制化的运维服务体验。

（作者：赵进延　吴　炜　崔恩泽　李鹏飞　高　航　郭　蕤　郭宏明）

四位一体电子政务外网中央平台运维支撑系统项目

锐捷网络股份有限公司

自"互联网+政务服务"提出以来，各级政府统筹的一体化网上政务服务平台建设逐渐驶入"快车道"。在"全国一张网"快速推进的背景下，负责国家电子政务外网建设、运维及相关管理工作的国家信息中心，遇到了IT运维管理的新挑战。为此，国家信息中心携手锐捷网络在一期"八大运维场景"成果的基础上，针对管理决策可视化、关键业务、全面资源管理及服务质效提升等目标，利用"RIIL-BMC+RIIL-Relax"构建可视化智能决策中心，合力打造外网业务网上服务大厅及综合运维门户，全面提升了我国电子政务外网运维管理的专业化、标准化、智能化水平。

一、电子政务外网蓬勃发展，运维迎来新挑战

根据国家相关的建设指导要求，结合目前国家信息中心运维现状，当前环境下政务外网的职能和运维模式发生了巨大改变，并表现在以下4个层面。

（1）在应用层面，政务外网应具备跨层级、跨地域、跨系统、跨部门、跨业务的支撑服务能力。

（2）在网络层面，政务外网应针对贯穿全国的四级网络，需要具备对大业务量、高实时性、全网多级的应用保障能力。

（3）从运维技术支撑层面，不仅大量共享数据对现有政务外网网络和业务结构产生了冲击，并造成传统监测技术很难分析和定位故障等问题，而且传统运维模式也与五大政务云业务的使用场景脱节，用户体验有待提升。

（4）从政策层面，国家关于"互联网+政务服务"建设要求的55号和108号文，从大数据、互联互通的角度对政务服务的关键保障技术、评价考核体系等方面提出指导意见，国家信息中心需要建立服务质量评价体系。

国家信息中心相关领导表示："目前我们不仅在传统运维技术上遇到了瓶颈，从管理决策层面，也需要解决运维大数据可视化展示和数据分析、应用系统智能化的问题，同时更应解决内部管理效率和外部服务质量提升的问题。基于上述需求，我们制定了'以服务为中心，以价值为导向，以数据为依托构建集中、灵活智能的IT运营管理平台'的二期建设目标。"

二、构建可视化智能决策中心，IT服务管理体系全面升级

针对面临的问题和挑战，依托于锐捷网络RIIL IT综合运维解决方案，国家信息中心成功构建出集中、灵活、智能的IT运营管理平台：

（一）面向管理决策——构建可视化智能决策中心

全新设计的可视化智能决策中心由三大板块的数据组成，内容上分别为"运维综合可视化、机房3D可视化、运维门户、服务大厅"，为国家信息中心在运维、管理及决策三个层面提供支撑。第一板块是面向基础运维数据的运行，实现了性能告警等数据的全景可视化；第二板块是面向关键业务数据的业务板块（核心功能），主要包含关键业务应用、资产等数据的可视化看板，并且可以提供可自由定制的多维数据分析能力；第三板块是针对服务质量效率、运营服务相关联的各种统计分析数据可视化。

（二）面向全国纵向网络——推进上下级互联互通落地

利用锐捷网络RIIL-IT综合运维解决方案构建的统一综合监管平台，实现了对国家政务外网数据中心、国家数据共享交换平台、政务云等关键业务的实时监测和用户体验分析。

同时，也对政务外网骨干网络的关键业务实现全景视图，并为未来的业务扩展预留了充足的空间。

（三）面向关键业务——实现关键业务的体验分析和运行支撑

目前，电子政务外网正在运行的全国性跨域重要业务已经超过了三十个，而这些业务普遍具有跨区域、多级别、规模大的特点，对运行的可靠性有很高的要求，并且业务数量、种类、数据量一直在大幅增加。针对这种发展态势，锐捷网提供了深度业务体验诊断分析解决方案。该方案本身由两部分组成，并逐步通过国家层面和地区层面的分级部署，最终实现了纵向业务的全局感知分析能力。

（四）面向服务质效——基于外网特色业务场景，全新升级 IT 服务管理体系

利用锐捷网的 RIIL-Relax，面向内、外部服务管理，构建统一运营管理平台，国家信息中心实现了外网业务网上服务大厅及综合运维门户，基于外网特色场景，实现更便捷的多地值班巡检和移动运维、故障处理和业务审批、移动化线上报修、业务开通、业务变更的网上申请等支撑流程，不仅做到了所有记录随时可查，更通过定期向用户推送包含服务次数、使用资源及带宽使用情况的服务报告，全面提升用户的服务体验。

三、一门户，二中心，三平台，建设人民满意的网络

从 2002 年起，国家信息中心就积极筹划国家政务外网的准备工作。随着工程建设不断深入，接入用户不断增多，网络承载业务陆续开通，对电子政务外网运维服务能力的要求也越来越高。作为国家经济信息系统和国家电子政务外网系统的牵头单位，国家信息中心运维服务的好坏，将直接关系到政务外网能否发挥预期效益、能否获得持续发展。

针对运维二期的建设效果，相关领导表示：基于 RIIL 等相关产品的升级改造以及网上办事大厅的实施，国家信息中心的运维能力得到了全面提升，目标基本达成。目前，

国家信息中心正逐步实现国家到全国各省运维系统的数据对接与互联互通，全面提升电子政务外网的运维管理专业化和服务能力。未来，依托服务管理、分级管理和统一监控的三大平台以及上层的服务门户、可视化决策中心和智能分析中心，我国的电子政务外网将会形成自主可控、强大智能的智能化运维体系，更好地为各级用户和百姓提供满意服务。

（作者：李　庄）

第二篇 公共服务

第三章 公共服务建设方案例

新疆维吾尔自治区人民检察院智能维汉翻译系统建设项目

新疆维吾尔自治区人民检察院

讯飞智元信息科技有限公司

一、基本情况

新疆维吾尔自治区地处祖国西陲，地域辽阔，是我国极为重要行政区域。同时，新疆是国家"一带一路"倡议重要地区，也是国家多民族聚居和维稳重点区域，目前懂维吾尔语并能够进行维汉翻译的办案人员紧缺，一定程度上影响了案件审理的周期。

民语案件的办案环节中各类文书都需要双语对照，但目前新疆各办案机关中普遍存在双语干警紧缺，双语水平参差不齐等现状，这就容易造成翻译工作滞后，案件办理复杂度高。为规范司法办案，解决民语案件多、民语干警少的突出矛盾，新疆检察院与科大讯飞积极开展探索应用，从智能语音技术入手，结合新疆地区办案业务实际情况，研发建设了"讯飞维汉智能翻译系统"，有效地缓解了民语案件相关文书翻译工作。

二、总体技术架构

（一）逻辑架构

应用层：系统支持文本及文件输入，对外提供翻译文本及文件导出，支持批量文本操作。

服务层：通过统一系统平台，实现平台不同功能模块的能力调度，并提供整套数据管理机制。

能力层：建设维汉文本翻译引擎，依托其强大的维汉翻译及汉维翻译后台服务，可以为系统翻译效果提供强大保障。

基础集成层：支持对底层硬件和存储资源进行统一调度管理。

（二）部署架构

讯飞智能维汉翻译系统为 B/S 架构，支持集中部署和独立部署两种方式。

三、系统主要构成与功能

讯飞维汉智能翻译系统首先构建了维汉文本翻译引擎，系统通过调用引擎，能够实现维吾尔语文字和汉语文字之间相互翻译，在使用中不但支持文本翻译而且还支持批量上传文件翻译，尤其适合各办案机关的司法文书翻译。

四、基础支撑环境建设

根据使用需求配置了相应 GPU 服务器作为引擎服务端。

五、应用系统建设

（一）维汉文本互译引擎

根据前端使用需求并发，合理配置了维汉文本互译引擎。其为系统提供了中维文本互译服务能力。

（二）文本翻译

可以在讯飞智能翻译系统中输入一句或一段维吾尔语或汉语即实现快速的翻译。系统支持"汉译维"和"维译汉"两种翻译模式进行选择。

（三）文件翻译

系统可以单个或批量上传需要翻译的文件（目前支持的文件格式有 .doc、.docx、.wps、.txt），系统可以在后台批量处理并即时逐句将翻译结果展示出来。系统支持"汉译维"和"维译汉"两种翻译模式进行选择。

（四）对照查看

系统支持将翻译后的译文与原文进行对照查看，逐字逐句校验翻译结果。

（五）对照修改

系统支持译文在对照原文时进行逐字逐句修改和编辑。

（六）译文导出

系统翻译后的译文可以按照一定的文书格式单个或批量导出。

（七）后台统计管理

系统支持设置管理员模式，管理员可以登录管理后台，查看各用户翻译记录，了解系统使用统计情况。

管理员登录后台后，由权限查看全部翻译记录。可通过翻译时间、功能模块、翻译类型、翻译结果、使用单位进行查看筛选并下载相应文件。

六、数据资源建设

用户可通过管理员账号密码登录后台翻译管理页面，在管理页面中查看翻译日志记录，包括使用翻译的 IP 地址与对应单位（需配置 IP、单位对应关系表）、翻译的时间、类型、字数等信息。方便用户管理员了解翻译系统使用情况。

同时，通过后台对翻译语料的收集，辅助以人工标注，通过 AI 机器深度自学习能力，不断训练和优化翻译模型，提升翻译的忠诚度和流利度。

七、大数据分析建设

在项目建设过程中,项目组通过与喀什地区、和田地区、阿克苏地区、伊犁州一线检察干警沟通、调研,在起诉书、审查报告、控审抗诉等业务场景中,对维汉文本翻译有大量业务使用需求。由此,针对上述场景,我们从一线检察机关收集了约 7000 份原始语料素材,并对其进行全面人工标注后,形成了 10 多万条维汉平行对照句对。

就维吾尔语人名、地名、时间、日期、计量单位、数字、身份证号码、车牌号等翻译难点,研究团队通过对该语料进行大数据系统分析和数据整理,并结合机器翻译神经网络模型通过深度学习算法进行引擎优化迭代,实现了利用语料大数据来有效提升翻译效果。

八、关键技术运用、主要技术特点

系统搭载利用强大的神经网络机器翻译技术,通过深度学习算法实现精准翻译,机器翻译基本流程包括文字序列输入、预处理、核心翻译、后处理、输出文字序列,采用中文和维文分句、中文和维文分词、记忆库源句匹配、专有名词处理、深度神经网络模型解码、翻译后处理等技术,基于新疆少数民族语言特色,汉维、维汉翻译正确率满足理解需要,极大程度解决了工作人员翻译难题。

机器翻译是维汉文本翻译系统的关键技术应用,是计算语言学的一个应用领域,建立在语言学、数学、计算技术三门学科之上。是通过对平行语料进行统计分析,构建翻译模型,进而使用此模型将一种自然语言解码成另外一种需要的自然语言。

神经网络机器翻译(Neural Machine Translation,NMT)是最新的完全基于神经网络的机器翻译框架。传统的统计机器翻译利用双语平行句对,训练词到词的对齐关系,然后训练语言模型、翻译模型、调序模型,利用三大模型去解码出目标句子。然而 NMT 里面不需要训练这些传统的模型,其基本思想就是利用 RNN(Recurrent Neural Network)作为编码端(Encoder)将一个句子编码成一个向量,然后再利用一个 RNN 作为解码端(Decoder)翻译出目标句子。

NMT 主要包含三个小的阶段:

第一阶段,训练简单的端到端编码 - 解码框架进行翻译;

第二阶段,引入注意力机制,即建立了源语言词与目标端词的对齐关系;

第三阶段,将大规模词表的处理技术和语言模型的引入到 NMT 系统中。

其主要功能如下。

(一)端到端编码 – 解码框架

利用 RNN 对源语言句子进行编码,再用另一个 RNN 对目标语言句子进行解码,使得完成了从句子到句子的翻译效果。整体模型框架如图 1 所示。

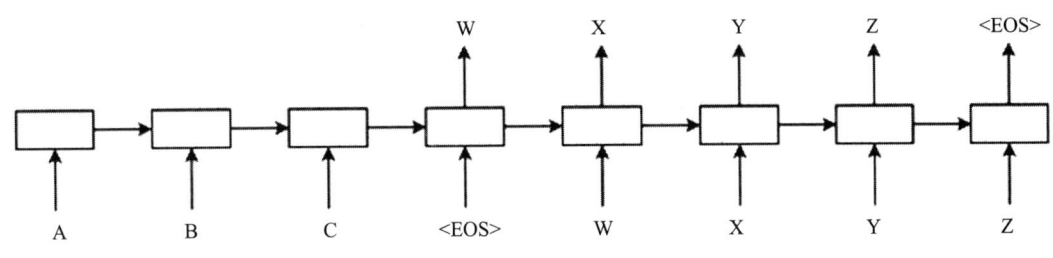

图 1　端到端编码 – 解码框架

(二)S2SNN 模型框架图

竖线之前的部分是 Encoder 部分,竖线之后则是 Decoder 部分。Encoder 部分负责将源语言句子 ABC 进行编码,Decoder 部分则根据 encoder 的信息及 <EOS> 特殊标志来翻译出第一个目标语言单词,并继续输出其他所有的目标语言单词,直到生成 <EOS>。

在 Encoder 部分,S2SNN 采用了 LSTM-RNN 对源语言句子进行编码。其思想是,不断地从输入端输入源语言句子中的每个单词,经过 RNN 的学习,在最后一个单词输入完毕之后,LSTM-RNN 隐层中则存储了整个句子的信息。

图中,源语言单词 ABC 依次输入到 Encoder,那么句子 ABC 的 representation 就保存在最后一个时刻(即输入 C 之后)的隐层中。

在 Decoder 部分,S2SNN 同样采用了 LSTM-RNN,以语言生成的方式进行建模。在获得 Encoder 得到的源语言 representation 之后,作为 decoder 隐层的初始状态,和 <EOS> 特殊标志一同解码出第一个目标语言的词汇 W,再紧接着利用语言生成(语言模型)的思想生成其余的目标语言词汇,直至输出 <EOS> 则目标语言句子生成完毕。

（三）Bengio 组的注意力模型框架

引入了注意力（Attention）机制，相当于源语言和目标语言的词对齐。

假设输入句子表示为 $x=(x_1,\cdots,x_{Tx})x=(x_1,\cdots,x_{Tx})$，该模型使用一个前向解码（RNN Encoder）与一个后向解码（RNN Encoder）分别逐个读入每一个词得到 $\vec{h}_s = f(x_s, h_{s-1})$ $\vec{h}_s = f(x_s, h_{s-1})$ 与 $\overleftarrow{h}_s = f(x_s, h_{s+1})$ $\overleftarrow{h}_s = f(x_s, h_{s+1})$。在此基础上，形成一个对输入句子的分布式表示 $c = q(\{\vec{h}_1; \overleftarrow{h}_1, \cdots \vec{h}_{Tx}; \overleftarrow{h}_{Tx}\}) c = q(\{\vec{h}_1; \overleftarrow{h}_1, \cdots \vec{h}_{Tx}; \overleftarrow{h}_{Tx}\})$，其中每一个词对应一个完成的 $h_s = \vec{h}_s$；$\overleftarrow{h}_s h_s = \vec{h}_s$；$\overleftarrow{h}_s$ 称为 annotation。

目标语言句子由一个 RNN Decoder 逐词产生，每个词的产生概率依赖于前一个目标词、隐层状态以及当前时刻的所有词的注意力状态（上下文信息）。

目标语言句子由一个 RNN Decoder 逐词产生，每个词的产生概率依赖于前一个目标词、隐层状态以及当前时刻的所有词的注意力状态（上下文信息）。

这里，针对每一个时刻，词的生成概率依赖于一个特定的源语言上下文 c_ic_i。源语言上下文 c_ic_i 是前后向 RNN Encoder 的 annotation 的加权平均，而计算每一个词的 annotation 时，需要利用上一时刻的隐层状态来计算，其原理流程如图 2 所示。

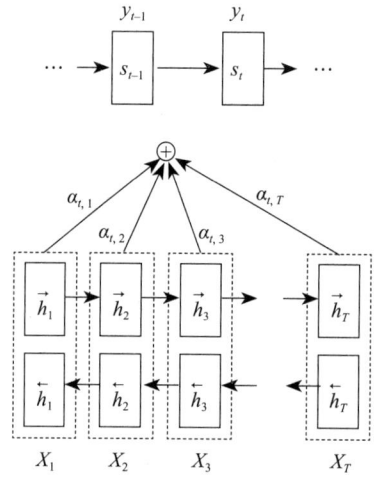

图 2　原理流程图

(四)端到端框架中的软对齐(注意力)结构图

其中对齐模型 $aijaij$ 也作为一个前馈神经网络,它的参数和 RNN Encoder 和 Decoder 的参数一起训练。

(五)大词表处理

相比于传统的机器翻译系统,NMT 系统一般对词表大小有限制。这是由于输出概率时,需要 softmax 层做归一化,这一步的计算量在使用大词汇表时是非常大的。常用的做法是选取 K 个最常用词作为词典,其他词全部映射成为 UNK 标记。对于一些词语变化形式很丰富的语言,例如法语、维语等,由于词典覆盖度不够,导致大量的 OOV 出现,影响翻译质量。Jane 和 Bengio 提出了一个很简单的做法来训练大词表的 NMT 模型。

在 Decoder 端生成下一个词的时候,输出层采用 softmax,需要计算所有词表的概率求和来进行归一化。然后出于效率的考虑,可以仅仅选择一个子的词表,来进行归一化。模型训练过程和解码过程有所不同。训练过程中,将训练语料划分成几份,在每份语料上为源端和目标端选取一个固定大小的子词表。这样每份语料负责训练全词表的一部分,词表与词表之间有一些重叠。然后可以在一轮迭代后,重新洗牌数据,然后重新划分词表训练。主要功能及用途描述如下。

1. 文本翻译

用户选择翻译方向(汉译维、维译汉)后,在网页中输入需要翻译的文本(1000 字以内),输入完成后点击翻译即可交给翻译引擎进行翻译,翻译结果逐句实时展现在右侧翻译结果栏中。支持汉语维语双语互译。

2. 文件翻译

用户选择翻译方向(汉译维、维译汉)后,上传需要翻译的文件(支持 2M 以内 UTF-8 编码的 doc、docx、wps、txt 文件,可批量上传),上传完成后点击翻译即可交给翻译引擎进行翻译,翻译结果逐句实时展现在右侧翻译结果栏中。支持汉语维语双语互译。

3. 翻译结果对照查看与编辑

查看翻译结果时将鼠标移至译文上,会同时高亮显示该句原文与翻译结果,方便用户对照查看原文和译文,进行校对。

4. 翻译结果在线编辑校对

当用户对翻译结果不满意时,可以直接点击右侧译文栏,译文栏由文本展示框变为文本编辑框,可直接在页面中进行编辑。

5. 译文导出

翻译完成后,点击导出按钮,可以下载翻译、校对后的译文(文本翻译、txt 格式文件翻译导出格式为 txt,文件翻译导出格式为 rtf)。在上传了多个文件,且多个文件均已翻译完成时,可以一次性批量打包下载 zip 格式译文文件压缩包。

6. 翻译管理

用户可通过管理员账号密码登录后台翻译管理页面,在管理页面中查看翻译日志记录,包括使用翻译的 IP 地址与对应单位(需配置 IP、单位对应关系表)、翻译的时间、类型、字数等信息。方便用户管理员了解翻译系统使用情况。

7. 主要技术指标

负载:可连接工作 12 小时;汉维、维汉翻译正确率满足理解需要,准确率大于 80%。

九、系统运维服务

运维部门充分利用公司的呼叫中心、技术支持网站、技术支持邮件、公司网站等客户服务平台,通过远程登录巡检、电话答疑、E-mail 支持和现场维修服务等多种服务方式,机动灵活地为用户服务。

（一）安全预警

面对复杂的网络安全问题，将由经验丰富的网络安全专家组成的安全预警小组，对网络中出现的安全问题提供技术支援和解决方案，在互联网上公布网络中出现的安全问题及解决措施，并对网络中可能出现的安全问题进行预告、提示及解决。用户同样可以获得安全预警小组的有力支持。

（二）技术咨询

系统在实际操作过程中给予帮助，并解决平台在使用过程中出现的问题，同时，向用户提供解决问题的办法、建议和其他信息。

（三）电话支持

系统的用户可以从客服中心得到及时有效的电话支持。要求电话支持的系统各用户可以指定一名主要联系人与服务中心进行电话联系。服务人员做好客户服务需求的记录，并向系统用户明确服务需求的解决方式、进程和最终的解决办法。

（四）远程故障诊断

远程故障诊断技术是通过设备诊断技术与计算机网络技术相结合，在设备上建立状态监测点，采集设备状态数据，在诊断中心对设备运行进行分析诊断的一项技术。远程故障诊断的实现既能使设备的故障诊断更加灵活方便，应用更加广泛，又能实现资源共享，避免重复开发。通过此种方式，对于迅速解决用户设备及系统使用故障有了进一步的保障。

（五）现场响应

如果问题不能通过电话或远程方式解决，客服中心会派出经验丰富的现场工程师到现场为客户解决问题，并向客户提供解决问题的描述。描述内容包括：问题原因、解决办法、解决问题的方式和进程以及建议客户对产品进行正常使用的指导和培训。问题解决后需要客户进行验收,不能当场解决的问题将与客户进行协商并向公司申请更多资源。服务人员对解决的过程进行记录。

(六)电子邮件支持

用户可以通过邮件地址向服务人员发送电子邮件获得支持。对于客户通过电子邮件反馈的信息,服务人员将在信息发出的 12 小时之内给予回复,并告知客户问题的解决办法、方式和具体操作流程。

(七)应急事件的报告与通报

应急事件处理工作原则:

① 出现故障的单位对故障发生的过程(包括操作情况)、故障的分析定位、故障的处理状况填写相应的故障报告单。

② 在工作时间内接到故障报告单后,予以正式回复,并及时进行故障处理。及时获取故障分析所必需的数据。

③ 负责跟踪处理故障的工作结果,出现故障的单位对处理结果予以书面确认(即签署故障单的反馈意见),如果十个工作日内尚未书面确认,将视同故障已排除。

为了确保应急事件能够得到及时有效的处理和解决,保证系统的各方主体能够在第一时间内了解到系统突发应急事件的处理状况,尽快地控制突发事件的影响范围和危害程度,防止类似问题的再次发生,需要建立和健全统一的突发应急事件信息报告系统。

(作者:周 彬 戴 林)

晋城市大数据应用平台

晋城市大数据应用局

一、基本情况

（一）建设需求

一是形势要求。着眼于服务国家战略，解放思想、凝聚共识推进大数据战略行动。山西大发展，晋城要先行，做大数据时代的践行者。

二是问题导向。省政府多次强调"一个平台管全省"。我们针对部门信息系统林立，着力解决数据不通、业务不通、网络不通的问题。

三是良好基础。晋城市有大数据专门机构、有专业队伍，具备了打破信息孤岛、拆掉数据烟囱的条件。

（二）改革举措

建立全市统一的云平台和全市联通的政务外网和全市汇聚的大数据中心。

1. 一朵云

引进阿里智能飞天云计算操作系统，构建了全市统一的政务云，搭建由186台服务器组成的专属高规格物理集群，提供7200核计算能力和2000TB存储空间。

2. 一张网

完成电子政务外网的骨干网及城域网升级扩容，推动电子政务外网的全覆盖，实现省市县乡四级互联互通。

3. 一个中心

搭建数据共享交换平台和大数据支撑平台，实现全市范围内数据资源和大数据服务的共建共享，形成一套标准、弹性、可靠的基础资源体系。

依托"一云""一网""一中心"，我们实现以大数据提升政府治理能力，以大数据推动产业转型升级，以大数据服务改善民生生活，力争打造中等智能城市的全国样板、中原城市群的数据港。

（三）解决问题

"晋e通"（晋城市大数据智能决策指挥系统）致力于实现"一图全面感知、一键可知全局、一体运行联动"，助力领导在决策时能够有"数"可循、按"图"索骥，感知全市八大重点领域的客观现状，为新时代美丽晋城高质量转型发展取得新成果掌舵指航。

"晋来办"（晋城市统一便民服务平台）打造集政务服务、公共服务、便民服务、信息资讯、政民互动为一体的便民服务门户，以"互联网＋城市服务"的思维，整合211项便民服务，实现"一号申请、一次登录、一网办理"，足不出户即可办理。

"指尖办"（晋城市智能政务办公平台）打造组织在线、沟通在线、业务在线的新模式，实现统一组织管理、审批过程留痕、会议转达高效等业务全覆盖，已在市直45个单位3900余名工作人员中推广应用，实现高效协同"指尖上"办公。

"一号通"（晋城市12345市长热线一号通平台）升级改造12345市长热线"一号通"平台，整合分散在各部门的13条热线，实现从受理、转办、反馈、回访、督办到评价的标准化，办好群众的"操心事""烦心事"，架起一座密切联系群众的"连心桥"。

二、制度改革

在晋城市市级机构改革中，市委市政府高瞻远瞩，为进一步坚持和加强党对信息化、大数据、电子政务工作的集中统一领导，新组建成立了晋城市大数据应用局。这是晋城市机构改革的一个创新亮点。

晋城市大数据应用局坚持对标一流，先行先试，发挥专业优势，把晋城市大数据发展定位为突出特色应用，助力数字经济，争当全省旗舰，打造中等智能城市全国样板。

三、系统建设

包括四级联通一张网、城市云平台、城市大数据中心、区域经济智能决策分析系统、大数据智能决策指挥系统（晋e通）、一条热线，为民解忧（一号通）、数据桥接与检索系统、互联网+监管平台、智能政务办公系统、智能便民服务平台等，建设大数据主题应用分析展示，辅助政府决策。

（一）政务外网

完成了国家、省、市、县（市、区）四级政务外网联通平台。

（二）城市云平台

引进阿里智能飞天云计算操作系统，构建了全市统一的政务云，搭建由186台服务器组成的专属高规格物理集群，提供7200核计算能力和2000TB存储空间。具备千台服务器扩展能力。

（三）城市大数据中心

城市大数据中心主要建设了大数据基础平台、大数据开发工具、共享交换平台、数据桥接与检索系统、业务汇集库（上云的数据库）、大数据基础库及一批大数据主题应用资源库，本项目通过多源数据接入、整合、汇集和处理，同步开展大数据治理，形成面向实际需求的大数据资源池。

（四）区域经济智能决策分析系统

汇聚政府各部门的政务信息资源，形成政务领域的权威数据库，基于决策模型，进行态势感知、预测分析，从而实现对决策业务进行事前判断、事中控制、事后反馈的全局智能支持系统。通过大数据和人工智能技术，挖掘数据中蕴含的深度关联，分析展现人口、经济、就业、医疗、教育、环境、资源等政务相关数据，使得政府部门能够清晰洞察相关业务领域的客观现状，帮助政府决策者统揽全局，从而提升政府决策效率，降低决策风险，增强政府治理水平。

（五）大数据智能决策指挥系统（晋e通）

"晋e通"依托晋城市大数据"1183"工程已建的大数据中心和政务服务共享交换平台，并结合二期项目即将实施的人口库、法人库、宏观经济基础库的建设，融合重点工程、生态环境、自然资源、城市规划、文化旅游、主导产业、能源、宏观经济等重点领域业务数据，通过手机、iPad等终端设备，实现基于GIS空间数据为基础的重点领域、重点工作、重点工程大数据智能分析平台。平台打通数据壁垒，形成城市数据神经元网络，发挥城市大数据应用效果，满足对城市精细化治理、智能化决策的要求，最终实现"全域感知城市、全面把控进度、全局指挥调度"目标。

（六）一条热线，为民解忧（一号通）

"12345，市长帮您办"，紧紧围绕"便捷高效的服务平台、协同治理的重要枢纽、智慧治理的有效支撑"的三大功能定位，全年7×24小时为市民群众提供集电话、短信、市长信箱、社情民意、微信、App等渠道于一体的咨询、投诉、求助、建议等服务，实现热线受理、转办、反馈、回访、督办、考核的"一条龙"运转，为市委市政府密切联系群众搭建起一座"连心桥""民心线"。

（七）数据桥接与检索系统

依托于数据共享交换平台，以需求为导向，重塑政府管理的业务流程，以应用为主线，建设数据桥接与检索系统，积极推进职能转变和公共服务创新，提高政府部门的行政效能，帮助政府部门实现数据可归集、可共享、可查询的目标；通过整合信息资源，建立政府部门资源库，实现横向和纵向的互联互通。至少满足全市 30 个市直政府部门的数据上报、查询、共享需求。

（八）互联网 + 监管平台

根据《国务院办公厅关于加快"互联网 + 监管"系统建设和对接工作的通知》相关要求，加快推进晋城市"互联网 + 监管"平台的建设。以晋城市大数据应用平台和数据共享交换平台为依托，建设形成全市联网、信息共享、依法监管、多方联动的监管新格局，做到全程留痕、责任可追溯，提升事中事后监管效能，实现综合监管、智慧监管。

（九）智能政务办公系统

智能政务办公系统利用其强大的通信技术和工作流技术，加强了信息在政府部门间的快速流转，实现了全市政府部门工作人员随时随地安全高效办公，提高了办事效率。为进一步提升信息化政府服务决策和管理的能力，需要对智能政务办公系统进行升级，保障平台安全高效运行。

（十）智能便民服务平台

以"互联网 + 城市服务"的思维，通过支付宝的城市服务搭建了公共便民服务平台，实现了生活缴费、市长热线、行政复议、路线查询等便民服务。为进一步深入政府各部门便民业务，实现政府各部门的便民业务快速集成，需要对智能便民服务平台进行升级，提升政府服务水平和群众的满意度。

四、数据建设

建立"人口基础库、法人基础库、宏观经济基础库"的战略性基础数据库。通过数据集成与治理，梳理数据资源，打通各部门数据壁垒，实现各类政务数据与市场数据的汇聚。

将城市所拥有的各种资源、人文、市场、科技、旅游、经济等要素，以数据形式获取，将不同来源、不同类型、不同应用的数据进行规范、整合，构建对外提供数据共享和应用服务，对内实现人口基础库、法人基础库、宏观经济基础库等基础资源库的数据落盘，为各局委办业务应用提供权威数据，并通过数据分析、数据挖掘、模型算法等多种技术，对政府在发展规划、投资布局、资源环境、管理创新、科学决策等业务中提供强有力支持，有效地利用城市数据，提升政府管理和服务水平，提高城市管理效率，节约资源，促进城市可持续发展。

（一）人口基础数据库

基于数据共享交换平台，把分散在各部门资源目录中的出生证明信息、教育基本信息、房屋租赁信息、已婚育龄妇女信息、居民收入基本信息、社保缴纳和发放信息等人口生命周期各个阶段产生的所有人口信息，按照统一的编码标准，以公民身份号码为唯一代码，汇聚公安局、教育局、民政局、人社局等市直部门现有人口数据，经过整合、清洗、比对，形成全市统一的人口综合信息数据库，可以方便公安、卫健、民政、卫生、教育、残联、人力资源和社会保障等使用人口信息的部门及时准确地查询到人口相关信息，不同部门可以共享相关的人口信息，确保各相关部门的人口基本信息的准确性和一致性。

（二）法人基础数据库

依托政务晋城数据共享交换平台，以市场监管、民政、编办等部门提供的法人信息为基础，汇集人力资源社会保障部、税务总局、统计局等部门的法人校核信息，建立以统一社会信用代码为基础，覆盖机关法人、事业法人、企业法人、社会组织法人四类法人的法人基础信息库，整合和统一不同部门的法人信息数据，实现资源的有效共享使用，同时建设法人单位信息标准规范化的运行管理体系，保障法人单位信息的动态更新。法人基础库的建设是深化商事制度改革的有力支撑，有助于提高政府和行业部门的业务管理能力和监控能力，提高政府部门工作效率，推动政务公开力度，提升政府决策管理和服务水平。

（三）宏观经济基础数据库

依托政务晋城数据共享交换平台，全面整合和采集晋城政府各部门的发展改革、财政、税收、投资等方面的年度数据、月度数据、普查数据和专题数据以及互联网、社会行业等各方数据资源，构建宏观经济监测与宏观决策支撑体系，实现宏观经济管理部门的互联互通和信息共享，逐步构建全市逻辑统一、分布合理、有效共享的宏观经济数据库，全面提升晋城市运用大数据开展宏观经济形势研判能力和辅助科学决策水平，推动形成晋城市智慧决策、智慧研判、智慧服务新格局，为政府、企业和社会公众提供权威的数据支持和咨询服务。

（1）建立一个边界清晰、共享兼容的宏观经济数据指标体系，涵盖国民经济、社会发展、科技创新、环境资源等经济社会各个方面的宏观情况。

（2）建立全市宏观经济与社会发展信息资源共建共享的统一管理机制，提高信息资源的共建共享和管理能力，有效保证宏观经济数据库数据更新的及时性、准确性和可持续性。

（3）通过晋城市宏观经济基础库，支持政府宏观经济调控决策，满足各个层面管理决策的需要，同时使社会各界可以方便获取、查询政府可公开的宏观经济数据信息。

（4）规范信息资源目录标准、指标体系分类编码标准、共享数据集模型、数据元标准、数据交换格式标准，建立信息采集和共享机制，从业务和技术上确保数据的唯一、全面和权威性，把宏观经济数据资源作为重要战略资源长期有效管理。

五、互联共享，内外协同

建立全市政务资源共享交换平台，包括政务资源共享交换平台，数据开放平台。实现了国家省市多级数据联动。并实现了共享数据的结构化汇集和查询应用。同时通过大数据平台，采集30多万条市场数据，结合政府数据，驱动建立评价模型，实现数据共享。

六、组织管理、技术运用、实施过程中的做法、突破、亮点等

引进阿里云平台先进技术、采用现场开发办公模式，实行一天一汇报，一周一会议的形式，快速推进项目进展。通过统一智能政务办公平台将政府管理人员、业务人员和阿里云技术人员统一管理，建立各子项目专题群，形成了数字驱动、扁平管理、及时反馈的管理架构，有效推动了政府协同、业务协同、技术协同等各维度的协同工作。

七、服务成效

（1）全面汇聚构建全市统一的政务云形成了7200核计算通力，2000T存储能力。

（2）汇聚了全市21个部门、88个政务系统上云。

（3）大数据中心：共享交换平台集成了350多类3500多万政府源数据入库，建设了人口库、法人库、宏观经济库、信用库四个基础数据库，另有3000万条衍生数据。

（4）统一智能政务办公平台：已覆盖45个单位，3900多工作人员，百余项制度公文在线审批，各类管理应用近40万次。

（5）晋来办：集成了211项便民服务应用。

（6）一号通：整合13条政务服务热线，集成电话、市长信箱、短信、社情民意、微信、手机App六位一体受理渠道，形成了7×24小时全天候受理、转办、督办、反馈、回访、评价的一条龙综合服务。

（7）数字经济：农村淘宝服务站56个，实现交易额3700万元，销售农特产品900余万元，哈罗单车投放达16000辆，月均使用超过340万人次。

（作者：聂永平　李满红　陈卫兵　等）

新疆维吾尔自治区人民政府网上协同办公应用案例

新疆维吾尔自治区政府电子政务办公室

一、基本情况

新疆维吾尔自治区政府原公文运转采用网上登记和手工办理双轨方式进行，请销假、出行报告、派车申请等行政事务工作仍为手工办理，办公效率不高。政府公文库收录文件资料不全，下载应用还不够方便，内部办公信息资源共享不够。自治区政府系统电子政务总体应用水平与中央关于加快推进电子政务工作的要求相比，与国务院有关工作目标相比，与内地发达省市区电子政务应用水平相比，仍存在较大差距。

根据党和国家关于促进电子政务协调发展的有关要求，自治区政府主要领导同志于2018年1月召集专题会议，研究确定以自治区政府网上协同办公应用工作为抓手，促进全区政府系统电子政务应用工作的深入开展。

根据自治区政府专题会议审定通过的《全面提升办公厅网上协同办公应用及信息资源共享水平的方案》（以下简称《方案》），在自治区政府主要领导同志的亲自推动下，自治区政府办公厅认真组织，确立了明确的工作目标，开展了试点应用工作，在试点基础上全面推进网上协同办公，成立了以自治区政府主要领导同志为组长的工作协调领导小组，建立了周例会、月联系会、专题会和工作简报等多种形式的工作协调推进机制，持续优化完善系统，建立并优化了收文办理、发文办理、报告（阅件）呈阅、出行报告、派车申请、请销假、处室周工作台账等工作流程，以现场演示、上机操作、机关大讲堂等方式大力加强培训，积极做好网络环境及软件配置等相关技术保障，领导带头、处室参与积极开展试点应用，完善政府公文库、建立办公信息资源库，信息上载和应用工作有序开展，制定了《网上协同办公系统安全保密工作管理暂行规定》《网上协同办公系统用户及数字证书管理办法》等 5 个制度和规范，通过实施自治区政府网上协同办公系统升级改造项目健全了安全保障体系，完成了《方案》确定的主要工作任务，达到了预期工作目标。

二、制度改革

建立并优化自治区政府收文办理、发文办理、报告（阅件）呈阅、请示（报告）批阅、通知发布及办理、信息上载、请销假、领导出行报告、重要文件催办、处室工作台账等 28 个工作流程，并根据工作中发现的问题对工作流程持续进行优化完善。

为促进网上协同办公应用安全管理规范化制度化，自治区政府办公厅组织制定了《网上协同办公系统安全保密工作管理暂行规定》《网上协同办公系统用户及数字证书管理办法》《内部通知（公告）电子化发布管理办法》《信息上载及共享应用管理办法》及《网上协同办公系统运行维护管理规范》等制度，进一步明确了网上协同办公应用安全保密工作责任，对开展网上协同办公应用的计算机终端、用户、身份数字证书（CA-Key）的安全管理，以及内部通知（公告）电子化发布、办公信息上载及共享、系统运行维护等工作进行了规范。

三、组织保障

自治区政府主要领导同志召开多次会议，专题研究加快推进网上协同办公相关工作。

自治区政府成立了以自治区政府主要领导同志为组长的工作协调领导小组，领导小组办公室设在自治区政府电子政务办公室。建立了周例会、月联系会、专题会和工作简报等多种形式的工作协调推进机制，及时通报工作进展情况，分析解决工作困难，指导安排下一步工作，确保工作有序推进。

四、系统建设

充分依托现有网络资源和应用平台,在保障网络和信息安全的前提下,以功能完善、应用全面、先进适用为建设原则,优化完善了网上协同办公系统,建设完善了办公信息资源共享平台,开发了适用于业务工作发展的应用模块和应用系统,探索建设了移动办公平台,打通数据壁垒,实现内部各政务信息系统的高度整合,在自治区政府系统内形成"大系统、大平台、大数据"的架构体系,为进一步提升办公效率、强化"三服务"职能提供支持和保障。

对自治区政府现有电子政务网络、政务云平台和安全保障体系等进行完善和改造建设,网络和计算能力达到保障全员全流程网上协同办公以及相关政务业务系统安全稳定运行的要求,安全保障达到了符合国家重要网络系统第三等级保护的相关技术标准和规范,确保自治区政府网上协同办公系统以及重要政务业务应用系统、政务办公信息资源共享应用高效安全地开展。

五、数据建设

办公信息资源库信息上载和应用工作有序开展。完善政府公文库,建立符合国家电子文件标准的政府 OFD 标准版式政府公文的存储查询,方便下载编辑利用。建立信息资源库和政务大数据平台,梳理了可共享的办公信息资源目录,已加载大量的政务信息资源。

六、互联共享,内外协同

网上协同办公系统打通了业务壁垒,促进政府系统各单位办公业务互联共享,推进自治区政府办公厅内部和各厅局部门及各级政府基于统一技术平台,开展政府业务工作的全流程协同办理。办公厅网上办公信息资源共享交换平台升级改造项目,在规划建设时即提出构建自治区政府系统统一的网上办公技术平台,充分利用云计算和大数据等先进技术,实现高效地全流程网上办公,便捷地共享办公信息资源,打通自治区政府办公厅与自治区政府各厅局部门的业务壁垒,完成自治区政府机关普通公文及主要政务业务全流程网上数字化办理,逐步推进实现各级政府系统横向到边、纵向到底的政府机关普通公文及主要政务业务全流程网上流转和办理。目前已有自治区人力资源和社会保障厅、伊犁哈萨克自治州、阿克苏地区等试点单位依托统一网上协同办公平台积极开展各单位内部的网上办公应用。

七、组织管理、技术运用、实施过程中的做法、突破、亮点等

（1）全员参与。已形成包括自治区政府（省级）领导的全员全流程网上办公局面，截至 2019 年 8 月底，所有自治区政府（省级）领导、政府办公厅所有干部、部分自治区政府部门已开展协同办公应用，参与统一网上协同办公平台开展应用的各地各单位配发数字安全证书（U-key）近 2000 个，系统累计网办文件近 10000 件，网办出行报告、派车申请、请销假、处室周工作台账、干部周工作小结等流程 3000 余件。

（2）全流程数字化。自治区政府办公厅已完成收文办理、发文办理、报告（阅件）呈阅、请示（报告）批阅、通知发布及办理、信息上载、请销假、领导出行报告、重要文件催办、处室工作台账等 28 项业务流程的搭建和优化，支持自治区政府机关普通公文及主要政务业务全流程网上数字化办理。

（3）多重安全保障。网上协同办公系统在登录认证、用户应用、系统维护等多个方面提供了有效的安全保障管理措施。

系统登录认证安全保障。为保障办公厅各电子政务应用系统的使用安全，统一身份认证（CA）系统保证了网上协同办公应用及其他应用系统用户的唯一性、安全性和不可抵赖性。

可信身份管控安全保障。主要实现全区政府系统基于统一身份认证进行可信身份验证，通过权限管理对政务云平台的应用和信息资源进行管控，确保全区各级政府和部门的网络接入用户采用"授权人员可以访问许可资源，非授权人员无法访问任何应用和信息资源"的可信身份授权原则，安全、正常、稳定地开展各项应用。

系统运行管理安全保障。网上协同办公系统在管理上严格遵循三员分立管理体系，即分别设立系统管理员、安全管理员和审计管理员分离。系统管理员负责系统的日常运行维护工作，安全保密管理员负责系统的日常安全保密管理工作，包括用户账号管理以及系统所产生日志的审查分析，安全审计管理员负责对系统管理员、安全保密员的操作

系统进行审计跟踪分析和监督检查，从而保证了业务部门数据不能被系统维护部门查阅、调取和删除。

应用及数据安全保障。网上协同办公系统对所有工作流程按照"谁制作、谁负责"的工作原则，提供了完整全面的安全管理。只有流程参与人才有权力对本人的文件或信息进行删除，其他人员无权删除；只有流程参与人可以查阅到该文件，未参与流程办理的任何人员都无法查阅；在流程办理过程中，已经转入下一办理环节的流程，其他环节对已作出的建议或批示等内容无权进行再修改。应用层面利用FC-SAN架构实现高速数据存储，并部署容灾备份设备，可对应用系统在极端情况下停止服务或运行实现无缝接管，保障系统运行稳定可靠。

八、服务成效

依托电子政务统一网络全面实现政府机关普通公文及主要政务业务全流程全员网上办理，实现政务数据、资料、文档网上查询和共享，大大提高了工作效率和工作水平，在提升政府机关"三服务"水平、提高政府行政效能和治理能力、促进总目标落实等方面发挥重要作用和产生显著效益，得到了自治区主要领导和机关干部的充分肯定。

（作者：刘　稚　王剑琴）

办案 E 卷通——检察单轨制办案系统

江苏省苏州市人民检察院

一、基本情况

苏州作为经济高速发展和人口密集流动地区,各类刑事案件占比一直保持高位,"案多人少"的矛盾十分突出。2017 年,苏州检察机关提起公诉案件 14209 件 18633 人,案件数占全省 17.8%,刑事检察部门员额检察官人均办案量居全省第一。检察机关法律监督通过人工发现问题的方式效率低下,监督力度和监督效率都无法符合检察机关法律监督实际办案要求,检察机关侦监部分迫切需要借助信息化手段。此外,公安机关证据审查工作也是刑检部门重要工作之一,耗费公诉承办人大量时间进行证据有效性、合法性的排查,借助智慧刑检大数据分析功能能够智能分析证据的有效性,降低承办人的工作强度,提高工作效率。

为解决这些问题,苏州检察机关坚持需求导向、问题驱动,由苏州市委政法委牵头,市检察院承建,公检法司各部门协同,共同打造了苏州政法信息综合管理平台。这一平台也成为推行刑事案件网上单轨制办理模式的重要依托。办案 e 卷通作为网上单轨制办理模式的载体,重点着眼于解决模式落地和提升承办人办案体验两方面。

二、制度改革

（一）单轨办案模式定义

检察机关刑事案件单轨制办理模式指依托来源于政法平台的电子卷宗，借助"一机双屏"、平板电子书等技术实现纸质卷宗电子化。检察机关承办人在案件审查办理、案件公诉出庭等各个环节全面使用电子卷宗进行案件办案，纸质卷宗仅作为归档、查询使用。

（二）单轨办案业务流程

1. 电子卷宗接收

案管部门通过政法平台接收公安移送的案件卷宗材料及相关目录，核查卷宗材料与纸质卷宗材料的一致性，确认无误交换至统一业务系统。

2. 电子卷宗材料查阅

承办人通过统一业务系统在线浏览电子卷宗，下载卷宗至平板电子书中进行卷宗的查看、标注。

3. 法律文书编写

通过"一机双屏"技术，左看右写，在统一业务系统内完成法律文书的制作。

4. 出庭公诉

携带平板电子书出庭公诉，利用飞屏技术将卷宗材料投影至法庭。

5. 电子卷宗移送

通过统一业务系统与政法平台的交互，将公安卷、检察卷与纸质卷宗一并移送法院，作为案件移送的重点要求。

三、组织保障

（一）成立项目组

成立项目组，负责检察机关刑事案件单轨制网上办案模式推进的决策工作。项目组成员由苏州市人民检察院案管、侦监、公诉、办公室、行政装备、技术部门领导及基层院对应条线部门组成，推进、落实本单位具体工作事宜。

（二）制定工作措施和具体要求

1. 加强领导

严格网上办案单轨制各项要求。开展刑事案件单轨制，各单位负责人为第一责任人，要切实履行领导职责。一是网上办案单轨制工作是司法办案的必选项，各办案单位主要领导要高度重视此项工作，转变观念，主动适应信息化的发展要求；二是要坚持网上办案单轨制与实际办案程序同步进行，形成常态机制；三是要坚持无纸化原则，案管部门在审核收案和分案过程中，除敏感、涉密案件外，不再接收、审核纸质卷宗，从制度上杜绝"双轨"的弊端。公诉阶段接收的纸质卷宗实行统一保管，不再移交承办检察官。向公安机关、司法局提出的纠正违法通知书、诉前调查等文书一律通过平台交换流转。

2. 统筹推进以及时反馈

该项工作由各基层院案管、侦监、公诉、办公室、行政装备、技术部门具体分工负责，协调推进，相关费用由各基层院自行承担。案件监督管理部门受理案件以后，可以采用两种方式将案件电子卷宗导入电子书。一种是由案管部门分案以后，直接联系承办检察官导入电子书；一种是案件分到业务部门以后，由侦监、公诉等部门专门人员将电子卷宗导入承办检察官电子书。

3. 强化督导，落实考核

开展巡查，形成网上办案单轨制常态监督，不断完善和提高司法办案的网上流程管理、网上审批、网上监督、网上考评系统的运用和管理，提高苏州市检察机关网上办案水平。

坚持运行日报和定期通报制，并逐步将网上办案单轨制工作与员额检察官考核及基层院年终考核挂钩。

四、系统建设

（一）系统功能及实现

1. 刑事检察证据中心

刑事检察工作系统汇总刑事案件的结构化数据，相关的法律文书、电子卷宗、视频证据，最终形成刑事案件证据基础数据库，以此基础数据库为刑事案件办理及其他大数据分析应用提供统一支撑。

2. 案件结构化数据采集

系统与统一业务应用系统对接，自动抓取案件、承办人的相关信息，无须重复录入。

3. 电子卷宗制作

下列案件应当制作电子卷宗：
（1）侦查机关移送的审查起诉、申请强制医疗、申请没收违法所得案件。
（2）人民检察院侦查部门移送审查起诉、不起诉的案件。
（3）报请上级人民检察院决定逮捕的案件。
（4）提请上级人民检察院批准延长羁押期限的案件。
（5）提请上级人民检察院提出抗诉的案件。
（6）报请最高人民检察院核准追诉的案件。

支持将卷宗文件上传入系统，上传过程中同步分拣页面，生成带有目录结构的电子卷宗。生成电子卷宗可推送至统一业务应用系统共享使用。

4. 卷宗缺、漏页管理

针对纸质卷宗可能存在的跳页、漏编页码以及扫描过程中可能出现的漏扫页面等情况，系统可检测并通过插入空白页，拼接无页码页面等方式确保电子卷宗的完整性、与纸质卷宗的一致性。此外，系统提供页面、目录单独更新的方式，便于卷宗制作。

5. 视频证据管理

提供视频证据上传及增删改查等管理功能。对于上传的视频证据，由后台自动转码，以标准化格式供各环节调用。对于特殊压缩格式视频，提供先行转码然后上传的操作支持。

6. 文书汇总基础数据库

系统旨在汇总全市刑事案件、民事案件、行政案件相关的法律文书，最终形成文书汇总基础数据库，此基础数据库是法律文书对照及底层业务数据来源，同时也可支持对单轨制办案及其他大数据分析应用的支撑。

文书汇总库将与政法平台进行对接，获取政法平台的侦监、公诉业务的公检法相关文书，是基础数据库的主要数据来源。同时与检察机关统一业务系统、法院法综系统进行对接，获取检察院内部文书、法院文书作为基础数据库的辅助数据。

（二）刑事案件审查

依托刑事检察证据中心的支持，提供检察环节刑事案件各节点的网上办理，实现从流程管理到证据、文书处理的全面支撑，减少承办人管理证据，摘抄证据，播放视频等非智力劳动，使承办人集中精力用于证据审查、案件定性，实现刑事案件办理的提质增效。

1. 案件管理

系统对承办人在办案件电子卷宗及随案件办理进程生成的文书、采集的证据集中管理，供案件办理全流程使用。

2. 全媒体支持

系统支持录音、录像、PPT、pdf、XLS等主流文件格式的上传和管理，可以集中存储、播放、调阅、下载案件所有证据材料。

9. 文书归档

制作的文书可以进行归档操作,将文书同步更新到证据组,提供与卷宗同样的功能支持,可以用来摘卷、比对,为讨论案件、汇报案件提供支持。

10. 证据下载

平台提供对案件证据的下载管理,便于外出办案等需要。对下载的卷宗采用口令管理,并可选择添加水印。

(三)出庭支持公诉

1. 编排出庭预案

承办人可以对出庭出示证据进行标注,以此为基础生成、编制出庭展示证据目录。

2. 多媒体示证

公诉人可以在法庭联网至检察院,调取服务器上的证据进行展示,也可以将证据生成离线文件包,出庭时"飞屏"至法院大屏幕展示。

3. 临场调整

公诉人以事前制作的出庭预案为纲对包含多媒体在内的所有证据进行展示,也可以临场调整证据顺序及出示不在出庭预案内的证据。

4. 一机双屏

公诉人在计算机屏幕对展示证据进行管理,查看举证提纲、公诉意见、质证预案等内容,同步将证据内容单独投放到法庭大屏幕。

5. 离线示证

支持案件全部证据的打包导出,以单机环境离线提供与联网同样的全功能出庭示证。

6. 批注可控

承办人可以预先或现场对展示证据重点部分圈划并添加批注，出示具体证据时可以选择是否叠加显示批注内容。

7. 全功能阅卷

提供辅助流程参与人具有与承办人同样的各项阅卷功能。

（四）业务协同

提供讨论案件、远程汇报案件、文证审查等案件办理辅助活动流程管理，人员、证据及反馈结果的组织和分发，为参与人员提供承办人案件审查相同的功能。

1. 人员组织

根据人员职能提供相关人员列表供选择。

2. 证据管理

提供证据列表供选择分发，对于分发的文书由后台自动转换为只读格式。

3. 结果反馈

对辅助流程参与人在审查证据过程中形成的审查材料、结论等文件，可以以文件为单位确定是否反馈给案件承办人，并且可以确定是否以只读方式反馈给承办人。

4. 全功能阅卷

提供辅助流程参与人具有与承办人同样的各项阅卷功能。

5. 批注隔离

不同证据查看人所做的批注相互隔离，单独管理互不干扰。

6. 远程汇报案件

下级院案件承办人可以方便快捷的将指定的案件证据报送上级院有指导案件权限的一个或几个人查看，系统对分发出去的文书以只读的方式保护。参与审查案件的苏州市人民检察院承办人可以在系统内全面、深度审查案件，同时可以制作个人的阅卷文书，可授权案件承办人以只读的方式查看该文书。

7. 对接真人比例汇报系统

开发专门接口与真人比例汇报系统对接，灵活组织上下级院案件参与人在线讨论案件，并形成讨论记录。

系统可用作远程汇报，建立两个远程视频汇报室之间的点对点会议。点对点会议即两个会场进行一对一的视讯会议，仅需在会场使用遥控器或触控PAD直接呼叫对方的号码（或从电话本选择呼叫）即可，无须技术人员协助。可用于两个节点的点对点的工作交流会议。

（五）办案辅助及两种识别引擎设计

1. 文书对照

通过查询侦监、公诉案件，一键在线阅览《提请批准逮捕书》《不批准逮捕决定书》《起诉意见书》《起诉书》《量刑建议书》《判决书》等刑事案件相关法律文书，可一屏全显、一屏多显，便于查看文书内容。可对文书进行针对性评价、讨论，可与其他用户进行互动回复。

2. 文书质量检测与预警

通过后台算法自动检测文书质量，包括文书瑕疵性检测、文书实体性检测，对文书内容、法律适用进行检测，提示文书中可能存在的问题。

自动比对公检法文书之间的关联性，抓取文书中冲突、矛盾，向承办人预警文书中存在的问题。

3. 热点文书智能推送

根据全部用户对文书访问情况进行智能排序，显示热点文书并向用户进行推荐。

4. 关注文书智能推送

采用机器学习技术，在大数据架构内，引入机器学习算法，形成大数据平台的知识库，记录平台内每个用户的操作习惯、方向、偏好，形成对每个不同用户的检索习惯的学习机制，并在逐步的学习、应用过程中为每个用户提供更为贴近、符合的文书推送服务。

5. 类案分析

根据当前检索的法律文书进行类案分析，通过对全市刑事案件进行筛选，自动甄别同案由、类似案情的法律文书，并自动为用户抽取、推荐普遍适用的法律文书。

6. 嫌疑人信息推送

根据当前案件嫌疑人基本信息，通过对全市刑事案件进行筛选，发现累犯、串并案信息，自动提示并为用户推送相关案件信息。

7. 文书识别引擎

平台需要具有强大的文书识别能力，采用 ABBYY、LEADTOOLS 文书识别引擎对文书进行后台识别处理，此文书识别引擎对文书内下划线、表格等复杂文件识别能力明显由于其他引擎。为了确保文书识别率，同时采用两种文书识别引擎，加强对不同文书的识别率，由用户自行决策选用的识别引擎，便于用户进行对文书的再利用。

（六）律师阅卷

获取政法平台内司法厅律师执业与系统律师身份库，通过刑事案件与检察机关承办人进行匹配，对比出律师与承办人共同承办案件的案件量，对共同办理案件数量较多的律师及承办人进行匹配预警。

工作人员对律师提出的阅卷申请进行审核，并以卷宗为单位对律师阅卷进行授权。律师在市域范围内任意检察院都可登入系统查阅下载代理案件卷宗。律师可以在联网的任意检察院按照授权登入系统查看、打印、下载卷宗。打印的卷宗带有包含律师信息的水印；下载的电子卷宗有密码保护，并且在卷宗页面添加了水印，使卷宗的流向可追踪。律师阅卷时间、地点、内容可追溯查询。

1. 阅卷审核

工作人员对律师提出的阅卷申请进行审核，并以卷宗为单位对律师阅卷进行授权。

2. 市域授信

律师在苏州市域范围内任意检察院都可登入系统查阅下载代理案件卷宗。

3. 律师自助阅卷

律师可以阅卷室按照授权登入系统查看、打印、下载卷宗。

4. 卷宗保护

打印的卷宗带有包含律师信息的水印；下载的电子卷宗有密码保护，并且在卷宗页面添加了水印，使卷宗的流向可追踪。

5. 阅卷日志

律师阅卷时间、地点、内容可追溯查询。

（七）证据审查

证据审查是指司法机关依法对证据查证的过程。证据审查的目的在于确定各个证据本身的真实性和可靠性。中国刑事诉讼法规定了 6 种基本证据，每种证据都必须查证属实，才能作为定案的依据。任何未经审查、真假难分、来源不清的材料，都不能作为证据使用。证据审查主要查清：① 证据材料来源是否合法，是否依照法定程序收集。② 证据材料同案件事实有无联系，特别是因果关系，没有联系的材料即便真实也不能作为证据。③ 分析每一证据材料本身是否前后一致，合乎情理，证人与案件是否有利害关系，鉴定结论所依据的资料是否可靠，全部证据之间是否有内在联系，有无矛盾等。

1. 单人提审分析

通过 OCR 识别技术分析由政法平台获取的刑事案件公安电子卷宗材料，若发现其中同一侦查人员同一时间出现在不同笔录中的情况，并自动向侦监部门进行提示预警，该案件可能存在单人提审的风险。

2. 酒驾血样采集分析

针对酒驾类型的案件，系统会提示承办人关注对送检血样器具是否采用抗凝管送检 A 样、B 样血样是否为均等的 3 毫升以上。若出现异常将自动向承办人进行提示。

3. 鉴定人参与同一案件现场勘验、检查分析

系统对公安机关现场勘验卷宗及司法鉴定卷宗材料进行识别比对，若发现鉴定人参与同一案件现场勘验、检查后将自动提示承办人证据的合法性问题。

4. 未立案即实施侦查且已采取强制措施分析

系统获取公安发破案信息，并对公安强制措施时间与立案时间进行自动比对，发现强制措施时间早于立案时间的自动向承办人进行预警。

5. 其他

根据侦监、公诉部门需求进一步补充其他可进行证据审查分析的证据材料情况。

（八）法律文书对照与单轨制办案子系统功能实现方案

1. 电子卷宗阅卷及文书制作

（1）电子卷宗阅卷。

通过系统进行在线电子卷宗阅卷，同时系统嵌入 Word 控件，可在线比对制作法律文书。

电子卷宗阅卷系统集阅卷系统和认证系统于一体，包含了预约管理、身份验证、机器识别、自主查阅、阅卷日志等多项功能。为了排除电子卷宗带来的安全隐患，该系统还会自动生成阅卷密码、阅卷台账、接待日志，以防范风险。

预约管理：支持网上在线预约，可以设置预约时间，填写详细信息，后端管理平台需要进行审核、审核通过后即时通知预约者。

身份验证：根据预约信息或者现场身份信息验证，完成对用户身份的确认。

机器识别：根据审核的结果，给用户分配特定的机器代码，机器识别机器代码后，方可进入阅卷。

自主查阅：根据给用户分配的对应权限，可以自主查阅权限范围内的卷宗。

阅卷日志：记录阅卷记录，方便记录访问的日志。

（2）文书制作。

文书制作包括文书对照、文书质量检测与预警、热点文书智能推送、类案分析、文书识别引擎。

2. 批注及卷宗摘录

可对电子卷宗进行手写批注，进行标红显示，同时可对卷宗资料进行文字摘录，通过 OCR 识别技术对框选卷宗进行文书识别用于文书制作，支持卷宗一键摘录，置于法律文书内。

系统支持对电子卷宗的手写批注，可以进行颜色设置，实现多种显示方式，可以收藏、取消收藏电子卷宗。

通过 OCR 识别软件，对电子卷宗进行识别，方便用户将文字进行摘录，OCR 识别软件支持识别多种格式，具有简单易用的表格识别功能，支持 txt、RTF、HTM 和 XLS 多种输出格式，识别正确率高，识别速度快。

3. 证据整理及出庭示证

在系统内根据需要进行证据整理时，系统可根据设置的整理方式对卷宗材料进行整理，导出至移动便携设备中进行出庭示证。

科学提供示证方案：示证方案是审前准备工作的重要内容，系统根据整理方式自动筛选出示证方案，确保了示证方案符合庭审实际、服务庭审需要。

转化证据材料：办案人员对专案的物证照片、书证、讯问被告人笔录、询问证人笔录、鉴定结论、勘验笔录、视听资料等各种原始证据进行分类归档，最终可导出至移动设备中，为制作多媒体 PPT 奠定基础，确保各项证据均能通过多媒体展示，保障被告人的质证权利。

4. 案件讨论及远程汇报

系统可用于案件讨论使用，可将人物画面、案件资料、监控图像等视频资源融合应用，实现远程按键讨论应用，同时支持对案件卷宗材料进行同屏批示。

5. 网上同步文证审查

文证审查是检察技术部门履行法律监督职能，由具有相应资格的专业技术人员运用专门知识，根据案件承办部门的委托，对技术性证据的合法性、科学性、客观性、规范性等进行审查的专门性活动。

在系统内进行文证审查，可对其中存在的问题进行批注。可以对批注的问题进行跟踪记录。

6. 互联共享，内外协同

办案e卷通与苏州已建设的政法平台、全国检察机关统一业务系统功能融合、打通数据壁垒，构建检察机关办案新生态。

五、整体解决方案

根据各单位情况的不同，对于部分开放中间数据库的情况，需要对其进行接口封装。也就成了两个接口之间的数据交换。

系统采用交换平台与文档服务器配合的方式来进行数据、文档的交互。将加密后的实际数据文件和解密信息、文件路径分开处理；以加密文档的方式存储数据，配合文档服务器的权限、安全性设置，极大降低了数据泄露的风险。

（一）数据传输

1. 接口数据格式

各单位系统接口数据统一格式。

2. 交换中心配置

交换中心采用 HTTPS 安全协议的接口通道，以增强安全性。

交换中心为每一个系统的每一个接口进行配置，以降低关联性，增强扩展性。

3. 重发机制

调用方在发送时，系统获取被调用方反馈后，解析结果，如果是发送超时等程序不可控因素造成的信息发送失败，启动消息重发线程。该线程记录需要重新发送的信息，每隔 10 分钟重新发送。

（二）数据对接

需要开发数据交互接口完成统一业务系统与政法平台的立案监督、纠正违法业务对接，将统一业务系统上线以来的这类案件数据和文书导出至政法平台，实现统一业务系统案件信息和文书卷宗信息与政法平台的交互。

（三）审查结论信息自动回传

系统通过完成统一业务软件与政法平台的数据对接，增加审查结论自动回传功能。审查逮捕自动回传。回传内容包括接收单位、嫌疑人和文书。

六、组织管理、技术运用、实施过程中的做法、突破、亮点等

（一）切实把智慧检务工程建设作为关系苏州检察事业发展全局的战略性任务来抓。

切实发挥网络领导小组的作用，各部门负责人承担具体责任，掌握本部门网信项目进展和使用情况，加强督促检查，形成分级负责、上下联动、责任明确的责任落实体系，确保智慧检务工程建设任务落到实处。

（二）加强网信人才队伍建设。

要高度重视网信人才队伍建设，切实加大培训力度，打造一支既懂信息技术、又懂检察实务的复合型人才队伍。在待遇、培训、考察等方面向技术人员倾斜，稳定技术队伍骨干力量。要通过政府购买服务的形式引入运维外包服务，努力解决专业技术人才不足的问题。要通过"专职+兼职"的方式、"传帮带"的形式提升全员信息化素能。

（三）切实防控廉政风险。

建立行之有效的监督检查机制，切实加强智慧检务工程建设项目资金使用情况的监督检查，严格资金监管，保证专款专用。严格贯彻执行《政府采购法》《招标投标法》等法律法规，严格执行招投标，严禁"暗箱操作"，严格落实工程监理和审计监督制度，规范智慧检务工程项目建设和大宗物资采购活动。对违法违纪行为，要严肃处理。建立资产目录和实物台账，把各类信息化设备纳入固定资产管理范围，防止资产流失。增强节约意识，精打细算，严格把关，把有限的资金用在刀刃上。

七、服务成效

办案e卷通-检察单轨制办案系统服务于检察机关刑事案件单轨制及刑检部门法律监督，同时立足于社会热点问题，对民生领域、生产安全领域、环境保护领域等进行研判分析，旨在借助信息化手段服务刑检业务的同时关注社会热点问题，履行检察机关职能。

系统是苏州智慧检察平台的二期延伸项目，以智慧刑检为抓手，落实"互联网+刑事检察工作"行动计划，探索运用法律文书对照、单轨制网上办案的模式。探索了双屏电脑"左看右写""飞屏示证"等工作方式，电子卷宗快速流转、共享使用等优势得以发挥，单轨制对刑事案件办理质效提升的推动作用初步显现。探索运用司法办案大数据，深入挖掘刑事立案监督、社会敏感案或事件分析、律师与承办人关联度分析、证据审查分析，为检察机关法律监督、社会治理提供决策依据，为强化和规范刑事诉讼提供信息化支撑。

系统以统一业务应用系统数据为基础，对案件及承办人进行管理，生成与线下案件办理相对应的数据信息，实现网上刑事检察案件办理的需求。系统对上传的电子卷宗及随案件办理进程生成的文书、采集的证据集中管理,形成一站式证据中心,供案件办理全流程使用,同时以此基础数据库为刑事案件办理及其他大数据分析应用提供统一支撑。通过系统,可以组织案件讨论参与人,也可以结合电视电话会议系统组织上下级院案件参与人在线讨论案件,并形成讨论记录。系统可以在法庭内进行证据展示,也可以临场调整证据顺序及出示不在出庭预案内的证据。系统可以让律师在联网的任意检察院按照授权登入系统查看、打印、下载卷宗,且打印、下载的卷宗具有密码保护和可被追踪的措施。依托刑事检察证据中心的支持,提供检察环节刑事案件各节点的网上办理,实现从流程管理到证据、文书处理的全面支撑,减少承办人管理证据,组织讨论、汇报、文证审查,证据摘抄,播放视频等非智力劳动,使承办人集中精力用于证据审查、案件定性,实现刑事案件办理的提质增效。

(作者:周先豹 姜贵鹏 刘涵元 蔡 恺)

"莎姐"云平台　为青春打 call

重庆市大渡口区人民检察院

　　"莎姐"云平台是一个保护未成年人的法律服务平台,是按照习近平总书记提出的"从全局谋划一域、以一域服务全局"的要求,把未检工作放到全区工作大局中去谋划和推进,立足大渡口区实际,运用"莎姐"品牌影响力,积极推动社会各界力量对未成年人的综合保护形成合力,建立大渡口区"莎姐"未成年人综合保护一体化机制,构建"莎姐"云平台,充分发挥检察机关在保护未成年人中的作用,并凝聚全区最广大的智慧力量,创造新的未成年人综合保护社会治理机制。

一、建设意义

　　未成年人权益保护关系千家万户的切身利益。建设并运行"莎姐"云平台,是贯彻落实习近平新时代中国特色社会主义思想和党的十九大精神,完善未成年人综合保护体系的重要举措;是落实《深化"枫桥经验"重庆实践十项行动实施方案》,促进全区基层社会治理创新现代化的重要载体;是护航未成年人健康成长,防范、化解重大风险,保障辖区社会安全稳定的重要抓手。张军检察长强调指出,要以法治思维、法治方式做好未成年人检察工作。要区别不同情况,加大治理力度、加大监督力度,有效解决"没人管"的问题。未成年人检察机构要做好本职工作,更要做好职能延伸,充分发挥检察建议的作用,督促相关职能部门履职尽责。

　　"莎姐"云平台旨在实现未成年人权益保护信息的系统化整合、集约式运行、动态性监督,并在平台上实现对未成年人的项目化帮教、帮扶、救助,开展未成年人普法、犯罪预防,推进未成年人家庭、学校、社会、网络、政府和司法保护资源融为一体,逐步构建多部门联动未成年人综合保护机制,形成全区未成年人综合保护一体化大格局。

二、平台构造

如果侵害正在发生,请与"莎姐"一起监督;如果你有普法需求,请向"莎姐"预约;如果你有成长中的法律困惑,"莎姐"为你提供解忧良方;如果心理蒙上了阴霾,"莎姐"为你提供疏导平台。

(一)"莎姐"监督

通过该子平台充分发挥检察机关法律监督职能,融未成年人综合保护信息网上收集、网上分流、网上处理、网上反馈、网上监督等功能于一体,并建立监督事项公开机制,接受群众的监督和评判。

(二)"莎姐"预防

该子平台分为一般预防、临界预防、再犯预防三个内容,一般预防主要为普法课堂和普法预约,临界预防主要是对因年龄原因不负刑事责任的未成年人进行帮助矫治,再犯预防主要对涉罪未成年人进行教育、感化、挽救。同时,该子平台实现动态行为库预防机制,将"莎姐"平台采集的信息,自动分类到相关预防体系,更加快捷有效地做好未成年人犯罪预防工作。

(三)"莎姐"帮教

该子平台主要功能是将需要帮助矫正、帮扶救助的未成年人形成项目化需求向相关机关、监护人、社工组织、"莎姐"志愿者等发布或者派遣任务,相关组织和人员将帮教情况实时上传到平台,实现对未成年人帮教的全程跟踪。

（四）"莎姐"共享

该子平台主要是解决各部门信息孤岛问题，在国家积极倡导的信息共享大环境下，建立数据交换机制，丰富信息采集渠道，形成未成年人保护的更大合力。

三、建设基础

（一）地方党委政府高度重视

2018年，大渡口区区委提出要努力把"莎姐"打造成为区委、区政府统一领导，各部门、各镇街、各村社协同联动，社会力量共同参与的创新社会治理品牌，并印发了《大渡口区做大做亮"莎姐"品牌的实施方案》，决定将"莎姐"品牌打造成为全区关爱青少年品牌、普法宣传品牌和社会治理创新品牌，提出要打造未成年人综合保护一体化信息平台。同时，大渡口区检察院每年向区委、人大及有关部门报送的《大渡口区未成年人犯罪年度报告》，区委领导高度重视，作出批示，区委政法委还专门就大渡口区检察院建议多次召开相关部门协调会。大渡口区检察院与区政府部门、群团组织、街镇学校等的日常工作联系紧密，联动顺畅，一名干警兼职担任团区委副书记。

（二）"莎姐"拥有一套完善的工作机制

经过十余年的发展，"莎姐"工作逐步形成了"三心"工作理念（耐心教育、爱心感化、真心挽救），"五大工作体系"（组织、办案、帮教、预防、制度）以及"五加七"工作模式（依托七大载体，关爱五大群体）。2014年建立"莎姐"法治宣讲团后，又创立了"定点联系""专题宣讲""预约宣讲""点菜宣讲"等机制，形成了针对性更强、实用性更好、形式更丰富的"三个三"（三突出、三贴近、三保障）工作模式。实践证明，这些工作机制行之有效，且可推广、可复制，并先后被重庆市检察院、重庆市委宣传部、重庆市委政法委等八部门联合发文推广。

（三）"莎姐"拥有较为完善的工作网络

"莎姐"已在全区建立"莎姐工作室"13个，建立了一支包括心理专家、教师、律师和社区工作者等160余名志愿者的"莎姐"志愿者队伍。在全区全部9所中学建立了"莎姐校园法律社团"，并为每所中学配备了法治教师。得到了大渡口区区委、区政府、区人大、区政协的广泛支持，与区委宣传部、文明办、综治委、区教委、区妇联、团区委、区民政局等单位及政法条线各单位建立了良好的沟通协调机制。

（四）"莎姐"拥有巨大的品牌影响力

经过多年的努力，莎姐工作已由"渡检模式"发展为"重庆莎姐"，并在全国拥有一定知名度、美誉度。时任全国妇联党组书记、副主席宋秀岩，中国志愿联合会刘淇及全国政协、中华人民共和国最高人民检察院、团中央、市委、市人大相关领导先后来院视察调研20余次，中央及省级数十家媒体宣传报道200余次。在信息社会和自媒体时代，"城市营销"已成共识和常态，过推广莎姐工作，可以借助莎姐的品牌影响力，更好地宣传大渡口区，提升我区的正面形象，扩大知名度和影响力。

（五）注重理论支撑与总结

大渡口区检察院聘请了西南政法大学和西南大学的三位教授作为未成年人检察业务咨询专家，依托重庆市法学会少年法学研究会，与西南政法大学少年法学研究中心合作，从根本上研究学习少年司法的相关理论，积极提出有创新性的想法与布局，真正实现理论指导实践，实践检验理论的良性发展模式。同时，大渡口区检察院"莎姐"工作室还被重庆市社科联列为市级社科普及基地，被评为重庆市社科联2017年度社科普及优秀项目。

四、建设成果

"莎姐"云平台已构建"一个全区性文件+四个平台+五项制度"的"1+4+5""莎姐"未成年人综合保护一体化体系，初步实现未成年人综合保护一体化、智能化的总体目标。

（一）一个全区性文件

重庆市大渡口区区委、区政府于 2018 年 8 月 17 日印发了《大渡口区做大做亮"莎姐"品牌的实施方案》。方案要求以习近平新时代中国特色社会主义思想为指导，深入学习贯彻党的十九大精神，坚持以人民为中心的发展思想，积极推动"莎姐"法律服务与未成年人教育保护、志愿服务、群团工作等深度融合，做大做亮"莎姐"品牌，努力把"莎姐"打造成为关爱青少年品牌、普法宣传品牌、社会治理创新品牌，进一步传递社会关爱，弘扬社会正气，维护社会和谐稳定。

（二）四个平台

利用互联网、移动应用等思维，整合现有大渡口检察院运营的微信公众号相关资源，将先进的信息化技术应用于"莎姐"监督、"莎姐预防""莎姐帮教""莎姐共享"四大子平台，实现信息采集和宣传的多样化，信息处理的智能化，处理过程的可溯化，处理结果的透明化。

（三）五个制度

五个制度是指出台与"莎姐"云平台建设相配套的五个具体制度。包括联合监督制度、部门管理员制度、普法预约制度、宣传推广制度、严格保密制度等。

（四）运行现状

平台目前已接入大渡口区纪委监委、区政府办公室、区委宣传部、区委政法委、区法院、区检察院、团区委、区妇联、区残联、区教委、区民政局、区司法局、区城管局、区卫计委、区公安分局、区食药监分局等 24 个部门、8 个街镇、30 所中小学校，已接收申请监督信息 8 条，接受法治宣讲预约 24 场，已宣讲 17 场，受众 9300 余人。

（五）组织结构

"莎姐"云平台管理办公室设在大渡口区区委政法委，由区委政法委常务副书记任办公室主任，区检察院副检察长任常务副主任，区委宣传部、团区委、区信访办各指定一名领导任副主任，办公室日常工作由区检察院"莎姐"办负责。区"莎姐"工作联席会及平台管理办公室负责督促协调各部门、各单位运行"莎姐"云平台的相关工作，定期研究解决平台运作中的困难问题，促进平台不断完善并取得更大成效。

（作者：李肖刚）

第四章 公共服务承建方案例

浙江省"最多跑一次"数据共享服务平台

杭州数政科技有限公司

一、基本情况

浙江省"最多跑一次"改革,是当年习近平同志在浙江工作时大力倡导的机关效能建设的深化;是"四张清单一张网"改革的再推进、供给侧结构性改革的制度供给、政府"放管服"改革的重要内容。"最多跑一次"自2018年被写入政府工作报告后,正式从浙江经验走向全国,"最多跑一次"改革书写了深化"放管服"改革的新篇章,迈入"互联网+政务服务"发展的新阶段。"最多跑一次"改革的本质是以人民为中心、以数据共享为原则,提升政府治理和服务水平,改善营商环境,让人民生活更美好。

浙江省"最多跑一次"改革数据共享工作,从全局和根本上解决了"数据烟囱、信息孤岛"问题,有效支撑各级政府部门"最多跑一次"改革中政务服务流程再造、材料精简、网上服务等工作,真正实现"让数据多跑路,群众少跑腿"。

浙江省"最多跑一次"数据共享服务平台运用大数据、微服务架构技术,建设全省统一、共享共治、逻辑统一、安全高效的公共数据共享平台,实现与全省各部门各地市数据共享平台对接,打通全省数据共享通道,统一管理全省数据共享业务,促进数据资源整合与高效流动。

截至2019年9月,浙江省"最多跑一次"数据共享服务平台已将浙江省56个省级单位、158个市级单位和801个区县级单位的公共数据打通,提供了近3万项数据共享请求,数据共享总调用量10亿多次,同时也与浙江省11个地市数据共享平台及国家共享平台完成对接,调用国家接口60多个,累计调用量超过1千多万次。

2018年,浙江省"最多跑一次"数据共享服务平台,从全国200余个项目中脱颖而出,获得了IDC颁发的"数字化转型综合领军者卓越奖"。

二、总体技术架构

根据浙江省"1253"数据共享服务体系总体规划方案,共享服务平台的总体技术架构包括平台对接层、IaaS基础设施层、I-PaaS层、A-PaaS层及SaaS层,整个设计遵循标准的DevOps规范体系(见图1)。

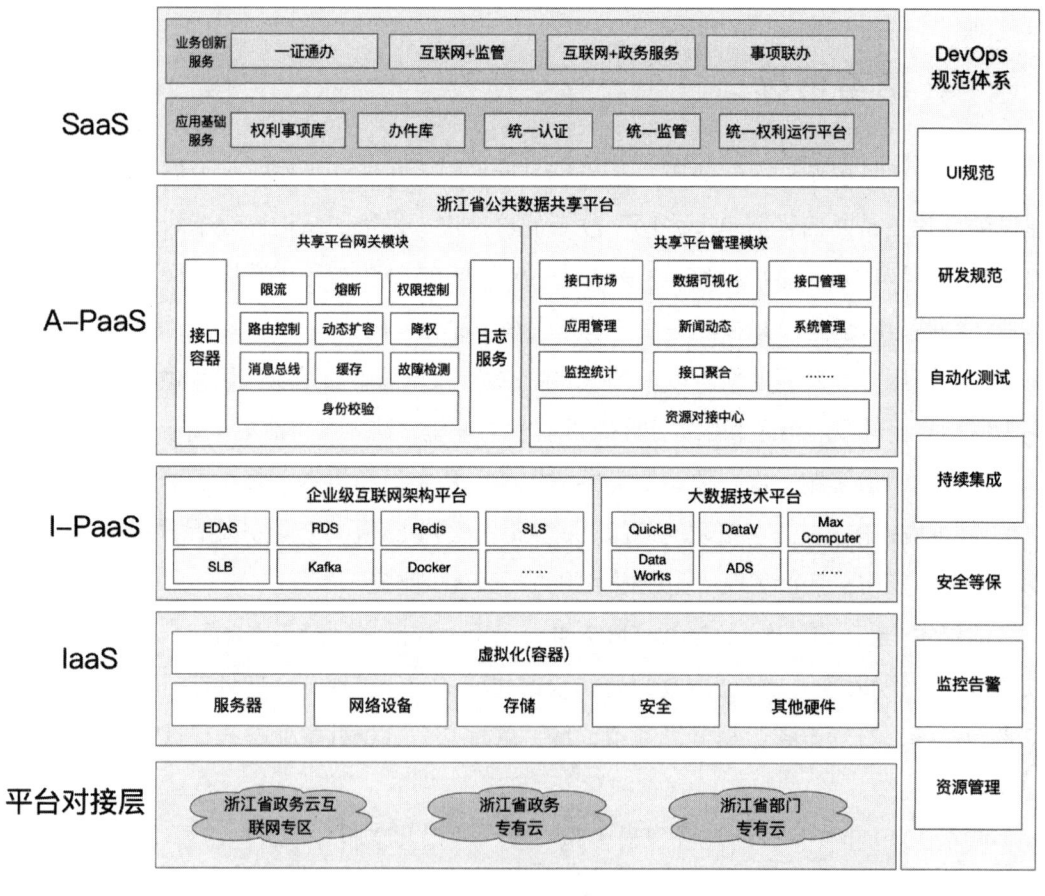

图1 平台总体技术架构

（一）平台对接层

该平台提供了统一的对接标准和数据格式，将地市级的共享平台对接到省共享平台，并且定时向共享平台同步接口信息数据、应用信息数据和接口调用日志数据，地市平台可以按照对接标准封装省级平台接口提供服务，省级平台对地市平台上报的数据进行统计分析，实现对地市级平台的管理。

（二）IaaS 基础设施层

由阿里政务云提供稳定的服务器、网络设备、存储设备、网络安全系统及容器等服务，保障整个共享平台的运行环境安全稳定，以提供更好的服务。

（三）I-PaaS 基础服务层

该层包括数据存储（如 RDS、PetaData、HDFS 等）、缓存（如 Redis）、消息中间件（如 Kafka 消息队列）、日志服务（如 SLS、大数据计算框架、MaxComputer、DataWorkds 等），为整个平台的所有功能实现提供了基础组件，由阿里云提供的相应服务保证了基础组件的高可用和可扩展性。

（四）A-PaaS

浙江省共享平台包括了共享平台网关模块和共享平台管理模块，其中网关模块是共享接口服务的入口，制定了统一的调用方式、参数标准，提供了一系列的安全调用机制，如身份校验、限流、熔断、权限控制等；提供日志服务，抽取接口调用日志数据，通过大数据分析平台对接口调用日志进行统计分析，以图表的形式展示共享平台接口的使用情况。共享平台管理模块是共享平台的门面，操作人员包括了各业务部门业务人员和浙江省大数据管理局管理员，业务人员主要进行应用注册、接口注册、接口申请等操作；管理员主要是对部门业务人员的注册、申请进行审核的操作。另外，管理人员还可以进行对已注册的应用和接口进行管理，对接口的调用统计情况进行查看等操作。

（五）SaaS 层

该层主要包括了线上政务服务窗口、移动支付端、线下政务服务窗口、基层治理平台等服务，真正实现"最多跑一次"。

三、系统主要构成与功能

共享平台主要由两部分构成，包括共享平台网关以及共享平台管理系统。其中共享平台网关主要是为共享平台的所有接口提供一个统一的调用入口，主要功能包括统一标准、安全管控、日志服务、接口微服务及自身的健康监测。共享平台管理系统主要分为客户端与管理端两部分，其中客户端面向各业务部门相关用户，主要提供了接口注册、接口申请、应用申请以及本部门相关的一些统计信息；管理端面向大数据局管理员，主要提供给管理员对各部门的申请进行审核，查看共享平台的整体使用情况以及接口的情况等（图 2）。

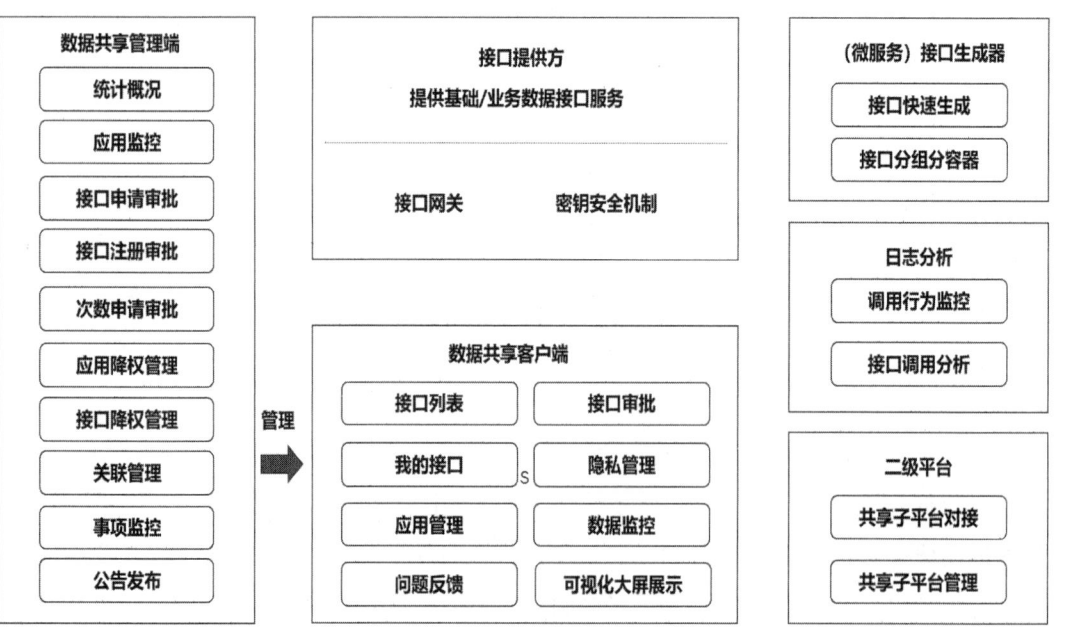

图 2 系统功能

(一)共享网关

共享网关作为整个共享接口调用的入口和出口,主要作用是请求的转发,接收来自各个接口调用方的请求,转发给目标接口服务提供者进行处理,并从网关统一返回结果给调用方(图3)。

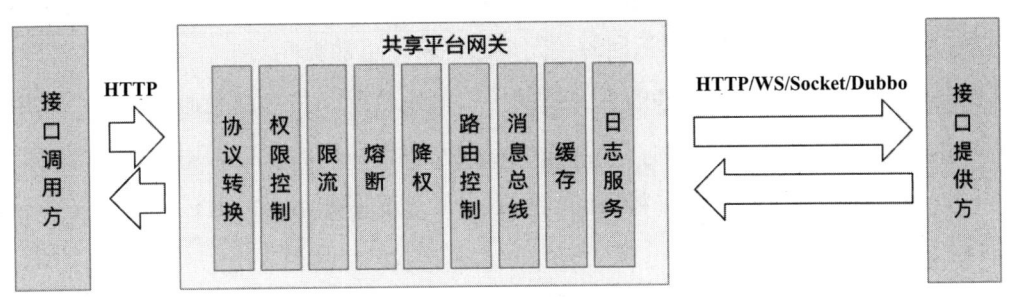

图3 共享平台网关

1. 统一标准

共享网关在处理请求时,首先要做的就是接口协议的转换和数据格式的统一,接口提供者提供的服务可能会有多种协议,如 Web Service、HTTP、Socket 等,共享网关将这些不同的协议进行封装转换,对外只输出一种协议,就是 HTTP/HTTPS,这个过程就是接口协议转换。由于协议的不同,各个接口提供者提供的服务数据格式也可能不一致,如,Web Service 采用的是 XML 格式,HTTP 可采用 XML 或 JSON 的格式,网关统一采用 JSON 格式,因此,在网关层面,对外提供的就是 HTTP+JSON 的数据接口,对于不同的服务提供者,全都由网关统一转换,接口调用方只需要对接一种方式,就能访问共享平台提供的任何数据接口。

2. 安全管控

除了接口协议的转换和数据格式的统一,网关还提供了一系列的接口安全管控机制,如身份校验、熔断、限流、权限控制、路由控制、降权、缓存等,通过安全机制来验证接口调用者的身份,限制非法的接口调用以及对接口的异常调用进行管控。

(1)身份校验,包括了对接口调用的应用及所使用的秘钥进行验证,每个应用都有各自的秘钥,通过共享平台调用相关接口,必须提供对应的秘钥,否则调用将失败,其中使用了对称加密算法及非对称加密算法，同时加入了时间有效性提高秘钥的安全性。除了秘钥校验，还会校验调用方的 IP 地址，在接收到请求后，网关会获取接口调用者的 IP 地址，然后校验该 IP 地址是否在 IP 白名单内，只有在 IP 白名单内的 IP 地址才能请求接口。

（2）熔断，对于异常的接口调用，如接口提供方的接口发生了异常，导致了接口调用失败或者调用超时，网关将会对该接口启动熔断机制，在一定时间内，该接口的调用将会被关闭，网关通过代理服务返回默认的结果，同时，网关将会启动异常检查器对接口进行定期检查，当接口能正常返回时关闭熔断，恢复正常服务。

（3）限流，为了应对突发性的大并发的接口调用情况，共享网关通过为每个应用及其对应的接口进行访问流量限制，一旦在规定时间内该应用的接口调用量超过设定的访问上线，则启动限流措施，网关将启动代理服务处理对应的请求。通过限流措施将保障网关接口的稳定性和可用性。

（4）权限控制，包括了接口权限和数据权限，接口权限用来控制应用对接口的访问权限，每个应用在访问接口之前需要对接口的调用权限进行申请，只有当申请审核通过之后，该应用才能访问对应的接口，并且每个应用对接口的每天访问次数和访问数据量都会进行控制；数据权限是对接口返回数据的权限控制，针对每个字段进行授权，在接口提供时，调用共享平台配置好应用调用接口可获取的字段列表，接口调用接口从共享平台获取配置的字段列表，在接口实现中进行字段过滤，只返回可以获取的字段。

（5）路由控制，接口提供者为了高可用，一般会进行集群化部署，即一个接口会对应多个访问地址，网关实现了对集群化部署的接口负载均衡，通过特定的负载均衡策略，均衡的访问接口集群，实现接口的高可用。

（6）降权，监控接口请求响应时间，如果出现大量时间超长现象，则触发降权操作，将部分接口请求转发到接口相应缓存中，提高接口相应速度，避免产生雪球效应。

（7）缓存，通过对接口的数据进行分析，将某些调用量大，并且其数据不发生经常性变更的接口，通过缓存，实现请求的快速返回，降低接口的响应时间。

3. 日志服务

日志收集：目前共享平台网关的日志收集方式采用了 SDK 的方式，在每次调用接口结束之后将该次调用的日志数据进行保存，为了降低日志跟正常业务流程之间的耦合度，使用了基于线程池加消息队列的方式，异步收集日志数据，不仅增加了接口的吞吐，也降低了接口的风险程度。

日志分析平台：基于日志数据，提供了日志分析平台，通过从多个维度对日志数据进行全面的统计与分析，其中包括了接口调用量的统计、接口数据量的统计，部门接口调用情况统计，接口异常调用的统计以及接口数据的全文检索等功能。通过日志分析平台，管理员可以即时地掌握当前共享平台接口的调用情况及接口运行情况，更好的辅助管理员对平台的管理。

4. 接口微服务

（1）接口生成器，接口生成器使得用户可以通过可视化界面，选择相应的表以及相关字段，直接生成接口，无需懂得代码，只需要知道业务即可生成接口。这大大简化了接口上线的整个过程（图4）。

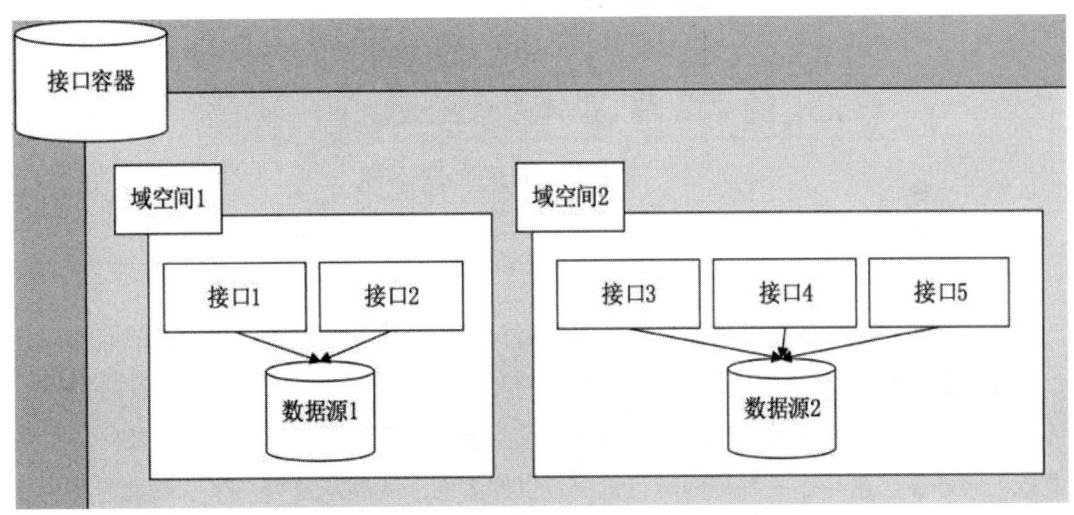

图4　接口生成器

（2）分组分容器，是将接口进行分组，分别部署到不同的Docker容器中，可以将访问量大的接口分配到配置较高的服务器上，而访问量小的接口可以分配到配置相对较低的服务器上，更合理地利用服务器的资源。并且一个接口可以被同时分配到不同的容器中，可以将访问较大的接口同时在多个容器中进行部署，实现流量分流以及对接口的高可用。

（3）接口聚合，对于某些业务场景，可能需要多个接口结合才能满足需求，接口微服务实现了对已经注册到共享平台的接口进行聚合的功能。用户只需要根据业务场景，在相关系统界面中选择合适的接口，并对接口按照规则进行组合配置，即可生成基于多个接口的聚合而成的满足需求的新接口（图 5）。

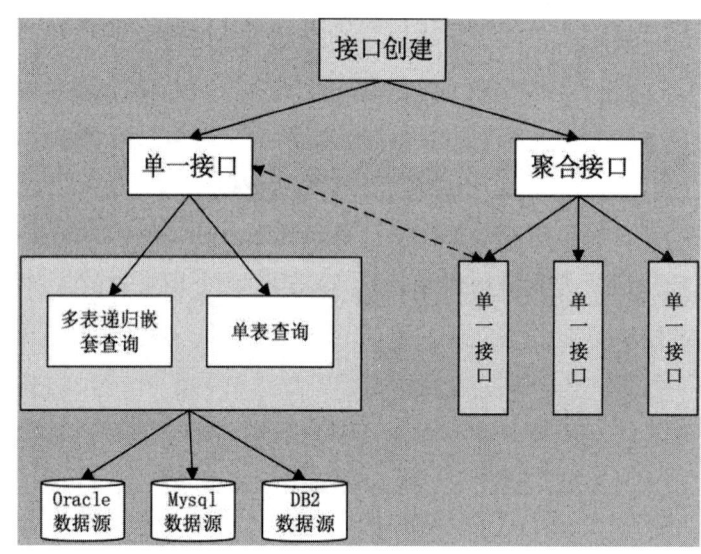

图 5　接口聚合

5. 故障检测

正在运行中的业务服务器、数据库服务器及其他应用服务器的运行情况的监测，与大数据计算平台的结合，使得可以根据具体的业务进行定制监测报警。事前及时发现故障并预警，事后提供详实的数据用于追查定位问题。管理员可以在管理界面轻松定制要监控的服务器信息与业务系统的运行情况，以图表的形式展示监控结果，形象直观，多种报警通知方式，稳定及时。

在需要监控的服务器上部署 agent 程序，并启动 agent 监听，agent 会自动搜集被监听服务器的硬件信息，包括 cpu、硬盘、内存等的使用情况，也可以定制业务系统的监听指标，获取指标之后将指标数据推送给大数据计算平台。

获取 agent 服务器推送过来的数据之后，根据业务需求进行复杂的计算，生成需要的数据，并以一定的格式发送到监控服务器上，整个过程采用消息队列的方式，可以减轻系统的压力，提高系统的性能。

对于特定需要通知管理员的数据，可以通过在监控系统的相关配置，调用短信、邮件等报警接口通知管理员服务器发生异常。报警相关的接口，是一个 HTTP 的接口，可以轻松对接第三方的系统接口。

（二）共享管理平台

1. 数据可视化

（1）接口数据总览，主要对接口的使用情况进行了统计分析，包括了接口调用总量统计、数据使用总量统计、申请接口总量统计、注册接口总量统计等。以图表的形式展现了各个统计情况，并且提供了按行政级别、访问量、部门等多个维度的统计结果。

（2）事项数据统计，包括了内部共享和外部共享两个模块，两个模块中均包括了主事项监控、事项详情监控、接口调用情况统计等功能，并提供了按照部门、时间、关键字的查询功能。

（3）数据大屏，以大屏的方式展现共享平台的各项统计情况，包括接口调用情况统计、日志数据统计、应用数据统计、接口数据统计等。

2. 共享市场

接口市场展示了共享平台目前已经注册成功的所有接口信息，并且提供了基于权限、部门、标签、接口名称关键字等查询条件进行查询。

3. 共享审批

（1）接口服务审批，包括了接口注册审批、接口申请审批及次数申请审批等模块。接口注册审批就是对在平台发起注册的接口进行审批，审批通过之后的接口才能在共享平台上对外提供服务。接口申请审批是对应用想调用某些接口的申请进行审批，只有审批通过之后，该应用才能对指定的接口进行调用。次数申请审批，是审批应用对某个接口每日的调用次数的申请，一旦应用在一天之内对某接口的调用次数超过设定的次数，该应用在这天接下来的时间内将无法访问该接口，除非提高调用次数或等到第二天更新次数。

（2）库表服务审批，库表共享方式是基于数据库和数据表的共享，管理员对在平台上发起的库表共享请求进行审批，审批通过之后，申请部门才能对相关的库表进行访问。

4. 应用管控

管理员模块包括了秘钥异常监控、应用列表等模块。

（1）秘钥异常监控，展示了共享平台中已经注册的应用相关的秘钥刷新次数及刷新状态，管理员可以根据应用的刷新状态来对应用采取相应的措施，如停用应用等，被停用的应用将暂时无法访问共享平台的接口，除非管理员将相关应用状态设置为启用。

（2）应用列表展示了注册到共享平台的所有应用信息，以列表的形式展现，也可以查看具体的某个应用的详细信息。

5. 安全监测

（1）接口健康监测，对已经注册到共享平台的接口进行监控，包括接口的运行状态、接口的权限，管理员可根据实际情况对接口进行接口权限的变更以及接口的启用停用操作。

（2）应用健康监测，对已经注册到共享平台的应用进行监控，主要监控应用的接口调用次数，并且，管理员可根据应用调用次数情况对应用进行启用停用操作来对应用进行管理。

6. 系统管理

（1）关联管理：用来管理接口与数据表之间的关系，用来配置接口的入参与出参分别对应数据表中的字段，通过该功能，管理员可以动态的配置接口的相关参数。

（2）用户管理：包括了用户管理、角色权限、资源管理等模块。用户管理：管理员对共享平台的所有用户进行管理，主要包括了用户角色设置等功能，用户关联角色之后会根据不同的角色获得不同的权限。角色权限：管理共享平台的所有角色信息，包括新增角色、修改角色、权限配置，其中权限配置是为角色分配系统资源权限，当角色跟系统资源进行关联之后，就能根据不同的角色加载不同的资源。资源管理：包括共享平台的所有系统资源信息，可以对菜单进行新增、修改及删除等操作。

（3）标签管理：对共享平台的所有标签进行管理，主要包括了标签的新增、修改、删除。标签可以用来标记接口类型、接口权限等，通过标签可以更好的管理共享平台的接口。

（4）流程管理，对共享平台的所有流程进行管理，主要管理流程类型和流程定义，流程类型用来用来区分不同的流程，流程定义用来定义真正的流程信息，流程主要用于共享平台的审批操作。管理员自定义流程，如设置流程的节点及节点的执行人员，同时为流程配置相关的流程类型。

7. 二级平台

二级平台是浙江省共享平台用来对接及管理地市级平台的应用系统，通过二级平台，地市共享平台可以上报地市共享平台的接口信息、应用信息、日志数据等。二级平台将地市平台上报的数据进行统计分析，根据统计分析结果，来辅助浙江省共享平台管理员管理地市共享平台。

四、基础支撑环境建设

（一）应用数据库建设

应用数据库建设主要用于共享平台管理平台，基于阿里云 RDS 进行建设，使用 MYSQL5.6 版本。作为共享平台管理平台的业务数据库，需具备高可用的特性，基于阿里云 RDS 提供的主备服务实现数据库的高可用。

（二）缓存建设

缓存是提高系统吞吐、保证系统稳定的关键组件，共享平台使用 Redis 作为缓存组件，并使用 Redis Sentinel 来实现缓存的高可用，保障共享平台的稳定运行。

（三）消息中间件建设

作为日志异步收集过程中的重要环节，用来确保接口调用日志数据的完整及接口调用的异步解耦，消息中间件必须具备高可用、可扩展的特性，使用阿里云提供的 Kafka 消息队列集群，保证 Kafka 集群稳定。

（四）日志存储建设

共享平台每天产生上百万的日志数据，要对日志数据进行完整的存储并在后续进行统计分析，传统的关系型数据库已经无法满足要求，省共享平台使用阿里云 SLS 日志服务作为共享平台的日志存储，SLS 是一个分布式的日志存储，其良好的扩容性可以完全存储共享平台每天产生的日志数据量，基于其对大数据组件的良好兼容性，可以为后续的统计分析提供数据基础。

五、应用系统建设

基于阿里云提供的基础环境建设，数据共享服务平台项目建设了共享平台网关、共享平台管理平台、二级平台、日志分析系统、接口微服务等应用系统。

（一）共享平台网关

共享平台网关系统是整个共享平台接口调用的入口，实现了接口的封装和转发功能，通过封装将不同协议和不同数据格式的接口进行统一，以一种协议和数据格式接收接口请求方的请求，并对请求进行转发，由共享平台内部实现协议和数据格式的转换，并在接口调用结束之后封装第三方的接口数据，以统一格式进行返回。

在请求转发过程中，共享网关提供了一系列的安全认证机制，如身份校验、熔断、限流、权限控制、路由控制、降权、缓存等，通过这些安全机制来保障共享平台接口的安全和稳定。

共享网关内部使用了微服务架构，基于微服务架构实现接口的集群化部署及负载均衡，保障共享接口能稳定提供服务。

（二）共享平台管理平台

共享平台管理平台是为了辅助用户更好地使用共享平台接口提供的服务及管理员更好地管理全省各部门的接口及应用信息。

平台提供了接口注册、接口申请、应用注册、接口注册审核、接口申请审核、接口管理、应用管理、统计分析等功能。

各部门可以通过平台进行应用的注册，接口的注册以及接口的申请等功能，来获得调用共享平台接口的权限。管理员可对各部门发起的各种申请进行审批，并根据各种统计分析结果对全省共享平台进行管理。

（三）二级平台

二级平台是省共享平台与地市级共享平台的对接平台，地市级共享平台向二级平台上报应用数据、接口数据以及日志数据，并对上报的数据从多个维度进行统计与分析，更好地方便浙江省大数据中心管理员对地市共享平台进行管理，同时基于二级平台提供的数据，共享平台能更好地管理地市平台封装省平台接口的调用情况。

（四）日志分析系统

日志分析系统是对整个浙江省共享平台接口调用日志数据的多维度统计与分析，包括了接口调用分析、异常调用分析、事项分析、僵尸接口等功能，实现了通过日志数据来治理共享平台接口。

六、数据资源建设

数据资源架构如图 6 所示。

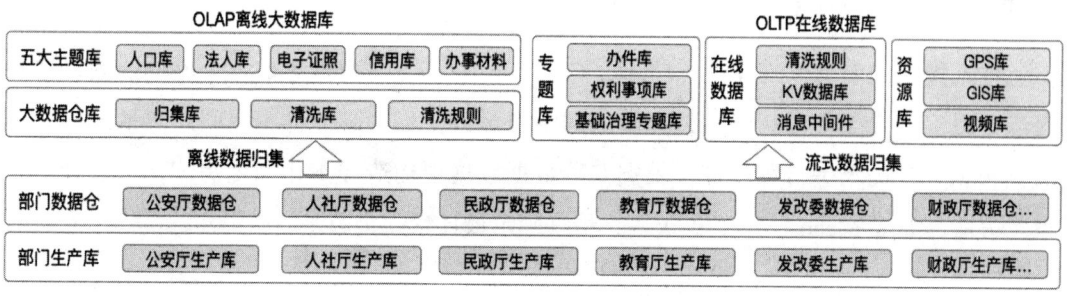

图 6　数据资源架构

（一）大数据仓库建设

大数据仓库是基于阿里云的大数据存储进行建设，包括了归集库、清洗库、共享库、清洗规则库等。

（二）五大主题库建设

建设了包括了人口库、法人库、电子证照库、信用库及办事材料库。

（三）专题库建设

建设了包括办件库、权利事项库、基础治理专题库等专题库。

七、大数据分析建设

（一）专题 AHP 算法模型

梳理各个数据项对专题的业务影响，将各个数据项作为模型的指标项。按照业务影响程度的不同，评定各个指标的相对重要性。根据企业评价指标体系，结合实际对企业风险影响程度，构建指标间的两两比较矩阵，根据层次分析法得出权重。

（二）专题聚类模型

根据指定的聚类评判标准（Cluster Criterion），将专题数据聚成几个不同的簇，这些簇满足以下两个条件：相同簇的样本之间距离最近，不同簇的样本之间距离最远，专题数据根据业务需求进行预处理，根据专题数据数据项构造样本相似度矩阵，选取合适的聚类方法，如 K-Means、层次聚类等，最终确定最佳聚类个数。

八、关键技术运用、主要技术特点、平台创新点

（一）关键技术运用及特点

1. 微服务架构

微服务架构是一种架构模式，它提倡将单一应用程序划分成一组小的服务，服务之

间相互协调、互相配合，为用户提供最终价值。每个服务运行在其独立的进程中，服务和服务之间采用轻量级的通信机制相互沟通（通常是基于 HTTP 的 Restful API）。每个服务都围绕着具体的业务进行构建，并且能够被独立地部署到生产环境、类生产环境等。另外，应尽量避免统一的、集中的服务管理机制，对具体的一个服务而言，应根据业务上下文，选择合适的语言、工具对其进行构建。

2. Dubbo

这是一款高性能、轻量级的开源 Java RPC 框架，它提供了三大核心能力：面向接口的远程方法调用、智能容错和负载均衡，以及服务自动注册和发现。

3. Zookeeper

ZooKeeper 是一个开源的分布式协调服务，ZooKeeper 是一个典型的分布式数据一致性解决方案，分布式应用程序可以基于 ZooKeeper 实现诸如数据发布或订阅、负载均衡、命名服务、分布式协调或通知、集群管理、Master 选举、分布式锁和分布式队列等功能。

4. MaxCompute

大数据计算服务（MaxCompute，原名 ODPS）是一种快速、完全托管的 EB 级数据仓库解决方案。用户无需受困于资源扩展难题，系统会自动扩展计算、存储、网络等资源，最大程度地节省成本。

（二）平台创新点

1. 创新接口技术方案，实现接口快速生成、场景适配和服务稳定

通过接口生成器实现接口的快速生成，并将接口快速部署到容器中，通过容器可对接口进行分组，实现接口对服务器资源的最大化利用。聚合接口，根据业务场景，可以将多个接口合并成一个接口，使该接口服务该业务场景的需求，便利了接口调用者的调用方式。同时通过与容器技术的结合，实现接口服务的水平化快速扩展，保障数据服务的稳定性，能支持全省业务高并发地服务响应需求。

2. 搭建数据管控、使用机制,实现政务数据共享接口的统一管控

搭建政务大数据中心的数据共享服务体系,通过完善的安全管控机制和数据使用管理机制,实现政务数据对外共享接口的统一管控,提高数据管理能力,提升数据管理质量。

3. 与全国、浙江省各地市对接,打通数据共享通道

浙江省"最多跑一次"数据共享服务平台实现与全省各部门各地市数据共享平台对接,打通全省数据共享通道,统一管理全省数据共享业务,促进数据资源整合与高效流动。

九、系统运维服务

建设综合运维监控系统,实现对政务服务平台关键业务及保障业务运行的IT设备,包括Web服务、业务、中间件、数据库等监控,提供灵活的监控扩展,满足新增加设备需求的监控要求。实现以统一监控平台为门户的业务应用、基础架构、存储为主线的监控需求。消除管理对象之间的差别,消除管理软件的差别,对各种不同数据来源统一处理、统一展现、统一用户登录、统一权限控制。

十、建设成效

(一)经济效益

共享平台搭建了数字政府的基底,通过政务数据的资源共享实现了数据资源的共用,最大化唤醒了"沉睡"的政府数据,释放数据价值。

数据共享平台的建立,让数据可用不可见,从而有效兼顾数据使用和隐私保护,保证数据安全。

由统一规划、开发利用的数据共享体系,探索出了一条以大数据为支撑,提升政府管理和治理能力现代化的数字化转型的"浙江模式"之路,极大地降低了政府的信息化建设运营。

数据共享平台有效缓解条块分割弊病,强化政府部门业务协同,提高行政办公效率。

（二）社会效益

通过数据共享流通提高"最多跑一次"的公共服务能力，让数据代替人跑路，增强人民群众的获得感、幸福感。

发挥资源共享优势，提高决策科学性和有效性，降低政府治理偏差概率，提高社会经济运行质量和效率，助推建设美好的数字中国新未来。

平台应用成果可推广政府各级部门，形成全国数字政务应用示范效应，具有在全国复制推广的价值。

（作者：周志凯　徐　颖　赵程遥）

天津市开发区智慧政务大数据平台项目

天津南大通用数据技术股份有限公司

一、基本情况

为推进政府信息资源的建设管理、优化配置和有效利用,制定数据资源的共享管理办法,实现政府部门数据资源信息的按需共享和互联互通,增强政府监管和服务能力,提高行政质量和效率,推进业务协同,降低行政成本,充分发挥信息资源在建设服务型政府中的作用,根据《国务院办公厅关于印发政务信息系统整合共享实施方案的通知》(国办发〔2017〕39号)和《天津市政务信息系统整合共享实施方案》的要求,天津市经济技术开发区管委会针对政务数据信息资源现状与自身数据需求进行全面梳理调研,结合梳理及调研成果,开始着手进行政务数据信息资源的开发和服务工作,提高数据服务能力,尤其是互联网方式方便快捷的政务数据访问与使用能力。

天津开发区政务基础数据是天津开发区管委会数据中心管理的重要基础资源。由于数据的来源、更新频率、范围存在差异,数据的统计口径理解不同,发布的数据存在差异,造成存在数出多门、统计口径不一、响应效率较低、需求适应性不强、应用成效有待提高的情况,也给数据应用安全管理带来不便和隐患。同时经分析发现,同一数据存在多种引用方式现象,开发区管委会政务数据应用建设也对数据资源管理提出了迫切需求。

天津开发区管委会智慧政务大数据平台采用科学的统计方法和先进的技术,建立统一的数据管理系统,在开发区管委会数据中心基础数据库系统基础之上建设数据资源管理平台,统一、规范、安全管理各应用系统的数据使用,提高数据服务质量,完善数据服务功能。

开发区管委会数据资源管理平台建成后,一方面,可实现开发区管委会数据中心数据资源集约发展,直接节省了开发区管委会在全区范围内大量的硬件设备投入及管理人员、时间投入,有效避免了分头管理、重复运算等造成的资源挤占、资源浪费现象,为建设节约型社会发挥重要的示范作用;另一方面,可实现开发区管委会基础政务数据统一管理,确保基础政务数据及时、完整、准确,不仅能提高开发区管委会数据中心数据服务质量和效率,保障开发区政务基础数据的权威性,也能为数据应用提供高质量的数据源,实现数据内部充分共享与对外开放合作,更好地为国家宏观调控、政策调整及政府管理服务。

二、总体技术架构

天津市开发区智慧政务大数据平台项目在 IT 系统整体架构中应位于应用架构的应用支撑类位置,在数据治理基础之上,实现业务数据资源的规划、加工、评估等功能(图1)。

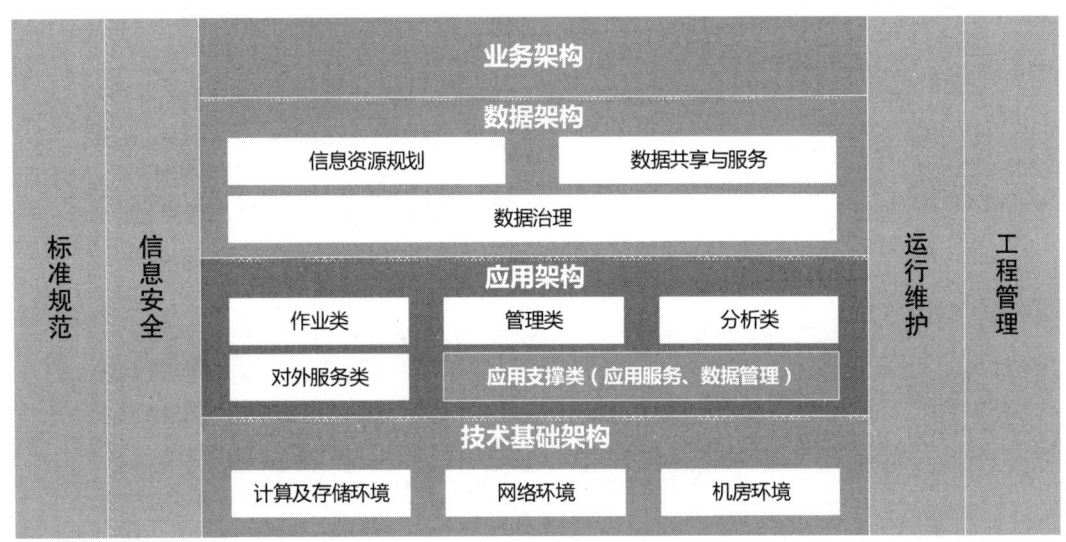

图 1　总体技术架构

(1)技术基础架构:用于支持整个平台运行的基础环境,主要包括计算与存储环境、网络环境和机房环境。

(2)应用架构:基础平台搭建后支撑的业务系统,主要包括作业类、管理类、分析类、对外服务类和应用支撑类。

（3）数据架构：包括信息资源规划、数据共享与服务和数据治理三部分。

（4）业务架构：支撑整个平台运行的业务系统。

三、系统主要构成与功能

天津市开发区智慧政务大数据平台在IT系统整体架构中位于应用架构的应用支撑类位置，在数据治理基础之上，实现业务数据资源的规划、加工、评估等功能。天津市开发区智慧政务大数据平台功能自底向上分为数据层、接口层、功能层和展现层四部分，系统功能架构如图2所示。

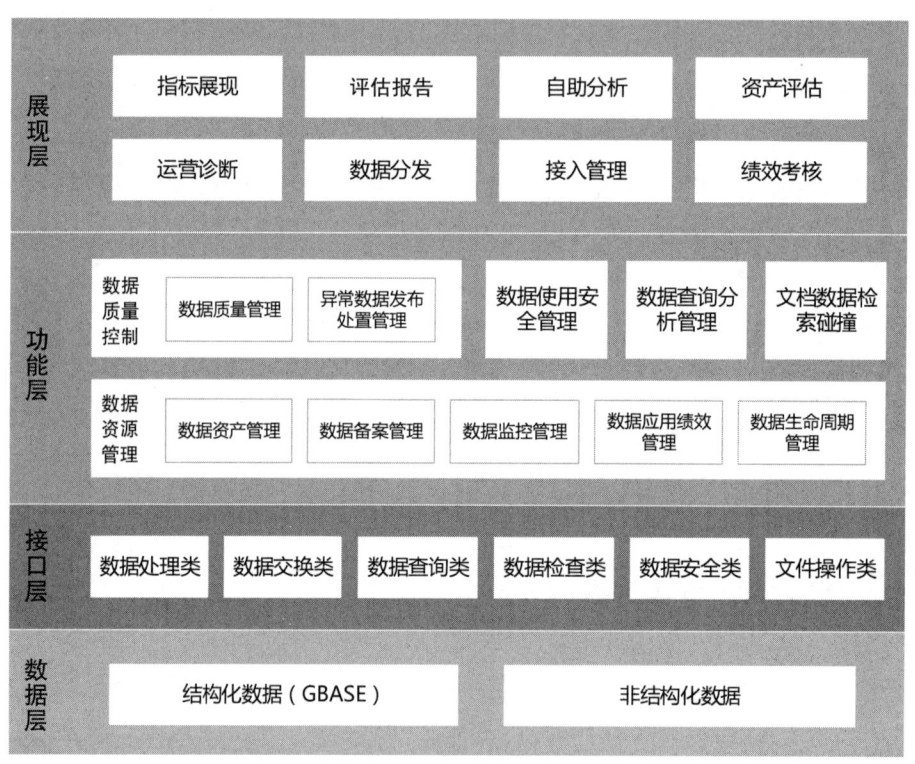

图2 系统功能架构

（1）数据层：涵盖天津开发区管委会的各类结构化数据和非结构化数据，作为数据资产纳入平台进行统一管理；数据层采用国产安全数据库GBase 8s与分析型列存储数据库GBase 8a相结合方式，即满足政府部门数据安全需要，同时能够提供高性能数据分析查询能力。

（2）接口层：针对各类应用功能进行应用支撑，提供基于数据层的数据处理类、数据交换类、数据查询类、数据检查类、数据安全类和文件操作类 6 类数据访问处理接口，为功能层的建设提供基础技术保障。

（3）功能层：结合开发区管委会对数据中心的管理需求，提供数据资源管理（包括数据资产管理、数据备案管理、数据监控管理、数据应用绩效管理和数据生命周期管理）、数据质量控制（包括数据质量管理和异常数据发布处置管理）、数据使用安全管理、数据查询分析管理和文档数据检索碰撞 5 类应用功能，为天津开发区管委会数据管理工作的顺利开展提供项目应用技术支持。

（4）展现层：基于平台整体功能为开发区管委会数据管理部门提供指标展现、评估报告、自助分析、资产评估、运营诊断、数据分发、接入管理和绩效考核 8 类数据管理服务，实现开发区管委会数据中心数据资源的统一管理。平台展现层采用先进的 GBase BI 产品，通过拖拽即可实现某些展现页面生成，有效减轻系统开发工作量，同时增强系统灵活性及扩展能力。

四、基础支撑环境建设

天津市开发区智慧政务大数据平台是在用户已有服务器和网络环境的基础上，实现政务数据资源的集中式存储与管理。因此，本次项目不涉及服务器和网络环境建设。

本项目采用国产安全数据库 GBase 8s 和商业分析型数据库 GBase 8a 相结合的方式，即满足政府部门数据安全需要，同时能够提供高性能数据分析查询能力。

五、应用系统建设

（一）数据资产管理

数据资产管理是实现对开发区管委会数据中心基础数据库的资产管理，通过本功能可以实现对基础数据库、表、字段和映射关系的管理以及源数据库到基础数据库、基础数据库到外部应用数据库的对应引用关系的管理，实现对业务数据的血缘追溯关系管理以及基础数据对数据应用项目的影响管理。

1. 数据资产管理

本功能实现对基础数据库的结构进行资产管理，用户可以通过本功能添加需要管理的数据库，并对数据库相关信息进行编辑，系统基于用户的配置自动获取该数据库中对应的数据表及字段的结构信息，通过图形化界面展示横跨源数据库、基础数据库和应用数据库三层级，包含数据库、表、字段、映射关系等数据资产信息。实现基础数据资源底账管理。

2. 数据血缘管理

数据血统管理是建立在基础信息资源库的基础上，提供了跨 IT 系统、跨 BI 工具的数据分析,实现以数据流向为主线的血缘追溯。血统分析的作用主要表现为以下几个方面，提升报表信息的可信度，为企业数据的合规性提供验证手段，帮助业务部门与 IT 支撑部门实现信息共享、提升协调工作效率。

3. 数据影响管理

数据影响管理在基础信息资源库的基础上，提供基于数据流影响分析功能。用户能迅速了解分析基础数据对象的下游数据应用系统信息，快速识别基础数据的价值，掌握基础数据变更可能造成的影响，以便更有效地评估变化带来的风险，从而帮助用户有高效准确地对数据资产进行清理、维护与使用。

（二）数据备案管理

数据备案管理实现数据管理部门对数据中心基础数据库增加数据源或外部应用系统数据使用相关备案审批管理，包括新增、更改、停用和日常数据查询统计导出等 4 类申请审批业务。

（三）数据入库备案管理

数据入库备案管理是指数据入库申请部门按照一定要求和操作程序，对需要整合到基础数据库的原始数据的相关信息，向数据管理部门进行申请报备，经会签业务主管部门、应用部门和技术部门，提交技术部门实施数据入库配置操作，实施完毕后由数据管理部门确认完成并反馈相关部门的作业过程。

（四）数据出库备案管理

数据出库备案管理是指基础数据进入应用环节，数据应用系统业务主管部门向数据管理部门提出数据出库备案申请，经会签数据管理部门、业务主管部门、数据应用部门、技术部门，提交技术部门实施数据出库配置的作业过程。

（五）数据监控管理

数据监控管理是指用户可通过数据交换执行状态、任务类别、起止日期对已配置的各类数据入库、出库交换任务和数据质量检查等作业运行信息按条件筛选以及详情查询等操作。对于尚未执行的任务，可以手工停止执行或更改执行优先级，对于执行失败的任务可以选择手工重新启动执行。

（六）数据交换可视化查询

系统提供可视化界面对各类数据交换作业状态的执行情况进行展示，以便数据管理人员及时了解数据交换运行情况。用户可以根据自身需求针对作业类别、作业类型、作业名称、作业状态、作业进度、优先级、执行结果、执行时间等选项进行任意组合查询，方便日常数据管理工作的开展。

（七）数据交换状态管理

数据交换状态管理包括任务优先级调整、停止任务、重启任务等操作。其中，管理员可对所有任务进行所有操作；用户仅能对本人提交的任务进行停止和重启操作。

（八）数据应用绩效管理

数据应用绩效管理基于数据中心各类业务数据访问日志，向领导及数据管理部门提供数据中心内部各类业务数据应用的绩效管理。数据管理人员可以根据数据访问日志内容进行查询筛选，实现对数据中心基础数据库中所有业务数据操作在使用次数、使用部门、使用时间、具体字段、具体数据表等维度上的应用绩效分析及管理，实现数据资源的绩效考核，为数据应用绩效管理提供技术支撑。

（九）数据生命周期管理

为解决业务数据规模、数量庞大，管理困难的问题，需要对系统的数据实施生命周期管理，将数据划分为在线数据、近线数据、离线数据。利用随时间积累，数据访问频次的变化和数据量累积变化成反比这一客观规律，对数据根据访问频次进行数据价值评估，依据数据的价值，制定不同的管理策略，规定各个阶段各类数据的有效期，更加有效地利用存储空间，避免由于数据量过大引起系统的性能问题，提高系统的可用性，优化数据存储结构，有效控制在线数据规模，提高生产数据访问效率。提高系统资源使用效率，确保系统安全、稳定、高效运行。

1. 在线数据

数据从产生开始一直在系统中在线保存，并提供相应的在线查询。按照规定好的数据有效期（3年以内），在数据被标记为失效或过期后在系统中保存一段时间后进行清理。

2. 近线数据

将访问频度仍然相对较高数据及其他满足数据近线保存的数据（在线3年以上5年以内）从应用中分离出来，另行新建近线数据库保存，并提供相应的在线查询。

3. 离线数据

对于访问频度较低及其他符合离线归档条件（近线保存5年以上）的数据，通过归档程序，将数据记录转化为文本文件进行归档保存。离线归档数据不接受任何查询、修改、删除操作，不提供信息联机访问接口，也不再回导到近线数据库。离线归档文件的数据结构不随数据库进行调整。离线归档数据仅作为证据供日后的审计、查证使用。如有查询请求，需要使用指定的查询方式进行。

4. 销毁数据

对于保存 10 年以上的数据或其他符合销毁条件的数据进行物理删除。

（十）数据质量控制

1. 数据质量管理

基础数据库数据质量管理涉及基础数据在入库（由原始数据转入基础数据库）、库内、和出库 3 个环节的质量控制，涉及原始数据生成部门、业务数据主管部门和数据管理部门。其中在入库环节，原始数据进行入库规范性检查、及时性、完整性、准确性检查，入库以后，在库内环节进行与入库环节差异化的质量检控。基础数据库出库后发现的数据质量问题，可由相关应用部门反馈到本系统。检控命中的问题数据可通过本模块的互动反馈功能进行核查反馈。

入库环节质量控制的业务功能主要包括入库规范性检查、及时性、完整性、准确性检查，基础数据转换和校验。所有原始数据必须经过入库环节的检查和转换方能进入基础数据库。

库内数据管理主要包括对基础数据库内的数据质量检控，差错数据的反馈修改以及异常数据的特殊处置（对于不适宜源头改起的数据经数据主管部门审批同意由技术部门直接在数据库内修改）。为不影响基础数据库的入库效率，同时保证后续应用系统的数据使用，对于一些时效性要求不高的数据质量控制可以在库内环节实施，对于检控命中差错记录，由互动反馈系统分发到原始数据生成部门和业务数据主管部门，由生成部门源头修改后，重新自入库环节开始转换。

为保障出库数据的一致性，数据管理部门设置统一规范的出库标准，经这个标准限制转换成统一格式的应用数据后，提供给各数据应用部门使用。出库数据在正式提交应用系统进行转换前，应进行出库标准化检查和准确性检查。各数据应用系统接受该种格式的应用数据后，校验并转化为系统所需格式的应用数据。

2. 数据检控管理

数据检控是指数据管理部门按照设置的检控规则对数据中心基础数据库进行合法性

检控和逻辑性检控。系统根据用户设定的检控规则定期以自动批处理的形式完成数据检控操作，检控命中的问题数据及时向用户反馈，以便数据管理人员及时发现问题并应对解决。

系统可定制自动任务，定期根据数据检控日志自动生成数据质量监控报告。报告中应包括数据质量故障情况，对关键业务数据的标准性、合规性监控情况，上游各数据源的一致性情况以及故障发生和解决情况等，为数据管理部门提供决策支持与保障。

异常数据发布处置管理用于数据中心系统及业务运行作业出现异常时，对异常信息进行发布、反馈、管理等功能。异常总体上分系统异常和业务异常两大类，按严重程度从高到低划分为多级管理。模块包含异常数据发布管理、异常数据处置反馈管理等两个子系统。

异常数据发布管理实现对系统业务、运行异常信息进行发布管理。对于系统自动记录的异常信息进行自动发布展示；同时系统或应用管理员可以人工添加异常信息并手工发布。通过本功能，普通用户可以对与其自身或所在部门相关的异常信息进行浏览、查询；系统或应用管理员可以对信息进行新增、修改、删除等操作。异常数据发布涵盖异常类别、异常（任务）类型、异常名称、发生时间、预计恢复时间、异常级别、解决状态等内容。

3. 异常数据处置反馈

异常数据处置反馈提供对数据管理人员默认按时间倒序显示未经确认的所有异常信息；对普通用户默认显示与其所在部门有关的未确认或未反馈的异常信息。管理员通过此功能检查已发布的异常信息的反馈情况，对于已全部反馈并解决的异常信息进行确认操作。

用户通过此功能对已发布的异常信息录入受影响情况或问题解决情况，反馈确认。管理员确认前，用户可对已反馈的异常信息继续追加或修改反馈内容。

4. 数据使用安全管理

数据使用安全管理对数据中心基础数据库建立数据访问操作日志和基础数据库数据手工维护操作日志，并采集基于基础数据库的各应用系统数据使用日志，实现在统一平台上对各类业务数据使用安全记录的监控和查询统计，并建立业务数据使用安全审计规则库，实现对业务数据使用安全的人工审计。

5. 数据访问日志管理

数据访问日志管理实现对数据中心基础数据库所有业务数据的查询统计、数据导出及手工后台基础数据库维护操作的记录，以满足业务数据使用安全监控审计要求。

基于基础数据库的下游应用系统需按要求建立业务数据使用安全日志，记录内容需满足相应要求，并按标准格式定期导出上送日志或为本系统提供日志采集接口。

6. 安全日志查询审计

安全日志查询审计向数据管理人员提供对数据中心基础数据平台记录或从其他业务数据应用系统采集到的业务数据使用安全日志进行查询、监控。同时，数据审计人员根据审计需要，选定一定时间范围、若干应用系统的数据使用安全日志，系统自动运用审计规则对选定范围的日志进行审计检查，记录审计结论，输出风险日志清单，生成审计统计报告。

7. 数据查询分析管理

数据查询统计管理是基于数据中心基础数据库的查询、统计分析和展示等基础应用服务。本功能模块建设目标是依托基础数据库，为各部门用户提供时效性更强、覆盖面更广、与用户需求更近的数据应用服务，并确保数据服务能够稳定、规范和长效的开展。实现基于基础数据库的方便灵活的数据指标展示、组合查询、分类统计、专项查询功能以及对于指标展示、组合查询、分类统计、专项查询功能起到查询范围控制作用的"数据查询数据集管理"以及后续的"数据查询结果管理"，以此达到以数据安全为目的分类数据访问控制。

8. 文档数据检索碰撞

文档数据检索碰撞系统针对开发区管委会现存的 OA 系统收发文及各类新闻资料，向领导、各部门及数据管理人员提供百度式的搜索工具，实现跨资源、跨地域的检索，能够轻松地互开任意资源的查询权限，进行资源交换，并且实现定向的搜索和夸搜索结果多重对碰功能。帮助用户实现数据的搜集、整合和碰撞分析的需要，该分析系统可以整合各种异构的数据源并最终以可视化分析工具将数据呈现。

六、数据资源建设

依据天津开发区数据资源管理平台整体架构设计图完成平台数据标准、接口标准及平台整体架构设计与搭建,为后续平台建设工作的顺利开展提供技术保障。

(一)数据标准规范

数据定义标准是信息平台建设的重要工作之一,只有定义全面、合理、准确的数据标准,才能有效地利用数据。数据定义标准基于业务的特点及所涉及的数据,定义数据项的命名规则、数据类型、数据长度、数据值域、数据含义等数据定义标准,作为数据库设计的参考依据。

(二)接口标准规范

接口标准规范定义系统架构中功能层与数据层的映射逻辑及调用方法,实现对平台各类应用的技术支撑。接口标准包括数据处理类、数据交换类、数据查询类、数据检查类、数据安全类和文件操作类等六类数据访问处理接口。

(三)数据资源建设

数据资源建设包括人口数据、呼叫中心数据、经济数据、地理信息数据、民生数据、政务数据。

七、大数据分析建设

天津开发区智慧政务大数据平台提供图形化的统一数据资产管理工具,提供多层次的动态图形化展现,并提供多粒度控制能力,满足数据管理和业务应用需要。

平台针对基础数据血缘关系提供动态展示,直观体现数据流动情况;支持快速搜索定位,有效定位各类数据资产,形成有效的数据交汇,支持后续数据应用分析;提供各类数据资产快速个性化展现,方便数据管理者获得所需的关键信息。数据模型动态展示提供基础数据动态流转效果显示(图3、图4)。

图 3　平台应用效果展示一

图 4　平台应用效果展示二

八、关键技术运用、主要技术特点

（一）列存储技术

面对海量数据分析的 I/O 瓶颈，列存储技术把二维表中的数据按列的方式存储，对每列数据再细分为数据包。这样可以达到很高的可扩展性：无论一个表有多大，数据库只需要操作相关的数据包，性能不会随着数据量的增加而下降。通过以数据包为单位进行 I/O 操作提升数据吞吐量，从而进一步提高 I/O 效率。

（二）分布式计算技术

分布式计算技术是一种应对海量数据处理场景而产生的全新的技术架构，在进行海量数据处理时，将巨大的数据处理任务分解成许多小任务，交由多台计算设备共同完成，极大地提高了海量数据处理的效率。

与传统的集中架构相比，分布式计算技术具备如下优势。

（1）高性能：在传统的集中式架构中，数据处理的任务多是交由单台设备来完成，在数据处理任务规模较小时，这种架构可以实现对数据的有效处理，但在海量数据处理的场景下，这种架构却显得相对乏力。而分布式架构在进行数据处理时，一个巨大的数据处理任务将被分成许多小的任务，交由多台设备来协同完成，极大地提高了数据处理的能力，满足了大数据时代对海量数据处理的需求。

（2）扩展性强：分布式架构在进行数据处理时，会将数据处理的任务分给多台设备来并行完成，设备的数量与数据处理的能力呈一个线性增长的关系。采用分布式架构，随着业务的扩展，当数据的存储与计算能力不足时，只需在集群中添加节点，就可以实现性能的线性提升，可以弥补传统集中式架构在扩展能力上的不足。

（3）高稳定性：分布式架构在数据处理的过程中，会提供数据的冗余机制，某一节点硬盘损坏或这个节点整体的损坏不会影响数据的安全性；在分布式架构中，由于每个节点的任务是并行执行的，所以如果某节点由于意外宕机等原因造成的任务执行失败，只需将这个节点的任务在其他节点上重新执行即可，不会影响整体任务的运行，因此分布式架构具有极高的稳定性。

（4）高性价比：分布式架构在硬件平台的选择上一般采用高性价比的 X86 服务

器集群,相比于传统的集中式架构中昂贵的高性能服务器和高端存储,具有较高的性价比。

(三)商业智能技术

商业智能技术实现对历史数据的统计、分析及挖掘等功能。由于数据有结构化、半结构化及分结构化之分,因此数据分析系统需要满足数据量大、数据种类多等多个需求。同时,为了便于员工的操作便捷性,商业智能技术具备通用图形显示支撑功能,能够支持通用数据挖掘接口,方便利用已有价值挖掘、分析算法等模型。

九、系统运维服务

(1)派遣有经验的技术人员组成项目组到现场实施技术服务,包括安装、测试、调整更新、培训等全面的技术支持与服务。

(2)提供全部系统验收签字通过之日起始计1年的质量保证期。

(3)保证期内,对系统的运行、维护提供 7×24 小时实时技术支持。提供24小时热线电话、远程在线诊断和故障排除、现场响应以及 E-mail 和传真支持服务,对于接到的用户技术咨询,在2小时内提出解决方案。提供现场服务,基本保证系统运行性能及稳定性。遇到重大技术问题以及时组织有关技术专家进行会诊,并在24小时内采取相应措施以确保恢复系统的正常运行。

(作者:牟 巍 孙德强 魏韦斯)

上海市数据共享交换平台项目

北京东方通科技股份有限公司

一、基本情况

（一）建设背景

为深入贯彻党的十九大关于建设人民满意的服务型政府的要求，坚持以人民为中心的发展思想，适应政府管理和服务现代化发展需要，深化改革，进一步优化营商环境，提升群众和企业获得感，2018 年 4 月 12 日上海市市委办公厅、市政府办公厅颁布《上海市全面推进'一网通办'加快建设智慧政府工作方案》，明确提出"以电子政务云为基础，以跨部门、跨层级应用为抓手，统筹构建'云数联动'的数据共享交换平台，实现重要信息系统通过统一平台进行数据共享交换，打通各部门信息系统、打破'数据孤岛'"，要求"建设统一的数据共享交换平台"，建成对接国家平台，覆盖全市、统筹利用、统一接入的数据共享交换平台，形成数据存储、交换、共享、使用、开放的核心枢纽，以推动人口、法人、空间、电子证照等基础数据库与重点数据的接入，推动跨地区、跨层级、跨部门数据共享交换和应用。

（二）建设目标

通过该项目的建设，建成统一门户、数据共享交换、数据治理、大数据支撑、数据质量管理五大子系统，提供三清单和目录管理、数据承载、共享交换管理、数据质量管控、数据安全保障、数据服务六大能力，并实现如下目标。

（1）建设五大子系统：① 建成能够提供统一用户管理、组织架构管理、权限管理、单点登录的统一门户；② 建成能够提供多租户管理、数据存储模型、数据分析的大数据支撑子系统；③ 建成能够提供数据对接交换、数据存储管理、数据共享管理的数据共享交换子系统；④ 建成能够提供数据标准管理、元数据管理、三清单和目录管理的数据治理子系统；⑤ 建成能够提升数据可信性和可用性，形成数据质量监管闭环流程的数据质量管理子系统。

（2）实现政务数据汇聚：基于全市政务信息系统云工作推进，汇聚四大基础数据库（人口、法人、空间、电子证照），市级委办政务数据及交换日志数据。

（3）构建三级数据共享交换体系：通过与国家平台的级联和市级交换平台的一级架构两级部署，形成国家、市、区的三级数据共享交换体系，推动政务数据的跨层级、跨地域、跨系统、跨部门、跨业务的共享利用。

（4）保障数据安全：通过数据全生命周期管理及数据分级分类建设，确保平台汇聚数据的安全可控。

（三）建设成效

上海市数据共享交换平台主体功能建设的完成，为公共数据资源整合工作提供了平台支撑。2019年6月以来，上海市大数据中心组织全市共74个单位（含市级委办局、区县、企业）分批集中攻关，开展数据编目、数据归集、数据治理、服务发布等工作，取得显著成效。

1. 建立了"12345"数据共享交换体系

（1）"1个平台"，建成上海市统一的数据共享交换平台，形成数据存储、交换、共享、使用、开放的核心枢纽，推动跨地区、跨层级、跨部门数据共享交换和应用。

（2）"2类数据资源"，汇聚形成了两类数据资源。① 市级数据湖：从外部数据源落地到大数据中心的统一数据存储空间；② 市级数据库：存放经过一系列清洗、转换、加载、治理步骤后的高质量政务数据资源。

（3）"3层架构"，形成了覆盖上海市各区、市级及国家层面的三层互联模式：向下整合各区级平台，汇聚各区数据至市级平台（一层架构二级部署）；市级层面汇聚整合四大库、各区及各市级委办局数据；向上对接国家平台，融入国家数据共享交换与利用体系。

（4）"4大功能"，基于上海市数据共享交换平台实现了四大功能：① 数据交换：汇聚源系统数据至市级数据湖；② 数据共享：基于授权管理的数据共享利用；③ 数据治理：通过数据治理形成高质量数据；④ 大数据支撑：提供安全可靠的异构存储与计算环境及数据可视化。

（5）"5大能力"，建成五大能力：数据承载能力、数据共享交换及服务能力、三清单和目录管理能力、数据质量管控能力、数据安全保障能力。

2. 完成2018版"三清单一目录"编制

截至2019年2月，已梳理出有效需求清单超过4000条。在此基础上依据相关方案和权责清单，协助责任部门对责任进行核实，形成超过2600条责任清单。

累计使用数据治理子系统完成超过14000条公共数据资源目录编制，其中覆盖责任清单的有效目录中超过500个目录完成资源挂载，具备按需共享条件。

3. 完成2018版责任清单数据归集

各市级委办局或各区完成了前置机接入，并基于数据共享交换子系统实现了2018版责任清单数据归集到市级数据湖，实现市级部门之间、市级部门与区部门之间及跨区的政务资源归集，为上海市信息资源的共享提供了基础支撑。

4. 形成数据服务能力

截至2019年2月，基于市级数据湖数据，封装并发布服务接口超过200个，涵盖上海市公安局、上海市市场监管局（原上海市工商局）、上海市交通委、上海市应急局（原上海市安监局）、上海市民防办、上海市文化旅游局（原上海市旅游局）等共几十个委办局需求。

为"一网通办-市民主页"提供人口库、法人库数据接口，以及养老金、医保金、公积金、个人纳税、个人信用、健康档案，水、电、煤、有线、宽带自有服务接口的代理管控，完成超过20万次服务调用。

基于国省级联，已完成国家平台服务调用超过120万次。

基于大数据支撑子系统即TDC平台，为大屏展示、领导视图提供数据统计支撑。

二、总体技术架构

建设上海市数据共享交换平台，将"四大库""市级统建系统""各市级委办""各行政区"的数据，通过前置节点汇聚到市级数据湖，再通过数据共享交换与数据治理子系统，实现各类数据的集成与治理。将经过集成与治理后的数据通过市级数据库构建成主题库与基础库，最终通过数据共享交换子系统提供基础服务、数据展现与决策支撑。通过统一门户整合平台各子系统，打通数据交换和共享全流程，实现与国家数据共享交换平台的对接。同时，建立完善的安全体系与标准规范体系，确保上海市数据共享交换平台的安全性与规范性。

平台整体架构如图1所示。

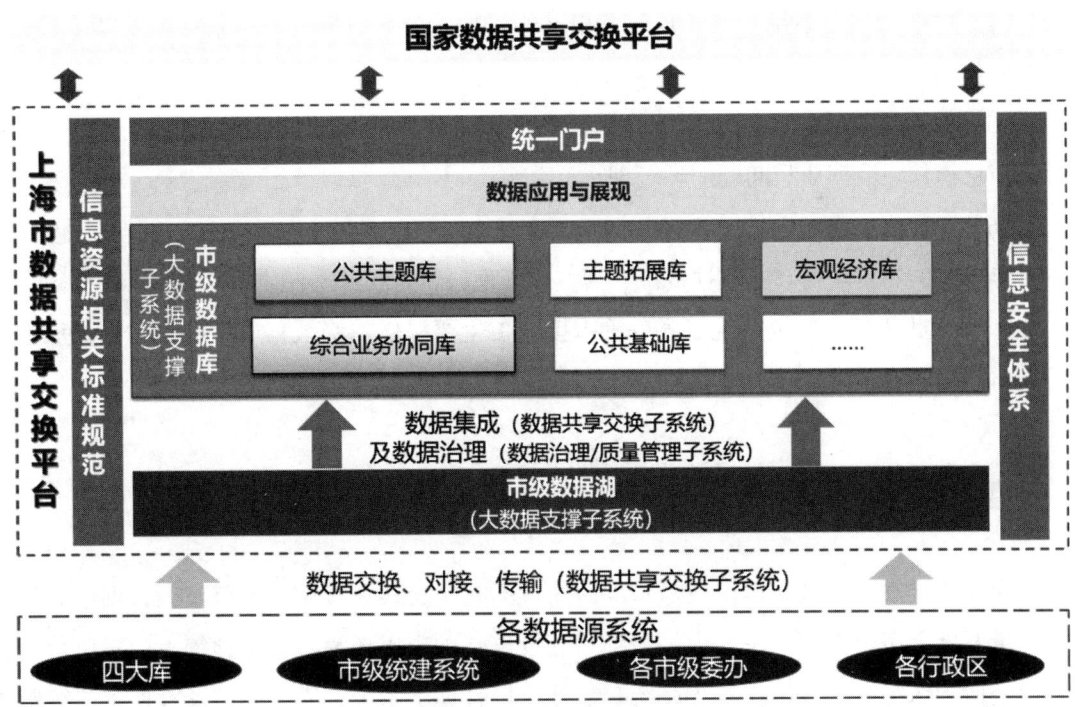

图1 平台整体架构

三、系统主要构成与功能

上海市数据共享交换平台包含统一门户，数据共享交换子系统（含数据交换、服务管理等功能模块），大数据支撑子系统（含市级数据湖、市级数据库），数据治理子系统，数据质量管理子系统等。

（1）统一门户主要进行各子系统的集成、功能模块菜单级整合，实现平台的统一管理。

（2）数据共享交换子系统（数据交换模块）实现数据交换引擎、统一调度引擎、任务管理、数据桥接等功能，以及对数据湖数据的存储管理、共享与交换。

（3）大数据支撑子系统（市级数据湖）汇聚"四大库""市级统建系统""各市级委办系统""各行政区系统"的经过初始治理的原始数据。

（4）数据治理子系统主要实现三清单动态管理、公共数据资源目录管理，以及元数据和数据标准管理。

（5）数据质量管理子系统实现完善的数据质量管理功能，包括数据质量规则制定、数据质量稽核、数据质量问题闭环管理。

（6）大数据支撑子系统（市级数据库）主要用于存放经过一系列清洗、转换、加载、治理步骤后的高质量的政务数据资源，为城市管理、公共服务等提供数据来源。

（7）数据共享交换子系统（服务管理模块）主要提供市级数据库中数据对外的服务发布与利用。

四、基础支撑环境建设

为加快推动跨地区、跨层级、跨部门的数据共享交换和应用，上海市大数据中心集中力量开展上海市数据共享交换平台项目建设，基础支撑环境建设包含统一门户、数据共享交换子系统、大数据支撑子系统、数据质量管理子系统、安全防护及管理子系统等内容，初步形成支撑国家、市、区三级的数据资源共享体系，建立了相应标准规范和管理制度。

（一）统一门户

统一门户用于整合管理上海市数据共享交换平台所包含的各个子系统。

统一门户为保障各个基础产品的整合进行了相应的接口设计，供数据共享交换、大数据支撑和数据质量管理等子系统以统一适配方式对接统一门户；进行了各个用户维度的可视化展现及业务流程设计实现；统一了平台的用户体系及认证入口，实现单点登录、统一权限管理、各系统功能的整合等功能。

同时统一门户制定了接入规范，平台各子系统需遵循统一门户接入规范，将各子系统相关 API 注册、接入到统一门户中并接受门户统一管理。

（二）数据共享交换子系统

数据共享交换子系统作为上海市数据共享交换平台的一部分，整体建设由北京东方通科技股份有限公司承担，提供数据交换模块（TongDXP）、服务管理模块（TongSMP）及统一监控模块等内容，实现跨层级、跨区域、跨部门的上海市数据共享支撑网络；支持各市级委办局、各区数据的归集和共享及将人口库、法人库、空间库数据归集到市级数据湖，同时封装人口库、法人库接口并代理各委办自有服务接口以及支撑一网通办"市民主页"业务调用等。

1. 数据交换模块

数据交换模块（TongDXP）提供交换节点之间的数据抽取、转换、传输、接收和加载等数据交换服务，确保节点之间、节点与交换中心之间的数据交换配置、监管、安全，并提供交换审计的管理。

2. 服务管理模块

服务管理模块（TongSMP）将所有信息服务统一规范，统一接入，形成统一的服务资源目录并对外提供统一的服务获取入口，真正做到服务资源的可管、可监、可控、可用，进而对服务进一步组织、整合，生成新的、满足更多更深层次需求的服务，提高资源的使用效率。

3. 市级委办局或区县数据归集及共享

数据归集是资源提供方通过 TongDXP 平台的直接交换功能将库表、文件资源进行归集，市级委办局或区县指定其中心节点为接收节点。

数据共享是基于归集到市级数据湖中的数据，使用数据交换模块（TongDXP）和服务管理模块（TongSMP）进行库表、文件、文件夹和服务的共享。其中库表、文件、文件夹通过交换平台将资源推送到指定节点，服务通过企业服务总线（TongESB）实现封装、注册、审核、申请、使用等操作。

4. "一网通办 - 市民主页"业务支持

为了充分考虑跨网络服务的统一管理规划，各网所发布的服务都通过政务外网的 TongSMP 进行代理管控，其中包含一网通办 - 市民主页接口，为普通市民提供水、电、煤、社保、公积金等信息的查询服务。

（三）大数据支撑子系统

大数据支撑子系统作为市级数据湖和市级数据库的数据处理及存储系统，承载了上海市所有市级委办局及区县的租户管理、数据仓库承建工作；各委办局及区县的数据发布也基于市级数据库。

数据及平台监控模块监控平台运行状况和统计平台存储状况，包含领导驾驶舱和台账分析。

（四）数据质量管理子系统

数据质量管理子系统通过多维度感知市级数据湖中数据的治理质量，形成完善的评分反馈体系以提升数据质量。针对第二级数据治理，数据质量管理子系统具备完善的质量管理功能，建立管理闭环，形成监督管理流程。同时，要建立数据质量标准，对数据质量结果给出可量化的衡量指标。

（五）安全防护及管理子系统

遵循《信息安全技术云计算服务安全能力要求》（GB/T 31168—2014）等安全标准，以"信息安全等级保护三级"的合规性要求，开展上海市数据共享交换平台建设。建设过程中，将安全体系分为安全技术体系和安全管理体系两个方面来考虑。

通过以上管理理念，可以实现从保护计算环境、保护区域边界、保护通信网络三个层面构建整体安全保障技术体系，最终形成三重纵深防御的安全体系。同时兼顾数据的归属权、安全运维管理权等运管问题。

五、应用系统建设

综合应用主要是基于市级大数据资源平台整合汇聚的数据，结合城市特点、政府决策和老百姓亟待解决的社会问题开展的专项应用建设，通过对大数据综合应用进行分析研究，在现有专题库的支撑能力上进行综合应用及联合建设，包含分析模型管理和模型发布管理等内容。

六、数据资源建设

数据资源建设主要涉及公共基础库、公共主题库和公共专题库建设。

公共基础库采集汇聚了三大库各类相关信息，通过相关数据接入功能整合开发，改由大数据资源平台直接向三大库提供，不再需要相关数据提供部门重复提供。

公共主题库立足于公共基础库，跨领域跨专题的数据提取并按主题进行整合汇聚，形成对专题的公共支撑。

公共专题库的建设立足于支撑大数据综合应用（专题应用），按照数据跨部门跨领域综合性应用为目标用途进行规划设计与建模建库。

七、大数据分析建设

大数据分析建设在上海市数据共享交换平台项目中主要体现在数据治理子系统，通过数据治理子系统对不同类别的大数据平台上的数据实现汇总、合并、拆分、过滤、归类、标签等工作。

数据治理子系统解决数据治理问题，其中"三清单"动态管理是围绕具体业务应用场景，提出对实际数据资源的共享需求，并对需求分析、申请、审核、共享提供流程支持；公共数据资源目录管理支撑公共数据资源梳理、编目、归集、挂接与共享全生命周期的动态管理；元数据管理实现公共数据资源集约化管理；数据标准管理涵盖数据元、标准代码、常用规则的配置管理。

八、关键技术运用、主要技术特点

（一）以服务为中心的云计算技术

通过云计算的大规模应用，使得计算资源可以随时获取，云计算以推动和降低服务提供成本为目标，同时提高部署服务的速度和敏捷性。它缩短了从设计应用程序架构到实际部署应用程序的时间。云计算把虚拟化、按需部署、网上服务提供融合在一起。

（二）以 Java EE 为核心的技术路线

该项目采用 Java EE 体系架构来进行系统应用的开发与搭建工作。

（三）基于 B/S 结构的 MVC 开发架构

系统采用 Java 进行开发，Java EE 架构倡导 MVC 分层开发模式，显示层使用 JSP 组件的形式并利用模板加以显示，与业务逻辑分离。控制层使用 servlet 组件，接收显示层传递过来的用户请求，并指派给相应的模型层，模型层使用 JavaBean 来封装具体的业务逻辑。

（四）基于构件技术的系统搭建模式

基于构件技术的系统搭建方法是当前软件系统搭建的主流方式，它能够有效地缩短开发周期，大幅度降低应用系统的开发成本，提高系统的可维护性。该项目采用基于构件技术的系统搭建模式来建设，采用成熟的商业产品降低实施交付难度。

（五）基于安全 XML 的数据交换

XML 的数据内容与数据显示形式是完全分离的，XML 文件为纯文本文件不受平台限制，XML 是一种完全面向数据语义的标志语言，容易描述数据的语义及元素结构，不仅可以描述结构化数据，更可以描述非结构化数据，非常适用于异构数据库之间的数据交换。通过 XML 可以保障各政府部门间异构系统的数据传输，实现政府各系统数据资源的最优整合。

（六）基于 SOA 的架构设计

当前，主流的应用系统集成是使用 Web 服务技术实现面向服务的体系结构（SOA）。基于 SOA 结构可以实现不同的系统之间进行的数据交换全部基于服务协议来调用，对于服务的使用者而言，不管其是应用程序也好，还是真正的使用人员也罢，在进行跨部门、跨系统的数据交换构成中是全部基于服务的请求和应答来完成。

（七）基于 Web 服务的应用整合

Web 服务是为了让地理上分布在不同区域的计算机和设备一起工作，以便为用户提供各种各样的服务。利用 Web 服务，公司和个人能够迅速且廉价地通过互联网向全球用户提供服务，建立全球范围的联系，在广泛的范围内寻找可能的合作伙伴。

（八）基于消息组件的数据交换与共享

在系统构建中，平台不是独立的，系统内部、系统与外部资源之间有信息的交互和传递；各个应用系统也不是相互独立的，应用系统要以应用系统支撑平台为支撑共享信息、协同工作。这些需要消息服务机制的支持。该项目采用基于消息服务的数据交换与共享机制，确保数据的可靠传输。

（九）基于 ESB 服务总线的服务管理系统

企业服务总线（ESB）是 SOA 架构中为信息导向提供服务。ESB 允许通过 Web 服务界面在应用程序内和应用程序之间传递信息。

ESB 技术在 SOA 结构中提供 Web 服务的交互功能，并提供集成的通信、消息传递及事件基础架构来支持这些功能。ESB 为 SOA 提供与数据交换平台数据交换需求保持一致的基础架构，从而提供合适的服务级别和可管理性及异构环境中的操作。ESB 可以支持 JMS、TCP/IP、FTP、SMTP、HTTP、HTTP 等传输协议，不仅支持这些传输协议，而且可直接进行协议转换。如果说 SOA 结构提供了数据交换的标准服务方式，那么 ESB 提供了数据交换过程中基于服务协议的服务查找、访问、路由功能。

（十）集群架构

集群化操作可以减少单点故障数量，可实现群集化资源的高可用性，在集群中的某一节点因出错或维护不可用时，另一节点会立刻提供服务，以实现容错。随着交换节点、交换规模、交换频率的增加，为了保证交换平台的可靠性和稳定性，适应更多交换节点的管理和监控，平台支持节点集群功能，任务流程可运行在集群节点之上。

（十一）XML 标准

消息交换符合 XML 标准。可扩展标记语言（XML）与 Access、Oracle 和 SQL Server 等数据库不同，数据库提供了更强有力的数据存储和分析能力，如数据索引、排序、查找、相关一致性等，XML 的宗旨传输数据。

XML 的简单使其易于在任何应用程序中读写数据，这使 XML 很快成为数据交换的唯一公共语言，虽然不同的应用软件也支持其他的数据交换格式，但不久之后他们都将支持 XML，那就意味着程序可以更容易地与 Windows、Mac OS、Linux 及其他平台下产生的信息结合，然后可以很容易加载 XML 数据到程序中并分析他，并以 XML 格式输出结果。

（十二）中间件技术应用

中间件 (Middleware) 主要用来解决分布异构问题，是数据交换系统的核心组件。中间件是位于硬件、操作系统平台和信息系统之间的通用服务，具有标准的程序接口和协议，并且对于不同的硬件、操作系统平台具有符合标准接口和协议规范的具体体现。具体来说，它能满足大量应用需要，运行于多种硬件和操作系统平台，支持分布计算，提供跨网络、硬件和操作系统平台的透明性的应用或服务的交互，支持标准的接口和协议。

该项目采用成熟、稳定的中间件产品来进行平台的构建。

九、系统运维服务

该项目由上海东方通科技股份有限公司负责为项目提供产品技术咨询、技术培训、到货验收、安装调试及负责所供产品的保修及其他售后技术服务。

十、项目创新点

（1）在电子政务领域，作为省级单位，是真正意义上的较早实现国家-省-市的三级数据共享交换平台，推动政务数据共享交换。

（2）数据共享交换平台的建设为上海市"一网通办"工作的顺利开展提供了坚实的底层保障，大大提高上海市政务行政审批的效率，作为优秀的电子政务平台，属于国内同类项目典范。

（3）创新性地构建了"12345"数据共享交换体系，完成"三清单一目录"编制和梳理，并在半年内形成可供使用的数据服务。

（作者：许志远　徐有明　刘玉杰）

河南省电子政务服务平台大数据平台

新华三技术有限公司

一、基本情况

按照党中央、国务院部署，近年来，河南省委、省政府把推进"互联网＋政务服务"工作作为新时代提升政府治理能力和管理水平的重要举措。依据河南省政府办公厅印发的《2017年河南省电子政务平台建设工作方案》，河南省电子政务建设重点为推进政务公共云、政务专有云、政务大数据平台、网上政务服务平台、省级政务服务大厅等数字化服务建设。按照河南省政府统一部署，河南投资集团下属单位——河南云政数据管理有限公司负责政务专有云平台、网上政务服务平台和大数据平台的相关建设工作。随着政务信息化建设的不断深入，数据共享和业务协同需求量不断上升，河南省政府各个部门的数据库与操作系统缺乏大数据助推河南省智慧政务建设统一的管理，导致形成政务"信息孤岛"。为了打破数据壁垒，形成公共的数据资源，为河南省政府和社会公众服务，河南云政选择了数字化解决方案领导者新华三技术有限公司进行河南省电子政务服务平台大数据平台的建设，通过覆盖河南省各级政府部门的政务信息资源目录体系、统一数据共享交换平台、综合人口库、综合法人库等，实现了跨地区、跨部门、跨层级互联互通，使各部门应用之间形成业务协同及数据共享，有效提高了各级政府行政管理效率和公共服务水平。

新华三依托河南省电子政务服务平台，采用"统一规划、统一设计、统一架构、统一服务、统一技术"的策略建设河南省电子政务大数据平台；同时，结合河南省电子政务服务建设实际情况，按照"层次化设计"思路，构建面向服务的"一个中心，两个环境，三个体系"的架构体系。"一个中心"指数据资源中心,"两个环境"指用户及服务环境、大数据处理环境,"三个体系"指标准规范体系、安全保障体系和运维服务管理体系,将各系统功能进行详细划分并明确这些系统服务的层次关系和服务内容,最终形成一整套完善的政务数据解决方案。

此外,通过大数据平台的技术手段,新华三帮助河南云政实现数据共享和互联互通。以惠及政府各级部门的服务目标为方针,新华三全方位梳理,掌握了省级政府各部门政务信息资源情况,为政务资源的发现和获取提供了有效而安全的整合手段。政务信息资源目录管理系统也被称作电子政务领域的"公共信息资源池",它通过技术手段提高了政务信息资源共享交换的质量与效率,打破了政务"信息孤岛"。利用该系统,一方面可以实现各部门、地市、直管县业务数据资源的共享和业务系统的互联互通,另一方面也推动了政务信息系统和公共信息数据的互联共享。

河南省电子政务服务平台大数据平台的建设之路,将形成可追随、可借鉴的模范标准,为整个河南省乃至全国政务服务平台提供了参考和借鉴。未来,新华三将持续发挥自身在数字化转型领域的卓越实力,不断结合自身在政务信息化建设中的经验积累,惠泽于民,使人民群众能够切实享受到服务型政府带来的便利。

二、总体技术架构

围绕落实国家政务信息化工程相关规划,建设"大平台、大数据、大系统",构建河南省、市二级政务信息的横纵向覆盖的大数据处理体系,为全省的政务服务和管理提供大数据技术的整体支撑。

采用数据与硬件资源的解耦,数据与应用的解耦的设计理念,基于先进的大数据技术和统一的技术标准和业务规范支撑,依据建设目标,实现数据的采集与交换、具备数据对外开放的能力以及将政务信息通过门户系统分别对内对外展现,形成覆盖政务数据的融合大数据中心,其架构如图1所示。

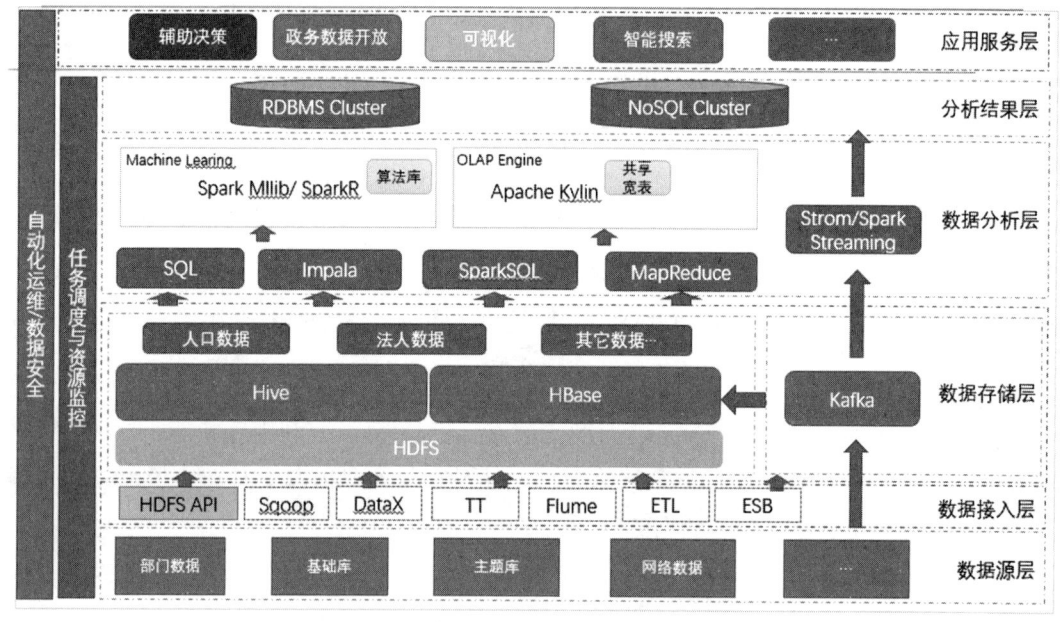

图 1 河南省电子政务大数据平台技术架构

三、系统主要构成与功能

河南省电子政务大数据平台主要面向企业或群众、部门、政府领导 4 类用户，以数据共享开放、决策分析等多方面服务为基础，按照 MPDS（管理运营架构、业务流程、信息数据、应用系统）的设计方法，输出一组有功能架构、技术架构、部署架构、数据架构等组成的系统总体架构，系统架构如图 2 所示。

基础设施：基础设施作为河南省电子政务大数据平台的底层支撑，主要由基础环境、基础软件、大数据基础运营环境及交换基础四部分构成。其中，基础环境主要包括计算、存储、网络、安全、虚拟化；基础软件主要包括操作系统、数据库、中间件等基础运行软件；大数据基础运行环境主要包括流计算、内存计算、存储及离线计算、机器学习、数据建模等大数据技术；交换基础主要包括传输通道、交换适配、自动采集。

信息源：主要包括结构化数据、文本数据、多媒体数据及 GIS 数据。

共享交换：共享交换主要为数据的汇集、数据的开放与共享提供支撑，主要由政务数据资源目录管理系统、政务数据交换共享平台构成。

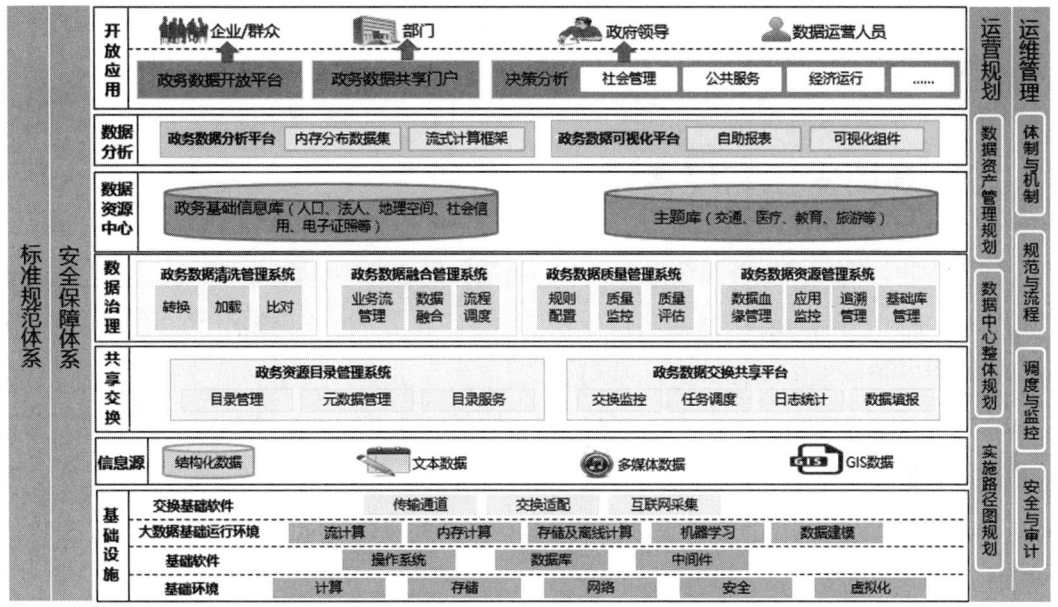

图 2　河南省电子政务大数据平台系统架构

数据治理：数据治理提供了对河南省政务大数据平台数据资源中心的各类数据资源进行规划、清洗、提质、融合、管理、统计等功能，主要包括政务数据清洗管理系统、政务数据融合管理系统、政务数据质量管理系统及政务数据资源管理系统。

政务信息资源中心：汇集全省人口、法人、地理空间、社会信用以及电子证照等基础信息，形成基础信息资源库，汇集交通、医疗、教育、旅游等行业主题信息，形成主题信息库。

数据分析：数据分析利用多种分布式计算引擎，结合分布式数据存储模型对各类结构化及非结构化的信息资源进行快速的分布式分析处理，并将分析处理后的中间结果数据提供给上层政务业务应用及做可视化展示。

开放应用：通过政务数据开放平台、政务数据共享门户，向企业或群众、部门提供大数据分析结果及相应的数据资源。

标准规范与安全保障体系：是整个政务大数据平台高效稳定运行的有力保障。

运营规划：整个政务大数据平台有效运营的保障，主要涉及数据资产管理规划、数据中心整体规划、实施路径图规划等。

运维管理：对政务大数据平台进行运维管理，主要包括体制与机制、规范与流程、调度与监控及安全与审计等。

四、基础支撑环境建设

河南省政务大数据平台和数据资源中心的运行离不开一个高效、安全、稳定的网络运行环境。根据当前河南省 28 个市级（包括省直管县）、50 个省级部门的电子政务网络现状，制定合理的系统部署架构方案。统一数据共享交换平台的应用、交换节点、传输通道及政务信息资源目录管理系统、政务数据资源管理系统均部署在政务专有云平台上虚拟区，数据资源中心（包括综合人口库和综合法人库等）和大数据处理环境部署于政务专有云的物理区。河南省政务大数据平台基础支撑环境建设如图 3 所示。

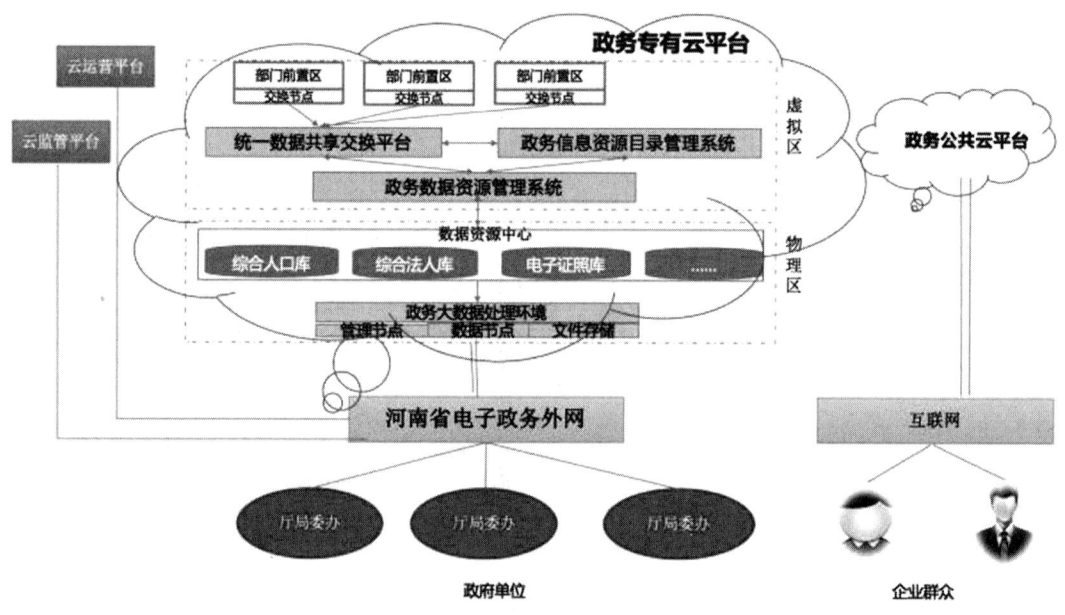

图 3　河南省政务大数据平台基础支撑环境建设示意图

依托河南省电子政务外网，通过河南省政务专有云，在政务专有云平台虚拟区部署统一数据共享交换平台的中心、交换通道、交换节点及部门前置；政务信息资源目录管理系统、政务数据资源管理系统统一部署在政务专有云平台虚拟区；数据资源中心、大数据处理环境等对硬件资源要求较高的存储、计算等部署于政务专有云物理区;统一通过政务专有云平台在互联网提供访问和服务。

五、应用系统建设

(一)政务信息资源目录体系

政务信息资源目录体系与交换体系是电子政务总体框架中重要的构成部分,是电子政务的基础设施之一。政务信息资源目录体系是指用于组织、存储、管理政务信息资源目录元数据,通过对元数据信息的发布、查询、定位和管理机制,实现政务信息资源目录元数据的共享。事实上,政务信息资源目录体系来源于图书馆目录体系。虽然与图书馆目录体系类似,但由于资源主体和性质的多样性,比图书馆的目录体系要复杂得多(图4)。

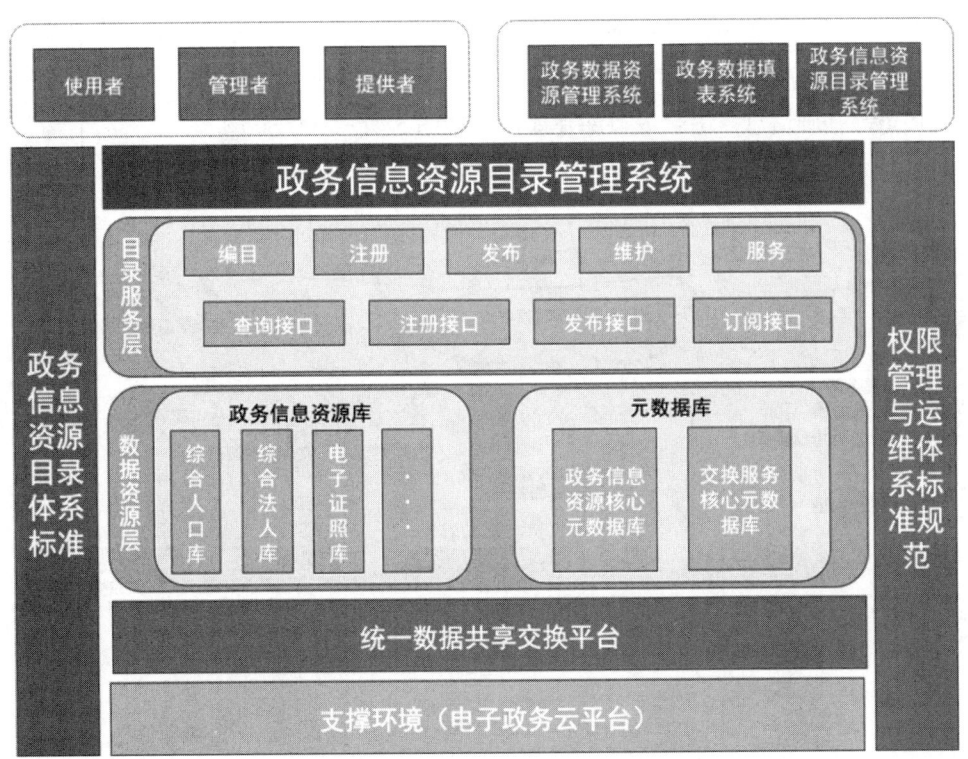

图4 政务信息资源目录管理系统整体架构

本次建设的政务信息资源目录管理系统是以《政务信息资源目录编制指南（试行）》《GB/T 21063.1—2007 政务信息资源目录体系》为基础，结合河南省实际情况，建设标准规范管理、目录管理、目录编目、目录服务（包括接口服务和订阅服务）。

数据资源层主要包括人口库、法人库、电子证照库等，元数据库包括政务信息资源核心元数据库、交换服务核心元数据。

目录服务层主要通过查询接口、注册接口、发布接口、订阅接口等实现数据资源的编目、注册、发布、服务及资源目录的维护等功能。

政务信息资源目录管理系统的主要用户角色包括使用者、管理者、提供者，对应各部门相关目录管理人员和目录梳理人员及目录管理中心相关人员，也通过目录服务接口向政务数据资源管理系统和后续的共享开放网站提供政务信息资源的检索和定位。

（二）综合人口库

综合人口库以公安数据为主，人社、民政、卫计等共建部门的涉及人口信息为基础，经过了数据清洗、比对整合后形成完整的、以全国统一的公民身份证号为唯一索引的综合人口库。人口基础信息包括公民身份号码、姓名、性别、民族、出生年月、出生地、自然人状态等基础信息。综合人口库建库模式如图 5 所示。

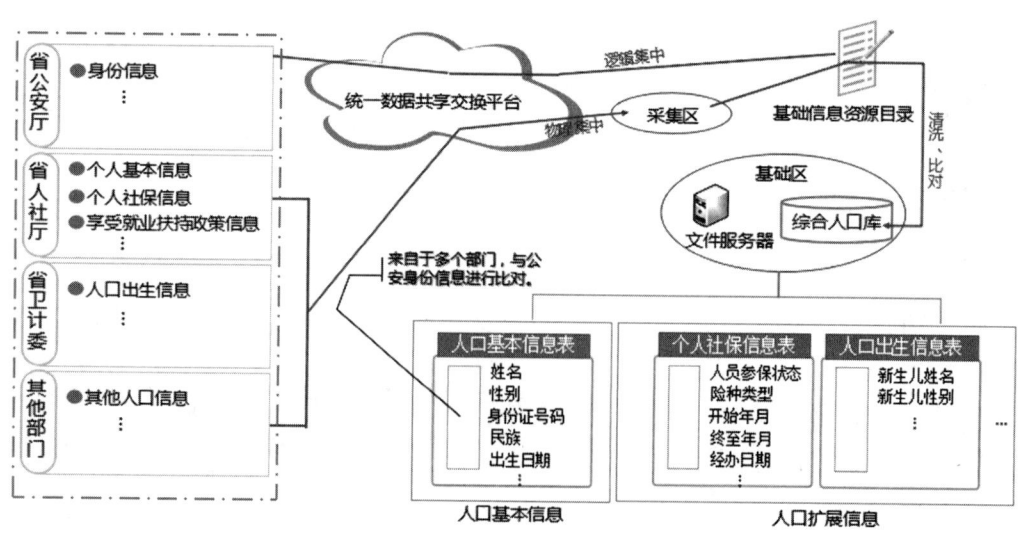

图 5　综合人口库建库模式

综合人口库基于政务专有云平台，依托于统一数据共享交换平台，通过政务信息资源目录管理系统和政务数据资源管理系统进行建设，公安、卫计、人社、民政等人口资源信息主管部门将各部门人口库目录资源及数据资源通过本部门前置机与统一数据共享交换平台交换后，由统一数据共享交换平台推至政务信息资源目录管理系统及政务数据资源管理系统，形成数据资源中心，建成综合人口库，在电子政务外网环境下提供实名认证、信息核验、信息补全、统计分析等应用接口服务。综合人口库部署架构图如图6所示。

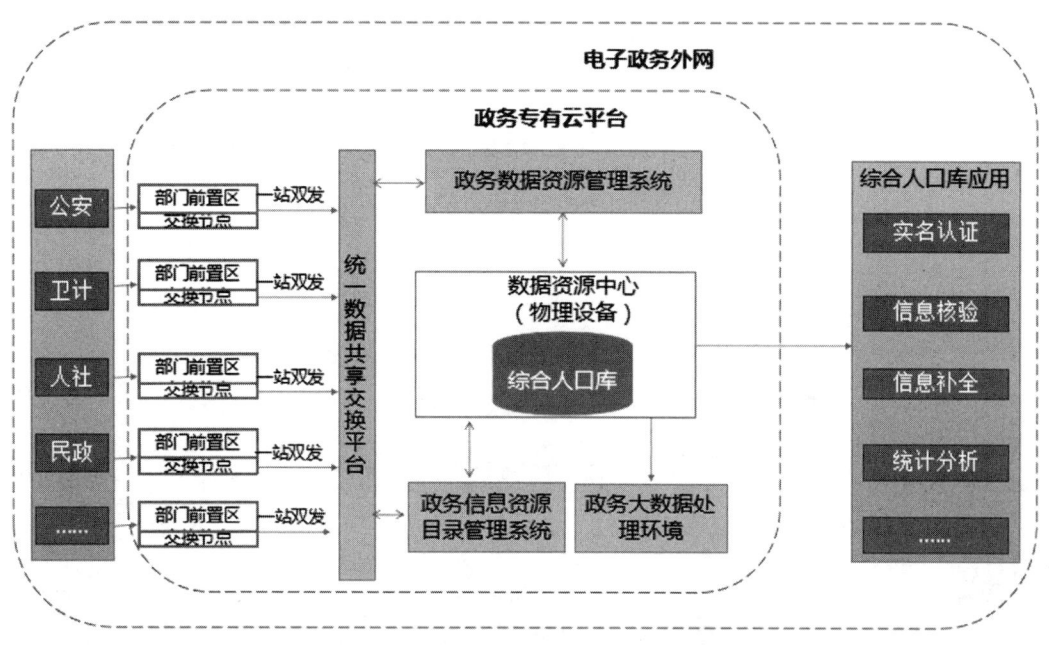

图6 综合人口库部署架构图

（三）综合法人库

综合法人库以来自工商的企业法人、民政的社会团体法人、编办的机关事业单位法人为主，汇集食药监局、公共资源交易局、卫计委等其他部门的数据为扩展数据，通过清洗、比对整合后形成完整的、以统一社会行用代码为主的综合法人库。

法人基本信息包括统一社会信用代码、名称、发证机关、法人类型、法定代表人、注册号或登记号、组织机构代码等构成，法人扩展信息包括法人设立信息、法人变更信息、法人经营信息、法人证照信息等。综合法人库建库模式如图7所示，部署如图8所示。

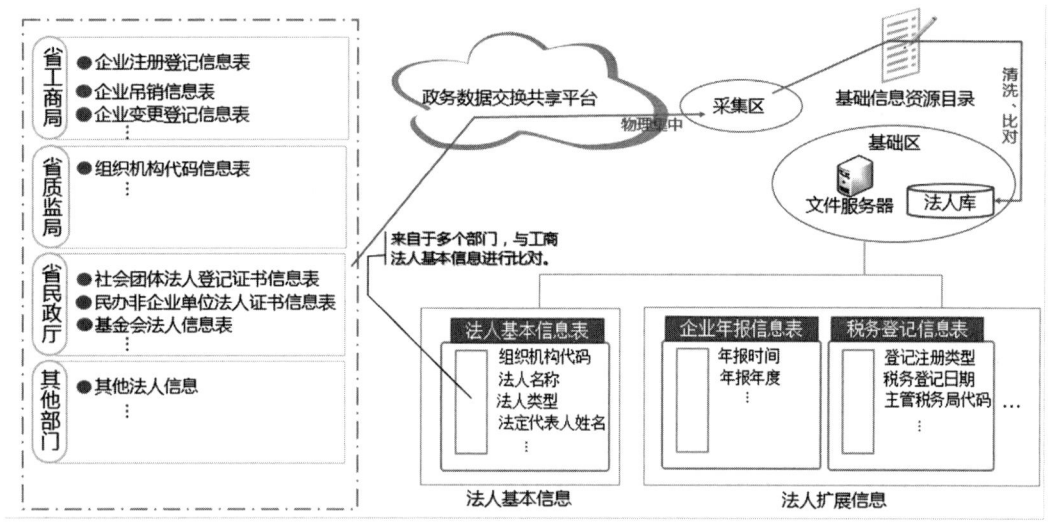

图 7 综合法人库建库模式

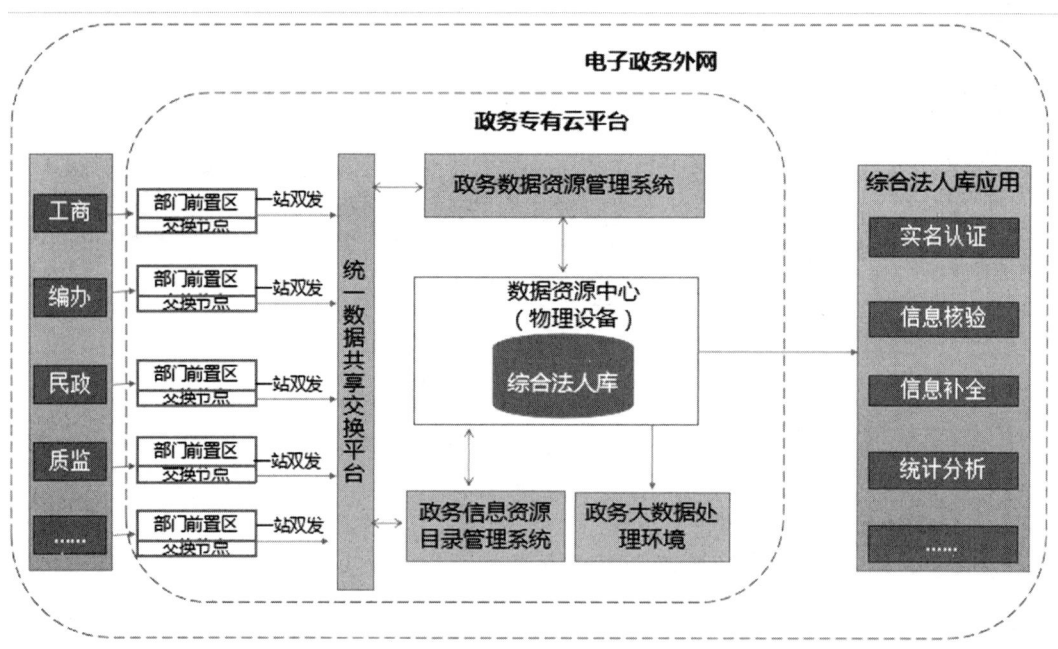

图 8 综合法人库部署架构图

综合法人库基于政务专有云平台，依托于统一数据共享交换平台，通过政务信息资源目录管理系统和政务数据资源管理系统进行建设，工商、编办、民政、质监等法人资源信息主管部门将各部门法人库资源目录及数据资源通过本部门前置机与统一数据共享交换平台交换后，由统一数据共享交换平台推至政务信息资源目录管理系统及政务数据资源管理系统，形成数据资源中心，建成综合法人库，在电子政务外网环境下提供实名认证、信息核验、信息补全、统计分析等应用接口服务。

六、数据资源建设

（一）数据资源质量管理

数据质量管理（Data Quality Management）系统从数据的完整性、规范性、一致性、准确性、唯一性和关联性6个维度对数据质量进行把关，是进行大数据信息挖掘的前提和保障，对政府机构、企事业单位等大数据产出单位进行数据治理起着重要的作用。

H3C DataEngine 数据质量管理系统的功能，包括数据质量概览、数据质量定义、数据质量监控、数据质量分析、数据质量报告、问题数据处理、治理绩效考核、系统消息管理和系统配置管理等功能。

H3C DataEngine 数据质量管理功能特性包括以下五方面。

（1）零代码校验规则定义，以 Web 图形化配置管理，丰富的图形界面展示分析结果。

（2）多种数据源的支持，可以同时支持 mysql、sqlServer、Oracle、mpp、postgres、hive、sparkSQL 7 种数据源。

（3）详细的数据质量分析报表，使用户清晰直观地看到数据问题。

（4）支持 15 种检核规则模板，从而实现质量标准中质量维度下进行细粒度的划分。

（5）多种任务执行模式，同时支持手动执行和自动执行可重复性、自动调度不可重复三种任务调度方式，配置灵活方便。

H3C DataEngine 数据质量管理系统是 H3C DataEngine 大数据平台中不可或缺的部分，它从数据的完整性、规范性、一致性、准确性、唯一性和关联性6个维度对数据质量进行把关，是进行大数据信息挖掘的前提和保障，对政府机构、企事业单位等大数据产出单位进行数据治理起着重要的作用。其架构示意如图9所示。

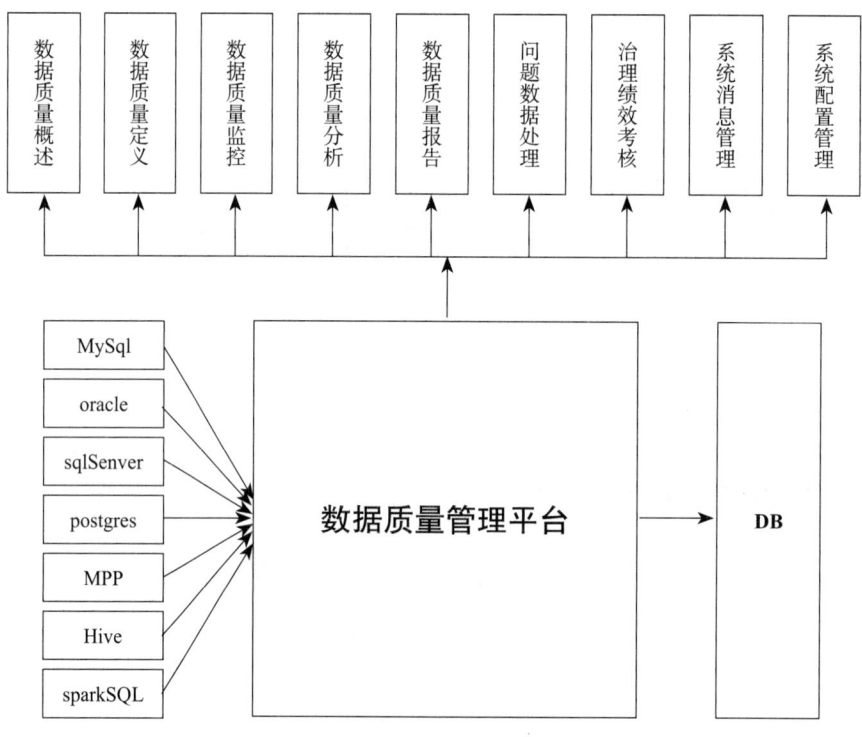

图 9 数据质量管理系统架构图

（二）综合人口库数据资源建设

综合人口库是政府有关于人口信息比对、统计、决策分析、验证核对的基准库。河南省综合人口库以公安、民政、人社、卫计委等主要人口信息所属部门的人口库为基础，然后依托统一数据共享交换平台和政务信息资源目录体系与公安、民政、人社、卫计委等部门进行数据对接，通过政务数据资源管理系统进行清洗、加工、比对形成覆盖全省数据的综合人口库。

（三）综合法人库数据资源建设

以各部门的法人信息为基础，汇聚通过工商注册登记的企业法人信息、民政相关的社团法人信息、编办管理的机关事业单位法人信息，依据法人库建设国家标准，结合河南省实际情况，持续完善法人数据，促进政府部门间的协作，为税务、金融、社保、海关等领域法人的监管、决策提供信息支撑，按照有关法律、法规和规定为社会提供广泛、准确、动态的法人信息服务。

持续完善法人基本信息指标项和扩展信息，通过多渠道多方式多方法，从编办、税务、民政、工商、质检、统计等部门对接法人数据，持续完善法人数据基础信息和扩展信息，进行部门间法人数据实时比对完善，增强数据鲜活性和完整性。

针对各个部门和行业信息的特殊性，在法人基本信息的基础上，增加部门和行业特有扩展信息，形成各领域内的专题信息库。如增加年报、股东出资情况、企业董事会构成等信息构成工商企业专题库；增加进出口商品种类、数量、进出口额等扩展信息构成商贸流通专题库；增加各类法人纳税情况记录相关扩展信息构成税务专题库等。

七、大数据分析建设

（一）综合人口库大数据分析应用

1. 在信息共享中应用

在行政审批的预受理环节中、用户提交的资料信息往往需要跨越多个部门，才能完整地提交所要求的信息，这样一方面使行政审批效率降低，另一方面也不方便用户办事。人口信息在共享中的应用如图10所示。

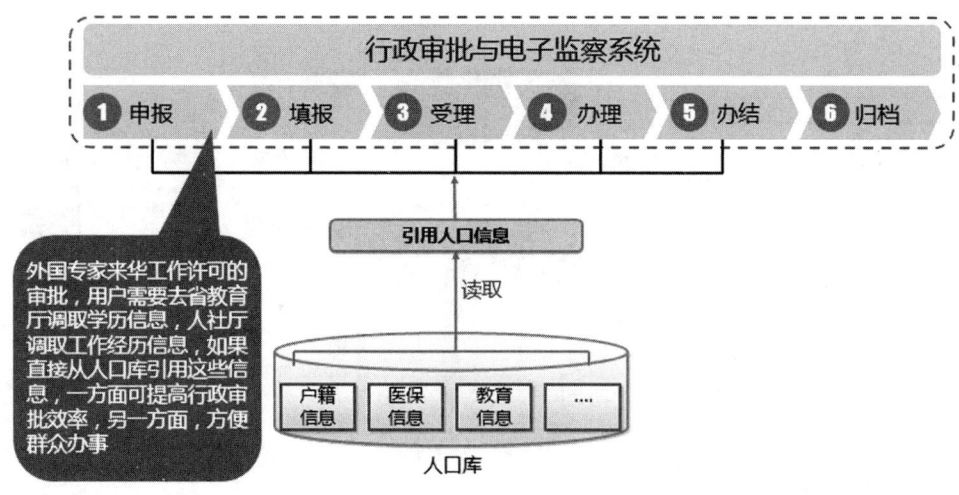

图10　人口信息在共享中应用

如果这些信息能够从综合人口库获取,则既可以提高行政审批效率又方便用户办事,例如:外国专家来华工作许可的审批,用户需要去省教育厅调取学历信息,省人力资源与社会保障厅调取工作经历信息。如果直接从人口库引用这些信息,一方面可提高行政审批效率,另一方面,还会使群众办事更方便。

人口信息通过比对核查,通过关键信息的查询,返回关键信息相关的所有信息,如在行政审批系统,通过身份证等关键信息,查询到相关电子证照所有信息,进行比对等;发放养老金、买房子等。批量比对核查流程图如图11所示。人口信息通过全量、批量数据方式共享,通过接口等各种方式将大批量的同类数据进行信息共享。如图12所示。

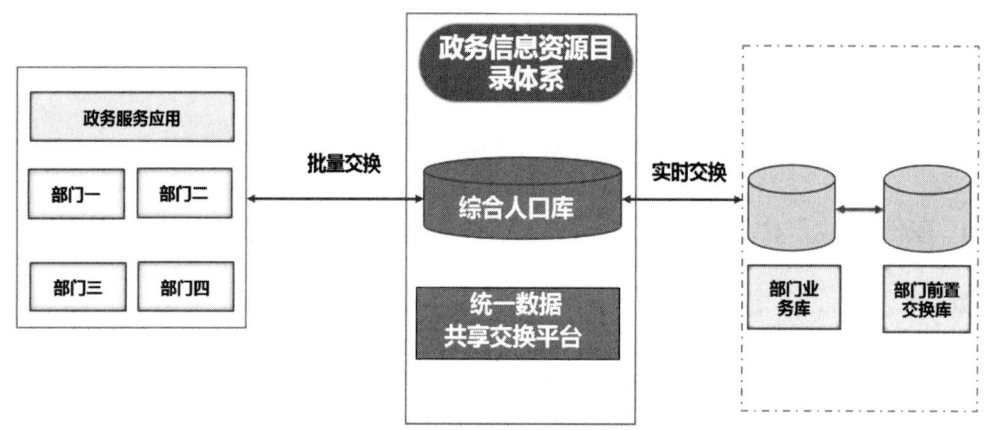

图 11 批量比对核查流程图

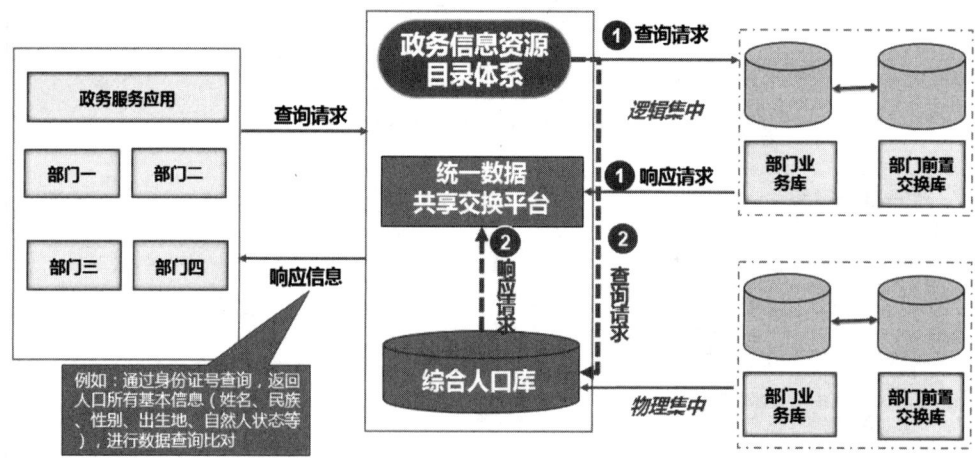

图 12 信息比对核查流程图

2. 在统计分析中的应用

（1）人口分布，户籍分布、非户籍来源分布；

（2）人口年龄结构，年龄金字塔、年龄趋势；

（3）人口发展指标，人口概况、人口与经济、人口与社会、人口与资源、人口与环境。

3. 在人口预测中的应用

（1）人口规模预测。

以当前人口数量为基数，按照人口统计学中算术级数推算法和几何级数推算法，推测未来 5 年的人口发展情况，用折线图显示。

（2）出生人口预测。

以当前人口数量为基数，按照人口统计学中出生率法和一般生育率法推算法，推测未来 5 年的出生人口发展情况，用折线图显示。

（3）劳动人口预测。

以当前人口数量为基数，以男性 18~59 周岁，女性 18~54 周岁人员作为劳动力统计标准，推测未来 5 年的劳动力人口发展情况，用柱状图和折线图结合显示。

（4）老年人口预测。

以当前人口数量为基数，以满 60 周岁人员作为老龄人口统计标准，推测未来 5 年的老年人口发展情况，用柱状图和折线图结合显示。

（二）综合法人库大数据分析应用

1. 在行政审批等系统中的应用

通过统一社会信用代码、注册登记号及组织机构代码号为输入值，通过调用综合法人库提供的信息补全接口，获取法人的基本信息，自动补全相应项的数据内容。

2. 应用原则

省网上政务服务平台用户、行政审批系统部门业务人员在查询、比对、实现实名认证获取法人基础信息时，应以法人库作为共享数据源。

行政审批系统、部门自有权力运行系统办事时共享法人基础信息时，应以法人库作为共享数据源。

3. 应用方法

各共享部门可在应用系统中集成法人库管理机构提供的法人基础信息 Web Service 查询和比对服务。通过调用该服务，数据用户可在本系统的业务处理中实现法人基础信息的比对与查询，并可在浏览器中向用户提供法人信息的比对和查询结果，调用流程见图 13 所示。

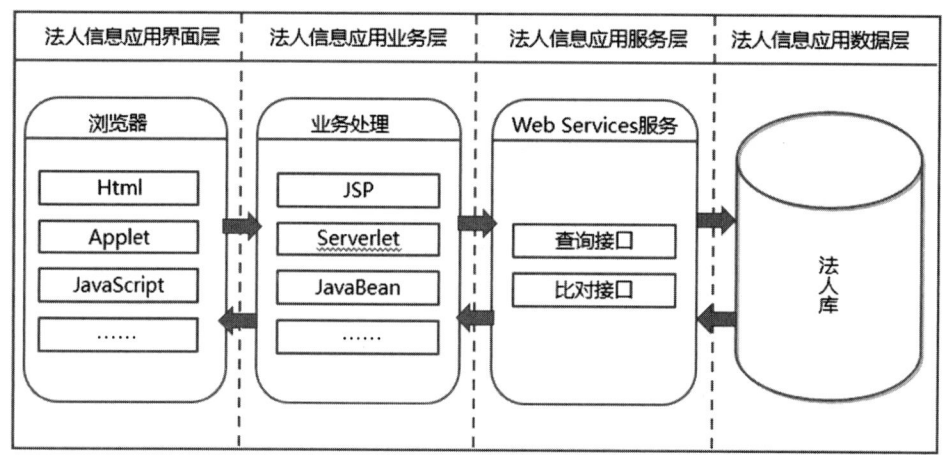

图 13　法人信息调用流程示意图

八、关键技术运用、主要技术特点

（一）数据处理技术

数据处理流程是对数据清洗、加工、比对、融合一系列环节的真个流程，数据经过一系列的处理后，数据质量、数据关联性更强。数据处理流程如图 14 所示。

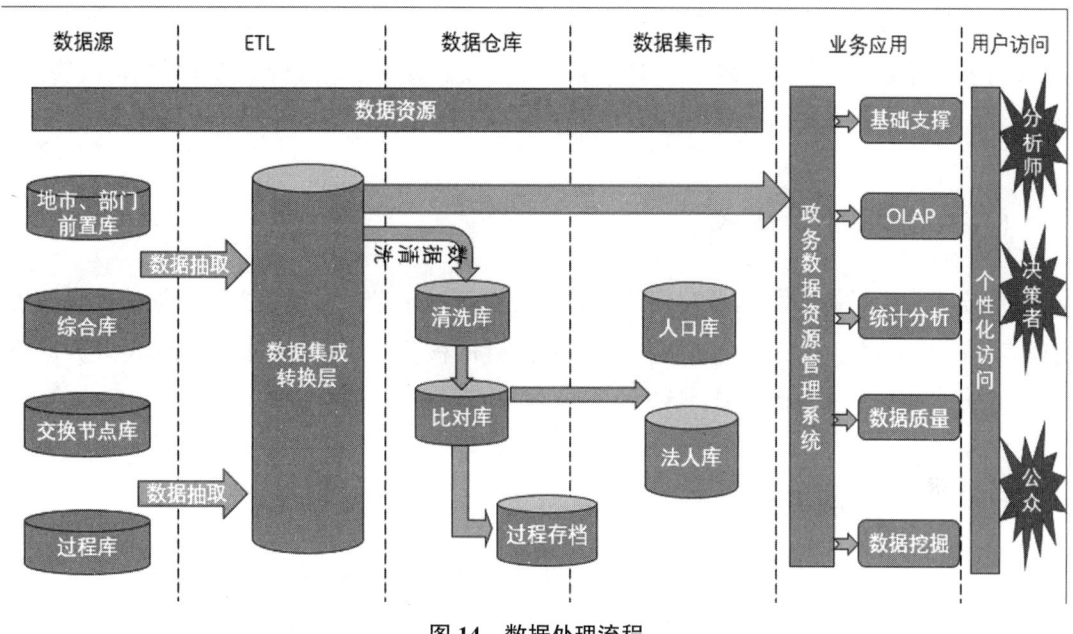

图 14 数据处理流程

数据处理流程步骤是先将数据源中的数据通过 ETL 等数据抽取工具，统一抽取到数据集成转换层中，然后进行数据清洗流程、数据比对流程，对于清洗、比对及比对产生的过程数据统一叫作数据仓库，数据仓库中的进行进一步处理生成相应的处理结果数据库。例如，综合人口库、综合法人库等通过政务数据资源管理系统统一提供给外部业务应用支撑，包括基础支撑、olap、统计分析、数据质量、数据挖掘等，最后再通过个性化方位提供个分析师、决策者、公众。

（二）数据清洗技术

数据清洗流程在政务数据资源管理系统中十分重要，综合人口库数据入库的第一步就是对数据进行去重清洗，保证一个身份证号只有一条数据。

数据清洗指对前端抽取过来的数据进行清洗处理，包括数据过滤、数据剔重、类型转换、编码映射、文件拆分与合并、维度转换等功能。数据清洗的任务主要是进行不一致的数据转换、数据粒度的转换、数据去脏和一些转换规则的计算。其中不一致转换过程是数据整合的过程，侧重于将来源于不同业务系统的相同类型的数据进行统一处理；

数据粒度转换需要对数据进行统一归整；转换规则计算按照设计的计算归则对数据进行重新计算。系统支持批量清洗和实时清洗，针对批量离线数据进行分布式并行清洗转换，针对实时数据进行不落地清洗转换。

（三）数据比对技术

综合人口库数据在数据校验环节通过同公安接口比对，实现了人口数据的合法性校验数据比对的目的对多源数据的完整性、一致性的核验，通过数据比对能够发现数据信息项是否正确，提升数据质量。

（四）数据加工技术

数据加工处理是指对已经采集的数据按照拟定的数据加工模型和算法进行汇总、计算、分析及数字化处理的过程。数据按要求，开发处理系统，进行加工处理，产生需要的数据、报表等。图形、多媒体数据按照业务要求进行加工，可以和相应的制作、转换工作相结合。这一过程，可以是计算机自动处理、手工操作，也可以是计算机与人工相结合方式进行。

九、系统运维服务

（一）运维管理系统建设

本次项目中建设的政务大数据平台能自动化部署、集成可控的任务调度、集成运维管理、可视化管理操作界面、平台安全审计等功能。其次，通过统一的运维平台实现政务信息资源目录、共享交换平台与政务数据资源管理平台等多个系统的一体化运维，降低平台管理难度；实现对集群的状态和上层应用服务的运行状态和性能指标进行监控，对异常事件产生警报和记录；为运行维护人员提供政务大数据平台 Manager 具备 web 界面管理功能，对 Hadoop 进行统一管理，Web 界面向导式完成集群内部各服务参数配置，方便运维人员安装维护。FQDN（主机名+域名）自动检索，无须手动添加节点，支持 Hadoop 服务个性化部署，可根据业务需要选择所需服务，并支持服务参数、安装路径手动调整,自动下发各主机节点,实现集群各项服务配置参数的历史快照功能,记录配置变更,方便性能调优,配置完成概述信息展示。

(二)系统运维服务

质保期响应时间承诺:为本工程提供 7×24 小时的电话支持服务,必要时提供现场服务。建立"大客户绿色通道",提供 7×24 小时技术支持服务。保证在故障发生 0.5 小时内作出回应。保证服务响应时间小于 0.5 小时。

1. 质保期服务承诺

提供 7×24 小时服务响应,系统出现故障时,在 0.5 小时内响应,并按照不同的故障等级提供适当的对应服务。

提供错误修复服务的指导和支持。

提供产品版本的优化升级、程序更新等。

重大应急故障业务恢复时间≤24 小时。

定期维护:每天下午 8 点至凌晨 6 点进行系统维护,如系统升级,提前 2 天向采购方告知,待同意后,方可进行升级操作。

定期回访:每月定期回访,了解客户系统运行状况、及时改进和调整服务。

2. 质保期外承诺

在质保期结束前,服务公司将进行组织一次对智慧城市大数据中心(一期)的全面检查,任何缺陷由服务公司负责调试完善。在完善之后,服务公司将缺陷原因、完善内容、完成及恢复正常的时间和日期等报告移交给客户。

(作者:冯韶军 文陈华 董 健 路致奎)

山西省政务云平台建设

山西云时代技术有限公司

一、基本情况

山西省政务云平台是全省全力打造的统一政务云平台，是构成山西省"一朵云"工程的重要体现。截至目前已承载200余个省直单位系统，是全面支撑政府数字化转型的有力支撑。山西省政务云平台为电子政务发展提供了强有力的科技支撑，为提高政府管理效能、更好地服务于公众提供难得的机遇。应用山西省政务云平台，政府不仅可以节省资源、减少重复建设，实现电子政务集约化发展，而且可以加强信息资源汇集，提升公共服务的效率和效果。应用大数据技术，创新社会管理方式，改进行政管理决策，促进政务服务智能化应用，实现精细化管理、科学化决策、智慧化服务。

山西省政务云平台在标准规范体系和信息安全体系保障下，依据国家信息安全等级保护三级建设，项目建设内容主要包括政务云服务方案设计、标准规范体系建设、云平台集成建设、云运维管理能力平台（包括1门户4平台，即政务云服务门户、云管理平台、运维管理平台、安全管理平台、监控管理平台）、信息安全集成及服务、虚拟化平台建设、分布式存储平台的建设。

二、总体技术架构

山西省政务云平台建设按照"方案设计、整体规划、科学实施、协调发展"的总体框架进行统筹推进，以 OpenStack 开源云计算技术为基础，深度融合先进的 Docker 技术，通过构建计算资源、存储资源、网络资源以及集成其他云化基础设施，形成高度智能化的一站式运维管理服务平台。在此过程中基础架构资源的整合，对计算、存储、网络的自动化和资源整合提出了新的挑战，并带动了一系列技术、架构、商业模式的变革。

传统模式下，服务器、网络和存储是基于物理设备连接的，因此，针对服务器、存储的访问控制、QoS 带宽、流量监控等策略基于物理端口进行部署，管理界面清晰，并且设备及其对应的策略是静态、固定的。

项目创新性主要在云计算基础下，融入了安全主动化和服务可视化的创新点，结合渗透攻击和风险评估，暴露问题，解决问题，从而弥补传统云服务缺乏的主动防护机制。

同时，基于云计算架构，融入门户、监控、运营维护、安全管理和大数据平台等支撑系统，通过大数据处理引擎，综合当前和历史数据，结合态势感知分析，生成全方位的云资源服务全景视图，让云服务可视、可控。区别于传统云服务围绕计算、网络、存储和安全服务展开，仅提供服务支撑，但缺乏有效展现的机制。

三、项目主要构成与功能

山西省政务云平台是一套综合性强，集成度高，关联性复杂的智能服务平台，主要分为云管理平台、安全管理平台、监控管理平台、运营维护管理平台和服务门户五部分，具体介绍如下。

（一）云管理平台

1. 物理层

物理层包括运行云计算平台所需的云数据中心机房运行环境以及计算、存储、网络、安全等设备。云数据中心机房的部署按照分区设计，主要分为数据库区、业务应用区、存储区、系统管理区、网络出口区和安全缓冲区 6 个区域（图1）。

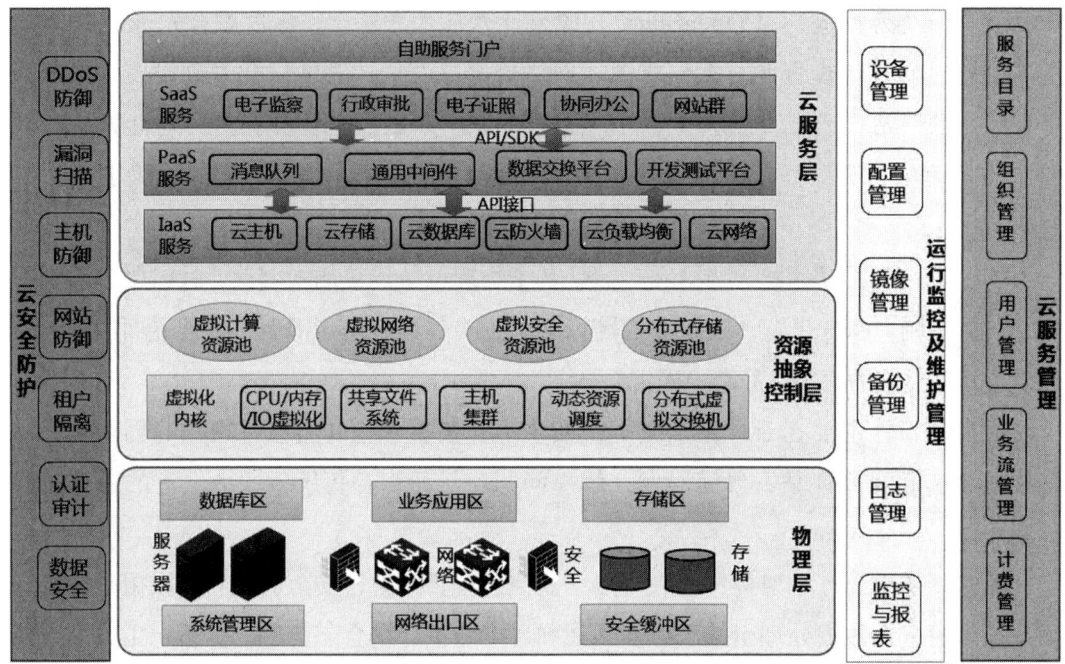

图1 云管理平台整体设计架构图

2. 资源抽象控制层

资源抽象控制层通过虚拟化技术，负责对底层硬件资源进行抽象，对底层硬件故障进行屏蔽，统一调度虚拟计算资源池、虚拟网络资源地、虚拟安全资源池和分布式存储资源池。其核心是虚拟化内核，该内核提供主机CPU、内存、IO的虚拟化，通过共享文件系统保证云主机的迁移、高可用集群和动态资源调度。同时通过分布式虚拟交换机实现多租户的虚拟化层的网络隔离。在存储资源池的构建上，采用分布式存储技术，实现对服务硬盘的虚拟化整合，并通过多副本（3~5份）技术保证存储数据的高可靠。

3. 云服务层

云服务层包括云主机、云存储（云数据盘、对象存储）、云数据库、云防火墙、云负载均衡和云网络（租户子网或IP或域名等）。

上述云服务通过服务门户，向用户提供自助的线上全流程自动化交付。用户可以在服务门户上进行服务的申请，完成审批后相应的云资源将会交付给用户远程控制使用。

4. 云安全防护

云安全防护为物理层、资源抽象控制层、云服务层提供全方位的安全防护，包括防DDoS攻击、漏洞扫描、主机防御、网站防御、租户隔离、认证与审计、数据安全等模块。满足国家信息安全等级保护三级的部署要求。

5. 运行监控及维护管理

此模块为云平台运维管理员提供设备管理、配置管理、镜像管理、备份管理、日志管理、监控与报表等，满足云平台的日常运营维护需求。

6. 云服务管理

此模块主要面向云管理员，对云平台提供给用户的云服务进行配置与管理，包括服务目录的发布、组织架构的定义、用户管理、云业务流程定制设计及资源的配额与计费策略定义等。

（二）安全管理平台

1. 大数据分析关联功能

综合安全态势：从攻击、异常流量、恶意访问和攻击态势等几个方面呈现各业务系统的综合安全态势。

整体态势分析：通过安全态势、访问态势、攻击态势、深度威胁四个大的维度全方位对网络的整体安全态势进行分析并实时呈现。

安全告警：统计呈现攻击、恶意操作和异常流量的告警信息，同时呈现实时告警的信息，并展示攻击者的攻击路径图。

追踪溯源：从告警事件溯源、安全事件溯源和攻击者溯源三个方面支撑追踪溯源功能。

威胁情报：预测（基于数据）将要来临的攻击。威胁情报利用公开的可用资源，预测潜在的威胁。网络威胁情报可以帮助用户在防御方面作出更好的决策。

日志检索：提供搜索引擎方式的原始日志和标准化搜索入口，可实现快速的海量日志检索，支持各种定制化查询条件保存。

2. 安全事件管理

安全事件管理具有告警查看、确认、清除、追溯等功能。

分析安全事件时，支持按照事件类型、事件名称、事件等级、源 IP 地址、目的 IP 地址、时间等进行统计和趋势分析；支持具有生成安全事件的报警日志溯源功能，将生成事件的原始报警日志进行深入挖掘和追溯，展示原始报警日志的数据分布情况和安全事件的攻击路径。

事件响应机制支持生成工单、短信通知、邮件通知等方式。生成工单响应机制支持手工批量对事件生成工单以及平台自动生成工单。自动生成工单时，可根据事件类型、事件等级、事件名称自动生成工单；可随时启动或者停止自动生成工单功能。

支持原始报警日志的统计分析功能，根据时间对所收集的日志数量进行趋势统计分析，根据时间对日志的解析情况进行统计分析，根据日志来源进行统计分析。

因各种设备和系统事件的严重程度定义方式、侧重点和表示方式各不相同，需要事件集中监控统一处理，按照《网络与信息安全突发事件及预警分类分级规定》与事件的识别名、事件类别、事件级别、事件关联情况等条件的组合对事件严重程度进行重定义。

事件类型参考《网络与信息安全突发事件及预警分类分级规定》分为以下几类事件分类（表1）。

表 1 安全事件分级表

序号	事件分类	相关属性	描述
1	有害程序类	时间、源地址、源端口、目标地址、目标端口、应用协议类型、动作	主要来源是各类应用系统、操作系统的日志，部分来源于设备的相关日志
2	网络攻击类	时间、源地址、源端口、目标地址、目标端口、应用协议类型、网络协议类型、动作	主要来源是各主机、数据库、中间件、应用系统及各设备的相关日志
3	信息破坏类	时间、账号、源地址、源端口、目标地址、目标端口、应用协议类型、网络协议类型、动作	主要来源是各主机、设备的相关日志，数据库、中间件、应用系统及各设备的相关日志
4	信息内容安全类	账号、时间、源地址、目标地址、（访问方式或动作）、结果	主要来源是各主机、数据库、中间件、应用系统，部分来自各设备的相关日志
5	故障类	时间、地址、服务名、系统故障类型、动作	主要来源是各主机、数据库、中间件、应用系统及各设备的相关日志和主动探测

续表

序号	事件分类	相关属性	描述
6	访问控制	账号、时间、源地址、目标地址、(访问方式或动作)、结果、(控制台、用户切换目标)	主要来源是各主机、设备的相关日志,也可是集中认证设备的日志,描述用户访问主机、设备、数据库、应用系统时,与认证和授权相关的行为,包括成功与失败的行为
7	用户行为	账号、时间、源用户地址、目标地址、动作、协议、结果、访问目标	主要来源是用户行为跟踪类软件的日志,部分来源于主机、设备的相关日志,描述用户在主机、设备、数据库、应用系统中执行的相关操作
8	系统行为	时间、设备地址、动作	来源于各操作系统、设备的相关运行日志,如系统各种服务进程在运行过程中记录的日志和操作系统日志
9	网络行为	时间、源地址、源端口、目标地址、目标端口、应用协议类型、网络协议类型、动作	来源于网络设备的相关日志,如连接的建立、拒绝,连接的维持等
10	应用系统	时间、源地址、源进程、动作、结果	各种应用系统、中间件、Web 服务所记录的运行日志
11	数据库	时间、源地址、端口、动作、结果	各数据库的运行日志
12	安全告警	时间、源地址、源端口、目标地址、目标端口、应用协议类型、网络协议类型、动作	来源于各监控对象的告警事件

(三)监控管理平台

监控管理平台基于网络的全数字化的监控和管理,利用开放式技术实现综合网络监控,以网络集中管理和网络传输为核心,完成信息采集、传输、控制、管理和储存的全过程。具体内容如下(图2)。

1. 资产信息

对系统的资产进行资产管理包含新增、批量添加、导出(包含 pdf、Word、XML、Excel)、自定义导出、查询、批量修改、导入模版下载、导入、删除、批量删除等。

图 2 监控管理平台

2. 监控对象

具有主机监控功能，支持通过 SNMP Polling、SNMP Trap、Syslog、CLI（Telnet、SSH）等协议实时监视 Windws NT\2000\2003\XP\2008 等、Linux、Sun Solaris、IBM AIX、AS400/i 系列、HP Unix/Tru64 等服务器系统的资源使用情况，管理和监视服务器操作系统的运行状态和性能数据，包括服务器的配置数据、CPU 负载、内存利用率、应用进程、资源配置、资源占用、磁盘 I/O、文件系统、文件体积、目录与活动目录、磁盘、网卡等信息的分析与监视。

3. 告警功能

对整个网元数据进行采集后的生成告警的核心单元，也是整个监控管理平台最为重要的功能之一，因此是对于监控告警的处理层功能要求。在该可视化监控系统中对于告警管理功能要求能够帮助管理人员处理那些必须人工干预或不能自动处理的问题，减少告警风暴产生的可能性。一旦接收到数据采集层来的告警数据，对数据进行多元化处理告警处理。

4. 策略管理

监控管理平台具有拓扑管理功能,包括:网络故障、服务器故障、安全故障、数据库故障、中间件故障、网站故障、交换机路由器流量异常、链路丢包率或错包率异常、网络设备配置变更告警、机房动力监控系统上报的各种告警,均被转化为统一格式的事件,并经过事件处理引擎的过滤、关联、压缩归并,最终显示在统一事件展示平台的Web界面上,值班人员、运营维护人员通过单一的事件展现平台,即可了解当前环境内各种软硬件的运行情况。

整个监控管理平台以告警事件为核心,将IT资源的事件告警信息有机地整合处理,进行统一分析。统一事件管理提供灵活可扩展的事件集成机制,包括自动压缩事件、事件自动关联能力、事件的自动通知、事件统计等。同时可集成不同地域、不同节点、不同消息源产生的事件和告警。并提供基于Web的统一展示界面,根据指定的查询条件对要显示的事件信息进行灵活分类。事件可分为多个严重级别,对不同级别的事件信息以不同的形式进行展示与通知。

5. 日志监控

具有日志监控功能,本系统可以关联两种日志,分别是操作系统日志和数据库慢SQL。当点击业务视图中的某个监控器时,对该监控器下对应的相关日志进行展示。

关联操作系统日志,Linux系统内核和许多程序会产生各种错误信息、警告信息和其他的提示信息,这些信息对管理员了解系统的运行状态是非常有用的,所以应该把它们写到日志文件中去。完成这个过程的程序就是Syslog。Syslog可以根据日志的类别和优先级将日志保存到不同的文件中。

关联数据库慢SQL,监控管理平台会定期查询出业务系统中的慢SQL,进行展示。还可以展示时间段内的慢SQL,可以辅助业务系统定位问题。慢SQL语句查看如下。

(1)查看总消耗时间最多的前10条SQL语句。

(2)查看CPU消耗时间最多的前10条SQL语句。

(3)查看消耗磁盘读取最多的前10条SQL语句。

6. 报表功能

报表功能可以为用户综合展现当前服务和资源情况，让数据清晰，服务可视，监督管理，安全可控。

（1）告警统计。

① 每周、每月、每年的按告警级别数量排名。

② 每周、每月、每年的按告警分类数量排名。

③ 每周、每月、每年的按设备告警的排名。

（2）可用性统计。

① 每周、每月、每年按业务可用性统计。

② 每周、每月、每年按设备可用性统计。

（3）性能数据统计。

每周、每月、每年设备主要性能指标统计。

（四）运维管理平台

运维管理平台是信息化运维体系的重要组成部分，借助自动化、智能化的平台帮助运维工程师以最低的成本和最快的速度完成面向省直用户的服务交付和服务质量保障。具体功能如下（图3）。

图3 运维管理平台

1. 资源管理

对管理者来说,需要全局掌握有哪些 IT 资产,它们的状态如何,关联关系如何,分别有多少库存和哪些供应商,配置项的维护情况和供应商的支持情况如何等关键信息。资产配置管理组件集成了一个中央数据存储库,它确保变更管理、事件管理和问题管理等流程的有效运行。可以管理资产的整个生命周期,并了解它是如何使用的,从而对所有 IT 资源进行有效的统一管理,更加有效地控制信息通信资源,保护数据的完整性、权威性、有效性和安全性。

2. 设备管理

设备的管理主要分为设备入库和设备出库,设备入库的功能通过变更模块实现,每个设备的入库的过程通过变更的流程来规范,在新增页面完成入库的登记。设备出库的功能同样通过变更模块实现,二者遵循一致的原则。

3. 事件管理

事件管理是负责记录、归类和安排专家处理事故并监督整个处理过程直至事件被解决和终止的流程管理。事件管理的目的是在尽量不影响服务对象和业务的情况下使 IT 系统能恢复到服务级别协议所规定的服务水平。事件流程始于事件的接收和报告,结束于事件的解决关闭。

4. 问题管理

问题管理通过调查和分析 IT 基础构架的薄弱环节,查明事故原因,由此制定解决方案和防止事故再次发生的具体措施。问题管理与事件管理的不同之处是:事件管理强调的是事故恢复的速度,而问题管理强调的是找出事故产生的根源。

5. 知识管理

请求管理和问题管理中出现的每一个事件问题进行归类整理,对出现的各个事件按部门、类型、处理难易度、解决时间等进行划类区分,并存入知识库,这一块内容在日后 IT 运维人员在碰到类似情况时,有很大的参考价值。添加、删除、修改、查询知识库,可以从请求管理、问题管理的解决方案直接添加,在各管理页面可以方便地查看知识库。

6. 报表管理

提供面向服务台管理的工单有效率统计、无效工单统计、服务台工作量统计、工程师用户满意度统计等报表；系统提供面向服务支持态势统计报表，包括故障工单发生趋势统计、工单有效率趋势统计、工单完成率趋势统计、工单及时率趋势统计、用户满意度趋势统计。

（五）服务门户

服务门户是综合性展示窗口，通过汇总关键信息数据，可以实时了解平台内所有设备和服务的运行状况，动态分析平台的运营情况，为平台的管理者和使用者提供有效的决策支撑。具体功能如下。

1. 资源申请管理

在资源申请管理中包含新增、编辑、删除查看、查询、申请等相关功能。

2. 资源进度管理

在资源进度管理中对申请中、已通过的申请进行查看、查询、导出等功能。

3. 资源状态管理

在资源状态管理中对在使用资源进行统一管理，查看资源详细、使用时长、使用状态（使用中、停用）等。

4. 资源监管

通过"资源监管"模块管理员查看资源总体情况、发放资源情况等。运营人员查看获取资源总量、待审核申请、已审核资源等。

5. 资源分配

通过"资源分配"，管理员随时掌握各个单位的资源分配情况、资源使用情况。运营人员掌握内部资源使用情况、停用、迁移的资源情况。

6. 迁移管理

通过"迁移管理"模块进行对现有资源数据迁移服务申请,数据迁移完毕后停止资源,启动新资源。用于实现资源迁移申请、数据迁移、停止、启动等操作。

7. 统计分析

统计分析模块通过多维度、不同时间段进行统计分析。申请人针对阶段时间内申请、使用、停用资源信息统计。运营人员针对阶段时间内待审核、已审核、分配等相关信息的统计。管理员统计资源分配数量、不同用户申请总数等,实验不同用户通过多种维度统计相关信息。

8. 安全管理平台接口

通过对接安全管理平台随时掌握平台安全状态、可用性、拦截攻击数、漏洞检测等,达到安全数据互通信息共享。

9. 云计算平台接口

通过对接与云计算平台系统掌握平台总体资源情况、已分配资源、使用中资源、停用资源等。

10. 监控管理平台接口

通过对接监控管理平台随时掌握监控情况、资源运行情况、资源预警等。

综上所述,山西省政务云平台是一套通过深度融合云管理平台、安全管理平台、监控管理平台、运营维护管理平台和服务门户的一站式服务平台,通过网络全数字化的监控管理,实现自动化和智能化的运维管控。平台以图表、曲线、柱状等形式,全方位展现系统运行状态、资源使用情况,结合安全管理平台的态势感知和风险评估,实现主动防护、精准出击,让平台内服务可视,安全可控。

四、项目建设成效

山西省政务云平台是全省全力打造的统一政务云平台,目前已有 40 余个省直单位,

200余个业务系统完成迁移上云工作，是全面支撑政府数字化转型的有力支撑。

山西省政务云平台的搭建有助于山西省电子政务从粗放式、离散化的建设模式向集约化、整体化的可持续发展模式转变，使政府管理服务从各自为政、相互封闭的运作方式向跨部门跨区域的协同互动和资源共享转变。

在政务云环境下，信息技术资源由政务云平台专业管理及提供，需要的信息技术基础架构、软硬件资源和信息服务等服务都进行统一管控，山西省政府根据按需付费的原则定制需要的信息服务。这为政府带来了两大好处：一是政府不需要投资建立数据中心和大型机房，购买服务器和存储设备等，从而节省建设费用；二是信息软硬件资源由政务云平台提供，政府不再负担信息系统维护和升级，节省了运维费用。

政务云具有较高的灵活性，政府实施新的电子政务工程时，不必购买额外的软硬件，而是利用已有云基础设施，快速部署系统，提高电子政务应用部署速度。开发者在一个平台上构建和部署应用程序，大大提高了信息系统部署效率。长期以来，我国电子政务普遍存在各自为政、资源分散等问题。尽管信息难以共享的根源在于电子政务机制问题，但云计算能从技术上降低信息共享和业务协同的难度。通过政务云平台，多个政府部门可以共用相应的基础架构，实现各政务系统之间的软硬件共享，提高电子政务信息共享的效率，扩大信息共享范围；软硬件资源和信息资源的共享将有利于促进各部门内部与部门之间的业务系统的整合，为政府部门业务协同创造条件。

在此基础之上，政务云还实现了政府软硬件资源所有权与使用权的分离，政府将在不拥有软硬件资源的情况下享受信息服务。因此，政府部门能够集中人力物力进行本部门的业务运转，从而减轻政府行政负担，使政府能有更多的精力专注于面向公众的公共服务，提高政府效率。

同时，在部署了以云计算为技术支撑的政务云以后，后台信息的烟囱式部署方式的壁垒将被打破，从而实现电子数据的统一共享，这对前台服务界面的统一打通有着重要意义，将使得电子政务统一化不再停留在前台展示层面，而切切实实的实现电子政务服务的高效与统一，老百姓在使用电子政务服务的时候，不再只是从纸质服务到电子服务的变化，而是真正意义的一个窗口办所有事情，大大提高了服务质量和效率以及老百姓的幸福感，从而助力和谐社会的建设。

(作者：侯　强　李　华　郭新平　李　鹏　史明雪　张　弋
　　　　郭靖伟　崔　伟　吴　睿　蓝志超　等)

湖州绿色金融综合服务平台

浙江有数数字科技有限公司

一、基本情况

为了推进国家绿色金融改革创新试验区建设，深化金融领域"最多跑一次"改革，推动金融机构服务模式和方式的转变，提高金融服务供给的质量和效率。根据《湖州市建设国家绿色金融改革创新试验区的若干意见》，湖州市政府专门设立湖州市绿色金融服务中心，并引入浙江有数数字科技有限公司（以下简称"有数"）作为技术支持，搭建的湖州银企在线融资服务平台（以下简称"绿贷通"）。

"绿贷通"通过整合浙江省大数据发展管理局、湖州市大数据管理中心及第三方的相关数据，完善企业增信数据库；通过汇总全市金融机构信贷产品信息，打造湖州金融"信贷超市"；通过调配全市相关部门和金融机构的服务资源，提升金融综合服务能力。

"绿贷通"将以解决银企信息不对称问题为目标，以帮助小微企业拓宽融资渠道为抓手，以为小微企业提供综合金融服务为重点，致力于打造资金与需求的精准对接平台，提高金融机构服务效率及小微企业融资成功率，努力打造永不下线的"银企对接会"。

二、总体技术架构

"绿贷通"平台开发涉及多方面的技术，包括开发方法、软硬件平台、网络结构、系统布局和结构、输入输出技术、系统相关技术等。五层架构的技术框架能够很好地集成，业务间信息易于交换，内容易于整合，摒弃信息孤岛，提高信息资源的利用率，提高系统本身开发效率和质量，确保信息平台安全运行；网络架构主要使用政务云平台的负载均衡 SLB 版实现网络接入、负责均衡和高可用集群服务。应用上主要使用政务云平台的服务器资源，抽象为计算资源、存储资源。包括政务云的计算资源 ECS、数据库 ODPS 资源及 RDS 资源，对象存储 OSS 资源和 Redis 缓存资源。

三、系统主要构成与功能

（一）数据资源中心

依托浙江省、湖州市两级数据共享和交换平台，调取湖州全市范围内相关政府部门的企业信息、金融机构数据，以第三方互联网大数据为补充，为"绿贷通"平台提供数据支撑。

（二）应用支撑平台

应用支撑平台包括数据采集系统、数据交换系统、数据处理系统、数据管理系统、数据监控系统五大支撑系统，实现交换归集、清洗比对、加工处理全湖州市金融信用信息，实现涉企信息数据共享。

（三）银企融资对接系统

服务银企两端，搭建"网上信贷超市"，转变银企融资地位，实现企业与金融机构间通过平台进行线上融资对接，形成完整的融资业务闭环，提升融资效率。

（四）绿色企业（项目）认定评价系统

嵌入绿色企业（项目）认定和评价指标体系，建立"绿色企业库""绿色项目库"。企业可以通过银行申报绿色企业（项目），经过银行端录入、初评、复评、第三方评估机构复审等环节充分认定评估企业（项目）绿色等级。监管机构通过"绿贷通"平台评定的企业绿色等级数据库统计筛选相关绿色企业（项目），按一定标准对符合条件的绿色企业（项目）实行差别化贴息奖励政策。

四、基础支撑环境建设

"绿贷通"应用支撑平台包括数据采集系统、数据交换系统、数据处理系统、数据管理系统、数据监控系统五大支撑系统，实现交换归集、清洗比对、加工处理全湖州市金融信用信息，实现涉企信息数据共享。

（一）数据采集系统设计

为了"绿贷通"平台中形成范围更广、内容更全的产融记录，需要实现湖州市相关单位的产融信息归集以及"绿贷通"平台的产融信息归集。

信用信息采集系统分两部分内容：一部分是部署在各部门前置机中，负责收集部门的信用数据（分有独立信用系统、无独立信用系统和无信息系统三种情况）；二是针对没有建设与信用相关的信息系统的部门，将按照信用信息直报系统，该系统具备数据填报、数据校验、数据查询等功能。

（二）数据交换系统设计

1. 数据同步接口

数据同步接口需定义明确依据数据上载接口中增量数据识别标识，对非增量数据上载需采取的更新策略，具体内容包括：同步技术接口类型（数据库、文件、Web服务接口）、同步接口访问控制要求、同步接口认证与数据匹配要求、数据同步关键标识、数据同步业务主键、数据同步时间类信息定义、数据标识同步要求等内容、数据同步失败处理等内容。

2. 跨网数据交换接口

通过网闸实现平台与互联网或专线网络的其他系统数据交换和同步。

3. 数据调用接口

用于异构系统以查询方式直接调取产融数据，数据访问接口需定义明确可访问的数据内容、服务技术接口类型（数据库、文件、Web 服务接口）、服务接口访问控制要求、服务接口认证与数据匹配要求、数据访问范围认定要求、数据访问时间类信息定义、数据访问失败处理要求等内容。

4. 数据上载接口

用于通过解析部门上传的电子表格等格式的数据文件，自动提取数据入库，数据上载接口需明确特定数据类型的上载技术接口类型（数据库、文件、Web 服务接口）、上载接口访问控制要求、上载接口认证与数据匹配要求、数据关键标识定义、数据业务主键定义、数据时间类信息定义、增量数据标识、数据上载失败处理等内容。

（三）数据处理系统设计

1. 自动化处理

利用"绿贷通"平台产融信息元数据标准和元数据模型，深入数据业务含义，细化数据标准化规则和比对规则，实现自动化的数据标准化处理和比对处理。通过数据处理规则的管理和维护，可对数据处理方式和流程进行调整。

2. 异常数据管理

根据元数据和比对规则的设置对处理结果中的异常数据进行标识和管理，异常数据的标识属性有：

（1）异常类型。法人名称不匹配、统一社会信用代码（组织机构代码）不匹配、法人名称和组织机构代码不匹配、法人名称为空、组织机构代码为空、法人名称和组织机构代码为空等。

（2）是否修复。异常数据通过反馈机制修复的，应对此条记录标识"是"。

（3）修复时间。记录此条异常数据的修复时间。

（4）是否遗弃。异常数据通过反馈机制部门认为可以遗弃的，应对此条记录标识"是"。

（5）遗弃时间。记录此条异常数据的遗弃时间。

3. 数据反馈系统

对处理结果中有数据质量问题和比对异常情况的数据，可自动通过数据反馈系统返回数据来源部门。反馈数据集可支持多种存储格式，反馈方式支持多种方式。

将数据处理中的异常数据反馈给数据提供部门进行核实，核实后的数据再次比对，保障数据的准确性，提高数据质量。

设计说明：数据比对后，点击部门数据异常数量，跳转到异常数据处理界面，点击"发送"按钮，将异常信息发送给部门，部门对数据核实后，通过上传功能将修改的数据上传到平台，平台对数据再次比对。

4. 静态页面缓存

数据处理完成后，利用产融记录的格式自动生成 XML 页面缓存，在查询时调取 XML 文件，提高查询的响应速度。

（1）XML 命名规则。XML 文件以数据的辨识 ID 命名。

（2）全量生成 XML。对于初始全量数据，可实现逐个生成 XML，将 XML 存储在文件夹，并在数据库中存储 XML 路径。

（3）全量更新 XML。

全量数据更新 XML 时，删除原 XML 文件，将新 XML 文件插入到文件夹里，同时存储 XML 路径的数据库清空，插入新 XML 文件路径。

（4）增量插入 XML 文件。查询产融记录时，如果 XML 文件夹无对应文件，系统将根据查询结果自动生成 XML 文件，下次查询时直接调用。

（四）数据管理系统设计

建立产融信息相关指标体系，建立产融数据的元数据标准及其实现，实现对指标的动态管理、权限控制和信息公开等级控制，为应用层实现各类自定义查询和各类报表、产融记录的自定义生成和使用提供支撑。

（五）数据监控系统设计

建设数据监控系统，监控数据质量，实现对数据存储过程的监控，提早发现数据问题以及时定位问题，实现数据的可回溯，提供技术保障。

五、应用系统建设

（一）银企融资对接系统建设

"绿贷通"一期搭建"一套平台，两类核心用户，三个专用入口，四个数据库"，简称"一二三四"工程。

"一套平台"指的是"绿贷通"绿色金融服务平台。该平台作为小微企业融资对接中心的承接载体，包含Web端、微信小程序等产品形态，企业可随时随地申请适合自己的贷款产品和服务。

"两类核心用户"分别指的是小微企业和银行金融机构。通过高效的融资对接平台，企业的融资需求直接被银行受理，对于符合条件客户，银行的对接将变得更为积极主动，大大提高银行和企业的对接效率。

"三个专用入口"分别指的是企业端入口、机构端入口、运营管理端入口。分别服务于具有融资需求的小微企业、银行金融机构、湖州市金融办（及平台运营方），各方可通过专用入口操作各自不同角色的功能。

"四个数据库"分别指的是中小企业信息及需求发布数据库、中小企业信用信息数据库、综合信息发布数据库、金融机构产品信息数据库。其中中小企业信用信息数据库，第一阶段主要对接有数共享的企业征信信息库，第二阶段对接浙江省政府数管中心及湖州市信息中心可能建设的湖州市信用信息共享库。通过整合多方的数据资源，进行风险建模、第三方增信等方式来帮助提高企业与银行的对接效率。

（二）绿色企业（项目）认定评价系统建设

嵌入《湖州市绿色企业（项目）认定评价操作手册》，对开发整个认证评价体系从"绿贷通"金融机构端入手，在金融机构端增加"绿色认证"功能模块。

金融机构通过"绿色认证"模块跳转至绿色企业认定评价、绿色项目评价两个不同界面,形成两个不同的数据库,数据库同时满足金融机构归集和湖州市金融办统计。绿色企业(项目)由金融机构协助企业申报,只对金融机构用户开放。有数增设业务主管账号下客户经理角色账号,由客户经理实名认证姓名和手机号后开展绿色企业(项目)的认定和评价,客户经理账号溯源可查。业务主管主账号由业务主管本人管理,对分设的下属客户经理可以统一查看和初评结果。

湖州市金融办作为对绿色企业(项目)的最终贴息受理方,有数负责为管理端开发相关统计、分析、监测等方面功能(表1)。

表1 绿色企业(项目)认定评价系统功能列表

角色	功能
登录(客户经理)	以客户经理身份登录
企业评定(客户经理)	提供登录客户经理名下的企业列表
客户经理-企业自主评测	可对平台上已注册且认证,未发布融资需求并且关注未受理的所有企业进行评定
绿色企业认定(处理)	认定企业为普绿或非绿
绿色企业评价	展示企业评价需处理的各项指标
绿色企业详情	可处理各项指标,评价已认定为普绿的企业为深绿或中绿或浅绿
绿色企业评定(查看)	查看企业评定详情
登录(业务主管)	以业务主管身份登录
企业评定(业务主管)	提供企业列表,查看评定详情并下载文件
企业评定(运营管理)	提供企业列表,查看评定详情并下载文件
企业评定(监管端)	提供企业列表,查看评定详情并下载文件

六、数据资源建设

"绿贷通"平台所需的数据根据来源分为三个方面。

(1)调用浙江省、湖州市两级数据共享和交换平台数据。目前,省、市数据共享和交换平台归集了政府部门的涉企业务数据。

(2)接入第三方互联网大数据。接入数据维度涵盖工商照面、经营信息、知识产权、经营风险、关联关系、法律风险等,细分维度涵盖工商登记、企业年报、企业关联图谱、最终持股人、知识产权等企业多维数据信息，为平台各项功能、应用提供有效的数据补充。

（3）平台运行、企业自主填报的数据。金融机构用户定期上报湖州地区商业银行的贷款信息（包含贷款金额、主体、用途、期限等）、逾期企业清单（企业名称、统一社会信用代码、提供银行、类型、授信金额、逾期金额、逾期期数等）、逃废债企业清单（企业名称、统一社会信用代码、提供银行、类型、授信金额、逃废债金额、逃废债期数等）；及企业上报各类财务信息、经营信息等。

（一）数据库设计

建立企业信息及需求发布数据库、企业信用信息数据库（虚拟库）、综合信息发布数据库、金融机构产品信息数据库。其中企业信用信息数据库，主要调用第三方共享的互联网大数据信息库以及省政府数管中心及湖州市信息中心建设的湖州市信用信息共享库。通过整合多方的数据资源，进行风险建模、第三方增信等方式来帮助提高企业与银行的对接效率。

1. 数据表名称的命名规则

数据表的名称规则如下。

对于在平台注册的企业信息主表命名为："QYXX"+"_"+功能名称拼音简称。如企业提交的"企业融资需求"，表名为"QYXX_QYRZXQ"。

平台数据库中经汇总后形成的统一的企业信用信息总表主表的命名为："QYXY"。

由于信用信息的从表均为平台用户提交的信息，所以从表没有汇总的问题，故信用信息总表从表即为各用户提交的从表。

金融产品信息总表中的代码对照表的命名为：产品名的拼音简称＋"_"＋该表提交单位名拼音简称。如工商银行提交的"金融产品对照表"，表名为"JRCP_GSYH"。

中心数据库中系统辅助数据表和系统管理数据表的命名为：表名的拼音简称。如"金融机构用户信息表"，表名为"JRJGYHXX"。

2. 字段名的命名规则

字段名的命名规则如下。

金融产品数据库中的字段项的命名为：中文字段名称的拼音简称+"_"+该字段提交单位名拼音简称。如工商银行提交的"云货通"字段的名称为"YHT_GSYH"。

其他数据库中的字段项的名字用中文字段名称的拼音简称组成。如"用户名"字段为"YHM"。

（二）信用目录编制

金融机构依据省市大数据局归集的企业信用信息征集目录标准形成企业信息资源目录体系。加强对企业信息资源的管理以及整合利用，实现对企业信息资源的发现和定位、企业信息资源的管理和企业信息资源的整合，对各类企业信息资源进行一次基础性的摸底，厘清信息资源的种类、数量、产生及应用情况。

（三）采集规则设计

金融信用信息采集系统分两部分内容。一部分部署在各部门前置机中，负责收集部门的信用数据（分有独立信用系统、无独立信用系统和无信息系统三种情况）；另一部分针对没有建设与信用相关的信息系统的部门，将按照信用信息直报系统，该系统具备数据填报、数据校验、数据查询等功能。

（四）数据库架构设计

基于网络的数据处理日益成为信息化的中心环节，数据库的灵活性、安全性和可拓展性成为数据处理技术的焦点。应用系统的不断扩充和新功能的不断增加，基于传统的二层数据处理结构中系统拓展性、维护成本、数据安全性和应用间通信功能障碍等原生性问题的存在，已不能适应目前的需要，系统建设必须采用分布式互联网体系结构（Distributed Internet Architecture，DNA体系）。DNA体系是一个三层体系结构。

三层体系结构包括数据层（Data Layer）、业务逻辑层（Business Logic Layer）和表现层（Presentation Layer）。其中，表现层也称作用户层，主要指用户界面，它要求尽可能的简单，使最终用户不需要进行任何培训就能方便地访问信息；业务逻辑层对应应用服务器，所有的应用系统、应用逻辑、控制都在这一层，系统的复杂性也主要体现在业务逻辑层，该层根据需要也可以分为多层，所以三层体系结构也称为多层体系结构；数据层存储大量的数据信息和数据逻辑，所有与数据有关的安全、完整性控制、数据的一致性、并发操作等都是在第三层完成。三层结构在传统的二层结构的基础上增加了业务逻辑层，将业务逻辑单独进行处理，从而使得用户界面与应用逻辑位于不同的平台上，两者之间的通信协议由系统自行定义。通过这样的结构设计，使得业务逻辑被所有用户共享。

七、大数据分析建设

依托"大数据+数据可视化技术"，绘制湖州市金融电子地图，构建金融"网格化"展示系统。整合企业数据、政务数据等，以区域分析、行业分析为切入点，深入剖析，动态反映区域、行业发展趋势，集中呈现区域基础产业、特色产业、新兴产业、重点关注产业等各类关键指标，为区域管理、经济决策提供分析依据。

（一）区域金融地图

与 GIS 地图技术相结合，通过区域地图展示企业的数量、融资总额、失信或守信金融企业数量、融资金额排名等信息。

（二）产业金融地图

对于全市绿色金融产业，如节能环保、清洁能源、绿色交通、绿色建筑等不同产业进行地图展示。

八、关键技术运用、主要技术特点

"绿贷通"的技术架构主要分基础设施、数据存储、数据处理、数据算法、数据应用五层。系统部署浙江省政务云，高度使用浙江省政府政务云"1253"体系中各项基础性支撑工具。

（一）基础设施层

主要将多台的服务器资源，抽象为计算资源、存储资源及网络资源。项目中主要使用云平台的资源，包括政务云的 ECS 和政务云的虚拟机资源。

（二）数据存储层

主要包括大数据存储、关系型数据库存储、NOSQL（HBase、Redis）非关系型数据库。

关系型数据库主要用于数据归集结果的镜像存储、清洗结果库的对外服务、公共数据对外接口的存储基础。我们对关系型数据库的使用是比较轻量级的，没有复杂的聚合、关联操作，所以对关系型数据库的适配性比较好。主流数据库都可以使用。在本项目中主要使用政务云平台的 RDS。

NOSQL 主要在接口共享平台中做统一缓存，支撑数据架构中的缓存架构设计。

数据存储主要用于数据归集后的数据仓库搭建、超大数据量表的查询服务及全文索引需求。

（三）数据处理层

数据处理层主要分为大数据计算引擎、ETL 数据传输组件、其他公共组件三个部分。

大数据计算引擎主要基于 Hadoop 生态圈，使用 Hadoop2.0 的 Yarn 体系，统一管理底层计算资源。在 Yarn 体系之上，使用 HIVE on MapReduce、Hive on Impala、Spark 等技术搭建离线数据计算引擎。使用 Spark Streaming 搭建流式数据计算引擎。使用 Lambda 架构将离线计算及流式计算有机地结合在一起。

ETL 部分，由于对接的数据源表结构较为复杂，有较多字段类型，例如 Clob，Blob 等二进制格式，使用开源的 Sqoop 和 Datax（阿里开源），无法实现转换。我们在开源版本之上做了增强，用以满足将多种数据结构都导入大数据平台的需求。另外我们使用 Canal 组件（阿里开源）监听归集结果库的数据库 RedoLog，用以将增量归集的数据实时的导入大数据平台清洗和共享。

公共组件部分，我们使用了 ZooKeeper、Kafka、DUBBO、SLB/LVS、消息中心、监控中心、调度系统、工作流系统等主流微服务架构需要用到的中间件。

ZooKeeper 是一个分布式的，开放源码的分布式应用程序协调服务，是 Hadoop 和 Hbase 的重要组件。它是一个为分布式应用提供一致性服务的软件，提供的功能包括：配置维护、域名服务、分布式同步、组服务等。

Kafka 是一种高吞吐量的分布式发布订阅消息系统，Kafka 设计的目的是通过 Hadoop 的并行加载机制来统一线上和离线的消息处理，也是为了通过集群来提供实时的消费。

DUBBO 是一个分布式服务框架，致力于提供高性能和透明化的 RPC 远程服务调用方案。用于处理底层微服务负载均衡、依赖管理、调用统计等多种服务治理方面的事情。

SLB 是阿里政务云系统中的负载均衡服务器。LVS 是 Linux Virtual Server 的简写，意即 Linux 虚拟服务器，具有很好的吞吐率，将请求均衡地转移到不同的服务器上执行，且能自动屏蔽掉服务器的故障，从而将一组服务器构成一个高性能的、高可用的虚拟服务器。主要用于做数据共享平台的高可用架构搭建。

（四）算法层

主要是大数据处理需要用到的一些公共算法资源，包括聚类、贝叶斯等。主要在数据处理时提供组件式调用。

（五）应用层

应用层统一管理和监控利用大数据计算技术平台和大数据分析工具实现的上层各类应用模块。在整个平台技术架构设计中，综合考虑了多方面行业领先技术和流行的趋势，保证整个系统具有非常好的开放、可集成性，支持大的负载能力。

九、系统运维服务——运行维护服务管理体系

运行维护服务管理体系由运行维护服务制度、运行维护服务流程、运行维护服务机构、运行维护技术服务平台四部分组成，涉及运行维护内容、机构、技术三类因素。制度是规范运行维护管理工作的基本保障，也是流程建立的基础。运行维护服务组织中的相关人员遵照制度要求和标准化的流程，采用先进的运行维护管理平台对各类运行维护对象进行规范化的运行管理和技术操作。

1. 运行维护服务制度

根据管理内容和要求制定一系列管理制度，覆盖各类运行维护对象，包括从投产管理、日常运行维护管理到下线管理及应急处理的各个方面。此外，为实现运行维护服务工作流程的规范化和标准化，还需要制定流程规范，确定各流程中的岗位设置、职责分工及流程执行过程中的相关约束。

2. 运行维护服务流程

运行维护服务应依据管理环节、管理内容、管理要求制定统一的运行维护工作流程，实现运行维护工作的标准化、规范化。其环节包括事件管理、问题管理、变更管理和配置管理。

3. 运行维护服务机构

运行维护服务机构应根据运行维护服务工作的内容和流程确定各项工作中的岗位设置和职责分工，并按照相应岗位的要求配备所需不同专业、不同层次的人员，组成专业分工下高效协作的运行维护队伍。

4. 运行维护技术服务平台

运行维护技术服务平台包含实施运行维护和技术服务的各种手段和工具，通过技术手段固化标准化的流程、积累和管理运行维护知识并开展主动性运行维护工作。

（作者：应强波　王　健　许海东　褚嘉琪）

北京市海淀区政务服务统一监督平台

东软集团（北京）有限公司

为贯彻落实《"互联网+政务服务"技术体系建设指南》（国办函〔2016〕108号）和《北京市人民政府关于加强政务服务体系建设的意见》（京政发〔2016〕62号）精神，进一步完善海淀区政务服务体系，区政务服务办整合全区55个政务大厅政务服务数据，建设海淀区政务服务统一监督平台（以下简称"监督平台"），以提升政务服务水平、优化办事流程，使政务服务运行规范、程序严密、过程透明、结果公开、监督有力，切实增强政务服务的主动性、精准性和便捷性。

一、基本情况

海淀区政务服务管理局于2013年9月9日正式挂牌成立（原名海淀区综合行政服务中心，以下简称"海淀区政务中心"），负责统筹推进本区简政放权、放管结合、优化服务改革和行政审批制度改革；组织开展重大问题调查研究；拟订并组织落实改革相关政策措施；协调解决改革中遇到的重点难点问题；负责改革的督促检查工作。

监督平台需要将全区55个大厅的1000多路视频和服务数据接入，统计、分析和展示。率先在北京市实现政务服务一体化运行，实现政务服务"看得见、可监督、精管理、智决策"，不断提升全区政务服务水平。

二、总体技术架构

（一）总体框架

依托监督平台，以区政务中心为汇集点，统一接入各大厅音频、视频资源，整合政务服务过程数据，采用实时视频监控、流媒体、大数据分析等先进技术，实现政务服务体系数据资源的综合分析利用，建成全区政务服务监督平台。

各政务大厅自行建设音频、视频终端系统，与监督平台保持联通。音频、视频监控系统前端通过接入网关进行各政务大厅监控摄像头的接入，接入后连接网络交换机，经过防火墙系统，通过政务外网把各摄像头视频信息传递到区政务中心的监督平台。在监督平台中，通过音频、视频服务器部署的方式搭载接入服务器、媒体服务器等虚拟服务器，从而实现视频分发、视频管理、用户信息管理等平台功能，通过数显服务器可进行视频的大屏展示。同时，通过国标转码机可将区监督平台与北京市监督平台对接。

系统部署如图1所示，本项目中包含的设备有接入网关、防火墙、国标转码机。

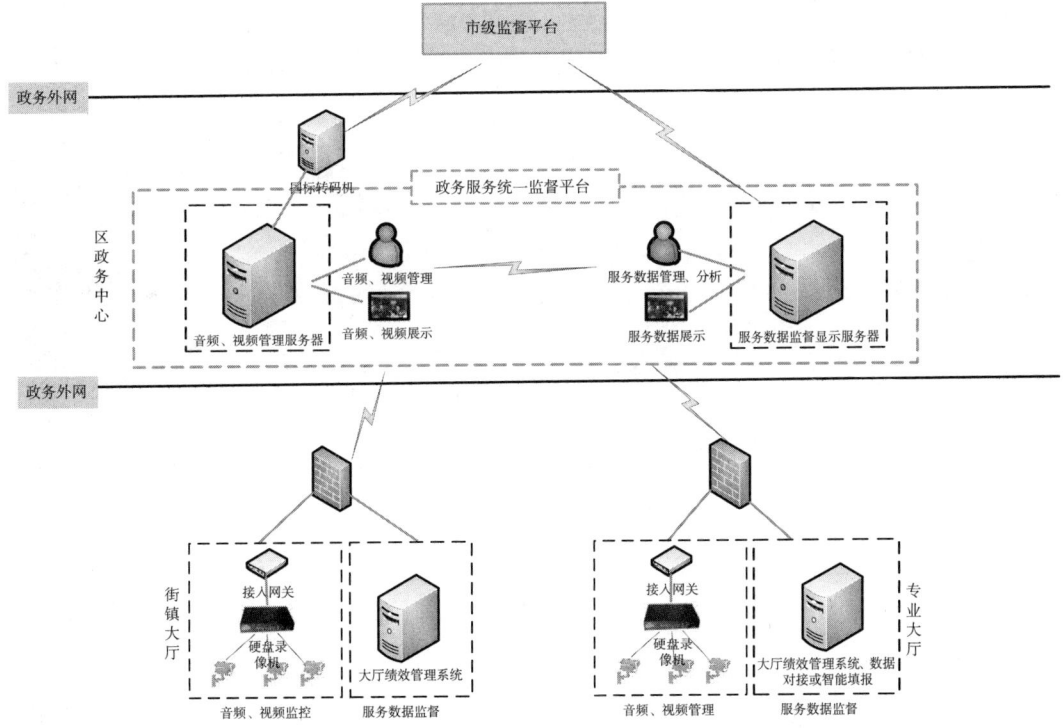

图1 统一监督平台系统部署图

服务数据的接入有三种方式,分别为系统部署、数据对接和数据上报。

(1)系统部署:各大厅通过部署区政务中心大厅绩效管理系统,实现数据交换。

(2)数据对接:各大厅服务数据通过区政务中心数据交换平台,按照要求每天定时交换数据。

(3)数据上报:各大厅可通过区政务中心提供的系统,按照要求每天进行服务数据填报。

(二)逻辑架构

逻辑架构如图 2 所示。

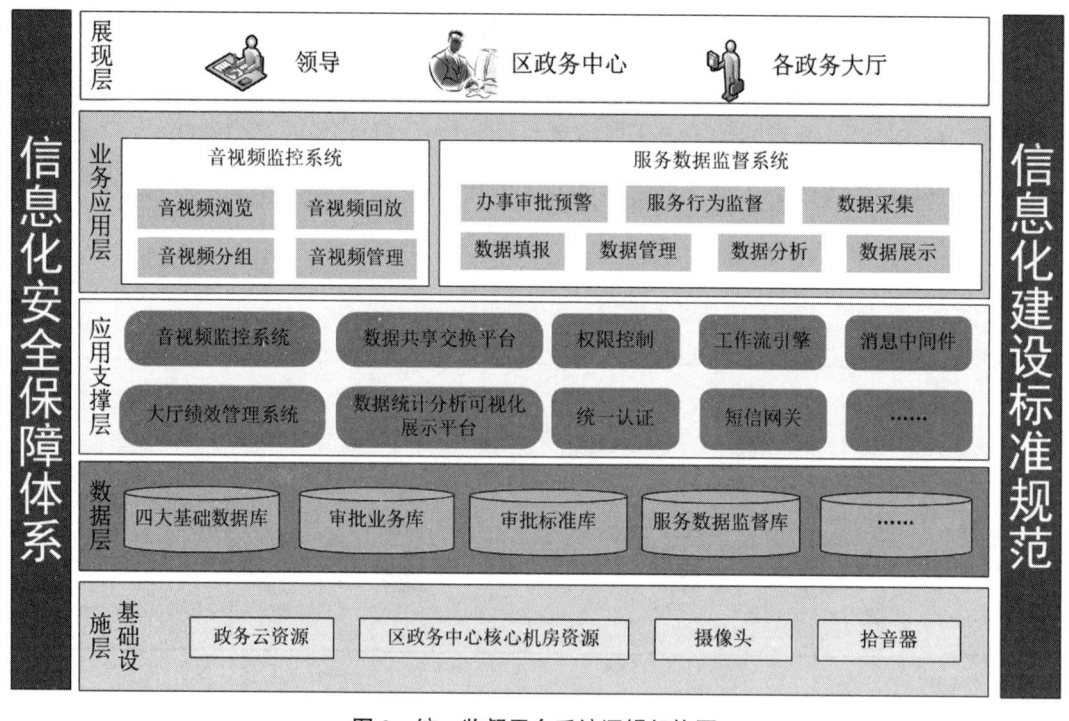

图 2 统一监督平台系统逻辑架构图

(1)基础设施层:监督平台的基础设施主要由政务云和区政务中心核心机房提供,如网络、安全、数显服务器和国标转码服务器及辅助设备。摄像头和拾音器等由各政务大厅自行采购提供。

(2)数据层:为监督平台的基础数据、服务数据和运维等数据,同时为监督平台的各项功能提供数据支撑。

（3）应用支撑层：充分利用区政务中心支撑应用，如区短信平台等，本平台在建设时，直接调用这些服务即可，无须重复建设。

（4）业务应用层：包括两个系统，音频、视频监控系统和服务数据监督系统。

（5）展现层：监督平台共有3类访问用户，领导、区政务中心管理人员、各政务大厅管理人员。

三、系统主要构成与功能

监督平台包括音频、视频监控系统和服务数据监督系统，其中音频、视频监控系统主要将全区55个大厅的1000多路音频、视频接入，并在中心端平台展示、回放等，包括音频、视频接入方案和音频、视频管理功能。

服务数据监督系统主要包括业务审批过程预警监督、服务过程监督、服务数据采集和服务数据分析展示。

四、基础支撑环境建设

本期项目中所有应用系统建设是在海淀区智慧政务支撑平台的基础上进行搭建，支撑平台包含用户管理系统、事项管理系统、数据交换系统和服务接入系统等，保证了此次应用系统建设的标准性和统一性。

服务数据监督系统部署于政务云平台，应用系统硬件统一由海淀区政务云平台提供，按照项目需求和政务云相关标准进行配置。

音频、视频监控系统部署于区政务中心核心机房，机房位于区政务中心B1层，音频、视频服务器、网络交换机、国标转码机、数显服务器等设备部署于政务外网区。

通过音频、视频服务器虚拟部署的方式搭载接入服务器、媒体服务器等虚拟服务器，从而实现视频分发、视频管理、用户信息管理等平台功能，为数显服务器大屏展示做支撑。同时，通过国标转码机可将区监督平台与北京市监督平台对接。

五、应用系统建设

（一）音频、视频监控系统

1. 音频、视频接入方案

系统对海淀区各政务大厅 1000 余音频、视频监控点位进行无缝接入，实现方式为利用接入网关连接前方音频、视频 NVR 设备的方式，调取前方音频、视频资源，采集音频、视频信息并接入后端监督平台。

监督平台所接入单位涵盖海淀区 55 个政务大厅，各大厅情况各不相同。各街镇政务大厅机房空间小，网络安全保障不高，监控摄像头一般在 30~40 个，由于建设时间、使用需求等不同，所选监控设备品牌、型号等比较多样，网络带宽有限等；各专业大厅监控设备品牌、型号也比较多样，对网络安全要求比较高等。

针对以上问题，接入设备需具有兼容性强，体积小，无须占用过多带宽的特性。采用的接入网关设备可兼容前端多样化的设备和平台，支持多品牌、多型号的音频、视频监控资源的标准化接入。通过视频编解码专用专解，单点技术升级不影响全局视频接入。若后期各个政务办事大厅进行设备高清化改造，品牌更换，不影响视频接入，后期维护高效、方便。

接入网关支持 48 路视频接入，通过分发模式减轻视频传输对于带宽的压力。通过接入网关隐藏平台及网络详细信息等方式，保障监控系统安全，可实现启动后手动配置 IP、网关、静态路由等参数功能，可添加主流品牌设备，支持系统自动注册功能及其他所需的主流视频接入网关功能，以满足各政务大厅接入监督平台的需求。

系统对海淀区 55 个政务大厅的 1000 多路音频、视频监控点位进行无缝接入，调取前方音频、视频资源，音频、视频同源传入所在政务服务中心的监督平台，音频、视频融合通过一台设备一个线路回传的方式，可实现前端整合，从而达到音频、视频同步效果。

通过制定各政务大厅接入标准，音频、视频监控系统前端通过接入网关进行各政务大厅监控摄像头的接入，通过政务外网把各摄像头视频信息传递到区政务中心的监督平台。

各大厅由于摄像头点位较多，所以会有不同品牌、型号的 NVR，需要一个能够将多个品牌型号的NVR整合链接并将其进行统一管理的设备,作为上传至区政务中心的唯一出口。采用统一的接入网关设备,将大厅内部多个品牌的NVR进行连接,通过政务外网与区政务中心监督平台联通,保证音频、视频上传能力。音频、视频接入部分主要通过接入网关连接各政务大厅音频、视频采集设备,将各政务大厅音频、视频采集设备做统一整合,并通过政务外网把音频、视频信息传递到监督平台。在网络畅通的情况下,30分钟即可现场完成单点接入。

接入网关设备从NVR中取出所需音频、视频信息,通过政务外网传输至区政务中心。系统适应多种网络环境,对既有系统零影响。通过电路利旧和设备利旧,实现成本节约。

政务办事大厅现存一些专网和局域网设备,系统通过跨网视频融合,可实现网络隔离,不直接将专网或局域网设备接入政务外网,不破坏原有网络环境。

在监督平台中,实现视频分发、视频管理、用户信息管理等平台功能,通过数显服务器可进行视频的大屏展示。同时,可将监督平台与北京市监督平台对接。

2. 音频、视频管理系统功能

系统对前方采集到的音频、视频进行统一整合管理,实现能在监督平台中用多种方式进行音频、视频实时查看、历史录像的回放、音频、视频管理等操作,同时可以连接大屏进行音频、视频的展示。

(二)服务数据监督系统

服务数据监督系统主要是通过统一的数据交换平台实时采集各行政部门的行政审批数据,全盘掌握行政审批的运行情况。在采集行政审批业务数据的基础上实现业务自动监控,对超时办理提出"黄牌""红牌"警告,对违规行为进行监督处理,对行政审批进行绩效评估,从而达到规范行政审批行为、提高行政效能的目标。主要建设内容包括:行政审批电子监察规则的制定,审批过程监察,业务提醒,查询统计等相关功能。

1. 办事审批预警监督

(1)角色设置:按照领导角色,一级平台角色,二级平台角色、三级平台角色进行角色设置,分权限处理监督审核。

（2）预警中心：预警监督中心作为一级平台的首页，提供一个面的数据展现，可以按系统、单位、监察点等级、时间、状态灯查看预警事件情况。

（3）处理中心：处理中心主要提供对预警事件进行有效筛选、督办、处理、审核等操作。

（4）监察点维护：主要提供对监察点的管理维护，监察点维护包括系统的流程、流程的节点、各节点的监察点及监察点的等级、主管单位、监察规则、监察点详情、监察规则和警示案例。

（5）预警等级配置：预警等级可自动配置，可对不同等级的预警信息设置多长时间自动督办。

（6）预警检索：查询预警信息，查询条件包括预警时间、预警等级、预警状态、预警系统、监察点和单位等。

（7）各系统预警情况分析：根据预警事件对应的系统来源进行预警情况分析。

（8）各单位预警情况分析：根据预警事件对应的相关单位进行预警情况分析。

（9）监察点分析：根据预警事件对应的监察点进行预警情况分析。

（10）预警事件查看（行政处罚）：查看行政处罚系统来源的预警事件详情。

2. 办事服务行为监督

服务用时的监督：主要提供对被检查的每项服务用时的监督记录管理。

服务量监督：监督排队取号量、预约量、弃号量、评价量、网上服务量等。

服务项详单监督：监督排队取号详单、预约详单、弃号详单、网上服务详单等。

服务评价的监督：主要提供对被检查的每项服务的满意度评价的监督记录管理。

服务大厅的排队机实时状态对接：主要提供大厅绩效系统与各类大厅服务排队机的实时状态对接。

3. 服务数据采集

根据各个服务大厅的运行管理系统建设的不同情况，制定相应的采集方式，根据调研结果分析，服务数据采集分为三种形式：一是运行服务数据定期填报方式，二是运行服务数据通过数据交换系统定期交换，三是将各个服务大厅的运行管理系统直接与中心监督平台进行系统对接，实现服务数据的实时采集。

根据不同的采集方式，制定相应的采集标准和规范，并按照实际完成数据采集的时间要求，完成数据采集和交换的实施工作。

4. 服务数据分析展示

针对所采集的服务运行数据进行配置，利用平台服务数据分析功能进行数据组织、分类汇总和统一分析；同时建立业务、服务、大厅运行态势等视角，整合各专业大厅分析表数据，以大屏、Web门户等媒介进行分别展示，支持全景展示、下钻展示、详情展示等多种方式。

六、数据资源建设

（一）音频、视频数据

保持现有存储方式不变，存储于各大厅机房，中心端只做查看和调用。

（二）服务数据监督数据

数据的分类是信息资源分类的基础。为此，在规划、组织、存储数据时，根据各类业务和平台的特点，建设一套完整的数据分类体系，为数据的规划、组织和存储提供依据。系统运行过程中生成的信息资源主要包括以下几类。

1. 基础数据

全区各政务大厅的基础数据信息，主要包括大厅信息、服务窗口信息和公共服务区信息等。

（1）大厅信息：大厅名称、地址、面积、信息化负责人、大厅数量等。

（2）服务窗口信息：窗口数量、窗口值班人员信息、窗口受理业务等。

（3）公共服务区信息：面积、座位数、电子显示设备等。

2. 业务数据

服务数据包含办件信息数据、申请信息数据、环节信息数据、附件信息数据、结果信息数据、排队信息数据、评价信息数据7类。

（1）办件信息数据：办件编码、行政区划、事项编码、受理编号、事项名称、创建时间、创建人姓名、受理时间、办结时间、应办结时间、办理部门编码、办理部门名称、受理人姓名、申请主体类型、申请主体名称、申请主体证件类型、申请主体证件编号、联系人、联系人手机、联系人邮箱、是否收费、费用总额、状态、退件原因、废件原因、暂停状态、暂停原因。

（2）申请信息数据：申请人信息包括申请人类型、姓名、性别、出生日期、证件类型、证件号码、手机号、固定电话、电子邮件、地址、邮编、工作单位名称、是否外籍、国籍、籍贯、文化程度；申请单位信息包括单位类型、单位名称、证件类型、证件号码、联系地址、邮编、联系人、联系人手机、联系人座机、联系人邮箱、法人代表；申请材料信息包括材料名称、份数、材料编码、材料性质、材料状态。

（3）环节信息数据：环节流转序号、环节名称、环节编号、办理部门名称、办理人姓名、办理人意见、开始时间、结束时间、办理结果、办件环节状态、办理期限。

（4）附件信息数据：文件名称、文件真实名称、文件类型、文件大小、文件存放位置、文件保存时间、来源表名。

（5）结果信息数据：序号、结果名称、办件结果类型、颁发地点、结果颁发部门、结果编号、结果主体名称、结果有效期、有效期开始时间、有效期结束时间、附件个数、办理人名称、办理时间。

（6）排队信息数据：取号号值、取号时间、叫号时间、窗口号、窗口事项、所属机构、是否弃号。

（7）评价信息数据：受理人、评价时间、评价事项、评价途径、评价结果。

3. 运维管理类数据

运维管理类数据包括日志信息、审计信息、故障信息、监控信息等。

七、大数据分析建设

数据分析主要完成分析或决策模型的创建、发布和管理等功能，能够支持指标的数据分析和处理。数据分析系统提供主题组管理、分析管理、查询管理、预警管理、数据预测、打印格式管理和发布管理等功能。

利用分析管理、查询管理、预警管理和数据预测模块功能，实现业务、服务、大厅运行态势等模型的建立。

（一）主题组管理

用于建立、修改、删除主题的分组，便于管理该主题下的查询表、分析表、预警分析表和分析报告，所有的查询表、分析表、预警分析表和分析报告，必须建立在一个主题组之下。

（二）分析管理

用于在主题分组下建立、修改、删除分析表模板，通过本功能，用户可以定制分析表表样和分析指标，设置分析结果展现形式，如报表、图形。

（三）查询管理

用于在主题分组下建立、修改、删除查询表模板，包括综合查询、灵活查询等，用于快速查找关键数据指标，支持报表的输出和图形展示。

（四）预警管理

用于在主题分组下建立、修改、删除预警模板，对特定指标设置阀值，当指标满足设定阀值要求时，系统通过颜色及文字等形式提示领导。

（五）预测管理

用于在主题分组下建立、修改、删除数据预测模板，通过本功能，对指标进行定量分析和预测，根据收集的数据采用科学的方法对未来的发展进行定量推测。本平台提供了丰富的预测模型，用户可根据已有数据资料结构的性质，选择合适的方法和模型。

（六）打印格式管理

该功能用来设定打印格式，方便领导和工作人员使用，设定好的分析表、查询表等支持在线打印功能。

（七）发布管理

该功能用于将设置好的主题组内的查询表、分析表、预警分析表和分析报告进行发布，只有发布的主题组内报表，才可以使用和查阅。当对已经存在的主题组内报表进行修改或者删除，必须将其状态改为"停用状态"。

八、关键技术运用、主要技术特点

该项目严格遵循业界领先的"资源集约化使用和治理"的云计算核心本质，采用云计算或云服务、企业服务总线 ESB、OSGI 插件构架、大数据技术、数据交换、移动互联网或感知计算等技术，确保云计算中心高可用、高扩展、高安全、高性能。项目技术架构依据海淀区"智慧海淀信息化建设"整体架构完成，应用系统支持多个数据库之间的切换，如 Oracle、MySQL 等数据库。

本系统采用 B/S 结构实现，B/S 结构（Browser/Server，浏览器或服务器模式），是 Web 兴起后的一种网络结构模式，Web 浏览器是客户端最主要的应用软件。这种模式统一了客户端，将系统功能实现的核心部分集中到服务器上，简化了系统的开发、维护和使用。客户机上只要安装一个浏览器（Browser），如 Netscape Navigator 或 Internet Explorer，服务器安装 Oracle、Sybase、Informix 或 SQL Server 等数据库。浏览器通过 Web Server 同数据库进行数据交互。

九、系统运维服务

（1）终验后二年内免费提供售后服务和技术支持服务。

（2）在接到报修通知后，承诺在 30 分钟内响应。对于影响系统正常运行的严重故障（包括由系统软件等原因引起的），工程师及其他相关技术人员在 1 小时内赶到现场，查找原因，提出解决方案，并投入工作直至故障修妥完全恢复正常服务为止，承诺保证系统在24小时之内修复。

（3）质保期间派遣的服务小组配备具有专业资格的技术人员，均熟悉目前整个系统的设计、设置及运行情况，提供现场维修和保养。

（4）提供中文操作手册并培训操作人员，其中包括讲解产品的结构及原理、产品的使用及维护保养，直至操作人员能够独立的操作使用。

（作者：陈　敬）

北京市政务云项目

北京金山云网络技术有限公司

一、基本情况

（一）项目建设意义

北京电子政务云平台的搭建将有助于北京市政府电子政务从粗放式、离散化的建设模式向集约化、整体化的可持续发展模式转变，使政府管理服务从各自为政、相互封闭的运作方式向跨部门跨区域的协同互动和资源共享转变。

1. 云计算能够降低电子政务成本

在电子政务云环境下，可以将信息技术资源交给专业的第三方云服务商管理，由云服务商提供需要的信息技术基础架构、软硬件资源和信息服务等，政府根据按需付费的原则定制需要的信息服务。这为政府带来了两大好处：一是政府不需要投资建立数据中心和大型机房，购买服务器和存储设备等，从而节省建设费用；二是信息软硬件资源交给专业的云服务商管理，政府不再负担信息系统维护和升级，节省了运维费用。

2. 云计算提高电子政务部署效率

电子政务云具有较高的灵活性，政府实施新的电子政务工程时，不必购买额外的软硬件，而是利用已有云基础设施，快速部署系统，提高电子政务应用部署速度。开发者在一个平台上构建和部署应用程序，大大提高了信息系统部署效率。

3. 云计算降低信息共享和业务协同难度

云计算能从技术上降低信息共享和业务协同的难度。通过电子政务云平台，多个政府部门可以共用相应的基础架构，实现各政务系统之间的软硬件共享，提高电子政务信息共享的效率，扩大信息共享范围；软硬件资源和信息资源的共享将有利于促进各部门内部与部门之间的业务系统的整合，为政府部门业务协同创造条件。

4. 云计算有助于提高政府服务效率

电子政务云实现政府各部门软硬件资源所有权与使用权的分离，政府各部门将在不拥有软硬件资源的情况下享受信息服务。因此，政府各部门能够集中人力物力进行本部门的业务运转，从而减轻行政负担，使政府能有更多的精力专注于面向公众的公共服务，提高政府效率。同时，在部署了以云计算为技术支撑的电子政务云以后，后台信息的烟囱式部署方式的壁垒将被打破，从而实现电子数据的统一共享，这对前台服务界面的统一打通有着重要意义，将使得电子政务统一化不再停留在前台展示层面，而切切实实地实现电子政务服务的高效与统一。

（二）项目建设原则

北京市政府政务云的总体建设原则如下。

1. 统一规范

由于云计算是一个复杂的体系，应在统一的框架体系下，参考国际国内各方面的标准与规范，严格遵从各项技术规定，做好系统的标准化设计与施工。

2. 实用先进

为避免投资浪费，政务云平台体系的设计不仅要求能够满足目前业务使用的需求，还必须具备一定的先进性和发展潜力，使系统具有容量的扩充与升级换代的可能，以便该项目在尽可能的时间内与业务发展和信息技术进步相适应。

3. 开放适用

由于云计算平台为各业务应用系统提供支撑,必须充分考虑系统的开放性,提供开放标准接口,供开发者、用户使用。

4. 安全可靠

该项目涉及用户范围广,数量大,实时性强,设计时应加强系统安全防护能力,确保系统运行可靠,业务不中断,数据不丢失。

(三)总体建设目标

该项目的总体目标是建设统一的政务云平台和云基础设施,为全市各部门应用系统提供安全可靠的云基础设施。按照云计算平滑扩展方式,本期目标是新建一套云计算平台和云网络,满足68个机柜的部署容量;随着部门应用系统迁云数量的增加,平滑扩展基础资源。

二、需求分析

(一)项目需求的理解

北京市政府目前下属所在委办局的信息化投入建设均是各自规划,信息独立,资源投入巨大。这次北京市政府于六里桥新建政务云数据中心机房,以形成北京市政务云平台,为各部门提供云服务,降低各部门的重复资源建设投入。初步计划新建应用系统全部迁移至政务云平台,到2020年,北京市政府各部门80%应用系统由云平台承载。

在为各部门提供云服务的同时,还需考虑安全、网络的互联、虚拟机的备份,数据备份和新建政务云具有先进性、稳定性、可操作性。

(二)北京电子政务现状调研

目前北京市所辖各委办局信息化现状可以总结为以下三个特点,一是资源整合需求迫切;二是服务对象众多;三是系统建设和维护成本较高。该领域信息化建设与云计算的结合解决方案就是电子政务云。可以利用电子政务云，依托政务专网，为政府各个部门搭建一个底层的基础架构平台，把现有的政务应用迁移到平台上并且在统一的基础设施上开发定制未来的新应用平台和系统，去共享给各个政府部门，提高它的服务效率和服务的能力。

（三）北京电子政务云建设关键需求

针对北京市电子政务存在的问题，结合其实际情况和顶层设计调研结果，政务云主要提供如下类型的云服务。

（1）政务云资源型类服务：其目标是向所有政务网内的部门提供基础设施资源服务，即云主机服务、云存储服务、云网络服务、云安全服务。

（2）政务云平台增值服务：其目标是向市级各政务部门提供增值服务。可以提供包括安全评估、物理机租用、数据本地或异地备份等。

对于上述两种类型的云服务，需要满足以下3个要求。

1. 安全可靠

伴随着北京市政府各委办局系统的迁移，数据与业务的集中，云计算平台的高可用保证是政务业务应用高可靠的基石，因此平台的建设从基础资源池（计算、存储、网络），虚拟化平台，云平台等多个层面充分考虑业务的安全可靠，基础单元出现故障后业务应用能够迅速进行切换与迁移，用户无感知，保证业务的连续性。需要要充分保障物理资源层、资源抽象与控制层和云服务层稳定性与安全性，并提供云安全基础服务，并提供异地容灾备份服务。

2. 统一平台，自助交付

云计算的最终目标是要实现系统的按需运营、多种服务的开通，而这依赖于对计算、存储、网络资源的调度和分配，同时提供用户管理、组织管理、工作流管理、自助Portal界面等。从用户资源的申请、审批到分配部署的智能化。管理系统要实现对传统的物理资源和新的虚拟资源进行管理，因此统一管理平台与自动化服务交付是提升服务效率的重要因素。

3. 市级云平台统一规划

根据北京市政府的规划，政务云平台以六里桥为核心，未来可扩展至密云灾备中心，同时能够与中塔、中环、铜牛、数字北京等市级政务机房进行联动，在实现数据备份的同时，可实现多中心之间的协同或应用系统的多活部署。

三、整体方案设计

北京市政务云的建设充分考虑了业务可用性和数据可靠性，整体符合"两地三中心"数据中心建设架构（图1）。

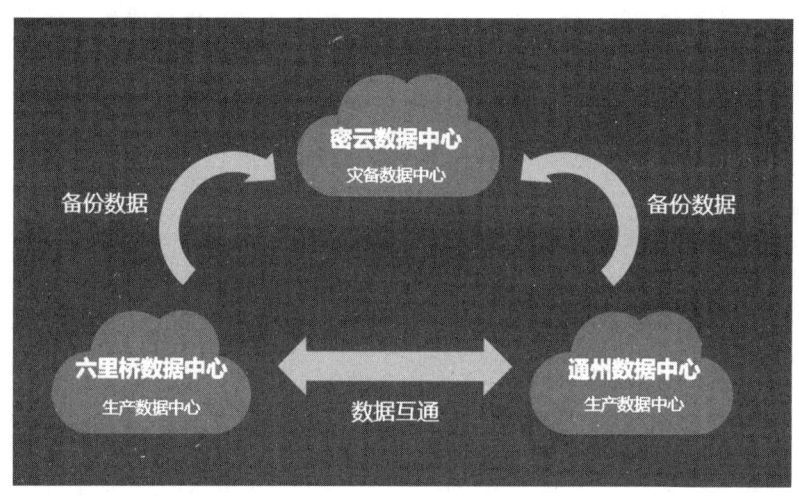

图1 政务云总体架构图

六里桥数据中心和通州区数据中心为生产数据中心，可按照业务需求要求实现异地的业务系统双活，极大地提高业务系统的可用性和容灾能力。

密云数据中心为灾备数据中心，主要用于重要业务系统数据的异地备份及部分业务系统的异地冷备，确保生产数据中心发生故障或数据损坏后可通过备份数据快速恢复。

金山云管理平台采用开放的产品架构，通过先进的调度架构、分布式存储架构、集群部署与监控架构保障不低于99.99%的可用性和不低于99.9999%的可靠性，为众多企业用户和政府用户提供云计算服务，产品成熟度得到了极大地验证，并支持以下功能。

（1）通过 SDN 控制器实现对网络设备的自动化编排，云平台支持 VxLAN、VLAN 组网模式。

（2）云平台管理节点须支持集群部署，可平滑升级扩展。

（3）提供统一事件或故障告警展示中心，直接反映事件或故障发生的时间、触发条件、内容、级别，可对告警事件进行状态确认。

金山云云主机通过自动迁移、故障自动恢复等技术保障业务可用性不低于 99.99%，数据可靠性不低于 99.9999%，并提供以下功能。

（1）金山云虚拟主机虚拟化技术架构具备较强的通用型，根据需求适配硬件驱动即可支持虚拟主机上能够运行的主流操作系统，包括 Windows 和 Linux 等操作系统。

（2）整个云计算系统可以根据用户的需求添加物理服务器，动态扩展计算，存储和网络资源，不会影响现有虚拟主机使用。用户可以根据业务压力需求，动态的调整虚拟主机数量，动态的删除和创建虚拟主机。

KingStack 拥有自主可控的虚拟化平台，通过计算机软件将服务器物理资源模拟成逻辑资源，具有强大的产品功能、产品高可用性和可靠性，支持主流的操作系统包括中标普华和中标麒麟操作系统。

金山云虚拟化平台采用集群部署的高可用架构，可用性不低于 99.99%，数据可靠性不低于 99.9999%，并支持以下功能列表。

（1）金山云虚拟机之间可以做到隔离保护，其中每一个虚拟机发生故障都不会影响同一个物理机上的其他虚拟机运行，每个虚拟机上的用户权限只限于本虚拟机之内，以保障系统平台的安全性。

（2）金山云虚拟机可以实现物理机的全部功能，如具有自己的资源（内存、CPU、网卡、存储），可以指定单独的 IP 地址、MAC 地址等。

（3）金山云虚拟化平台支持将多个物理服务器组成集群，可基于 CPU、内存、磁盘等资源利用率进行动态资源调整。

（4）金山云虚拟化平台支持平台巡检功能，支持生成巡检报告并导出。可支持巡检内容的报表导出。

（5）虚拟化软件可以在线进行版本升级，不同版本之间可以相互兼容。金山云可通过更新 lisence 文件自动识别最新版本，并进行在线升级，不影响用户业务。

金山云存储服务能够根据客户需求提供普通存储、高性能存储和静态存储，普通存储 IOPS 不低于 3000，高性能存储 IOPS 不低于 20000，业务可用性指标不低于 99.99%，数据可靠性指标不低于 99.9999%，并支持以下功能。

（1）高性能存储与普通存储可按应用需求选择不同磁盘类型，实现数据按需存储。

（2）支持多种存储类型，包括块存储、对象存储、集中式存储。

（3）高性能存储与普通存储应具备较强的扩展能力，存储系统可扩展容量支持 PB 级扩展。

（4）高性能存储单盘技术指标 IOPS 3000~20000，普通存储单盘技术指标 IOPS 1000~3000。

（5）高性能存储与普通存储采用先进的三副本存储技术，在硬盘故障后可实现快速重构，避免重构过程中其他硬盘损坏导致的数据丢失风险。

金山云网络架构采用灵活 SDN 架构，先进的虚拟交换网络，先进的数据中心路由架构，先进的数据中心高可用架构，为数以万计的用户提供云服务，产品成熟度得到深度验证，保证业务可用性不低于 99.99%，数据可靠性不低于 99.9999%，并支持以下功能列表。

（1）数据中心网络支持双活网络架构，满足应用双活的网络要求。

（2）数据中心大二层架构组网，支持虚拟机二层迁移。

（3）迁移上云的电子政务系统，不因为部署虚拟化技术而改变原有的安全区域划分和互访规则，单委办局内的业务通过逻辑隔离划分不同的安全域。

（4）网络控制器需集群部署，升级时业务不中断。

云安全方面，北京市政务云严格按照国家信息安全等级保护三级要求进行建设。同时，为了实现子政务信息化安全系统建设目标，建立电子政务信息化安全保障技术框架，需要考虑在安全过程中贯穿始终的安全策略、安全评估和安全管理，提升防护体系的可行性；而在技术层面上需要考虑实体的物理安全、网络的基础结构、网络层的安全、操作系统平台的安全、应用平台的安全以及在此基础之上的应用数据的安全，确保安全防护体系的可靠性。

四、平台能力与价值

北京政务云的建设对北京市信息化建设的作用及价值可以从"服务价值、安全价值、管理价值"三个方面体现。

（一）服务价值

1. 政务业务支撑服务

北京政务云为各部门入云业务系统统一提供计算、网络、存储、安全等底层支撑平台资源，保障各部门入云业务系统稳定运行。提供具有充足的、随用随开的底层支撑平台资源服务，提升政务业务部署效率及资源利用率。

2. 政务大数据支撑服务

按照新的 IaaS、PaaS、SaaS 三层发展模式，政务大数据平台是中间的 PaaS 支撑服务层，政务大数据应用则是基于大数据分析平台之上建立的 SaaS 应用服务层，而云计算平台是作为 PaaS 及 SaaS 部署运行的最底层资源支撑平台即 IaaS 层，政务云计算平台作为底层支撑平台层贯穿式全程对政务大数据 PaaS 平台及政务大数据应用 SaaS 平台提供支撑服务。稳定可靠的政务云平台将为政务大数据平台及政务大数据应用平台的稳定、可靠运行提供有力保障。

3. 政务数据整合服务

基于北京政务云上构建的大数据平台及职责服务目录对入云政务业务数据进行数据整合，形成大数据平台原始资源，最终形成明细化、有分类的政务原数据。

4. 对各委办局技术支持服务

以政务云平台为资源、以专业技术为支撑向北京市政府各部门提供业务系统入云的专业技术支撑服务，协助各委办局处理、规划、实施好业务系统规划、系统部署及运维等 IT 信息化运维问题，提升各部门 IT 业务支持能力。

（二）安全价值

构建符合等保三级要求的北京政务云平台，为北京市政府各部门入云业务系统提供统一的、全面的、合规的安全防护措施，解决传统模式下各部门系统安全防护措施不统一、安全防护能力低、安全风险高等问题，加强北京市政府信息化建设对提升安全防护能力的要求，并响应国家对政务信息化安全建设的要求，为下一步加强政务信息化安全建设提供保障。

（三）管理价值

1. 对政务业务系统支撑资源管理

依托北京区政务云平台的资源统计与分析功能，可对入云业务系统的系统运行状态、数据状态及资源利用率进行有效的监控分析，通过对各入云业务系统的资源利用率进行分析，判断各业务系统的运行状态、访问量、数据处理规模等，以此进行支撑资源的合理调整，有效提升资源利用率及业务系统的运行价值。

2. 对政务业务系统管理

可实现对北京市政府各部门信息化系统的管理、政务数据的管理，能够通过各业务系统产生的数据量及数据类型判断云业务系统运行价值，从而为对政务业务系统管理提供价值，协助北京市政府信息化管理单位做好业务系统监测分析及考核与奖惩。

（作者：吴　岳）

智能运维平台（AIOPS）在上饶智慧医疗云的成功应用项目

福建极数网络科技有限公司

一、系统概述

云计算、大数据、移动应用等 IT 技术快速发展，给企业信息化建设带来了全新的技术架构，也给业务体验和效能带来了极大提升。当企业业务数字化程度越高，越来越依赖 IT 信息化能力来支撑各种业务时，IT 的规模不断扩大，IT 边界不断模糊，IT 交互不断频繁。如何让企业业务高效、安全和稳定，不仅考验业务系统能力，还大大考验了 IT 技术的运维能力。

新 IT 架构下，目标是灵活响应变化、快速实现、降低交付周期、聚焦价值和持续改进，这就意味着传统 IT 运维模式越来越难以适应快速创新周期，所以新 IT 应用的运维向 DevOps 运维的转变就变得势不可挡，IT 运营也成为当前主流的 IT 支撑部门职能的要求。

从 IT 运维到 IT 服务再到 IT 运营的跨越，反映了人们对信息化职能认知上的提升。因为这体现了从被动响应到精细化服务，再到 IT 经营观念的转变，这对于新 IT 环境下的运维工作，变得极为重要。

从持续提供服务的角度出发，不仅要对服务器、虚拟化及存储等基础架构进行管理，还需要从流程及综合运维能力出发，对应用进行保障。所以，IT 运维要求能够对硬件、软件、虚拟资源、用户及应用进行监控，分析容量和趋势、健康状态以及时发现问题和隐患，并能够结合 IT 管理流程进行问题定位、排除和修复。

基于当下 IT 建设技术构架和安全运维新环境，企业新型数字化业务 IT 平台需要采用最新的智能运维与智能安全相融合的智能安全运维分析决策系统，为新 IT 平台提供坚实安全运维保障。

智能运维分析决策系统，是一款基于大数据、机器学习、模式识别、关联分析、可视化等技术的企业级新一代智能运维分析决策平台，它具有海量数据采集、集中存储、快速检索、实时分析及告警、可视化展现和报告等功能。

智能运维决策分析系统紧扣"业务连接人与运维保障"的目标，构建前端安全运维大屏可视化和智能运维工单流转协同组件、中端运维监控及关联分析决策组件和后端统一实时（资源，业务、状态）的运维基础元数据库。

智能运维决策分析系统核心模块：由智能资源管理（资产或资源）模块、智能运维分析决策系统、智能安全分析决策系统、智能告警及消息处理系统、智能安全工作台、智能基线巡查、智能数据库监控（图1）。

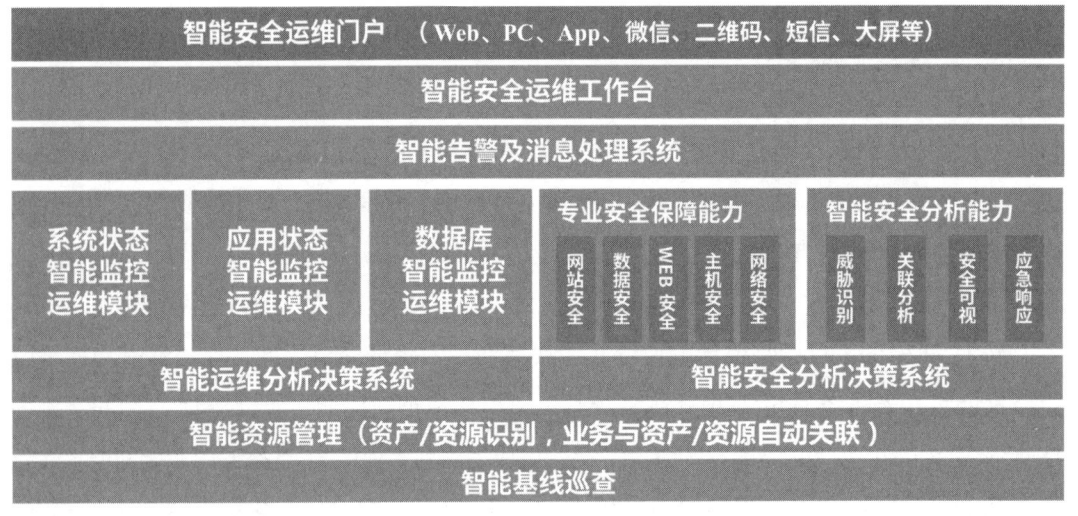

图 1　智能运维决策分析系统

二、系统功能

（一）智能资源管理模块

智能资源管理模块是将传统的 ITIL 方法论融入 AIOps 思想，基于大数据架构而再造的新一代的资源管理云平台，它能够自动、实时、准确地映射整个业务支撑架构，以场景化的串联为目标,以消息化的协作为机制,将碎片化的运维工具进行整合,形成配置数据交换的枢纽,从一个传统、静态的信息库,转变为一个敏捷、动态的全运维元数据,自动、实时、准确反映数据中心资源。形成以业务应用场景为驱动的服务型数据化的 CMDB,促进数据的应用化,达到数据的价值创新创造。

(二)智能运维分析决策系统模块

以"应用"和"数据"两大元素为运维场景化视角,用"数据"实现运维基础信息支撑,以"应用"的状态可视化直观的展示数据价值。首先"看得见",才知道"怎么做"。而"看得见"才是当今运维工作中的难点所在。

业务服务的基础单位是服务器、网络设备、安全设备等硬件单元,但传统的单一对硬件设备的可视化监控,无法清晰了解上层业务的实际现状,服务器简单的"告警信息"仅能让运维人员意识到"设备可能有状况"而已。

从实际场景出发,用 IT 业务应用和数据的视角,对 IT 服务器资源及虚拟化资源进行多元可视化监控,让运维可视化不再只停留在硬件层面,完成从底层数据监控上升至应用数据监控层面。摆脱枯燥单一的底层信息数据,将信息进行应用梳理后,让运维变得"看得见"!用最直观的图形展示提升视觉感受,让运维更"具象化"。

(三)智能安全分析决策模块

智能安全分析决策系统模块,是一个集内外网威胁分析、应用安全监测、主机基线检查、异常流量监测为一体的新一代安全分析决策系统。系统实时监控互联网中的黑客攻击和网内的异常网络流量,清晰掌握当前 IT 环境安全状态;从 Web 应用层面和主机系统层面监测服务和漏洞现状,实现业务服务遭受破坏的第一时间告警响应;主动监测网内服务器的基线配置,洞察主机系统异常状况,在造成故障影响前完成修复。将各安全运维体系在一个平台进行集中化管理,极大节省故障的响应时间和人工维护成本。

(四)智能告警及消息处理系统模块

智能告警使用历史数据学习得到的动态阈值替代静态阈值,更及时地发现重大隐患或故障。智能的告警消息相关性分析和收敛能够解决故障发生时告警风暴带来的副作用。

通过对告警消息的相关性分析，可以识别出告警的模式，将多条相关告警合并或转化成一条具有更多信息的告警，从而帮助更快更准确地诊断故障。

另外，智能告警组件监测到高危级别告警事件或偏离预定阀值的情况时，告警组件会生成告警消息，通过消息系统自动创建相应的运维工单，这些工单能够自动智能化精准推送给相应岗位的人员处理，待故障处理完毕后由相关人员关闭工作流，形成告警事件闭环。让运维事件的生命周期轨迹有迹可循，且高效运转。

最后，智能告警通过 IM 消息消息系统向微信、App 等移动即时消息应用终端，并结合系统自带的企业组织管理和账权体系，精准向组织相关人员推送消息，让其第一时间准确获得所要知悉的资讯，并及时分析决策处理。

（五）智能安全运维工作台

智能安全运维工作台是将 ITIL 和 Devops 进行融合创新，实现安全运维化管理和组织内外工作协同于一体的全新企业级智能安全运维服务管理工作台。工作台以"业务连接人与安全运维服务"为核心理念，帮助企业快速建立"连接业务，贯通组织，以服务为中心"的高效沟通和服务管理工作台。工单基于告警信息自动创建，消息化方式自动推送到相关人员 PC 端、App 端、微信端，阅读消息直达工单处理界面，多屏信息实时同步，多屏合一。

（六）智能基线巡查功能模块

基线核查系统架构包含 2 部分：

（1）自动采集服务器的安全及运维各信息，自动分析服务器运行的状态及健康度，对存在的潜在风险和漏洞进行预警和汇报，自动输出巡检报告。

（2）基线探针：部署在受保护的服务器或虚拟机上，进行相关信息采集、漏洞检测和状态感知基线核查服务分析端：提供集中式运维状态及数据分析、策略管理、程序及特征更新，并通过警报和报告进行监控。根据客户需要及网络和负载环境，采用云环境部署。

① 总体基线全局图，一目了然。
② 基线核查任务列表界面。
③ 基线核查策略配置界面。

（七）智能数据库可视化运维

数据库故障或性能问题，常常是因为缺乏有效的监控与维护所致，尤其是许多应用本身隐藏着劣质代码，也可能是业务变化所带来的波动未被感知，逐步由量变引发质变。智能数据库可视化运维模块可以动态监控数据库运行状态，提前感知业务变化以及时化解风险，从而保障企业核心应用的平稳运行。

（1）让数据库维护变得智能化。

（2）快速分析定位数据库故障。

（3）深度发掘数据库性能问题的根源。

管理驾驶舱呈现系统的状态、事件、相关责任人行为、工作执行情况、系统使用趋势等信息，帮助IT高管实现"掌控全局，深入细节"的管理目标。

所有数据库基本状态信息一目了然，使DBA能第一时间知道一个系统是基本正常还是存在异常，同时，视图本身亦是下一层细节的总入口。

故障瞬间诊断：是哪一个程序、那一条语句、占用了何种资源、造成了哪些等待、影响了谁。所有这些信息可在短短数十秒内定位清晰，在条件允许时，更可在数分钟内确定出语句优化做法（图2）。

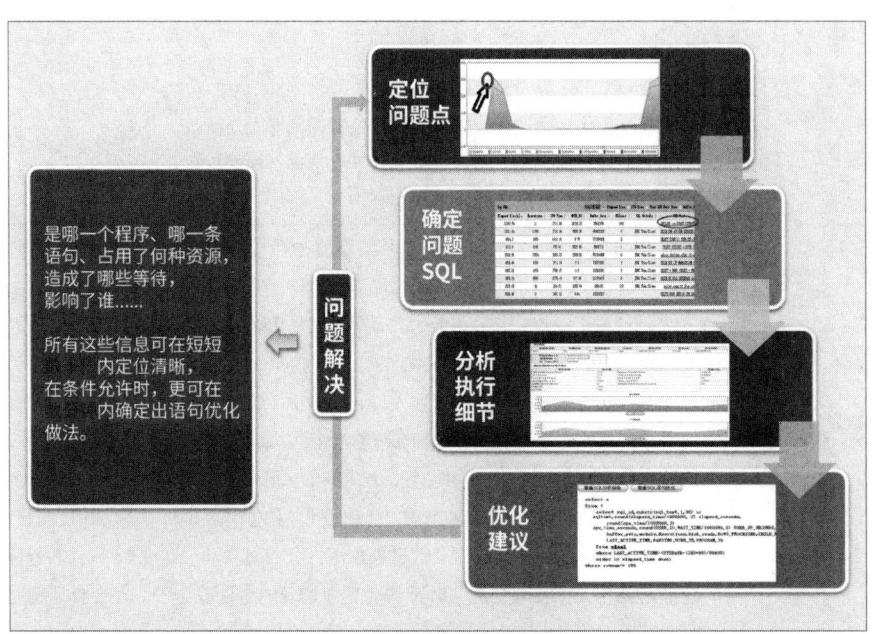

图 2 故障瞬间诊断

（八）可视化大屏呈现

通过可视化大屏，可以非常直观地感知到 IT 整体的实时状况和各纬度的实时情况。

（九）系统功能清单

系统功能清单见表 1。

表 1　系统功能清单

产品组件	产品说明
基本系统组件	基本系统平台、安全运维门户、OA 工作流协同、系统软件主控模块、数据库运行环境
智能告警及消息处理组件	与资源管理组件，智能运维分析决策组件对接联动协同，实现各组件产生的各类事件信息及告警信息智能推送到相关人员，提醒告知实时信息，支持移动端和 PC 端消息接收和处理。
智能运维工作台组件	将 ITIL 和 Devops 进行融合创新，实现安全运维化管理和组织内外工作协同于一体的全新企业级智能安全运维服务管理工作台。工作台以"业务连接人与安全运维服务"为核心理念，帮助企业快速建立"连接业务，贯通组织，以服务为中心"的高效沟通和服务管理工作台： （1）支持微信、App、二维码、API 等多种接入访问模式。 （2）工单智能流转和跨部门跨组织协同处理，自动对各项工单处理效能和工作质量等进行统计分析。 （3）日常 OA 工作协同流转处理。 （4）大屏可视化、个性化及定制化呈现及数据实时呈现管理。 （5）组织创建管理，部门管理及员工上下级管理等组织应用。 （6）各安全运维应用管理，访问权限管理。
智能资源管理组件	新一代 CMDB，构建混合云统一实时动态的运维基础数据库，让 IT 资产管理、IT 资源管理不再是困扰，IT 决策者 ROI 分析了如指掌。 （1）IT 资产或资源统一管理：通过自动采集为主和人工录入审核为辅，管理硬件、软件、服务、系统、用户的配置参数并转化为 CI 项（Configuration Item）为所有系统变更、事件、配置和应急处理机制提供维护管理入口，告别手工低效和 excel 表格的折磨。 （2）业务关系可视化：根据系统中的 CI 项信息生成针对某个节点相关链路或者全局的依赖关系拓扑图，构建从前端用户和业务，到中间的系统再到底层基础架构平台的依赖关系实时拓扑，为故障快速排查定位，业务调整优化提供了依据，更让 IT 决策参考度提升至 100%。 （3）监控联动：与"智能告警及消息处理组件"有机联动，实现 CI 事件和告警数据第一时间推送到相关工程师知悉，对于需要立即处理的事件或告警，还会自动创建工单，工程师通过通知的消息直达工单处理界面，高效快捷处理问题。

续表

产品组件	产品说明
智能运维分析决策组件	全方位关注各维度指标,多纬度关联分析,实现事先预警、事中决策处理、事后优化完善的闭环,时刻保障 IT 运行环境稳定高效。 (1)关联分析,事先预警:实时动态监控业务主机状态、业务运行环境状态、业务负载状态等各纬度信息,并对这些信息进行合并关联,以业务健康度指标来综合呈现,通过业务健康度这个综合性的指标,快速知悉业务运行的情况,快速判断业务异常情况,并最快进行事前预警。 (2)实时监控:可以根据业务名称、主机地址、日志等各纬度进行筛选,协助运维快速定位解决问题。从基础架构到应用的监控:无论是服务器和存储设备硬件,还是中间件和数据库系统,都可以接入监控。 (3)监控联动:与"智能告警及消息处理组件"有机联动,实现运维事件和告警数据第一时间推送到相关工程师知悉,对于需要立即处理的事件或告警,还会自动创建工单,工程师通过通知的消息直达工单处理界面,高效快捷处理问题。
服务器基线巡查及业务健康度动态评测模块	根据企业的运维规范及安全合规规范,自动采集服务器的安全及运维各信息,自动分析服务器运行的状态及健康度,对存在的潜在风险和漏洞进行预警和汇报,自动输出巡检报告。
数据库可视化运维模块	数据库运行环境健康度实时动态监控,SQL 语句生命周期管理及监控,关联分析及 BI 智能化可视化运维,自助化数据库使用平台。
大屏展现模块	Data Visualization 基于各应用系统安全数据进行系统监控,告警输出,关联分析,综合比对,以业务为中心,进行可视化大数据展示,提高运维工作效率,提升 IT 的业务价值。

(十)产品方案价值及优势

(1)横向到边,纵向到底的有内涵的运维可视化大屏,全局把握,洞察秋毫。

(2)工单基于告警信息自动创建,消息化方式自动推送到相关人员 PC 端、App 端、微信端,阅读消息直达工单处理界面,多屏信息实时同步,多屏合一。

(3)IT 资产和 IT 资源自动采集为主,人工补录及审核为辅,IT 资源实时数据库创建完成,业务拓扑自动生成。

(4)全网业务、系统、资源等健康状态一眼看尽,移动鼠标,即可轻松实现各种监控运维图表"下钻上卷"。

(5)各类告警处理,一键到底,处理分析,层层推进,不用"东找西跳",以告警为源点,一键下挖,层层推进,直达问题根源。

(6)全网关键指标一键巡检,秒级知悉服务器、业务系统等关键的运行指标值以及时警示有"异常"指标。

(7)外网威胁智能分析,精准确定攻击源及有风险危害的攻击;内网主动探测,早期预警发现未知流量异常行为。

(作者:黄铧焕)

在线矛盾纠纷多元化解平台（ODR 平台）

北明软件有限公司

一、基本情况

  浙江省在线矛盾纠纷多元化解平台是中央综合治理办公室的重大创新试点项目，也是发扬毛泽东同志指示学习推广"枫桥经验"55 周年暨习近平总书记指示坚持发展"枫桥经验"15 周年精神的重点献礼工程之一。以秉持公平正义、需求导向、多元共治、纠纷解决分层递进的理念，创造性地提出了多元化解决社会矛盾纠纷的新思路，即通过互联网技术、人工智能技术、大数据技术，以"互联网+"的模式，整合优化矛盾纠纷化解的社会资源，面向社会公众，为纠纷当事人提供在线法律咨询、在线预判评估、在线协商、在线调解、在线仲裁、网上诉讼的"一站式"服务，有效整合政法委、法院、司法、律师协会、人社、公安、保险及行业协会等多个行业的解决纠纷资源，实现解决纠纷资源面向社会服务的标准统一；实现社会矛盾纠纷解决纠纷过程的流程导航与全生命周期管理，真正实现"高效协调联动、诉非衔接便民"。

二、总体技术架构

  浙江省在线矛盾纠纷多元化解平台在完全遵循信息标准和服务规范体系、安全管理与运维保障体系、运营管理体系的基础上设计，主要由基础设施层、数据层、支撑层、核心应用层、服务层、资源整合层组成，各层之间相互衔接、协同工作。

总体技术架构设计如图1所示。

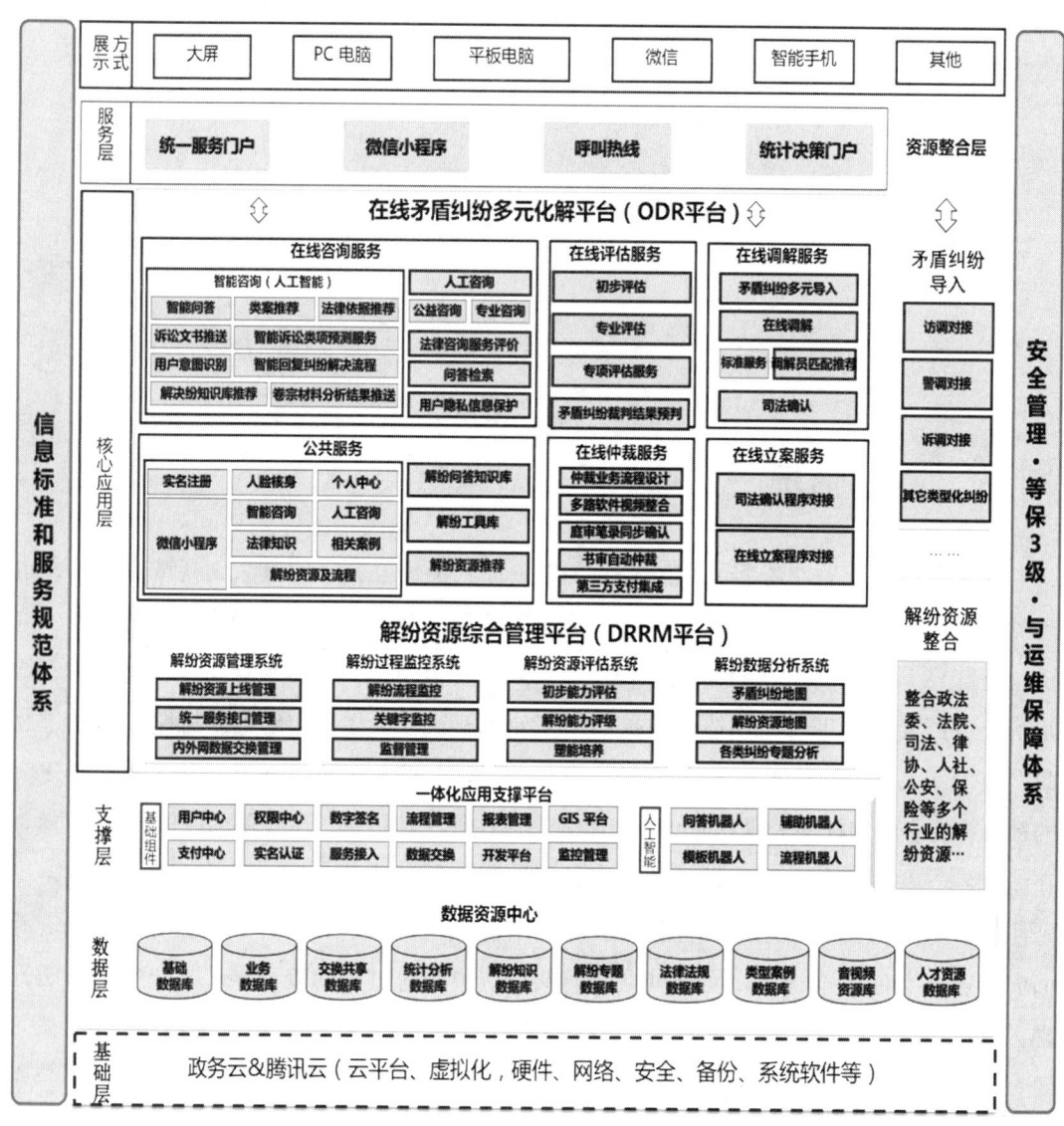

图1　总体技术架构

三、系统主要构成与功能

基于业务核心,平台的子系统划分应该按照解决纠纷服务与解决纠纷资源管理、通用平台标准管理功能两大体系进行功能设计与分类。

第一类:面向公众的互联网在线矛盾纠纷化解平台功能。

(1)提供在线纠纷登记及按照要求的自动分案服务。

(2)对接法院诉讼服务平台,提供在线诉讼服务。

(3)对接各类调解服务资源,提供在线调解服务。

(4)对接司法仲裁服务资源,提供在线仲裁服务。

(5)提供在线咨询服务,含智能咨询服务与人工咨询服务。

(6)提供在线评估服务,即根据纠纷情况提供第三方中立诉讼评估。

(7)提供标准服务接口,为后期对接更多金融单位、大型企业、行业类型化案件等司法解决纠纷服务需求,构建高效司法服务环境。

(8)提供全面纠纷数据沉淀,并向政府提供社会治理大数据分析服务报告。

第二类:面向浙江高院管理的政务云解决纠纷资源管理系统功能。

(1)解决纠纷资源管理:主要包括解决纠纷资源上线、审核、管理的全生命周期流程管理内容。

(2)解决纠纷资源评估:主要对各类解决纠纷资源上线解决纠纷的能力进行评估、分级,并针对性地进行解决纠纷能力塑形。

(3)解决纠纷大数据分析:整合解决纠纷全流程数据资源,进行基于纠纷类型、发生地区、监督规则、社会舆情、解决纠纷能力等多维度进行解决纠纷大数据的深度应用。

四、基础支撑环境建设

该平台由电子政务云和腾讯云提供基础支撑服务。

五、应用系统建设

（一）在线咨询服务功能

该模块采用漏斗式业务对在线咨询服务平台进行设计，可对用户的问题进行逐层分解、逐层细化，主要涵盖如下功能。

智能问答：智能问答模块内置了咨询机器人，采用了基于自然语言理解的语义检索技术，可为公众提供 7×24 小时全天候的在线解决纠纷咨询服务（图2）。

图 2

类案推荐：针对用户提出的咨询，咨询机器人可智能分析咨询问题中的关键描述，并与后台案例库进行自动匹配，分类（胜诉或败诉）推荐案例库中的相关案例。用户可点击案件列表中的某一具体案例，查看案件详情。

法律依据推荐：针对用户提出的案件问题描述或相关法律法规方面的咨询，咨询机器人可采用语义分析技术对咨询内容进行智能解析，并与后台法律法规库中的法律条文进行逐条匹配，呈现相关联的法律法规条文。

诉讼文书推送：针对用户提出的案件相关咨询问题，咨询机器人能够实现对问题描述内容的智能语义解析，智能推荐相关的解决纠纷方式。每种类型的解决纠纷方式均列出了相关的推荐理由和流程进度，辅助用户选择适合自身情况的解决纠纷方式，了解每种解决纠纷方式的具体流程和各流程需要提供的材料文件。

智能诉讼类项预测服务：用户提出案件问题咨询后，咨询机器人可快速进行多维度的智能诉讼预测分析，并结合可视化技术呈现预测结果。采用以数据的分析结果向用户提供客观且直观的诉讼预测信息的方式，为咨询者选择高效率、低成本的纠纷化解方式提供有价值的参考，优化社会矛盾纠纷资源配置。

用户意图识别：当用户输入具体的咨询问题时，咨询机器人能够通过对用户咨询内容的语义分析，智能理解用户的咨询重点，准确把握用户的真实意图。

智能回复纠纷解决流程：当用户输入具体法律纠纷类咨询问题时，咨询机器人能够智能判断问题描述对应的纠纷类型，并自动和法律法规库中的法律条文进行匹配，快速反馈解决该纠纷的程序流程。

解决纠纷知识库推荐：当用户咨询某一领域的法律知识相关问题时，咨询机器人能够基于后台强大的解决纠纷知识库推荐该领域该问题的相关资料，供用户进行法律问题的参考和研究。

卷宗材料分析结果推送：咨询机器人具有强大的语义解析功能，除了能够识别用户输入的文字外，还能够智能解析用户提交的结构化、半结构化、非结构化等形式的文档材料。

问答检索：咨询机器人可在和用户的问答互动过程中，不断学习咨询人的咨询问题和用户意图，并智能化地将最近的或评价最高的相似咨询问题以列表形式展示在页面右侧，用户可点击列表中的问题进行快速咨询并查看咨询回复结果。

法律咨询服务评价：该项目针对在线咨询服务平台的人工咨询建立了服务评价体系，当咨询结束后，咨询者可根据咨询师回答问题的专业水平、态度、及时性等全方位进行考量，进行本次咨询服务打分。

用户隐私信息保护：该项目建设的在线咨询服务平台将会根据咨询人要求充分考虑个人咨询的隐私保护问题，建立一套完整的个人咨询隐私保护机制。

(二)在线调解服务功能

在线调解服务平台主要服务于调解业务工作的线上开展,平台主要包括矛盾纠纷多元导入、在线调解、司法确认三大功能模块。

矛盾纠纷多元导入:该模块主要用于实现矛盾案件信息的在线调解申请功能。矛盾双方、调解人员、其他解决纠纷政府工作人员等,均可进入在线调解平台页面,填写申请人、被申请人信息以及纠纷概况,并上传必要的证据材料,提交调解申请。

在线调解:用户提交调解申请后,申请人、被申请人、调解员会立即收到短信提示,调解员会电话联系各方当事人,确定调解时间,并以电话、视频或线下"面对面"等形式组织调解,在线调解过程中,支持如下功能(图3)。

图 3　在线调解服务功能

(1)支持接入多路视频,开展在线视频调解。

(2)支持实时的视频或语音会话功能。

(3)支持与单方当事人的线上私信沟通。

(4)可通过点击纠纷材料按钮,实时查看案件详情、现有的纠纷材料信息以及实时上传新的纠纷材料并保存。

（5）平台集成了实时语音转文字功能，可随时查看自动生成的文字版调解笔录并保存。

（6）平台集成了各类调解协议文书模板，并自动关联申请方、被申请方的相关信息，支持快速填写调解协议各信息项，在线生成调解协议书、无异议调解方案、无争议事实确认协议等文书。

（7）平台提供当事人在线签字确认功能，调解员、各方当事人可通过平台对各类文书进行手写签字确认。

司法确认：调解成功后，可由调解员填写司法确认申请书并发起司法确认申请。

（三）在线评估服务功能

在线评估服务平台主要依托全国司法裁判规则大数据，以"大数据自动分析＋人工审核"的模式，客观评判诉讼风险。其核心作用是让纠纷当事人能够充分了解案件情况，对案件的未来走向、解决纠纷或诉讼能够达到的结果以及可能产生的解决纠纷或诉讼的相关成本，是使纠纷当事人对矛盾纠纷或案件诉讼产生合理预期（图4）。

图4　在线评估服务功能

（四）在线仲裁服务功能

在当事人双方自愿的情况下，可通过在线方式争议提交由非司法机构的仲裁员组成的仲裁庭进行裁判，具有法律效力。在线仲裁服务是自主、便捷的解决纠纷途径；其依法独立办案，有利于办案；"一裁终局"的特点具有法律效力且省时省力；不公开审理，有效地保护了当事人。

在线仲裁服务功能链接当地仲裁机构，可提供在线仲裁服务。

（五）在线诉讼服务功能

在线调解不成功，依司法确认结果，将通过平台自动带入到在线庭审中。法官只需询问司法确认结果，对双方仍有争议的问题作出裁判。

系统对接浙江省法院立案平台，提供在线诉讼服务（图5）。

图5

（六）公共服务功能

该项目开发的公共服务平台主要作用是给社会公众提供更加便捷的纠纷咨询及解决纠纷服务，优化平台的整体公共服务能力，提升公众对平台的使用率和满意度。

移动端微信小程序：充分利用移动互联网的优势，构建完整的移动端微信小程序版 ODR 平台，并整合到微信的小程序列表中；公众无须安装任何软件，可直接在微信小程序页面打开 ODR 应用，开展纠纷咨询、在线调解等事宜（图 6）。

解决纠纷工具库：平台集成了各类专业、权威的解决纠纷计算器及其他职能的小工具，如诉讼费计算器、律师代理费计算器、工伤赔偿计算器、交通肇事计算器等，形成了解决纠纷工具箱，方便公众随时调用，进行相关费用的计算，掌握预计费用情况。

解决纠纷资源推荐：公共服务平台后端集成了人工智能功能模块，在解决纠纷服务过程中，能够智能分析当前的矛盾纠纷信息，向矛盾纠纷当事人推荐各类解决纠纷资源。

图 6 移动端微信小程序

（七）解决纠纷资源管理系统

解纷资源管理系统主要用于实现对浙江省内各类解决纠纷资源进行集中存储和综合管理。

解决纠纷资源上线管理：由浙江高级人民法院自定义解决纠纷资源上线流程，实现各类解决纠纷资源从服务资格申请、资格审验、资源上线到资源管理等解决纠纷资源上线服务的全流程管理（图 7）。

统一服务接口管理：该系统会根据国家及本地统一服务接口标准规范，开发与内外部司法解决纠纷及深度服务资源提供单位的信息化平台对接接口，实现各类资源的汇聚、共享和交换；系统还设置了图形化的接口管理页面，使得解决纠纷业务相关责任人能够根据业务需要直观、规范进行服务接口的生效、暂停、取消等操作。

内外网数据交换管理：解决纠纷资源管理系统涉及互联网解决纠纷资源和电子政务服务资源两大类，两类资源不能直接互通，需要开发专门的内外网数据交换平台，使各类解决纠纷服务资源均能进入解决纠纷资源上线工作流体系中。

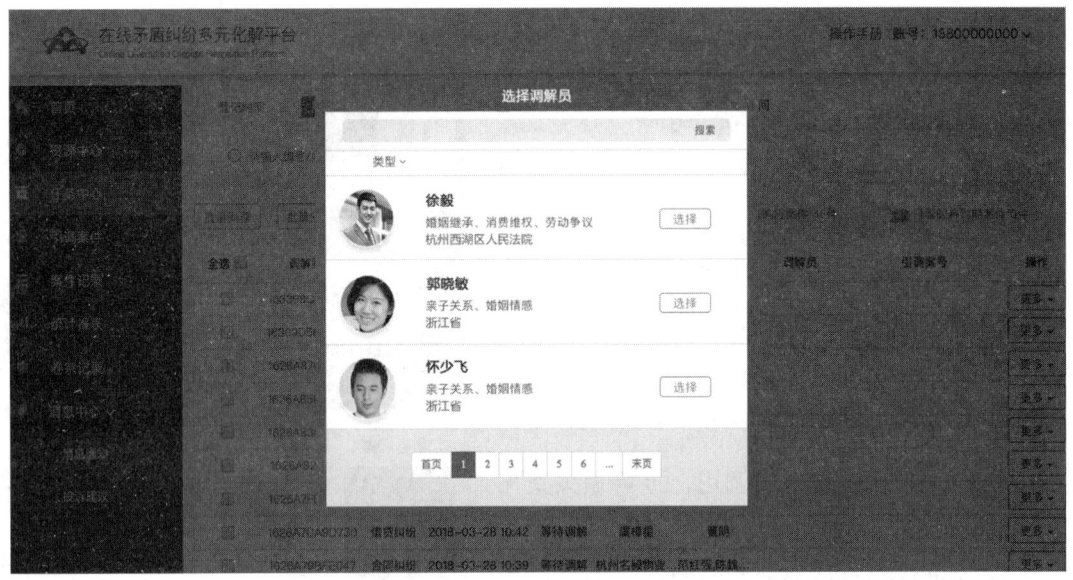

图 7

（八）应用支撑平台

该系统的应用支撑平台，按照统一平台、业务协同、安全可靠的原则最大化发挥出软件的系统效益。

基础组件：应用支撑平台是位于数据库系统与应用系统之间的一个逻辑上的平台，由数据交换平台层和基础组件层两部分构成，是构建、支撑应用系统的基础，起着承上启下的作用。

基础组件：包括用户中心、权限中心、实名认证、数据交换、报表管理、监控管理、流程管理、云平台服务对接等。

人工智能组件：应用支撑平台提供的人工智能类组件主要包括问答机器人、模板机器人、辅助机器人、流程机器人，功能如下。

（1）问答机器人：以常规咨询业务为主的问答机器人。为涉及纠纷的各类人员提供除了常规法律问题咨询外，还提供相关法律法规、典型案例、分析研判、解决纠纷流程和部分解决纠纷辅助工具，配合纠纷当事人充分理解和分析纠纷情况，建立合适解决纠纷心理预期和成本的评估。

（2）模板机器人：以日常评估业务为主的模板机器人。对类型化纠纷进行问题学习，梳理关键问题，并可根据关键问题及学到的知识，自动形成标准化的专业评估报告。

（3）辅助机器人：通过对视频调解中心的音频、视频数据的实时分析与抽取，对调解当事人的声场及面部表情进行情绪分析，识别当事人基本情绪；根据案件基本信息及当事人的情绪标签，辅助机器人将向调解员实时推荐调解策略、调解方式、调解话术及案件解决纠纷辅助知识。

（4）流程机器人：是以文书自动填报、自动生成为主的流程机器人。对各系统的信息采集模块进行自动化填报流程设计，数据填报一次，平台各业务系统数据自动关联，降低输入工作量。

六、数据资源建设

该平台由电子政务云和腾讯云提供数据资源支撑服务。

七、大数据分析建设

解决纠纷大数据分析系统通过利用大数据技术对平台中的矛盾纠纷数据、解决纠纷资源信息进行多维度综合分析，然后结合 GIS 地图、可视化技术等，对统计分析结果进行直观展示，方便浙江高级人民法院领导宏观掌握解决纠纷业务开展情况，辅助领导决策。

解决纠纷数据分析系统主要包括矛盾纠纷地图、解决纠纷资源地图、各类纠纷专题分析三大功能模块。

（一）矛盾纠纷地图

充分利用大数据分析技术，整合内外网的解决纠纷资源数据、通过各类行业业务数据的整合，结合 GIS 电子地图技术，形成基于地图的矛盾纠纷数据展现，深度分析、自助研判。

（二）解决纠纷资源地图

充分利用大数据分析技术，整合内外网的解决纠纷资源数据，通过各类行业业务数据的整合，形成基于地图的解决纠纷资源数据展现、深度分析、自助研判。

（三）各类纠纷专题分析

纠纷专题分析依托平台数据资源库中的矛盾纠纷数据，确定统计分析维度，利用大数据技术对各类数据进行多维度综合统计分析，并结合可视化技术，实现统计分析结果的集中、多方式呈现。

八、关键技术运用、主要技术特点

平台的核心技术应用特点包括以下几点。

（1）基于区块链技术的电子存证应用，平台将案件相关数据（电子文书，证据，笔录等）存入各自的区块链节点，通过智能合约实现对数据直接调用，充分发挥区块链时间可追溯，数据不可篡改和原子操作，在安全、效率、资源、博弈等角度，保障了平台业务流程的规范性和完整性。

（2）人工智能支撑下的安全控制体系，平台通过与公安身份证系统的对接，利用人脸核身、信息加密、电子签名等手段，从源头上保证了用户的合法性和准确性，保证平台数据的安全性和隐秘性。

（3）体系化理念引导平台规范化，平台打造了针对公众纠纷类别、层级、情绪控制等因素的舆情体系，针对调解员群体的调解能力课程体系和规范的评级体系，为有针对性地进行纠纷解决、有层次地提升调解员能力、有步骤地提高国家社会治理能力奠定了模型基础。

（4）多元调解服务知识图谱的构建及应用，产品实现了智能语义理解、相似词智能推荐、文本自动分类和知识图谱可视化等应用，从知识内容层面支撑矛盾纠纷多元化解平台的智能化应用，为用户提供更加智能、精准的服务奠定了基础。

（5）社会治理大数据的构建及可视化应用，平台囊括了公、检、法、司、信访、社会纠纷治理的矛盾纠纷宏观指标分析模型库，类型化纠纷深度分析模型库，多元化解资源绩效分析模型库，并在这些模型库的支撑下实现了矛盾纠纷宏观指标、各类型纠纷及纠纷解决效果等决策支持信息的可视化呈现，为国家政府社会治理工作提供了更加快捷、明确、有效的决策服务辅助手段。

（6）"千人千面"的智能化应用，平台打通了线上线下应用场景，实现了线上线下一体化服务，同时可根据调解人员的业务水平、操作记录呈现"千人千面"的个性化用户界面，并实现相关知识内容和业务流程的个性化智能推荐，提升用户体验。

（7）多种解决纠纷手段的无缝对接及应用，平台提供多终端视频调解工具、实时调解笔录（智能语音转写）、智能机器人（问答|辅助|模板|流程）、用户意图识别工具、解决纠纷知识推荐等多种人工智能手段。

（8）跨平台多元视频直播协同应用，产品支持多人、跨平台（Android/iOS）、协同、在线视频直播互动，保证了在线视频调解工作的流畅性，满足了矛盾纠纷多人异地调解的需求。

（9）多终端、跨平台的应用服务模式，平台提供了PC网页、微信小程序、呼叫热线等服务模式，满足不同用户角色、不同场景的应用需求。

九、系统运维服务

（一）运维目标

该项目运维总体目标是建立一个稳定、高效、灵活的信息系统运行维护体系，确保系统安全、稳定、可靠地运行，力争使所运维的信息系统达到99.9%的可用性，提高信息系统运行效率和减少系统运行故障，支持业务系统的高效平稳运行。

（二）运维服务的范围

该项目运行所涉及的所有软硬件系统的技术运维和定制应用系统的运维。

（三）运维组织

根据本项目特点及运维需要，建立如图 8 所示运维管理组织。

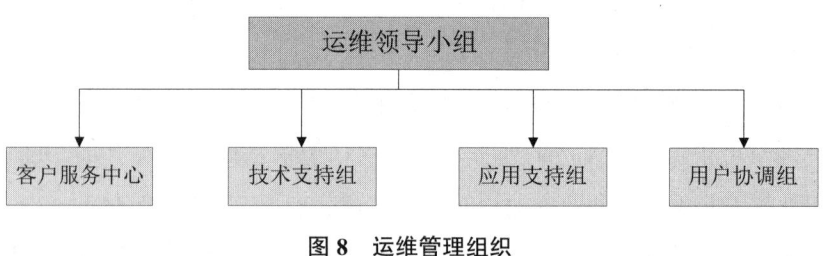

图 8　运维管理组织

根据 ISO9001 质量管理体系提供技术服务与支持。

1. 例行巡检

进行各应用系统、安全系统、软硬件的例行巡检，提交巡检分析报告。针对巡检中发现的故障或问题及时采取措施，消除故障或故障隐患。

2. 故障处理

系统运行过程中，运维工程师在得到用户的故障申报或主动发现故障之后，需要搜集故障信息，分析诊断故障原因，根据不同的故障判断采取相应的解决方案。

3. 方案优化

根据故障发生类别、频次进行问题分析，为用户提供改进意见或改造方案。根据业务发展需要或用户要求，提供优化建议或方案。

4. 性能调优

根据业务需求对系统软硬件配置进行优化，提高性能。

5. 安全加固

提供系统和相关安全设备的安全加固服务，即根据安全评估机构评测结果，对系统及安全设备的配置进行改进；根据设备厂商公布的 IOS 补丁，对存在的漏洞进行修补。

6. 配置管理

提供配置变更服务，在用户许可前提下，按业务需求对网络设备 IP、VLAN、路由、ACL 等进行变更配置。整理所有网络设备资产，建立设备台账和维护档案，做好配置管理。

7. 状态监控

为及时发现故障和故障隐患，保障系统正常运行，提供系统监测服务。通过对网络运行状态、系统运行日志的监测和分析以及时发出故障报警或故障隐患报告，以便及时调度维护人员排除故障或故障隐患。

8. 应急保障

针对突发事件紧急处理和重要时期保障需要，该项目将提供应急保障服务。

9. 业务系统运维

提供业务系统的部署安装与升级、系统管理平台的维护工作，具体包括各业务系统的安装、部署、调试、升级以及软件运行的异常处理和维护。

（作者：才依明　李　阳　陈向全）

康巴什新区精细化城市管理建设项目

中科软科技股份有限公司

一、基本情况

鄂尔多斯康巴什新区于2012年起建立城市综合管理服务平台，打通了区、街、居、网格的信息通道，为新区社会管理创新提供技术支撑；建立起了新区社会管理网格指挥平台，实现、区街两级社会服务管理综合指挥中心日常工作的信息化管理。平台运行以来，在运用信息化手段推动新区社会管理创新方面发挥了重要的作用，同时也逐渐暴露出一些问题：对城市管理各主体考核力度不够；市民对城市管理的参与度不高；对领导决策支持的手段不足等。

鉴于此，康巴什新区又提出对各部门工作的精细化管理、提高对老百姓的服务质量、提高服务平台先进性等多项要求。城市综合管理服务平台作为核心应用系统，提高平台可用性、丰富平台功能、加强管理功能建设变得刻不容缓。精细化管理系统通过在原城市综合管理服务平台基础之上增加考核评分子系统、"市民通"移动客户端、"领导通"短信简报功能、监督指挥子系统（大屏）等新功能，提升了城市综合管理服务平台的"管理"能力及"服务"质量,实现鄂尔多斯康巴什新区精细化城市管理;加强了"政民联动"，实现政府与群众共建新区；加强了政府自身管理，提升了政府形象。

二、总体技术架构

康巴什新区城市综合管理服务平台精细化管理子系统内容包括考核评分子系统、"市民通"移动客户端、"领导通"、监督指挥子系统等。根据系统需求分析，采用基于 SOA 的设计方法，总体架构设计如图 1 所示。

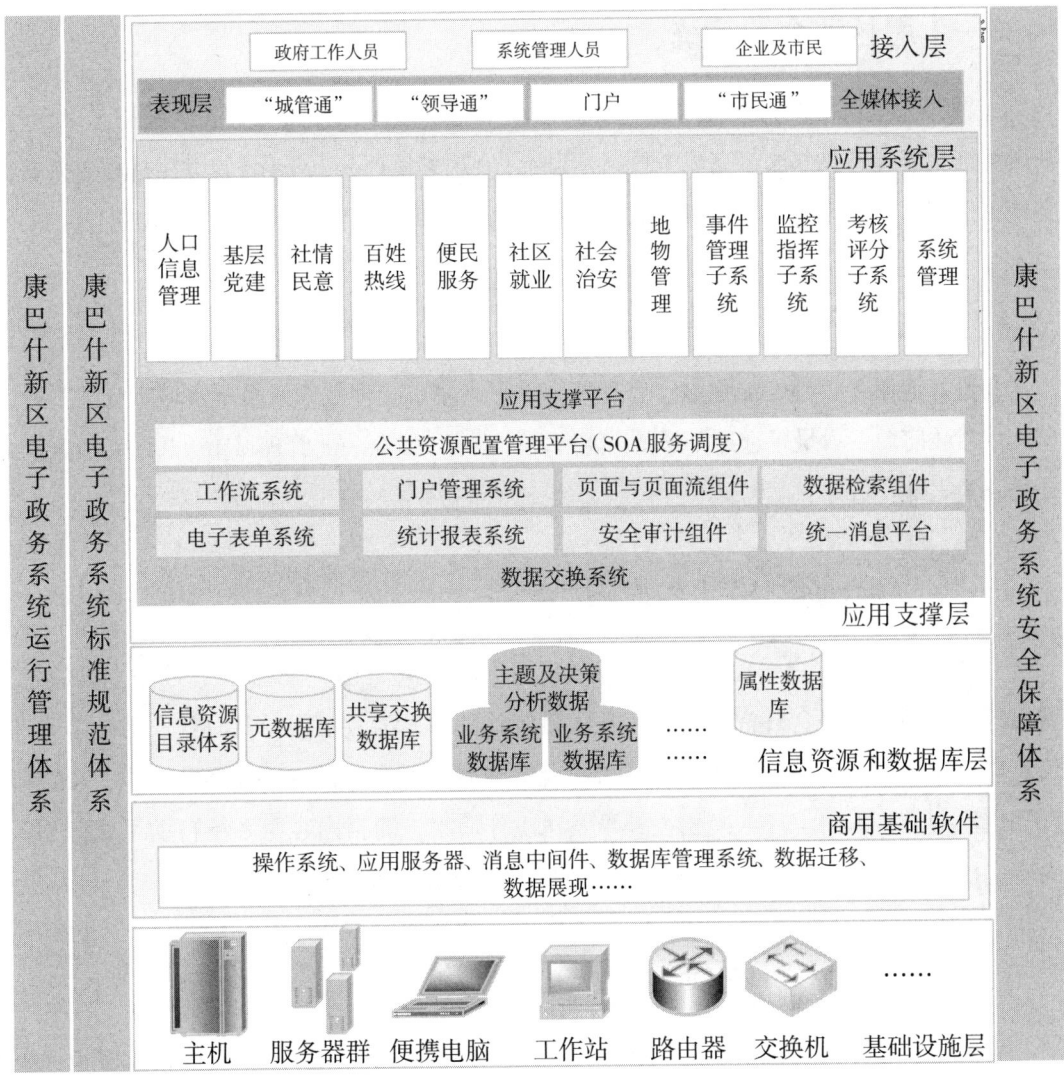

图 1　系统总体架构

平台涵盖了基础设施层、商用基础软件层、信息资源和数据库层、应用支撑层、应用系统层和接入层的所有内容。分层的目的是为了更好地描述架构及其实现机制，各层之间采用松耦合机制，通过服务调用实现业务应用。

三、系统主要构成与功能

（一）考核评分子系统

考核评分子系统严格按照《康巴什新区精细化管理考核办法》开发，根据《康巴什新区精细化管理考核办法》完成考核指标设定，实现考核评分电子化，自动生成评分结果。实现工作流程精细化管理，将考核数据量化管理，更准确、全面地实现精细化管理。

（二）"市民通"移动客户端

为更好地服务百姓，加强城市管理能力，提高城市管理效率以及丰富城市管理手段。单纯依靠政府单一力量是远远不够的，能够发挥政府、群众一同管理城市，共建和谐家园，才是长久之计。

（三）"领导通"移动客户端

"领导通"移动客户端功能包括领导联系方式管理、短信网关集成、工作简报生成功能。城市综合管理服务平台日常运营中存在大量统计数据，为方便领导及时获取第一手关键信息以及时了解各部门工作状况，城市综合管理服务平台提供"领导通"功能。系统将以固定周期（日、周、月）向相关领导发送工作简报，简报内容由系统自动生成，主要内容包括案件受理、办结情况等以及各部门考核评分阶段结果。

（四）监督指挥子系统

提供城市综合管理服务平台的整体监督指挥功能，提供大屏展示功能，监督指挥中心可通过监督指挥子系统实时了解案件办理情况，并整合视频、地图资源信息，实现重点地区、事件的实时监控管理。形成全区资源整合、统一调度、统一指挥、统一监控系统。

四、基础支撑环境建设

系统部署在康巴什新区机房,服务器采用集群式部署结构,通过政务专网实现与街道、社区及新区各部门和市政府的连接。便民服务系统需对外公布的服务内容可发布到康巴什新区外网网站,供公众和企业进行提交、查询。部署网络结构如图2所示。

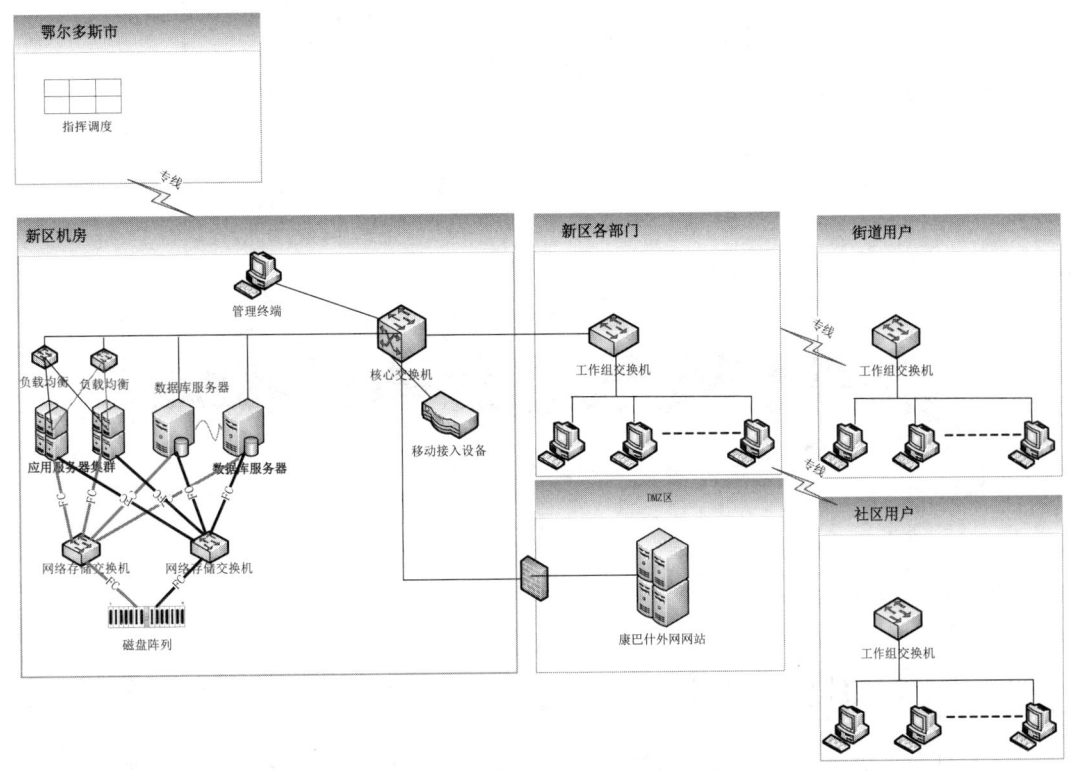

图 2　系统部署网络结构

应用中间件采用 WebLogic,双机热备软件采用 Rose HA。

采用我公司自主研发的 SinoEP 应用支撑平台建设应用支撑层各项服务。作为集成一体化的应用开发与扩展支撑平台,SinoEP 应用支撑平台涵盖了应用机构模型、用户模型、权限授权模型、数据模型、业务表单、业务流程及查询统计报表等配置管理和运行支撑环境。平台功能结构如图 3 所示。

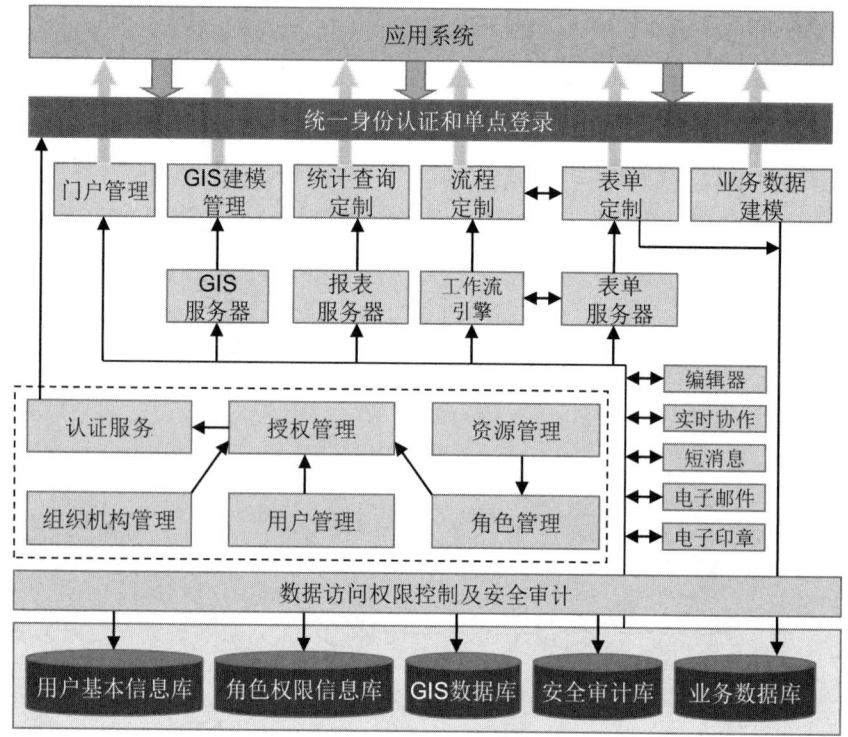

图 3 应用支撑平台功能结构

五、应用系统建设

（一）考核评分子系统

考核评分子系统包括考核评分数据汇总功能、考核评分精细化监督管理功能、考核数据采集功能、考核评分配置管理。

1. 考核评分数据汇总

系统为领导及相关管理人员提供考核评分数据汇总功能，考核评分数据可根据各部门、各考核分类、月度、年度等不同统计纬度提供考核结果展示，并提供数据导出功能。考核结果公示之后将进行归档处理。

（1）月度考评结果。

月度考评每月进行一次，考评时间为次月 1~5 日，系统根据日常考评和现场督查考评记录生成月度考评结果。

月度考评结果由精细化办公室人员在次月 1~5 日生成，通过月度考虑统计功能可对某单位某月的考评结果进行统计，如不选单位名称，会统计出所有单位的考评结果。

（2）年度考评结果。

主要考核职能部门对接收案件的年办理效能情况。年度考评根据各月月度考评结果及民主评议得分生成，部门年终得分 =（各月办理效能分总和 / 考评周期）× 0.9+ 民主评议分 × 0.1。通过年度考核统计功能可对某单位某年的考评结果进行统计。

2. 考核评分精细化监督管理

（1）综合考核评分监督管理功能。

精细化管理办公室及各级领导可通过考核评分系统实时了解各部门办事情况以及时发现问题以及时处理问题。系统提供对事件、部件上报情况查询功能，可对事件、部件处理情况进行查询。并且系统提供上报情况追溯功能，对超时、未处理等事件进行追溯，监督管理人员可通过追溯功能发现超时、未处理的具体环节信息，并追溯事件、部件相关责任单位，要求其及时改正，起到总体监督管理效果。

（2）考核办法公示。

系统提供考核办法公示功能。方案查询是针对考核的题目和考核办法为考核对象提供的公示功能，并可以通过钻取的方式查看各考核指标的基本指标项和算法公式。

3. 考核数据采集

（1）事件上报。

根据考核标准，定制事件、部件上报流程。在事件管理系统的处理流程中添加处理时限记录，用于事件处理流程超时提醒及绩效考核依据。处理时限涉及部件、事件处理所有处理流程，如图 4 所示。

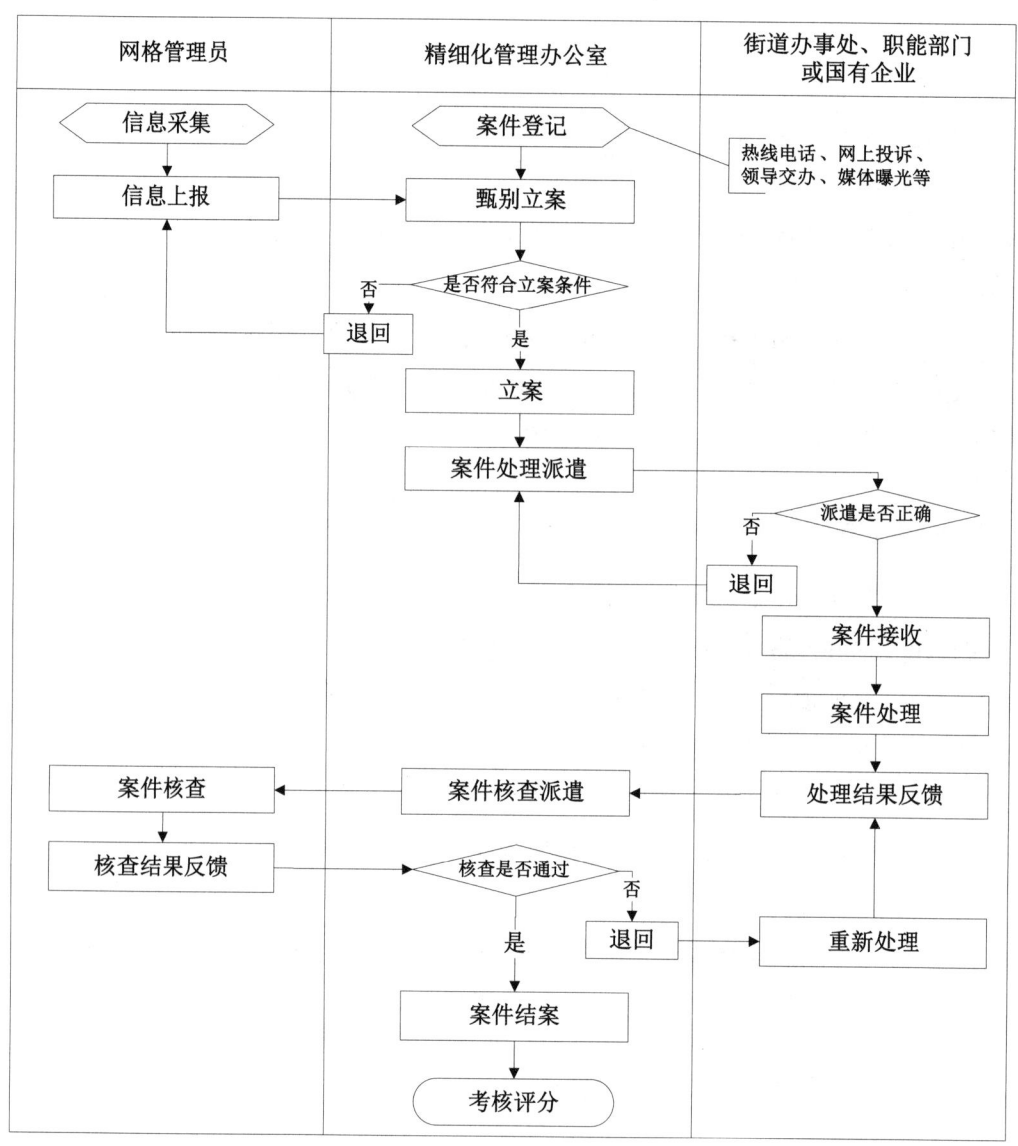

图 4 案件处理流程

（2）社区居民意见填报。

系统提供社区居民意见填报功能，系统为社区及居民代表评价数据填报入口，填报结果将按照权重一并计入绩效考核。同时将民主评议结果录入到系统中，作为年度考评的考核项。

（3）数据补录功能。

系统提供考核数据补录功能，考核员权限用户针对考核数据异动情况进行手工补录功能，此功能用来作为原始设计考核指标未涉及内容的补充。考核员提交数据补录申请，由上级领导进行审批确认，确认通过后补录内容将合并到原始考核数据。

提供对督查考评结果录入功能，作为月度考评的考核项。

4. 考核评分配置管理

系统提供考评分类管理，系统根据部门、事件、部件分类进行考评分类设置。各分类可应用不同的考核指标，并形成各类考核报告。

系统提供考核指标配置维护功能，管理员可针对各类事件、部件进行处理时限等设置。系统根据考核指标自动计算考核内容指标并进行数据记录。

（二）"市民通"移动客户端

"市民通"移动客户端提供新闻咨询、执法机关位置查询、举报功能、监督投诉、在线咨询、建言献策功能、用户登录、注册功能。为提高可用性及兼容性，同时兼容Android、IOS操作系统。

1. 新闻资讯

市民可通过登录"市民通"移动客户端获得相关新闻、通知公告信息，系统提供图文并茂的信息发布功能。

（1）信息填报：系统用户可发布相关信息，系统提供图文并茂系统数据录入功能。

（2）信息发布：系统用户通过选中相关数据，点击"发布"按钮，信息改为发布状态，市民可通过移动客户端的新闻资讯查看相关发布信息。

（3）信息撤销：系统用户通过选中相关数据，点击"撤销"按钮，信息改为撤销状态，移动客户端将无法访问该信息。

（4）信息查询：系统用户可通过信息查询功能查询所有信息，可通过信息标题、内容、发布时间、信息状态等条件进行分类查询。

2. 执法机关位置查询

市民登录"市民通"客户端后可进行执法机关位置查询，移动客户端将在地图中展示附近执法机关的地理位置及相关联系方式。

（1）地理信息查询：系统提供执法机关位置查询，市民可通过移动客户端访问地图，查询周围相关执法机关地理信息。

（2）联系方式查询：市民通过点击相关执法机关在地图上的标识，可展开显示执法机关的详细地址以及联系方式，包括热线电话、邮箱、具体地址等信息。

（3）执法机关配置管理：城市综合管理服务平台提供执法机关配置管理功能，系统管理员可通过此功能进行执法机关相关信息录入功能，包括执法机关名称、职能、简介、联系电话、邮箱、具体地址等内容。

3. 举报功能

市民可通过"市民通"进行事件举报，例如井盖损坏、私搭乱建等。市民可通过文字、图片、声音等形式对举报事件进行描述，事件上报后将交由综合指挥中心安排监督员进行核查处理。

（1）案件上报：通过移动终端采集事件或部件信息，并上报到综合服务平台。登记的基本信息包括案件类别、案件大类、案件小类、案件名称、案件概述等，并可实现拍照、录音等功能。

（2）案件保存：可实现案件的离线采集功能，对登记的案件实现修改、删除等操作，并在网络连通后可上报到综合服务器平台。

（3）案件查询：提供对上报案件或核查案件的查询功能。

4. 监督投诉

市民可通过投诉功能对执法人员以及相关部门提出投诉，投诉可通过文字描述及相关附件投诉到监督指挥中心，监督指挥中心将受理相应投诉内容。

（1）投诉上报：市民可通过移动客户端进行投诉上报，投诉方式包括实名投诉和匿名投诉。市民投诉内容将上报到综合服务管理平台，由政府专门人员进行投诉受理并回复。

（2）投诉查询：市民可通过投诉查询功能查询投诉结果，投诉被受理后有专门人员进行回复，市民可通过查询页面查询回复内容。

5. 在线咨询

市民可通过咨询功能对城市管理办法、相关法律规定等信息提出咨询,由监督指挥中心相关专家作出咨询回复。

(1) 在线咨询:市民通过移动客户端填写咨询内容,并上报监督指挥中心,专家可对咨询内容进行回复。

(2) 投诉查询:市民可通过咨询查询功能查询咨询结果,咨询被受理后有专门人员进行回复,市民可通过查询咨询回复内容。

6. 建言献策

市民可通过移动客户端对各职能部门提出建议,由监督指挥中心对建议进行统一查阅。

(1) 建议上报:市民通过移动客户端填写建议内容,并上报监督指挥中心,专家可对建议内容进行采纳并回复。

(2) 建议采纳公布:监督指挥中心综合对市民建议进行审阅批示,对有意义建议进行采纳,对有重大贡献的建议给予公示并附加采纳意见。

7. 举报有奖

系统提供统一查询功能,监督指挥中心及各社区管理员可根据市民注册信息查询相关举报、建议是否被采纳,如被采纳由社区人员向该市民发放小额奖励。

(1) 举报查询:城市综合管理服务平台提供举报情况查询,系统用户通过举报人的姓名、联系方式、举报内容等信息,可查询相关举报内容。

(2) 奖励发放:市民举报内容属实,并有效协助政府办公,将由街道人员代发小额奖金。

(3) 奖金统计:系统提供奖金统计功能,用户可通过奖金统计功能按照部门、时间等不通纬度进行奖金发放情况统计。

8. 用户登录、注册功能

系统为用户提供注册功能,注册需用户填写真实姓名及身份证信息。市民注册后可通过用户名、密码进行系统登录。

（1）用户注册：市民可通过移动客户端进行用户注册，注册内容需填写用户真实姓名、性别、电话、邮箱、地址等信息。

（2）用户信息修改：用户信息发生变更可通过此功能进行信息修改。

（3）用户登录：移动客户端通过用户注册的市民，可通过唯一的用户名、密码进行系统登录。

（三）"领导通"移动终端

"领导通"移动终端主要包括领导联系方式管理、短信网关集成、工作简报生成功能。

1. 领导联系方式管理

对领导姓名、电话、邮箱等联系方式进行登记，工作简报根据已在系统中维护的领导信息进行工作简报发送。

（1）信息添加：系统提供领导联系方式添加功能，用户可通过领导联系方式添加维护管理领导姓名、所属单位、电话、邮箱等信息。

（2）信息修改：系统提供领导联系方式修改功能，用户可通过信息修改功能对领导信息发生变化内容进行修改，修改后立即生效。

（3）信息删除：系统提供领导联系方式删除功能，对于不需要维护的领导信息提供删除功能。

（4）信息查询：系统提供信息查询功能，系统用户可根据领导姓名、电话，所属部门等信息查询相关领导信息。

2. 短信网关集成

与短信网关进行借口对接，实现短信发送功能。其中短信网关由建设单位提供。

（1）短信网关配置管理：系统提供短信网关配置管理功能，系统可通过配置文件灵活配置短信网关信息，例如相关地址及端口等信息。

（2）短信发送生命周期管理：系统可设置短信发送时间、每次发送条数等配置信息。系统将以固定周期（日、周、月）向相关领导发送工作简报。

（3）短信发送记录查询：系统用户可通过短信发送记录查询已发送信息、未发送信息，并可通过信息回执状态查询是否已经发送目标手机。

3. 工作简报生成功能

在系统中自动提取相关数据，形成工作简报。并通过短信网关发送相关领导。

（1）简报内容提取、发送：系统根据简报发送周期，统计各部门案件总数、延误率、返工率、挂账率、总评分等信息，形成简报内容。简报数据内容由系统自动统计生成。

（2）简报内容模板：系统支持简报内容模版编辑，可根据不同简报内容制定不同模版。

（3）简报内容查询：系统提供简报内容查询，对已生成简报内容系统用户可同过查询页面查看具体简报内容。

（四）监督指挥子系统

监督指挥子系统主要功能包括地图信息一体化系统、案件实时查询统计系统、详细信息追踪系统。

1. 地图信息一体化系统

主要显示全区整体地图具体包括行政区划图、单元网格图、部件分布图、城市管理事件分布图、城市监督管理人员位置分布图和当前办理的城市管理事件处理情况和评价信息。

（1）部件信息展示。

系统GIS地图上能全面准确地提供全区部件数据统计、分布数据。可提供部件总数统计，还能根据用户选择的部件类型显示小类部件并统计小类部件的总数。

系统提供部件数据分布情况展示功能，系统用户通过选择部件分类可查看给累部件在全区分布情况，部件在GIS地图上通过不通的图标标识所在位置。点击部件图标可查看部件的详细信息，例如部件编号、经纬度坐标、养护单位等详细信息。

（2）案件信息展示。

系统在GIS地图数据上全面准确地提供全区上报的部件案件信息及事件案件统计数据。例如，部件案件总数、事件案件总数。

系统提供按照部件、事件分类进行分类数据展示的功能，系统用过通过选择部件分类或事件分类在GIS地图上进行数据分类展示。

系统用户通过点击GIS地图上具体部件案件、事件案件信息显示案件详细信息，包括案件类型、案件分类、案件地址、处理时限、案件概况及相关图片信息。

（3）单元网格信息展示。

系统 GIS 地图提供全区单元网格划分情况信息，不同网格信息可通过不同颜色进行边界标识。

系统在提供网格信息展示同时提供网格员信息展示，系统用户通过点选某网格数据，系统可通过弹开页面展示此网格相关详细信息。网格数据包括网格编号、网格概况、网格员信息等详细信息。

（4）监管人员、车辆分布。

提供监管人员及车辆的位置分布信息展示功能。GIS 地图定时获取网格员及车辆 GPS 信息并实时展示其所在位置。通过移动客户端实时上报的经纬度数据获取人员所在位置，通过车载 GPS 上报的经纬度数据获取车辆所在位置。

系统提供 GPS 路线轨迹，系统用户通过点选某监管人员或车辆，系统提供其近期路线行迹。

用户点击监管人员或车辆可查看其详细信息。如点击人员展示人员编号、姓名、性别、联系电话等信息；点击车辆展示车辆车牌信息、车辆类型、用途等信息。

2. 案卷实时查询统计系统

案卷实时查询统计系统能够实时统计反映全区所有网格在办案卷数；滚动显示正在办理的每个案卷基本信息。

（1）当月案件统计。

系统提供当月案件统计功能，包括上报总数、立案数、应结案件数、已结案件数、延误案件数、返工案件数。

系统提供柱状图、趋势图，进行当月案件统计展示，更直观、有效地展示数据统计结果。

（2）当天案件统计。

系统提供当天案件统计功能，包括上报总数、立案数、派发案件数、办结、核查数、延误案件数、返工案件数。

系统提供柱状图、趋势图，进行当月案件统计展示，更直观、有效地展示数据统计结果。

（3）案件处理分布统计。

系统提供案件处理分布统计，以处理单位为统计对象，按照月、年统计所有部门派发案件数。

系统提供通过饼状图、柱状图进行当月案件统计展示功能，更直观、有效地展示数据统计结果。

3. 详细信息追踪系统

详细信息追踪系统是指到单个问题、网格的详细信息，包括监督员位置、案卷办理情况、综合评价结果等。

系统通过地图展示所有案件信息，可通过案件详细信息追踪案件处理过程、处理状态。

系统用户通过点击案件位置，弹开详细信息展示案件数据，详细信息包括环节处理状态、处理人、处理时限、处理单位、位置信息、图片，音频信息。

六、数据资源建设

系统数据中心架构总体设计如图5所示。

数据资源建设涵盖业务系统数据库、主题数据库、交换库、元数据与目录库及决策分析库五类数据环境。

七、大数据分析建设

大数据分析建设主要提供基于大数据技术的人员识别、位置识别、任务单智能派发、精准推送及舆情预警应用。

人员识别主要通过人员身份证编码、指纹、声纹、人脸等进行人员的身份识别，以此为基础进行权限授权、业务流程识别等操作。

位置识别主要通过北斗、基站定位实现城市管理人员的位置精确识别。

任务单智能派发主要通过智能计算城市管理人员工作量、位置、所属部门等进行任务单的智能派发。

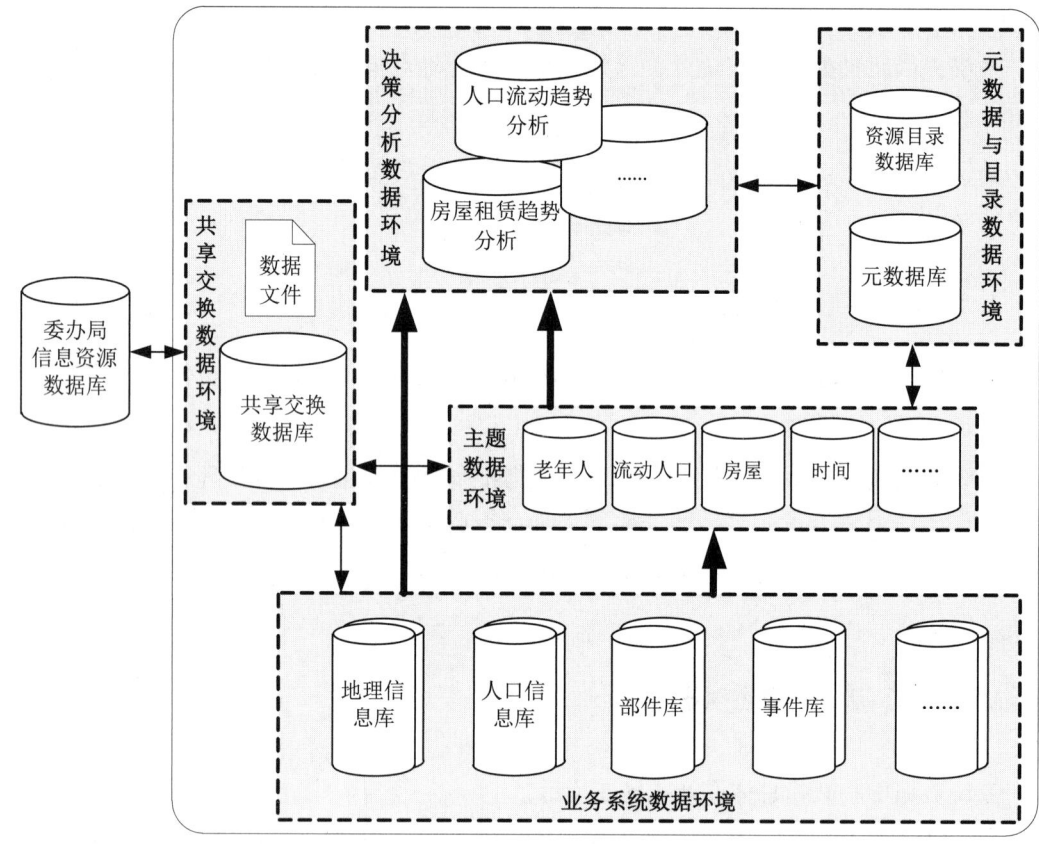

图 5 系统数据架构总体设计图

精准推送主要通过对各类人员的操作历史、关注情况、人员类别情况等进行相关制度、操作指南、消息通知、任务信息等内容的精准推送。

舆情预警主要对互联网、社交平台、主流媒体平台的舆情数据进行智能采集,对重点场所、重点事件、重点人物进行精准匹配。

八、关键技术运用、主要技术特点

关键技术运用如以下几点。
(1)微服务架构。
(2)服务治理框架 Dubbox。

（3）Hadoop 分布式存储系统。

（4）Docker 应用容器引擎。

系统技术特点如以下几点。

（1）可靠性高：应用软件开发所采用的技术路线为成熟稳定的 J2EE 技术体系，并支持多机集群部署方式确保部件的高可靠性。

（2）可扩展性好：系统总体架构设计完全基于分层结构设计思想，确保网络基础设施层、安全层、应用支撑层和应用层结构均可根据业务需要进行灵活扩展。

（3）易维护性好：在系统设计上采用易于维护的系统平台，这些产品均是采用成熟稳定，而且有着大量应用案例检验。应用软件系统本着安装简单、易于操作的原则，为系统管理人员提供可视化的管理维护界面，使得系统维护、数据维护更加方便，备份及数据恢复快速简单。

（4）可操作性好：无论是第三方产品还是应用软件，均本着界面友好的原则进行选型或开发，充分考虑操作人员的特点，使数据处理工作简单、方便、快捷。

（5）安全性高：系统支持多级授权：根据不同级别的用户，分别赋予不同的权限，能够记录用户在此系统中的登录及操作情况，系统能提供 7×24 小时不间断服务。

九、系统运维服务

服务内容包括应用软件使用支持服务、应用系统维护服务、系统运行管理服务、技术培训服务和咨询与规划服务。

服务方式包括日常巡检服务、故障报修服务和计划服务，其中包括以下几点。

（1）日常巡检服务。按照与用户约定定期按时进行，按照日常巡检内容逐项对系统进行检查，巡检过程中发现系统异常或问题当场记录并通知用户，对于常见小问题当场解决。

（2）故障报修服务。对于日常巡检不能解决的问题，巡检小组成员及时通报系统技术支持小组，或者通过服务热线接报来自用户的系统故障问题的报修，对故障报修进行记录，由技术支持小组对故障问题进行判断并提出解决方案以及时派遣现场故障排查小组赴现场解决问题，直至故障排除。

（3）计划服务。主要指批量的硬件升级、软件升级、安全加固、补丁安装、系统迁移、系统整合、客户培训等工作。

（作者：何文华）

江苏省全省经信系统大数据支撑服务平台软件开发项目

紫光软件系统有限公司

一、基本情况

2017年7月,江苏省政府采购中心受江苏省经济和信息化委员会的委托,决定就其所需的全省经信系统大数据支撑服务平台软件开发项目进行公开招标采购,我公司参与投标并成功中标。

全省经信系统大数据支撑服务平台软件开发项目主要是提供软件及服务,内容包括项目初步设计、平台搭建、软件开发、软件安装与部署、测试验收、培训、技术服务等。旨在建成覆盖省、市、县三级经信部门的"一个基础环境、一个综合数据中心、五类应用系统、一套服务门户、一套规范体系"大数据支撑服务平台。

二、总体技术架构

江苏省经信系统大数据支撑服务平台总体架构,分为"五层结构、三大体系"。五层结构分别是信息基础设施、数据汇聚中心、应用支撑与开发平台、业务应用系统、面向不同用户的服务门户,三大体系分别是制度规范体系、标准规划体系和平台接口体系,如图1所示。

图 1 平台总体架构

三、系统主要构成与功能

大数据支撑服务平台主要"一个基础环境、一个综合数据中心、五类应用系统、一套服务门户、一套规范体系"构成，具体功能如下。

（1）一个基础环境：为大数据支撑服务平台的应用和数据服务、业务协同共享提供基础支撑，主要包括基础硬件、基础应用支撑软件。

（2）一个综合数据中心：依托数据共享交换和目录服务系统，建设企业库、项目库、专家库、综合信息库等信息资源库，共享信息资源库与信用库、权力阳光、电力需求侧管理、中小企业生产经营运行监测、万家企业能源利用状况报告等委内系统数据库，并通过省共享交换平台融合委外其他与项目、经济运行相关信息资源，构建全省统一的经信系统信息资源大数据库。

（3）五类应用系统：协同办公与任务管理类应用、经济运行监测与分析类应用、项目过程管理与分析类应用、综合研判与决策分析类应用、生产要素与生产保障类应用。

（4）一套服务门户：统一的 Web 网站应用和移动门户应用（App 和微信）：面向省市县经信系统用户、直属单位用户，实现统一身份和权限管理，开展基于互联网的协同和移动办公；面向工业企业用户、IT 企业用户、企业家、专家及其他用户，集成事项办理、项目申报、数据报送、信息共享等内容，为企业提供统一的资源访问和各类事项办理入口，并整合即时通讯、公告通知等功能。网站和移动门户支持与企业、企业家、专家的互动，支持省、市、县经信部门的业务信息共享与协同互动。

（5）一套规范体系：为大数据支撑服务平台的应用规范性、数据准确性、平台可扩展性、安全稳定性提供机制保障，主要包括数据采集工作体系、系统运行规范体系、资源共享规范体系和安全保障体系。

四、基础支撑环境建设

在经信委已有机房基础环境的条件下，新建数据库软件、中间件软件、GIS 地图及开发平台、CA 认证、电子印章、其他第三方软件（工作流引擎、ETL 工具、电子表单、BI 工具、报表工具）。

五、应用系统建设

（一）五类应用系统

1. 协同办公与任务管理类应用

开发经信工作任务管理、事项办理、过程管理、工作改善等应用功能，实现业务工作对大数据平台应用的牵引和驱动；对于经信工作任务的分布、进度、督办及重点任务等进行全景展现，并对重点任务的进度、绩效及关联信息进行跟踪，同时提供异常处理、督办任务查看等功能。实现除"权力阳光"及其他涉密系统业务外，所有办公事项的网上办理，开展移动办公应用和展示，支持在 PC 端、手机端（App 方式）、视频会议室大屏幕等开展委内主要业务工作办理与信息的分层分级推送，促进无纸化办公。

2. 经济运行监测与分析类应用

工业经济运行监测业务覆盖工业经济运行监测、大企业（集团）统计、小微企业生产运行监测、产业（集群、园区）统计直报、企业社会责任评价、企业法治调查、省煤炭市场及经营监管、省软件企业运营服务、省信息安全产业服务、小型微型企业创业创新基地、小微企业成长培育计划等应用。在不改变原有业务模式的基础上，以"后台一张表"的方式统一相关数据，逐步向"企业一套表"过渡，统一采集指标、频次、样本等数据基本要素，实现经济运行的动态描述、历史分析和在线监控。同时，应用可视化技术、地理信息技术、数据挖掘分析技术等手段对全省工业经济总体运行情况作出监测分析和综合研判。

3. 项目过程管理与分析类应用

覆盖科技小巨人企业申报与管理、中小企业专精特新产品申报与管理、专项引导资金项目申报与管理、技术改造项目备案与管理、首台（套）重大装备管理、新能源汽车推广应用补助资金申报与管理、省级企业技术中心管理、省机电设备招标投标监管、人才培训示范基地与培训项目管理等项目管理类业务。在项目数据库和企业数据库的基础上，运用地理信息技术、数据挖掘技术等手段实现对项目建设按区域、行业、时间等多维度的可视化综合分析；完善对项目竣工验收、后评价等环节的数据采集，实现项目全过程跟踪管理及效益分析。

4. 综合研判与决策分析类应用

一方面，通过指标管理、图形、表格、报告等决策分析组件的组合应用实现各类经信业务数据集成和基于经信业务数据的数据建模及精确展现；另一方面，按权限与相关部门和单位共享数据，将实际运行数据与相关方研究领域和成果进行信息融合，将大量运行数据有效转化为行动依据，为领导决策研判提供全面、准确的数字化支撑。

5. 生产要素与生产保障类应用

实现生产要素管理及其他类业务开展，覆盖能效监测与统计分析、春运专栏、工业信息安全通报预警等业务应用。

（二）一套统一的服务门户

面向省市县经信系统用户、直属单位用户，实现统一身份和权限管理，开展基于互联网的协同和移动办公；面向工业企业用户、IT 企业用户、企业家、专家及其他用户，集成事项办理、项目申报、数据报送、信息共享等内容，为企业提供统一的资源访问和各类事项办理入口，并整合即时通讯、公告通知等功能。网站和移动门户支持与企业、企业家、专家的互动，支持省、市、县经信部门的业务信息共享与协同互动。

六、数据资源建设

（1）基础数据资源库：平台核心数据资源库包括企业库、项目库、专家库、综合信息库（含经济指标、能源指标、地理信息、其他信息）4 个核心数据资源库。同时支持结构化数据、半结构化数据和视频、图像、文件等非结构化数据的存储和处理。

（2）专题数据资源库：面向经济运行监测、项目管理、工作任务管理、综合研判决策、生产要素管理及其他业务应用领域对业务专题数据进行归集，形成业务专题数据资源库，同时保持业务应用与基础数据资源库之间的逻辑独立性。同时支持结构化数据、半结构化数据和视频、图像、文件等非结构化数据的存储和处理。

（3）数据交换系统：包括前置交换节点、数据的清洗和整合、数据质量管理。

（4）数据交换共享服务：包括主题管理、数据定制与发布、接口服务。

（5）目录服务系统：目录服务系统采用元数据对信息资源特征进行描述，形成统一规范的目录内容，通过对目录内容的组织和管理，形成目录信息库，为信息资源的交换、共享以及对应用的支撑提供信息资源的发现定位服务。主要功能应包括目录管理、目录服务等。

七、大数据分析建设

本项目大数据分析建设主要包括工具类大数据服务和面向应用的大数据服务，具体如下。

（一）工具类大数据服务

ETL 数据抽取：主要包括原始数据源管理、原始数据表定义、属性维原始数据维护、目录维原始数据维护、标准化对应设置、数据处理、日志功能等。

元数据管理：主要包括指标管理、指标分类管理、目录分类管理、目录管理、报告期管理、计量单位管理等。

数据仓库建模：主要包括数据仓库分类管理、专业管理、属性维管理、属性维表父子关系管理、字典维管理、字典维表父子关系管理、字典属性信息管理、事实表管理、仓库模型创建等。

数据共享交换：主要包括编目系统、目录管理系统、目录服务系统等。

（二）面向应用的大数据服务

数据查询检索：主要包括目录结构查询、自定义查询、原始表、表数据查询、查询条件记录，重要指标展开等。

数据汇总统计：主要包括简单分析（个性化模板、图标展示）、数据分析（数据汇总、多维分析）、警示功能（警示查询）等。

数据分析预测：主要包括回归预测分析（自由创建数据集市、历年数据分析、预测分析）、数据挖掘（挖掘模型、挖掘函数、数据挖掘）。

数据立方：主要包括数据关联设置、展示风格管理、数据立方查询、扩展开发。

文件立方：主要包括文件管理、文件展现、文件检索、文件资源输入、文件资源输出、全文检索。

GIS 分析工具：主要包括图层数据管理、基础 GIS 查询、GIS 数据分析、开发扩展。

评价指数：主要包括指数公示、指数计算、指数结果报表展示。

八、关键技术运用、主要技术特点

本项目关键技术运用包括：大数据技术、云计算和虚拟化技术、敏捷开发技术、可视化技术、OSGi 开放标准和 Java 开源技术及 GIS 技术等。

大数据在经信系统，加快产业、行业、地域等工业经济数据的开放共享和大数据分析利用，可以有效推动政府治理精准化，提高企业服务便捷化，推动产业创新发展，培育新兴业态，助力经济转型升级。

其中基于云计算是的基础软硬件架构具有弹性和高扩展性，不仅可有效利用现有网络、硬件设备，有效解决现有应用的瓶颈问题，还能满足未来的扩展需求。

GIS 地理信息系统处理、管理的对象是多种地理空间实体数据及其关系，包括空间定位数据、图形数据、遥感图像数据、属性数据等，用于分析和处理在江苏省全省分布的各种现象和过程，解决复杂的规划、决策和管理问题。

应用自主研发的敏捷开发平台，在业务建模过程中，快速实现指标、流程、表单的自定义灵活配置，支持集中式和分布式部署，各层级用户可按照各自的业务操作规范独立运行、互不干扰，而上级组织仍可按照自己的管理要求，毫无障碍地实时获得各下属单位的相关数据，全面提高项目实施的速度的同时，降低系统的维护工作量和对维护人员的专业性要求。

可视化技术利用图形、图像处理、计算机视觉及用户界面，通过表达、建模及对立体、表面、属性及动画的显示，对数据加以可视化解释。

九、系统运维服务

针对本项目的运维服务内容涉及各部门业务事项的调研、分析、业务流程配置以及与各部门系统间的数据交换，质保期 3 年。

（作者：关　键）

公安机关"放管服"业务安全支撑项目

北京中宇万通科技股份有限公司

一、基本情况

随着公安"放管服"改革向纵深推进,以交管、出入境、治安等为代表的多项改革举措得以大力推行,并取得了阶段性成效,受到了广大人民群众和社会各方面的普遍欢迎。在不断增强人民群众的获得感和满意度的同时,加强组织领导,推动信息共享,跟进监督考评,保证"放管服"业务整体落实推进的同时保障信息安全,成为摆在全国各级及各业务警种公安机关面前的现实性问题,特别是作为公安部门主体业务网络的公安信息通信网的安全保障问题将成为公安"放管服"业务整体推进工作中需要重点关注及解决的问题之一。

二、总体技术架构

应结合防火墙、入侵检测防御、病毒防治、权限控制及安全加密技术,保证"放管服"业务开展过程中网络传输时系统的应用和数据存储、传输的安全性、可用性、完整性,进而保障"放管服"交管、治安、出入境等业务的连续性,提高业务办理效率(图1)。

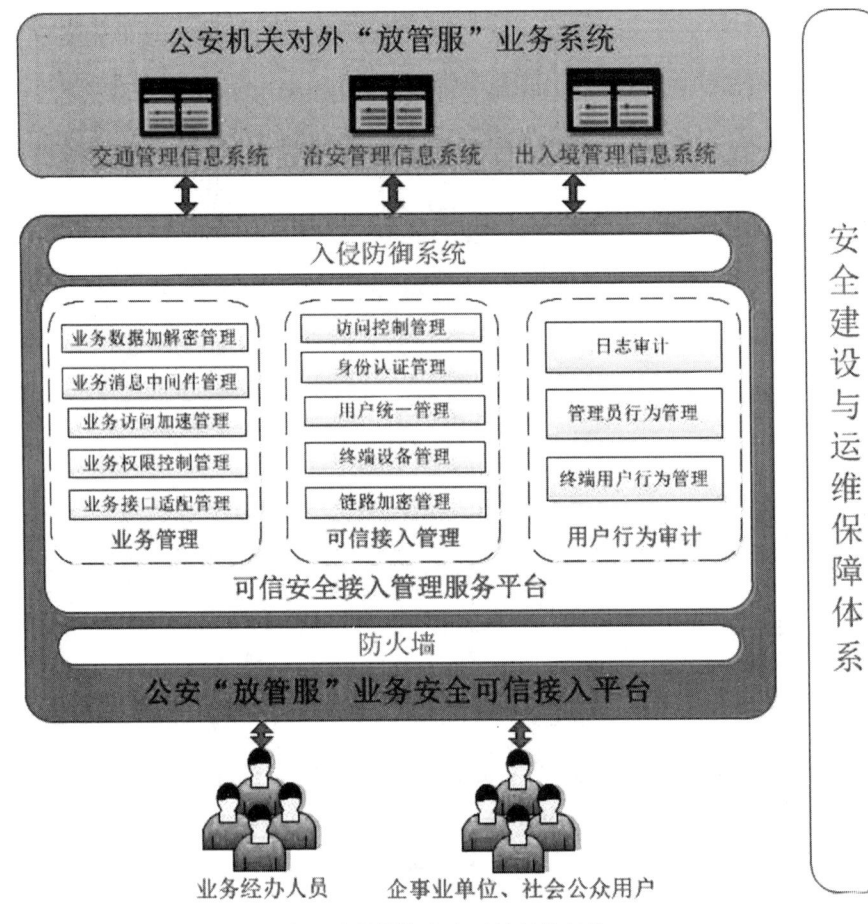

图1 公安"放管服"业务系统总体架构

三、系统主要构成与功能

(一)防火墙

防火墙的首要功能是根据数据包的源地址、目标地址、协议类型、源端口、目标端口及网络协议等对数据包进行访问控制。防火墙还保证了公安网内部对外服务业务系统的主机地址不被外部终端直接获得。

（二）可信安全接入管理服务平台

按照公安机关相关安全规范要求采用可信安全接入管理服务来实现对"放管服"业务的高度适配，并实现终端及用户的身份认证、访问控制、授权管理作用。

"放管服"业务可信安全接入管理服务基于 SSL 安全通信协议，支持 PKI 证书认证和数字签名机制，为"放管服"业务接入点窗口业务及自助业务提供基于 PKI 非对称密钥管理体系的数字证书身份认证、应用授权和细粒度访问控制、数据加密和完整性保护、抗否认等安全服务。

（1）身份认证："放管服"业务可信安全接入管理服务对用户（业务经办人员、自助业务终端管理人员）持有的数字身份进行安全性认证，包括验证数字证书的信任域、有效期、证书状态。

（2）策略服务："放管服"业务可信安全接入管理服务通过地域属性服务和资源服务控制对用户开放资源，从而实现细粒度访问控制。

（3）应用授权与访问控制："放管服"业务可信安全接入管理服务采用了基于角色的应用授权和访问控制机制，依据"最小授权"的原则，对用户的应用服务访问权限进行严格控制，有效避免了发生超越权限的访问行为。

（4）应用数据安全传输：一旦客户端与"放管服"业务可信安全接入管理服务平台之间建立了 SSL 安全通道，所有应用数据的传输都在 SSL 记录协议的安全保护下进行。

（5）双机热备：通过热备机制，当一台设备出现故障时，备机实时主动接管故障设备业务（故障切换时间 3s），进而保障业务通信链路不因单点故障引起整体业务办理瘫痪。

（6）安全审计："放管服"业务可信安全接入管理服务对管理员维护操作进行详细记录，对普通用户身份请求进行详细记录。"放管服"业务可信安全接入管理服务平台还支持标准日志输出，可将日志信息发送到集控系统，进行集中、统一审计管理，为事后违规业务办理责任鉴定提供有效数据。

可信安全接入管理服务平台业务适配机制主要通过自助终端识别、设备认证及设备属性信息传递实现自助终端的正常注册备案，保证其能被公安网内后台相关业务系统识别并进行正常注册备案，进而保证其能正常开展业务办理；并通过业务终端设备与用户关联绑定保障"一机一责任人"落实安全管理责任。

（1）自助终端识别：向所有自助终端分配固定唯一 IP 标识，并自动提取终端硬件信息指纹（如 MAC/IP 地址、硬件特征码、设备证书等），并通过终端识别绑定，实现后台业务信息系统对所有自助终端的正常注册备案管理。

（2）终端业务属性消息传递：向公安网相关业务系统传递自助终端信息（固定唯一 IP 标识），配合业务系统（如出入境管理系统）完成对自助终端的注册绑定。

（3）终端认证：提取自助终端的可信身份标识（数字证书、账号）或设备硬件信息指纹的同时，对终端进行设备认证，认证方式采用 MAC/IP 地址绑定、硬件特征码、数字证书、账号等，有效阻断未通过认证的终端接入公安内网。

（4）设备安全基线检测：通过终端安全性检查功能，通过操作系统版本、IE 浏览器版本、进程、开放端口、杀毒软件和安全补丁安装等情况进行检查，对于不符合要求的自助终端禁止链接公安网业务系统开展自助业务。自助终端必须符合预定义的安全策略才能连接业务系统。

（三）入侵防御系统

入侵防御系统（IPS）是实时的网络违规自动识别和响应系统。通过实时监听网络数据流，识别、记录入侵和破坏性代码流，寻找网络违规模式和未授权的网络访问尝试。IPS 部署在可信边界安全网关之后，其目标旨在准确监测网络异常流量，自动对各类攻击进行实时阻断。IPS 接收到外部数据流量时，如果检测到攻击企图，就会自动地将攻击包丢掉或采取措施将攻击源阻断，而不把入侵攻击放进内部网络。IPS 自动拦截黑客攻击、蠕虫、网络病毒、DDoS 等恶意流量，使攻击无法到达目的主机，这样即使没有及时安装最新的安全补丁，公安内部网络仍然不会受到损失。

四、基础支撑环境建设

网络基础设施：依照公安机关"放管服"业务办理的特点，"放管服"业务接入点窗口业务及自助业务一般采用运营商提供的 ADSL 拨号接入方式，在外部通信链路上采用 VPDN 链路安全机制保证链路安全；同时，结合可信安全接入管理服务提供的入网安全基线检测机制实现"放管服"业务终端的非法外联监控，防止接入业务终端访问公安网的同时连接其他网络，保障公安内网信息系统安全。

五、应用系统建设

（一）出入境管理系统

基于"放管服"业务安全可信接入平台，公安机关大力推进"机器换警"，向办事窗口或代办网点投放出入境自助签注、取证、填表、照相等设备，提供全天候个性化服务。公安窗口新增读卡和扫码设备，实现无现金收费模式。同时，还打通了公安网、政务网、互联网限制，实现数据"全网无障碍流转"，公安审批事项全部在"放管服"出入境服务平台落地，手机App同步上线，与政务服务网"一窗受理"平台全面对接，实现群众办事"一网通办""只跑一次"。

（二）交管综合应用服务系统

基于"放管服"业务安全可信接入平台，公安交管部门交管综合应用服务系统在车检流程上做"减法"，在考试、车辆入户资源供给上做"加法"，让群众"就近能办、多点可办、少跑快办"。交管综合应用服务系统从开放检测站发放检验标志，再到实现全国"通检"，对私家车实行"先发标、后审核"，破解了检车难、排队长的问题。同时，交管综合应用服务系统加大业务供给，将服务触角拓展延伸，把驾考科目一、科目二考场、小汽车登记覆盖所有县（区），破解了驾驶人考试及车辆入户等候长、不方便的问题。此外，交管综合应用服务系统还建成互联网交通安全综合服务平台，为群众提供预约、办牌、查询等自助服务。群众通过互联网平台或手机App，即可处理交通违法、缴纳罚款。对审验驾驶证等业务，公安机关取消申请资料，持身份证一证可办，极大地方便了群众。

（三）治安管理信息系统

基于"放管服"业务安全可信接入平台，通过治安管理信息系统各地公安机关建立的居民身份证、居住证办理"绿色通道"，享受优先受理、优先上传信息、优先制证服务，确保及时领取证件。治安管理信息系统还提供居民身份证相片"多拍优选"。群众如果对拍摄的居民身份证相片不满意，可以申请重新拍照3次，从中优选满意相片。办理过居民身份证的群众，2年内再次申请领取居民身份证时，可以使用原相片信息办理。治安管理信息系统增加居民身份证换证提醒。群众居民身份证有效期满前3个月，户籍地公安机关通过微信、短信平台等多种方式提醒群众及时换领新证。完善单位和社区集体户制度，利用互联网开展流动人口暂住登记在线申报，为企业用工落户和暂住登记提供便利条件。企业和群众可以登录各地公安机关治安管理信息系统网上办事大厅、政务网、移动终端等平台，在线咨询户籍政策、预约户政业务、查询业务办理进度等。

六、数据资源建设

根据"放管服"业务跨警种部门数据共享需求及数据共享架构，结合业务安全可信接入平台建设工作，公安"放管服"改革工作将网络安全贯穿于"放管服"改革工作整体，保证"放管服"业务既能落地见效，又能安全运行。公安机关各警种加强协作，形成合力，进一步推进跨部门数据共享，共同助力"放管服"改革工作。积极利用可信安全接入平台进行数据共享交互做好相关支撑工作。

七、大数据分析建设

通过"放管服"业务安全可信接入平台建设，对公安机关各警种涉及便民业务在办理次数和办理成功效率等价值数据方面使用大数据采集、分析、比对技术，在"放管服"业务开展工作中对以上数据进行抽取、筛选和分析，并形成统计分析报表进一步展示哪些便民业务为社会公众能够带来更大的便利。

八、关键技术运用、主要技术特点

（一）应用访问加速

SSL/TLS 安全协议已成为金融、政务、企业等可信接入的标准协议，它包含了对用户的安全鉴权、数据保密性传输、数据的完整性保护等机制。同时，SSL/TLS 协议增大了网路负载，加密解密机制耗费大量计算资源。可信安全接入管理服务作为 SSL 加速器使用时，无须服务器和客户端安装额外的软硬件，在客户端和可信安全接入管理服务之间建立安全的 SSL 通道，可信安全接入管理服务高速实现 SSL 会话的建立和调度。可信安全接入管理服务支持 RSA1024、RSA2048 和 SM2 等非对称加密算法，支持 AES128、AES256 和 SM4 等对称加密算法，支持 SHA-1 和 SM3 等摘要算法，通过 PKI 数字证书认证和加密体系，保障业务在交易和使用过程中的高安全性。可信安全接入管理服务能够快速建立可靠的 SSL 连接，减轻服务器上计算资源的负担，大幅度缩短响应时间并提高服务器的性能，增强客户交易流量管理，以达到出众的 SSL 加速性能。其特点如下。

1. 高速缓存技术

高速缓存技术解决应用加速问题，当大量用户访问相同应用时，页面静态内容可以被缓存在网关内存中，提升访问速度，同时降低应用服务器的访问压力。

客户端访问请求发送到可信安全接入管理服务后，可信安全接入管理服务先从缓存中寻找静态内容，快速匹配，如果匹配上，直接返回客户端，避免重复访问对应用系统产生压力，提升整体访问性能。

2. HTTP 压缩技术

可信安全接入管理服务针对 HTTP 协议进行解析和翻译，同时提供内容压缩技术，尤其针对无压缩数据，节省带宽明显，而且在带宽资源有限情况下提升访问速度。

针对传输过程中已压缩格式的数据，如 JPG 图片，额外的压缩反而耗费计算资源，可信安全接入管理服务可以自动识别，不再对压缩数据进行二次压缩，避免浪费计算资源。

3. 业务消息中间件技术

可信安全接入管理服务主要采用消息中间件来进行业务的解耦合操作的异步化，这是消息中间件最基础的特点，也是业务系统对消息中间件的最基本需求。

对业务系统而言，它本身不会容忍在执行消息发送时消耗过多的时间，因为过长的耗时将直接影响业务系统的吞吐。在消息中间件中，业务方对可靠性的要求主要集中在消息会不会丢失。消息不丢失也是对消息中间件最基础的要求。

（二）自助设备跨网注册备案地址一一映射

可信安全接入管理服务主要通过自助终端识别、设备认证及自助设备属性信息传递实现"放管服"自助业务终端的跨网络正常注册备案。

1. 自助终端识别技术

向所有自助终端分配固定唯一 IP 标识，并自动提取终端硬件信息指纹（如 MAC/IP 地址、硬件特征码、设备证书等），并通过终端识别绑定，实现后台业务信息系统对所有自助终端的正常注册备案管理。

2. 终端消息传递技术

向公安网相关业务系统传递自助终端信息（固定唯一 IP 标识），配合业务系统（如出入境管理系统）完成对自助终端的注册绑定。

3. 终端认证技术

提取自助终端的可信身份标识（数字证书、账号）或设备硬件信息指纹的同时，对终端进行设备认证，认证方式采用 MAC/IP 地址绑定、硬件特征码、数字证书、账号等，有效阻断未通过认证的终端接入公安内网。

4. 内外网 IP 一一对应技术

可信安全接入管理服务客户端用户登录成功后分配虚拟 IP，可信安全接入管理服务将用户终端的虚拟 IP 与可信安全接入管理服务器内网网口 IP 进行一对一绑定，设置安全策略，当自助终端用户访问内网业务应用时，在应用端获取的终端源 IP 地址为可信安全接入管理服务内网口分别一一对应的 IP 地址。

九、系统运维服务

根据公安机关"放管服"业务实时性及安全性保障运维需求，派出长期驻公安机关现场服务人员 2 人，可信安全接入平台现场维护人员日常工作主要包括以下方面。

（1）平台部署实施，网络日常维护，配合各业务警种实现"放管服"业务安全接入并保证业务正常开展。

（2）设备定期巡检、日常维护与保养。

（3）资产标签管理、硬件维修、第三方设备维修管理及备品备件管理。

（4）对"放管服"业务接入服务点业务人员使用的终端设备进行基线管理及配置管理，并对业务终端的基线调整及配置的改变向公安机关管理部门进行报告。

为配合驻场服务，我们还提供了相应的场外技术支持队伍，主要提供如下服务。

（1）远程 7×24 小时电话、邮件支持服务。

（2）根据"放管服"业务变更需求，由后台支持人员负责完成系统代码级更新包开发测试工作，并配合现场完成业务适配调试。

（3）配合现场人员完成所运维系统与运维系统接口配置。配合进行相关安全测评以及安全整改和加固。

（作者：余　强）

辽宁省网上政务服务平台项目

拓尔思信息技术股份有限公司

一、基本情况

推进"互联网+政务服务",是贯彻落实党中央、国务院决策部署,把简政放权、放管结合、优化服务改革推向纵深的关键环节,对加快转变政府职能,提高政府服务效率和透明度,便利群众办事创业,进一步激发市场活力和社会创造力具有重要意义。近年来,一些地方和部门初步构建互联网政务服务平台,积极开展网上办事,取得一定成效,但也存在网上服务事项不全、信息共享程度低、可办理率不高、企业和群众办事仍然不便等问题,同时还有不少地方和部门尚未开展此项工作。

深入贯彻《国务院关于加快推进"互联网+政务服务"工作的指导意见》(国发〔2016〕55号)、《辽宁省人民政府关于印发辽宁省加快推进"互联网+政务服务"工作方案的通知》(辽政发〔2016〕81号)精神,围绕简政放权、放管结合、优化服务的总体要求,根据国家有关标准,建设辽宁省网上政务服务平台,整合政务服务业务系统,提升网上政务服务水平,最大程度利企便民。

二、系统主要构成与功能

(一)互联网统一用户及身份认证系统

建设辽宁省网上政务服务平台的统一用户库,通过与省、市、县各级平台的数据交换,实现面向自然人、法人用户的实名制注册与统一用户管理，同时面向辽宁省级和市级互联网政务服务门户、政务服务管理平台及业务办理系统提供基于 Web 的用户统一身份认证服务，面向辽宁省网上政务服务平台移动应用提供移动端 SDK，实现面向自然人和法人用户的统一登录认证。

（二）统一互动平台

辽宁省网上政务服务平台建设全省统一的互动服务平台，主要包含人工在线服务及智能咨询系统。

（三）监督评价管理系统

监督评价是互联网政务服务门户网站依据访问用户的服务体验，为用户提供帮助服务和评价渠道，保证用户及时对政务服务过程进行投诉或评价，帮助政务服务实施机构纠错和优化服务。用户的投诉或差评由政务服务实施机构通过政务服务管理平台及时办理，并通过政务服务门户网站向用户反馈结果。

（四）用户访问系统接入管理

政务服务平台的访问者，分为注册用户和普通用户。注册用户是指通过网络采集身份或登记信息，经审核验证确立政务服务主体、客体关系的访问者。普通用户是指未通过上述实名注册的访问者。注册用户能够访问互联网政务服务门户，检索静态信息，进行在线咨询，并在专属用户空间查询申办事项的过程信息和历史信息，维护用户空间信息。普通用户只能访问政务服务门户网站，检索静态信息。

（五）政务服务门户管理平台

辽宁省网上政务服务平台管理系统支持对大容量的编辑、制作和发布，支持对历史信息的调入、调出，提供对信息的全流程跟踪管理，能够帮助用户对互联网政务服务网站进行整体策划、模板设计、功能模块的调试安装，为互联网政务服务网站的构建、设计、编辑、审核、生成、维护、管理等全过程提供技术支持,构建一个具有良好集成性能和扩展性能的基础性网络平台。

(六)信息智能检索系统

信息智能检索系统通过对网站的结构挖掘实现多数据来源采集,通过对网站的内容挖掘实现全样本信息聚合,通过对用户的行为习惯挖掘实现自学习和良性积累扩展,最终实现对用户快捷、精准、全面、智能的一站式搜索服务,对建设服务型网站系统,提升网站资源利用率,改善用户体验有重要意义。

(七)移动服务应用系统

辽宁省移动应用服务系统依托于移动终端,能够为自然人和法人实现行政许可事项和公共服务事项网上申报、网上咨询、网上办理等的便捷化政务服务渠道。主要功能包括但不限于自主申报、材料上传、办件查询、表单预填、办事预约、咨询投诉、网上支付等功能,支持手机等移动终端,支持 Android、IOS 等主流操作系统。具有强大、灵活、安全的管理和审核功能,能够实现对微门户用户、频道、栏目、信息以及其他应用资源的统一管理。采用原生 App 语言架构开发,面向对象的构建化体系,可做到灵活扩展;保障用户在后期下载使用时降低流量、减少成本;实现自动聚合现有互联网门户网站信息,实现信息零维护。

(八)微信公众号系统

辽宁省统一身份认证系统提供用户输入和快捷通道两种服务方式,方便用户快速查找问题和办理事项,微信公众号还设置关键词查询的功能,如公积金、社保、违章、预约等关键词,方便用户快速办理业务。

(九)个性化用户专属空间服务系统

用户中心管理平台能够按照注册用户的类别不同,提供自然人专属空间、法人专属空间的个性化服务,能够为所有用户提供办事进度全流程查询、政务服务事项检索、办事评价、我的收藏、我的订阅、信息推送等服务。为移动终端用户提供用户认证、用户绑定等个性化服务。

三、基础支撑环境建设

（1）本项目由辽宁省数据中心提供云服务器资源，基于云服务器资源进行部署。

（2）采用集群、高可用、负载均衡等技术手段，保障系统可用性。确保信息内容发布高效便捷，信息发布速率不低于每分钟2000条，单条信息从发布到展现不能超过20秒。实现辽宁省政务服务门户网站对外服务的连续运行。

（3）系统安全设计符合《计算机信息系统安全保护等级划分准则》GB17859—1999第三级（安全标记保护级）要求。

四、应用系统建设

（一）政务服务平台门户

政务服务平台门户以省政府门户网站的"网上办事"频道为互联网政务服务入口，采用统一界面、统一导航、双向链接的原则，提供政务服务信息的汇聚、发布、展示及互动。门户系统覆盖政务服务的全部事项，公开政务服务事项目录及办事指南，为自然人和法人用户提供一站式办事服务，从而实现民众办事"少跑路"，进而实现全省政务服务的一网通办、信息共享。

政务服务平台门户系统与政务服务业务办理系统及实体大厅信息在同源数据发布的层次上进行充分的互联、集成，为注册用户提供网上预约、网上申请、网上查询、咨询投诉等相关服务，统一提供服务接口，供各种渠道调用，实现数据同源的多渠道服务。

政务服务平台门户应满足支持全省多级、多部门政务服务网站体系的建设，根据政务服务工作的需要，随时扩大应用服务范围。

（二）统一身份认证系统

网上政务服务平台建设全省统一身份认证体系，实现与其他政务系统、公共业务系统等对接与整合。身份认证系统提供包括面向互联网用户（自然人和法人）的用户认证、面向政府工作人员的用户认证。为保证网上政务服务用户信息的真实、合法和有效，用户注册、认证应采用实名制，通过统一的注册页面，进行用户注册和身份验证。进行政务服务业务办理的政府工作人员，统一由政务服务平台的管理机构进行用户新增、维护、删除等管理。

用户身份认证运用公安提供自然人身份验证、工商提供企业身份验证、民政提供的社团法人身份验证、中央机构编制委员会提供的事业法人身份认证等多个数据来源，结合手机、第三方支付、数字证书等多种方式实现交叉验证。

身份认证系统建立后，确定用户身份互认标准和信息共享机制，省内各级政务服务系统按照标准进行身份认证功能的技术改造，实现与省网上政务服务平台的用户信息整合。

（三）移动应用服务系统

利用移动互联的便捷性，建设辽宁省政府门户网站与政务服务平台统一的移动客户端，拓展辽宁省网上政务服务平台统一门户的服务渠道，实现用户能够随时随地使用政务服务。

建立统一集中的省政务服务移动客户端管理平台，为省、市、县（区）所有政务服务门户提供移动客户端构建和访问服务，不再建设单独部门的移动客户端。

App客户端显示省政府门户网站的主要内容，向用户提供全省政务信息、政策解读、工作动态等信息，同时提供省、市、县各级的行政审批服务事项、公共服务事项的受理、查询、评价等服务，提供用户办件状态推送服务。政务服务门户的功能，转化为移动端的应用模式提供服务。同时，提供个性化用户专属空间服务功能，可在用户专属空间享受收藏、办件、咨询、投诉等个性化服务。

移动开放平台将各部门的服务功能进行汇总整合，提升综合服务和管理能力，促进政府移动端政务服务的有效融合，将不同机构单位、不同标准、不同渠道的服务事项经过聚合、转换，形成统一标准、统一管理、统一展现的应用单元或服务接口。

五、数据资源建设

（一）政务服务事项数据及办事指南数据

覆盖政务服务的全部事项，公开政务服务事项目录及办事指南，为自然人和法人用户提供一站式办事服务，从而实现民众办事"少跑路"，进而实现全省政务服务的一网通办、信息共享。

（二）信息资讯数据

信息资讯包括政务服务的静态信息和过程信息，通过各级政务服务门户展现。静态信息是按照政务公开要求依法公布的政务服务办理的相关资讯。过程信息主要是由部门向用户提供事项的受理、审查、结果等重要环节的相关资讯。

（三）信息检索数据

信息检索是政务服务门户向用户提供的查阅、搜索静态信息和过程信息的服务，具备模糊检索、目录分类、场景导航、智能推荐等功能。

（四）服务引导数据

根据用户的需求目标和筛选条件，对用户所需申办的事项进行初步定位，通过进一步细化和筛选条件的增加，为用户提供事项办理的场景、主题等快捷浏览入口和分类导航。

（五）个性化推送数据

实现服务资源聚合和个性化服务定制，分析用户行为习惯，智能推送用户关注度高、与用户相关的信息，提供主动服务。个性化推送包括一次性推送和长期推送。

（六）用户资源数据

用户通过省级政务服务平台门户进行注册和验证，市级互联网政务服务门户注册和验证页面直接嵌入省级互联网政务服务门户用户注册和验证页面，用户账号信息集中存储在省级政务服务数据共享平台，省（区、市）内用户信息互认，用户跨地市登录验证时，通过用户互认服务，调用获取外地市用户信息。

六、关键技术运用、主要技术特点

（1）采用业界领先的云计算、大数据技术。
（2）以面向服务架构（SOA）为应用设计架构。
（3）基于Java技术体系，采用B/S模式，支持动态部署。
（4）应用系统支持多服务器集群方式。

（作者：王 丁 许 妍）

漳州市行政服务中心创新推进智能秒批

浪潮云

一、单位基本情况

漳州市行政服务中心（以下简称"中心"）创建于 2001 年 11 月 28 日，是福建省首家建立的综合性行政服务平台。中心进驻了 68 个市直单位 400 多名工作人员，有 1300 多项审批审核和便民服务项目在中心窗口办理。近年来，中心充分发挥漳州市机关效能建设发源地的优势，勇于先行先试、开拓进取，以"马上就办"的工作作风积极推进行政审批制度改革、推动简政放权向纵深发展、推进政府监管体制改革、优化政府服务等"放管服"工作，历经制度化、标准化、信息化三个阶段的转型升级，构建了线上线下一体化的"互联网＋政务服务"体系，不断提高行政效能，优化营商环境，取得显著成效，先后获得"全国人民满意公务员集体""全国创先争优先进基层党组织""全国职工职业道德建设标兵单位""全国五一劳动奖章""全国巾帼建功先进集体"和"全国行政服务'百优'大厅""全国标准化试点""全国优秀决策案例奖"等荣誉称号。

二、项目建设背景

近年来，漳州市深化行政审批制度改革，转变政府职能、建设法治政府、创新廉洁政府和服务型政府工作持续推进，并以构建开放型经济新体制综合试点城市为契机，围绕"改革多、办事快、服务好、成本省"的目标，促进投资建设项目审批全流程提速，打造一流的营商环境。根据党中央、国务院和省委、省政府关于简政放权放管结合优化服务工作的精神，漳州市在全国率先开展智能"秒批"改革试点。

通过一年多来的推进实施，智能"秒批"工作取得了一定成效，对申请材料明晰、标准明确、易电子化的事项，通过系统对相关数据与量化的审查标准进行对比，数据库自动甄别，系统智能辅助判定，实行"受理零窗口、审查零人工、办理零材料、领证零上门、归档零纸质"的"智能审批"。这些举措为建设服务型政府的网上办事大厅作出又一贡献，大幅提升了政务服务协同化、主动化、精细化、智能化水平，实现共享服务平台、共享服务信息、共享服务成果，企业和群众办事更加方便、快捷、高效。

三、项目建设过程

（一）制度改革

本次改革围绕"更便捷、更高效、更满意"的政务办理目标，以数据库建设为基础，以深化数据应用为关键，通过归并评审条件、简化细化评审要点、量化评审标准，探索"互联网＋数据＋政务服务"和"机器换人、智慧办理"智能化审批的路子，实现行政审批标准化和现代化。

改革工作坚持以下原则：一是方便和高效原则。企业办事不需前往窗口提交书面资料，可以随时申报资质，可在任意时段直接从单位、居所或任意电脑端下载打印纸质证书，实现全程电子化申报和智慧化办理。二是简化和减量原则。取消初审环节，谁许可谁负责，克服"一事多级办理"的弊病，实现"一站式"办结；优化审批流程，最大限度地简化程序，克服"一事多人办理"的弊病；用尽用全用足数据信息，最大限度地减少企业填报材料，大幅减少审查中的重复工作量。三是突出大数据管理和深化大数据运用原则。充分利用信息化和互联网手段，多渠道采集企业相关数据，建立和完善要素市场中企业、人员、项目、信用四大基础数据库，使审批与行业监管能共享共用、尽享尽用数据信息。四是服务和动态监管并重原则。在简化和方便企业申办的同时，利用多维数据的核对，严格把关必须审核的内容，建立审批后动态监管机制，既提升服务又严格监管，引导企业、行业健康发展，促进市场秩序的规范。

（二）保障措施

一是组织保障。成立项目领导小组，以市政府副秘书长、行政服务中心主任为组长，领导小组主要负责统筹规划系统建设的各项工作。

二是制度保障。制定出台《漳州市行政服务中心实施智能化审批试点方案》，对全市智能"秒批"工作提出指导性意见，对相关工作任务进行了分解，确定牵头单位和责任单位，确保落实到位。建立考核机制，将智能秒批纳入年度"三抓三比"十项竞赛，实行月通报，比较事项梳理数、系统办理量。

三是经费保障。市财政部门为智能"秒批"单独申请资金预算，为项目提供经费保障。

（三）系统建设

1. 智能秒批事项定制

一是开展智能秒批事项梳理工作。从一趟不用跑事项入手筛选材料数不大于五个的事项进行深度梳理。对筛选出的审批事项的申请条件、每一个材料进行分析，找出相关证明材料或共享材料的来源和出处。二是实现申报信息格式化。对每个试点审批事项的申报表格、申请材料进行格式化，系统能够进行读取并验证。按照事项梳理的标准，梳理出事项办理的等级，包括自动审批、辅助人工审批、人工审批等审批模式，添加标签。对可以自动审批的事项，梳理本事项需要填写的基本信息、申请材料、审批过程、审批条件、判定规则等，系统可以自动判断是否满足受理要求、审批条件，并自动进行业务流转过程，全流程无人工干预，可以实现自动化、标准化、均等化审批。三是系统对接、数据互联共享。对每个智能审批事项包含的基础数据、业务数据、材料数据，可通过与人口库、法人库、电子证照库、部门自建系统对接，以服务对象的身份认证号或法人社会信用代码为标识，自动获取相关信息和电子材料，避免公众重复提交证明材料。

2. 智能秒批系统实现

系统提供电脑端、手机端和大厅智能终端的三种申报途径。根据智能秒批事项梳理的成果，通过系统实现该业务智能秒批功能。系统主要包含以下功能。

（1）条件自检。申请人实名注册登录后，系统自动根据申请人已有的资质和材料，辅助判断申请人是否具备申请条件。

（2）申请材料自动验证。对于可通过系统对接服务或已有电子材料比对验证的申请材料，不需要申请人再次提交，系统自动核验通过。

（3）自动审批。按照事项梳理的成果，对部分事项实现自动审批，系统自动对申请材料进行比对、验证，对电子证照库中已有的电子材料自动验证通过。系统记录自动审批的过程，包括申请信息、申请材料信息、自动审批时间、自动审批结果等。

（4）智能转人工。当自然人、法人申报的业务如果部分格式化材料无法识别或系统无法判断材料的符合性，则系统自动将当前业务转入人工业务办理。当系统遇到不可预知的异常，如网络异常、断电等，自动转入异常业务清单，业务办理人员可以进行人工补偿操作，继续进行办理。

（5）自动生成证照。系统完成智能秒批后，根据事项配置与漳州市证照库实现实时对接，将照面信息自动填充后自动生成入库。

（6）自动签章。系统根据证照库提供的自动签章接口，将自主生成证照后调用自动签章接口实现证照自动生成后自动盖章。

（7）智能领证。一是网上推送证照智能审批。完成后，系统自动将电子证照和电子结果材料，系统通过短信、网上办事大厅、移动App、二维码、邮箱等方式推送给申请人。二是快递领证。对于需要纸质证照的业务，需申请人填写邮寄地址和收件人、联系电话，物流快递服务接口自动获取收件人信息，实现纸质材料和结果材料的寄送。可以通过"证政快"、物流快递、丰巢等方式自动寄送申请人。

四、创新做法及初步成效

市行政服务中心在推进"互联网+政务服务"工作中，努力探索传统行政审批向智能化、网络化审批的转型升级，自主创新智能"秒批"审批模式，即在没有审批人员干预的情况下，申办人员输入相关信息并对所提交材料进行真实性承诺确认后，由系统自动调阅、自动识别、自动生成电子证照的一种高效审批方式。整个审批过程即办即结，真正做到把简单留给群众，把烦琐交给系统，让群众企业办事比"网购"更加方便快捷。

（一）创新审批思路，推动"互联网+政务"深度融合

一是以人工智能替代工作人员的判断。推动行政审批方式创新与互联网、大数据、人工智能等信息技术的深度融合，将审批标准编写成计算机语言，让人工智能根据既定的标准作出结果判断，减少工作人员的自由裁量权。二是以信息共享替代手工填表。原来由群众手工填写的表格内容，改成通过信息共享生成表格模版。三是以电子证照库调阅对比替代群众提供资料。依托电子证照库，以群众的身份证或企业的营业执照关联所需材料，变群众承诺材料的真实性为证照库调阅比对。首批试点主要涉及公共服务类项目中资质申请、升级、延续、增项、变更、遗失补办及重新核定以及申办材料相对简单，可以从证照库调取或扫描上传的，结果无须领取或可网上下载的项目。

（二）"五个零"服务，群众办事像"网购"一样方便

一是申报零资料。申办人申报资料充分运用证照库的数据，申请时，只需填写固定模板上的企业名称、统一社会信用代码，或输入申办人个人相关信息，系统就会自动提取其他相关信息，无须上传或提供其他材料。二是受理零窗口。以漳州市行政服务中心网络端口统一受理申报，代替传统的实体大厅窗口受理，申请人从申报到受理的全过程均在线上完成，无须到办事大厅办理。三是办件零人工。运用智能审批软件，针对申请项目标准要求的特性，预先对申办要素进行认定，通过智能化审查系统提取相关信息，系统智能判定，全过程不再有人工审查。四是领证零上门。智能审批完成后，由系统自动生成加盖电子印章的电子证书或二维码，直接录入电子证照库。证书领取不再受空间和时间的限制，可在任意时段直接从电脑端下载打印纸质证书，无须再到窗口领证或者物流领证。五是归档零纸质。申报要件数据化，办理过程中所形成的审批、证照等数据信息，按照电子文档归档的要求、范围、格式来积聚存储，审核审批决定作出后直接在线归档，形成电子档案，实现全程无纸化办公。

（三）审批"不见面"，有效增强企业群众获得感

一是群众办事"一趟不用跑"。办理"秒批"事项，只需通过电脑或手机登录网上办事大厅，进入"秒批"页面，根据提示选择业务、智能引导、填写表单、上传材料，系

统自动进行标准化审批,即刻生成证照,"足不出户"即可办成事。二是信任在先"减证便民"。审批所需材料从电子证照库调取,群众只需提交关键的身份证或营业执照,无须提供其他材料。以第一批上线的17个"秒批"事项统计,群众需提交的材料数量总共减少了34项。三是缩短时限"即报即批"。"秒批"的办理实现了"即报即批",即时办结,第一批"秒批"事项平均承诺时限为2个工作日,以去年办理总数约45000件计算,可至少为申办人节省约9万个工作日。四是指尖政务预防"寻租"。"秒批"整个审批过程都是"在线运行",无须窗口或后方审批工作人员进行任何确认,改由人工智能进行判断发证,实现"不见面审批",大大降低了自由裁量权,减少"寻租"空间。

漳州市从2018年4月开始进行"秒批"试点工作,经过项目梳理、系统开发、信息共享、证照比对、上线试运行等几个阶段的迅速推进,截至目前,智能"秒批"已在全市各县(市、区)全面开展并取得显著成效,已上线运行未成年工就业登记证核发、老年人优待证发放、住房公积金账户转移等23项"秒批"事项,办理20多万件,真正以"网上智能办"实现"不见面审批",让申办群众享受到改革带来的便利和高效。目前,漳州市智能秒批平台已被福建省网上办事大厅列入特色专栏,成为福建省"放管服"改革的金字招牌。

(作者:黄文鸿)

数据账户管理平台项目

深圳市龙华区政务服务数据管理局

神州数码控股有限公司

一、基本情况

（一）项目概述

项目全名："智慧龙华"一期大数据平台数据账户管理平台。

建设单位：深圳市龙华区政务服务数据管理局。

承建单位信息：智慧神州（北京）科技有限公司。

项目批复信息：发改批复文件编号为深龙华发改〔2018〕447号，批复日期为2018年8月8日。

项目背景：在当前"十三五"重要战略机遇期，龙华区也迈入了城区布局深入规划、产业结构深度调整、基础设施全面优化、民生投资大幅提高、城区功能加速完善的关键时期。为此，龙华区政府初步确立了"四区一城"的战略定位，在2016年龙华新区党工委工作会议上区领导提出了"推动全面转型发展，加快建设创新引领的活力强区、高端制造的工业大区、绿色生态的宜居城区、民生幸福的和谐城区，努力建成现代化国际化创新型中轴新城，打造深圳北中心"的总体思路。龙华区高度重视龙华的智慧城市建设。在《深圳市龙华新区国民经济和社会发展信息化规划（2014—2020年）》中，明确提出了要"建设'智慧龙华'，全面推进国民经济和社会信息化，促进经济增长方式转变和社会协调发展，提高区域核心竞争力"。《智慧龙华发展规划》明确提出，构建完善的民生服务公共体系，实现信息化与民生体系应用的深度融合，创新信息惠民社会服务模式，深入推进智慧教育、智慧医疗、智慧社区和一门一网式"智慧服务",实现教育、就业、医疗、卫生、社会保障和救助等民生领域全方位的信息化和智能化,全面建设数字化智慧社区,实现民生服务的普惠化、便捷化、优质化和多样化。为此,通过建设市民、企业数据账户,汇聚市民、企业相关资料、证照、材料及第三方机构的数据,为市民、企业提供方便、快捷的一站式服务。

(二)现状分析

近年来,区内科技进步加速、产业结构高级化、城市化进程加快、资源配置市场化等有利因素为信息技术的创新和广泛应用奠定了很好的经济基础和物质条件。宏观发展环境既为信息化的发展既提供了强大的需求,又提供了可靠的物质保障。龙华区在政府有效引导及大力推进下,信息化管理、协调、规划、监督、科学评价等机制得到持续完善。信息化建设在加强基础网络建设,推动电子政务发展,促进信息产业培育、引进、发展壮大,广泛应用信息技术等方面成效显著。

1. 业务范围广,数据关联复杂

龙华区个人、企业数据账户的建设难点主要是业务内容多且复杂、数据关联复杂、业务涉及机构多等。数据内容包括公安、人社、计生、工商、税务、质检在内的多家委办局,内容复杂;个人、企业数据信息分布在各委办局,将其进行数据关联是一项复杂的工作;龙华区个人、企业数据账户建设还需考虑众多委办局相关领域的服务需求。

2. 海量、多源数据管理难度高

龙华区数据账户的建设,涉及个人、企业海量数据的集中管理、发布,同时还包括大量共享的属性信息等问题,对于有效解决大数据量的管理、维护、更新、发布、显示等一系列难题难度较高。

(三)项目建设

1. 目标定位

面向企业或个人时,项目提供最全面、最准确、最权威、最安全、最便捷的个人与企业信息查询、认证与管理服务。

面向政务时，项目提供基于企业与个人的信息查询与认证的服务对接。

2. 建设思路

数据账户为各服务于龙华区企业、市民的业务应用提供便民服务的重要支撑，其中个人数据账户的基础信息来源于市交换平台订阅的人口库，结合在区教育、医疗和市社保、公积金数据等个人有关的数据进行处理，并以身份证号进行数据关联，形成个人账户的数据资源，市民通过业务应用实名身份认证后可以享受数据账户带来的各项服务。企业数据账户的来源是由市标准院制定的法人库，结合企业在税务、信用、安全生产的信息，进行数据处理、关联、形成企业账户数据，通过业务应用企业认证后提供企业账户数据服务，使市民、企业充分享受数据红利，带来大数据的方便应用。

3. 总体目标

在"智慧龙华"的整体框架上，以龙华区大数据资源中心为基础，通过梳理整合数据资源中个人和企业相关各类证照数据和各类业务办理数据，构建起涵盖居民从出生到离世的全生命周期的个人数据账户和涵盖企业生产经营活动全生命周期数据的企业数据账户。项目基于ORC识别、人脸识别、智能推送、自动填表等智能化组件服务与个人数据账户和企业数据账户在政务、医疗、教育、计生、社保、养老等业务系统中的有机融合，实现让数据多跑路让群众少跑路的最终目标。

通过个人身份证号码、企业以统一社会信用代码号为唯一标识号归集个人和企业在各类数据资源，同时关联各类业务服务，构建全生命周期的数据账户管理体系，为各业务委办局提供个人和企业的数据服务支持和精细化的政务服支撑。

4. 管理与应用

个人数据账户归集一个人从出生到离世有关联的重要业务数据，通过账户的数据管理，提供全生命周期的便民服务，如图1所示。

企业数据账户归集企业从注册到注销的全生命周期的企业数据，通过账户的数据管理，提供全生命周期的企业服务，如图2所示。

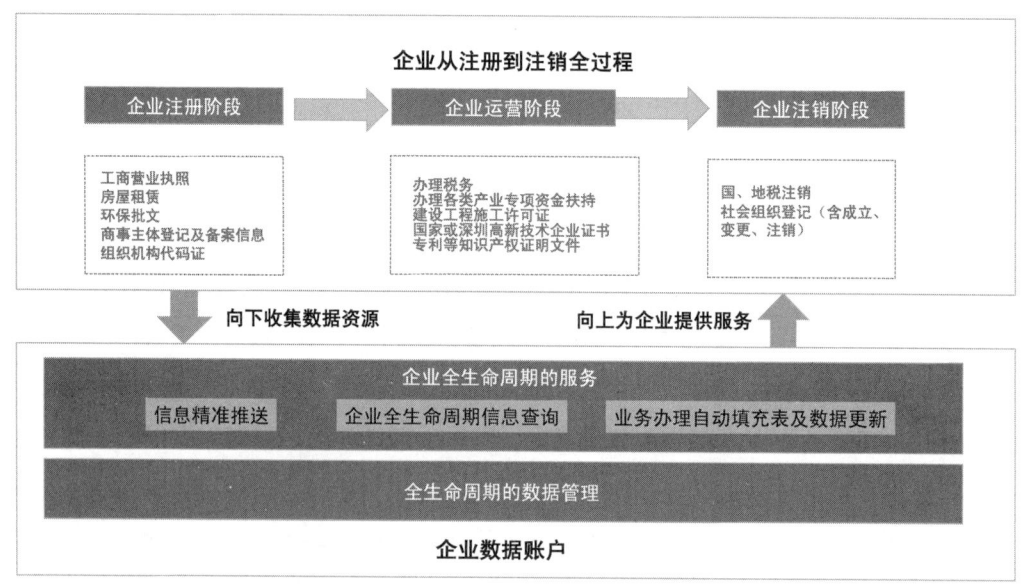

图 1　个人数据账户

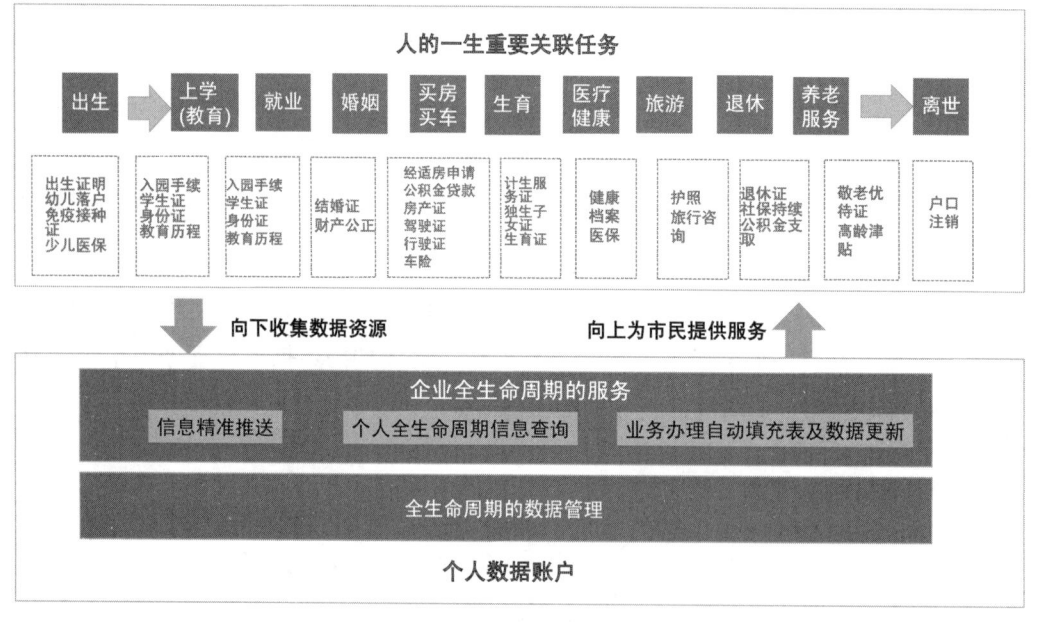

图 2　企业数据账户

5. 流程设计

对于个人数据账户,主要依托"智慧龙华"大数据平台整合面向个人的相关信息资源,构建市民从出生到离世全生命周期的个人信息资源库,各业务应用可采用大数据和人工智能技术,建立个人综合信息查询与分析,并实现精准推送教育、医疗等惠民信息,使市民充分享受数据红利,带来大数据的方便应用。

个人数据账户的整体流程如图 3 所示。

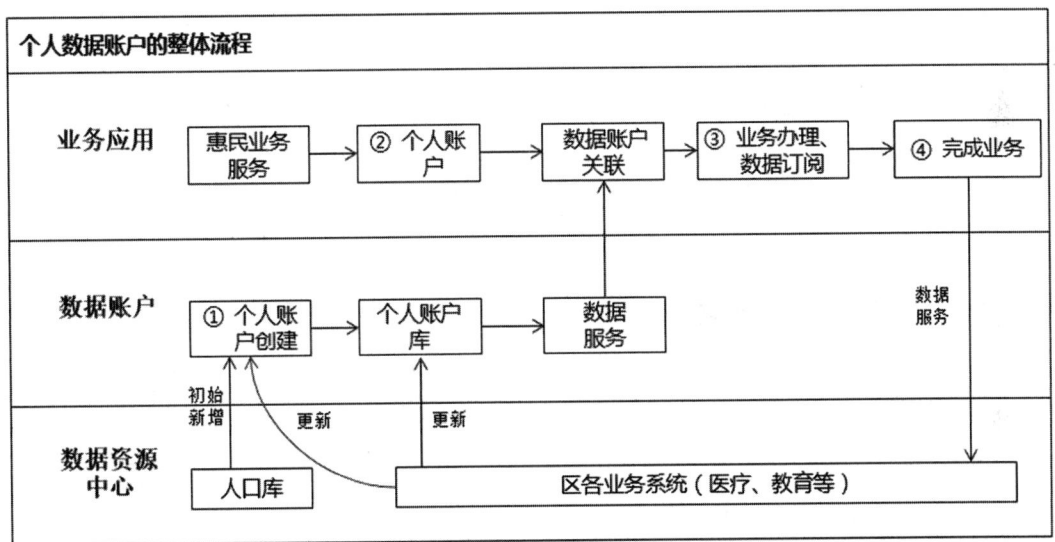

图 3　个人数据账户的整体流程

对于企业数据账户,主要依托"智慧龙华"大数据平台整合面向企业的相关信息资源,构建企业全生命周期信息资源库,为企业提供各类事项的便捷办理。

企业数据账户的整体流程如图 4 所示。

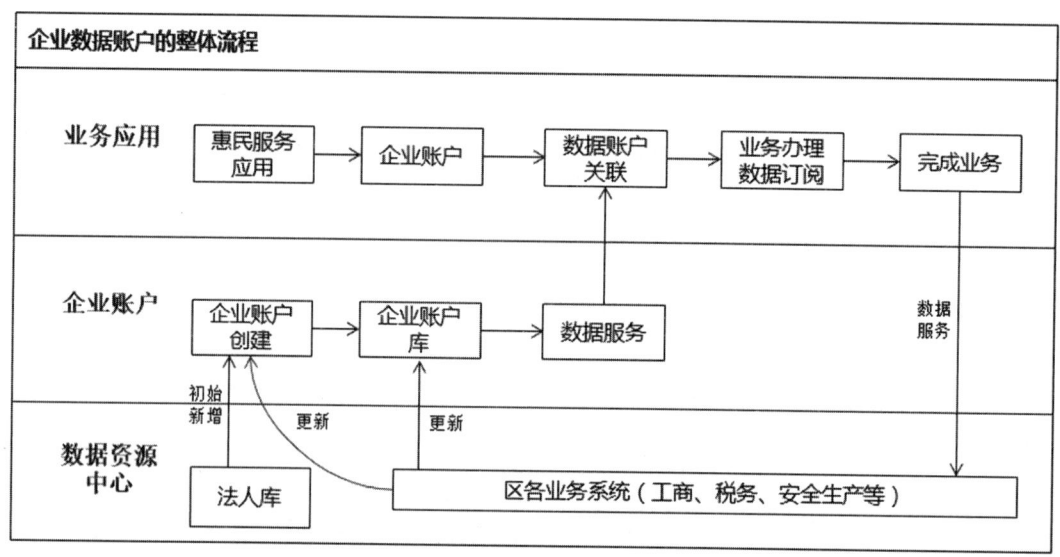

图 4 企业数据账户的整体流程

二、总体技术架构

数据账户管理平台通过数据信息归集,并对相关数据进行梳理、整理、重建、关联、匹配,形成以身份证号、企业信用代码为索引的数据账户,并在此基础上进行统一管理,为各委办局业务应用提供个人、企业的服务支撑。

数据账户系统由账户管理及应用服务、数据账户、数据采集、数据来源4个部分构成(图5)。

(一)账户管理及应用服务

账户管理及应用服务主要包括信息授权、个人服务、企业服务、账户分析、信息编目发布、信息共享、属性匹配、认证、订阅推送等内容。

(二)数据账户

数据账户定义了个人信息与企业信息的结构与访问标准,并提供了标准的信息数据接口来支撑对数据账户的访问。

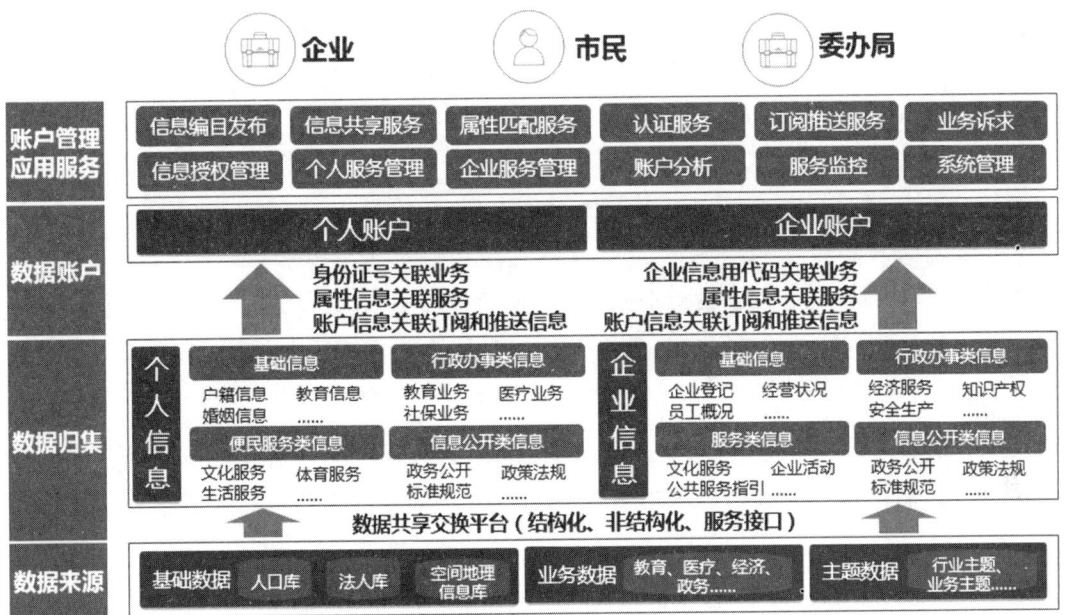

图 5　数据账户总体技术架构

数据账户在授权许可安全的环境下为业务应用提供涉及个人和企业的数据信息，加速业务开展，提高业务应用的实效性和便利性，大大提升为个人和企业务服务的水平。

（三）数据归集

数据归集涉及基础类信息、行政办事类信息、便民服务类信息和信息公开类信息等不同领域，并按不同类别进行归类、转换等操作。

（四）数据来源

数据来源涉及城市信息库中的基础数据库、行业主题库、数据仓库、业务系统数据等不同渠道，格式则包含结构化数据、非结构化数据、服务接口等数据类型。

三、主要构成与功能

数据账户管理平台分为 4 个子系统。

（一）个人数据账户

单点登录（认证服务）。针对不同用户对数据账户数据的使用要求，系统提供认证服务，便于业务应用快速搭建。认证服务与统一身份认证服务系统实现无缝对接，提供针对个人的认证服务。

个人信息（信息查询服务）。查询基本信息、教育信息、工作信息、资产信息、医疗信息、证照信息、信用信息、消费信息、保障信息、行为信息、资质信息及负面信息等市民画像。

关注订阅（订阅服务）。系统提供信息订阅服务和信息推送服务。

应用图谱（市民服务链接）。以上服务通过链接方式提供政务服务、公共事业服务及第三方服务。

个人空间（云空间）。为个人提供存储附件材料的云空间。个人登录门户后，可以上传附件到个人数据账户，并可对附件进行删除、下载等操作。材料附件主要用于在线申办的附件上传，市民可选用材料附件作为申报材料，实现个人常用材料的一次上传、重复使用。

（二）企业数据账户

单点登录（认证服务）。针对不同用户对数据账户数据的使用要求，系统提供认证服务，便于业务应用快速搭建。认证服务与统一身份认证服务系统实现无缝对接，提供针对个人的认证服务。

企业信息（信息查询服务）。查询基本信息、关联关系、抵押质押、财务税务、知识产权、法律仲裁、经营管理、社会事件、抽查检查、行业评价、资质资格、证照信息、遵从规范等企业画像。

关注订阅（订阅服务）。系统提供信息订阅服务和信息推送服务。

应用图谱（企业服务链接）。以上服务通过链接方式提供政务服务、公共事业服务及第三方服务。

企业空间（云空间）。为企业提供存储附件材料的云空间。企业登录门户后，可以上传附件到企业数据账户，并可对附件进行删除、下载等操作。材料附件主要用于在线申办的附件上传，企业可选用材料附件作为申报材料，实现企业常用材料的一次上传、重复使用。

（三）政务服务门户

单点登录（认证服务）。针对不同用户对数据账户数据的使用要求，系统提供认证服务，便于业务应用快速搭建。认证服务与统一身份认证服务系统实现无缝对接，提供针对个人的认证服务。

案例演示。通过服务案例演示引导政务部门工作人进行服务申请。

服务申请（信息共享服务）。系统提供信息共享服务，包括共享服务API等。政务单位通过业务诉求申请，申请通过后直接使用。

我的服务。管理申请的数据服务。

开发指南。提供政务工作人员或系统开发人员阅读，方便开发使用。完整的服务申请、接入、使用说明，包括服务申请流程、快速开发接入、开发参数查询、开发示例、服务接口统计、帮助与支持等。

业务诉求。系统提供业务诉求征集入口，业务应用可以提出具体的针对数据账户的应用诉求，对数据获取、数据服务、数据质量等提出要求，由数据账户业务管理人员根据运行机制进行处理。

订阅服务。系统提供信息订阅服务和信息推送服务。

（四）系统管理后台

账户管理：管理个人门户、企业门户和政务门户的用户信息。

接口管理：针对政务门户的数据接口进行管理，包括审批、启用、禁用和脱敏脱密。

诉求管理：针对政务用户对系统数据和使用上的诉求管理。

统计分析：包括接口分析、个人分析、企业分析、应用分析、账户分析和数据分析。

系统管理：针对管理后台系统的用户，角色，权限和菜单进行管理。

四、基础支撑环境建设

（一）数据来源

数据账户的数据来源，个人账户和企业账户的基础数据来源分别是城市数据资源的基础数据、业务数据和主题数据及数据仓库等。数据包含结构化数据、非结构化数据、服务接口等数据类型。

此外，还有一部分账户数据来源于第三方专业机构及互联网，比如，市民账户征信信息、行为信息等；企业账户的行业评价、法律仲裁、社会事件、经营管理等信息。

（二）数据归集

通过区数据共享交换平台对与个人、企业相关的信息进行归集，形成涉及基础类信息、行政办事类信息、便民服务类信息和信息公开类信息等。并按不同类别进行归类，如按不同数据类型分为结构化、非结构化、数据接口等类别，按业务部门分类，按不同行业分类，按生命周期的不同阶段等。

对于第三方机构或互联网数据将采用数据接口方式或 API 服务方式，从第三方机构获取，或通过深网数据开采平台专业工具进行数据获取。

（三）统一身份认证

数据账户将个人与企业数据账户统一集成，采用统一的用户身份认证和授权管理。当用户通过单点登录身份认证后，方可进入个人或企业账户的后台，个人账户可以对个人的信息和材料进行管理。

（四）微服务服务总线

API 发布由运营服务人员对政务服务系统的 API 进行统一管理并提交发布申请，主要包括列表展示、服务定义、需求申请、API 定义和审核几个部分。

通过人工智能服务与企业办事业务的融合，实现区现有业务系统与大数据平台的业务流程支撑，构建高效、便捷、智能化的精准管理与服务办事。

在企业、个人业务办理过程中，业务部门需要采集办事人员或者企业或人的身份证、营业执照、驾驶证、行驶证等证件信息；但是在电脑、移动终端（平板电脑、智能手机）上录入这些信息速度比较慢，很大程度上影响了工作效率、降低了客户满意度。通过 OCR 智能识别组件，实现文档或证件文字的自动输入，即通过电子设备（扫描仪或相机）对文本资料进行扫描，然后对图像文件进行分析处理，获取文字及版面信息的过程。这种方式可以有效解决业务人员手工录入速度慢、生僻字难以录入、证件信息识别等操作上的问题，从而解决了信息采集的效率瓶颈，缩短业务办理时间，提高客户满意度。

五、应用系统建设

（一）个人或企业数据账户管理平台

个人或企业数据账户按全生命周期进行画像，并对不同阶段的信息进行归集，从而建成个人数据账户和企业数据账户，为个人和企业提供精准服务打下基础。

数据账户的建设按照业务体系架构的整体建设思路，通过打通自然人库、工商登记信息、职能部门及公用事业单位业务库及互联网信息资源，按个人实体数据模型为基础归集内外网个人相关的各类数据信息，可构建信息展现类、业务代理类的基础应用以及智慧应用类及大数据分析类的高阶应用，为个人提供信息全面、安全可信、智能易用的数据账户。

通过访问数据账户门户经行数据查询，为其提供统一信息资源展示、统计分析等服务方式。该模式最主要的特点是"人机交互模式"，在线查询模式也将是项目后期面向社会公众开放主要服务模式。

通过对数据账户中的数据资源进行 API 服务化，以云模式提供标准化的接口服务。一方面，市民在主动使用智慧龙华各项服务时，个人账户数据可自动填充，免去重复手工填写的麻烦，极大地提高了办事效率。另一方面，各业务系统可通过调用个人账户数据 API 服务，进行相关信息的查询与代填，为将来的高级智慧应用打下基础。

（二）数据账户门户

门户集成采用统一的用户身份认证和授权管理。该用户身份认证与授权管理内容包括身份存储、身份验证、用户授权、互操作性服务以及用户身份的维护等。

围绕应用图谱聚集智慧龙华的服务资源，对聚集的数据及工具、模型等服务资源进行融合加工，按照场景对进行融合，形成具有独立功能的服务应用，以微服务、SaaS应用的方式为市民提供服务。针对账户信息，通过区共享交换平台、共享服务API、数据交换节点配置等实现数据和统计结果共享。针对不同用户对数据账户数据的使用要求，系统提供认证服务，便于业务应用快速搭建。认证服务与统一身份认证服务系统实现无缝对接，提供针对个人、企业、业务部门的认证服务。

六、数据资源建设

数据账户管理平台数据资源以全区统一电子政务网络、统一机房、信息安全基础设施为依托，围绕个人和企业信息采集、组织、分类、存储、共享、开放等信息生命周期各环节，建设大数据服务能力，汇集公安、人社、卫计、教育、政数、科创等市级、区级100多个部门、200多个业务数据，与市级政务资源、运营商及其他系统对接收集数据，通过汇集、清洗、比对、管控、安全处理和分类存储，实现大数据资源共享交换平台，为数据账户系统提供综合应用开发和大数据支撑服务。

数据账户平台以大数据共享交换平台为基础，采集最准确、最权威的企业与个人数据信息，个人数据账户通过对个人的基本信息、资产信息、医疗信息、证照信息、信用信息、消费信息、保障信息、行为信息、资质信息以及负面信息十个层面进行全面梳理，归集一个人从出生到离世有关联的重要业务数据，最大限度地体现市民在不同阶段的完整画像。企业数据账户通过对企业的基本信息、关联关系、抵押质押担保、财务税务、知识产权、法律仲裁、经营管理、社会事件、抽查检查、行业评价、资质资格、遵从规范等12个方面进行梳理，归集企业从注册到注销的全生命周期的企业数据，最大限度地体现企业的完整画像，形成最完整、最全面、最安全的企业与个人数据账户。截至目前已构建260多万个人账户、约43万企业账户。

数据账户平台以数据资源为基础，对外提供数据接口服务，实现跨层级、跨部门、跨系统、跨业务的数据融合，打通信息壁垒，统筹利用资源，率先实现数据共享交换平台在应用层上真正的"零突破"。

七、大数据分析建设

个人及企业的数据网络自成体系，相互割裂，数据孤岛的问题客观存在，相互之间的数据难以实现互通和共享，导致目前掌握的数据大多处于割裂和休眠状态。同时，由于各部门信息系统分割，许多数据往往需要重复采集，采用传统模式数据采集成本较高。通过数据接口服务化的模式，数据提取周期以天计，高效、快速地打通了应用的边界，通过可读或写的数据接口服务，实现数据快速自动化获取，使数据在多系统中实现了流动、共享，打破了原有相互独立的应用系统之间一堵堵"看不见的墙"，为进一步的大数据分析提供了数据资源基础。

数据账户大数据分析以数据资源为基础，采用通用组件及定制实施开发的方式，来实现对多源数据采集、数据质量管控、非结构化数据存储计算、主题数据资源管理、辅助决策分析和数据开放等业务，提供实现基于数据全流程管理的系统工具，同时基于国家电子政务建设标准规范来建立数据规范体系。整合当前主流的各种具有不同侧重点的大数据处理分析框架和工具，实现对数据的挖掘和分析，大数据分析有机地结合各个组件，完成海量数据的挖掘，通过对个人、企业数据账户进行概览性分析。对数据量、数据分类情况、数据各分类统计情况、人群分析、企业群组分析等内容。对个人目录和数据对接分析、企业目录和数据对接分析、个人数据量、企业数据量、服务接口统计分析、服务接口使用分析、个人年龄与户籍分析、企业行业分析、个人高频云词分析、企业高频云词分析等内容。提供分析情况，政府采用合适的策略让市民享受更好的便民服务。

八、关键技术运用、主要技术特点

数据账户管理平台主要划分为前台、中台、后台。

（一）前台

前台主要由不同的页面构成，在整个系统中和用户最近。页面的美观程度，逻辑复杂度，交互，页面性能等因素对用户的使用体验起了决定性作用。页面开发过程中主要使用了 VUE、jQuery、BootStrap 等主流技术类库与框架；Vue 所关注的核心是 MVC

模式中的视图层,同时,它也能方便地获取数据更新,并通过组件内部特定的方法实现视图与模型的交互;jQuery 使用户能更方便地处理 DOM、events、实现动画效果;Bootstrap 是基于 HTML、CSS、JavaScript 开发的简洁、直观、强悍的前端开发框架,使 Web 开发更加快捷。

(二)中台

向前台提供数据接口,进行权限校验,从后台获取数据提供数据给前台,使用的主要技术有 Spring boot。Spring Boot 是由 Pivotal 团队提供的全新框架,其设计目的是用来简化新 Spring 应用的初始搭建及开发过程。Mybatis plus 是一个 MyBatis 的增强工具,在 MyBatis 的基础上只做增强不做改变,为简化开发、提高效率而生。Spring-cloud-eureka 2.1.0.M3,Spring cloud 微服务框架的组件,服务注册中心,用于服务的管理;Spring-cloud-feign,Spring cloud 微服务框架的组件,远程调用组件,基于 HTTP 协议,配合服务注册中心使用;springfox-swagger2,Swagger2 可以快速帮助我们编写最新的 API 接口文档,再也不用担心开会前仍忙于整理各种资料了,间接提升了团队开发的沟通效率。

(三)后台

根据业务功能设计数据表、数据库,对数据源的数据进行处理提供给中台调用,使用的主要技术和工具有 ETL。FTL 是英文 Extract-Transform-Load 的缩写,用来描述将数据从来源端经过抽取(extract)、转换(transform)、加载(load)至目的端的过程;Oracle Database,Oracle 数据库系统是目前世界上流行的关系数据库管理系统,系统可移植性好、使用方便、功能强,适用于各类大、中、小、微机环境;Kettle,Kettle 是一款国外开源的 ETL 工具,纯 Java 编写,可以在 Windows、Linux、Unix 上运行,数据抽取高效稳定。

九、系统运维服务

系统运维主要分为硬件(云主机)和软件。

（一）硬件

云平台统一管理。

（二）软件

软件分成两块：第三方产品，自己开发的项目及产品维护升级。

1. 操作系统升级

第三方产品安装及参数优化（可以参考第三软件公共资料）。

2. 项目及产品维护

数据账户平台维护最主要工作的是数据管理，维护分成外部数据接入、数据整理、数据输出三大块。

（1）数据接入灵活。

① 数据库对接（oracle->pgsql），如果有新业务数据需要接入，可以在 b_mparamtab 中添加表名与相应参数就可以。

② API 数据接口对接，如有地址变动修改公共配置参数就行。

（2）数据整理标准化、可视化。

① 把接入的数据梳理成标准化的 Excel，用程序合并，通过可视化页面导入系统。

② 可视化发布导入的数据目录。

③ 定时任务完成数据的定时更新。

④ 日志跟踪 ETL 执行过程。

（3）数据输出高扩展、可视化动态配置。

① 政务数据 API 输出结构实现动态可配置化。

② 个人数据账户、企业数据账户目录数据项动态可控。

（作者：康　柳　刘国光）

山西省商务诚信公共服务平台成果

山西清众科技股份有限公司

一、基本情况

山西是商务部 2016 年确定的商务诚信体系建设的第二批试点省份之一。山西清众科技股份有限公司作为阿里云 MSP 核心合作伙伴，承接商务诚信体系建设工作，建立商务诚信公共服务平台，于 2018 年年底，山西省商务诚信公共服务平台正式上线（试运行）。平台完成"五横三纵"的建设工作，"五横"是平台建设的主体，包括搭建大数据云平台、信用数据采集与治理、信用评价体系、信用公共服务体系、信用综合门户，"三纵"是平台安全、稳定运行的保障，包括平台标准规范体系、平台安全运维体系、平台运营推广体系。初步建立了政府信息和市场信息的交互渠道和机制，搭建了行政管理公共信息服务、市场化综合信用评价服务及第三方专业信用评价共享服务的多渠道、全覆盖的商务诚信服务格局，初步形成商务部门、政府和市场共同发挥作用的失信惩戒和守信激励机制。

二、总体技术架构

根据山西省商务诚信公共服务平台"五横三纵"的建设内容，进行了平台的总体架构设计，其中基础设施层、数据资源层（也称数据资源中心）、平台支撑层、应用服务层、展示层共称为"五横"建设，保障平台建设的可落地性；通过标准规范体系、运维服务体系和运营服务体系等"三纵"体系建设，保障平台可持续运营性。如图 1 所示。

山西省商务诚信公共服务平台成果

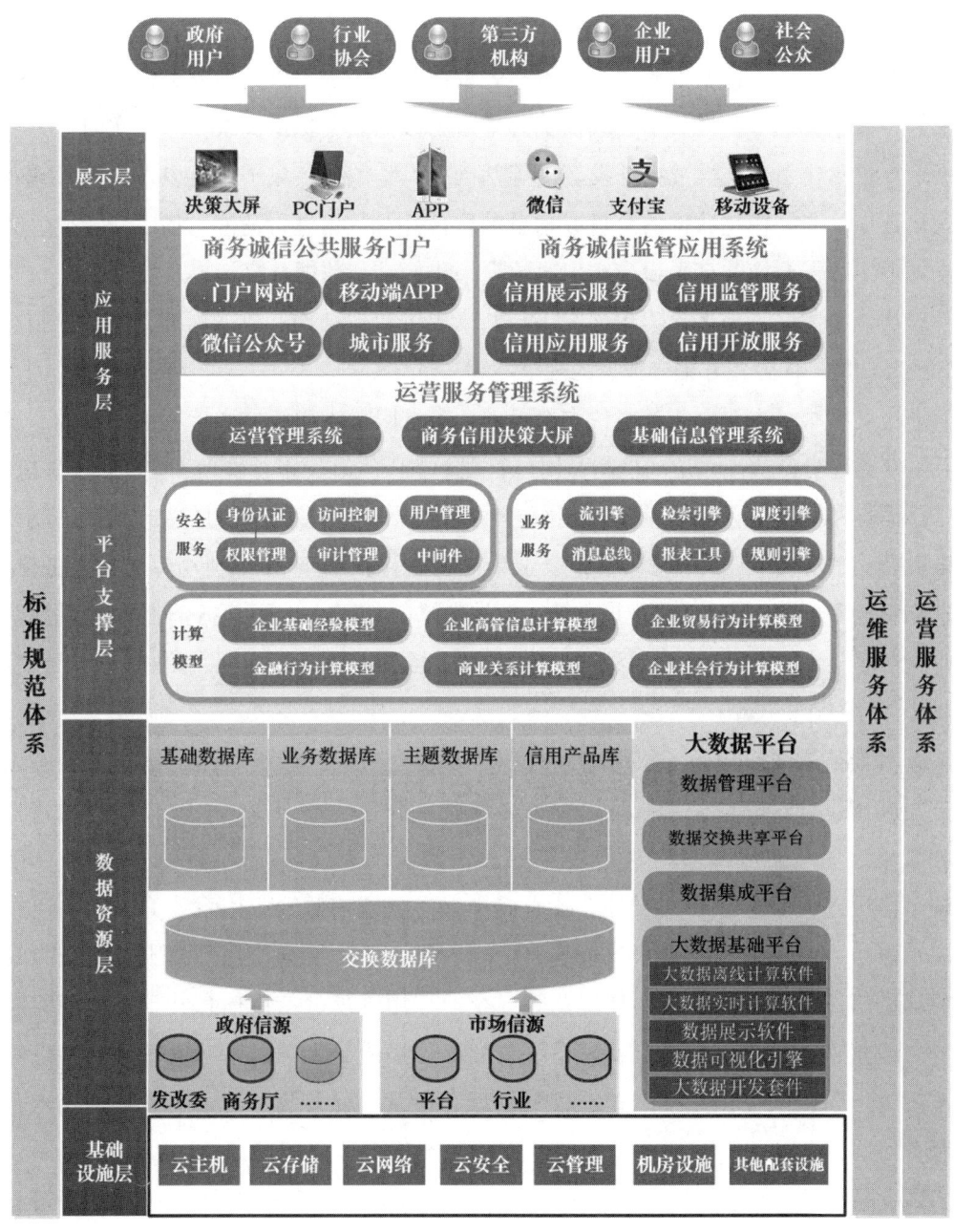

图 1　总体技术架构

基础设施层：以山西省政务云为基础支撑，搭建山西省商务诚信公共服务平台基础设施层，主要包括云主机、云存储、云网络、云安全、云管理、机房设施、操作系统和其他配套设施。

数据资源层：即数据资源中心，包括大数据基础平台、数据集成平台、数据交换共享平台、数据管理平台。其中大数据基础平台为数据服务提供离线计算、实时计算、数据展示、可示化引擎、大数据开发套件等基础工具；数据集成平台可以任调度形式，对结构化数据、非结构化数据的全量或增量抽取，并对数据进行清洗、加工、转换，实现数据集中；数据交换共享平台，实现对数据采集标准、数据共享标准及数据采集与共享的管理功能；数据管理平台为数据归集与共享提供数据结构、数据标准、质量控制、数据管理等功能，保障各方集成数据的规范性和一致性。

平台支撑层：主要由业务服务支撑组件、安全服务支撑组件和计算模型组成，安全服务组件通过身份认证、访问控制、用户管理、权限管理、审计管理和中间件（WEB 中间件、消息中间件等）组件为平台运行提供安全保障；业务服务组件主要通过流引擎、检索引擎、调度引擎、消息总线、报表工具、规则引擎等组件，为业务系统的业务流程、消息传输、任务调度等功能实现提供统一组件支撑；计算模型主要包括企业基础经验模型、企业高管信息计算模型、企业贸易行为计算模型、金融行为计算模型、商业关系计算模型、企业社会行为计算模型。

应用服务层：应用服务层应用系统主要从公众应用、政府应用，运营维护应用三个方面进行设计。其中公众服务以商务诚信公共服务门户为窗口，通过门户网站、微信公众号、城市服务和移动 App 等各种形式的应用为公众提供信用查询服务、信用管理、信用对接服务等公共服务。政府应用以商务诚信监管应用系统为窗口，通过信用展示服务系统、信用监管服务系统、信用应用服务系统和信用开放服务系统为政府用户提供信用信息查询、信用环境监管、企业信用管理、信用信息共享等监管和应用服务。运营管理系统通过运营管理系统、商务信用决策大屏、基础信息管理系统等应用系统为运营团队提供平台维护、权限管理、运营状况监测、运营业务处理等运营维护服务。

展示层：平台通过决策大屏、PC 门户、手机 App、微信、支付宝、移动设备等各类终段应用进行平台呈现，为政府、企业和个人用户提供信息与服务。

三大体系建设：通过标准规范体系、运维服务体系和运营服务体系等四大体系建设，保障平台数据管理规范、系统运行安全、平台无间断服务、业务可持续运营。

三、主要构成与功能

山西省商务诚信公共服务平台以大数据基础数据平台为基础,建设了计算机端和移动端的访问渠道。面向公众、个人、企业、专业服务机构、社会组织和政府六类用户提供服务。共包括:商务诚信公共门户网站(网址:https://shanxixinyong.com)、运营服务系统、监管应用系统、微信公众号、App、支付宝城市服务六个应用子系统。

面向整体用户,具备信用资讯服务、信用公示服务、信用信息服务、企业信用服务、信用服务对接、信用数据填报及注册登录服务等功能。为各类平台用户在信用资讯掌握、信用信息管理、信用信息应用、获取信用服务等方面提供极大的便利。

面向政府用户,山西省商务诚信公共服务平台提供开展商务领域政务信用服务应用。一是政府采购活动、政策性资金支持事前信用审查。二是行政审核、行政许可事项事前信用审查。三是事中事后依据信用实施分类监管、联合奖惩。四是建立信用承诺制度。五是探索开展定制化服务。

面向市场类用户,提供包括"信用公示""信用免押租赁""信用免押融资""企业上云服务""企业信用互查互评"等功能,缓解中小微企业融资难问题,让诚信企业享受更多诚信红利,助力民营、中小微商贸企业经营发展;通过展示商贸流通领域25个行业诚信地图、行业诚信指数、诚信企业分布及信用等级等信用服务功能,引导开展行业自律;在酒类、醋类等特色行业建立行业信用评价指标体系,促进行业发展。

四、支撑环境建设

山西省商务诚信公共服务平台,网络及部署架构如图2所示。

平台整体采用云服务架构,部署在政务云互联网区,通过政务云、政务外网区互联山西省改革与发展委员会侧山西省信用信息共享平台及山西省政务资源信息共享交换平台。

政府信源类征信数据采集软件,部署在政务云政务外网区,通过网闸进行数据交换,保障系统安全。互联网业务由共享交换平台统一进行数据交换并对外提供用信服务。

大数据平台,基于互联网及政务外网的数据进行信用数据管理、信用数据集成、信用数据仓库建设,运用大数据离线计算和大数据实时计算能力,搭建信用评价模型、提供信用数据大数据服务及数据可视化能力。

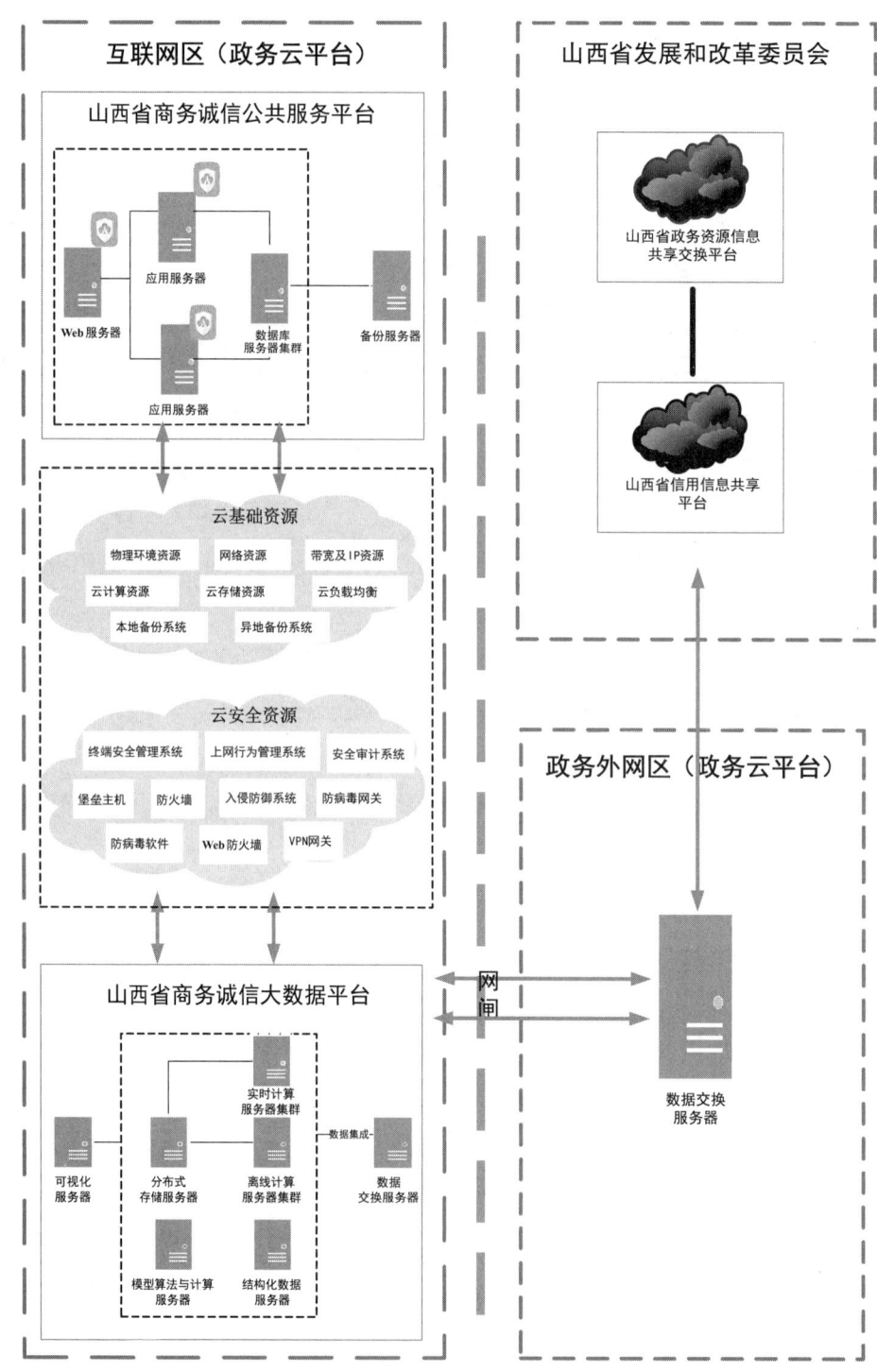

图 2 山西省商务诚信公共服务平台系统及部署架构图

公共服务平台（公共服务门户、商务诚信监管应用、运营服务管理应用）部署在互联网区，为保障应用安全稳定，对其应用服务器和 Web 服务器，安装主机安全管理系统，利用成熟的互联网安全防护服务，对访问请求进行流量清洗、防御攻击、避免平台资产数据泄露，保障平台的安全性与可用性。

五、应用系统建设

应用服务层总体架构如图 3 所示。

该项目的应用服务层业务软件的开发涉及商务诚信公共服务门户、商务诚信监管应用系统、运营服务管理系统等三大业务系统的开发、测试和部署。其中商务诚信公共服务门户主要承担互联网业务应用，为个人、企业、行业协会、第三方信用服务机构等用户提供信用信息、信用经营、业务对接等服务；商务诚信监管应用系统为商务厅用户和政府相关部门用户提供信息共享、诚信分析、辅助决策等服务；运营服务管理系统用于平台用户角色维护，日常业务处理，业务信息同步等功能。

平台开发任务按照分阶段建设思路进行规划，第一阶段完成内外网络核心展示功能，使平台可以顺利上线；第二阶段进行业务功能完善与扩展，逐步完成平台设计功能；第三阶段根据各类业务进展需求，对平台进行持续完善优化。

六、数据资源建设

数据资源中心是商务诚信公共服务平台建设的核心，建设内容包括大数据基础平台、信用数据管理平台、信用数据集成、信用数据交换共享、并提供信息资源规划、信用数据仓库建设、信用评价模型建设，数据对接服务、数据治理服务和市场类数据源提供。如图 4 所示，商务诚信大数据平台对政府数据、市场数据等各类数据源数据进行存储和计算，是数据资源中心的重要组成部分。商务诚信大数据平台提供离线计算、实时计算、数据质量管理、数据同步、数据开发、数据管理、数据 API 等丰富的功能，可以为数据资源中心建设提供有效支撑。

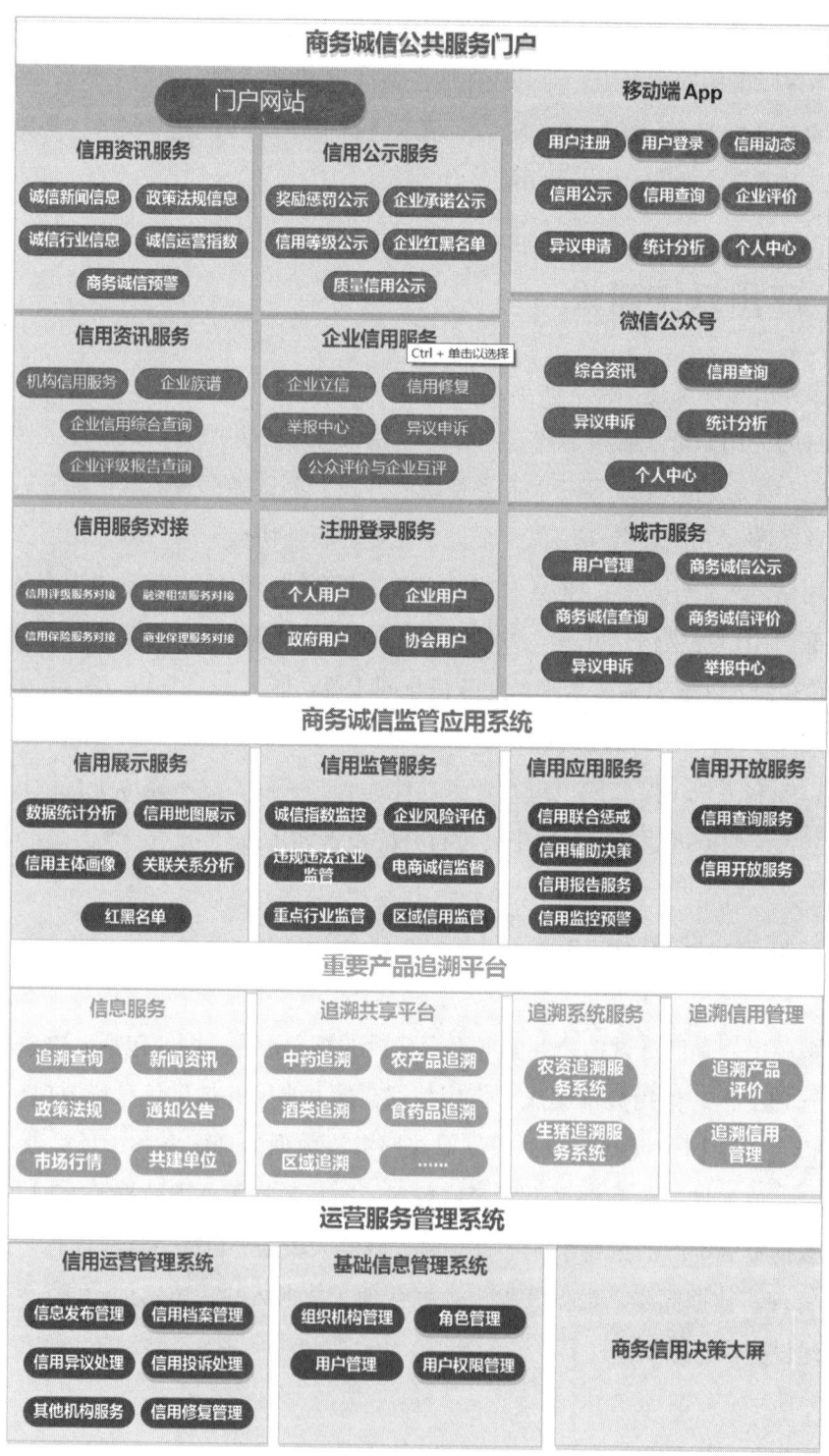

图 3 应用服务层总体架构

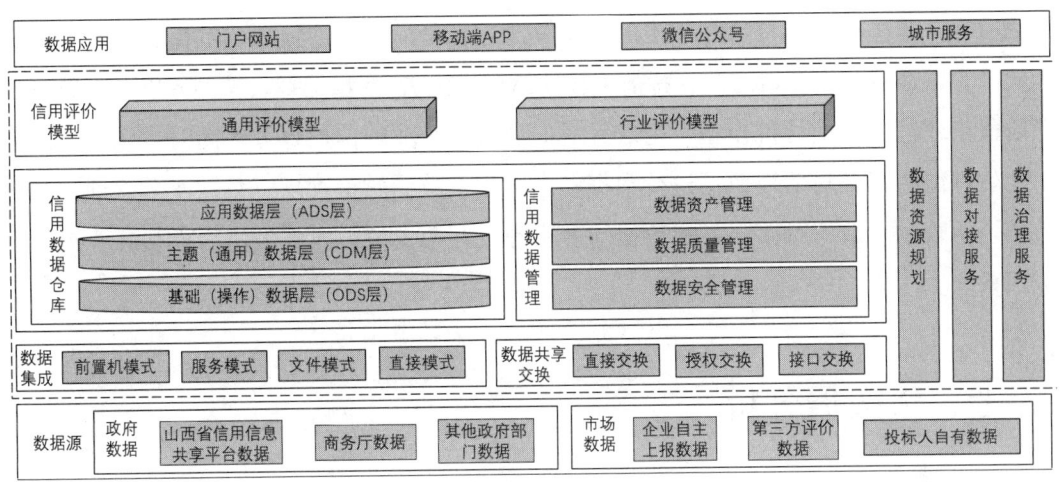

图 4　数据资源中心框架

在数据资源中心，数据源主要包括政府数据和市场数据两大类。

（1）政府数据，包括山西省信用信息共享平台数据、商务厅数据和政府其他数据等。

（2）市场数据，包括企业自主上报数据，第三方评价数据，投标人提供的自有市场化数据（B2B 交易类平台、B2C 交易类平台、生活服务类平台、企业公共信用信息）等。

数据集成实现从多个异构的数据源（不同数据库、结构化文件等）抽取数据，并加工成统一的数据格式，加载到信用数据仓库中，形成信用基础数据资源体系。同时，通过信用数据交换共享以数据资源目录体系为基础，实现数据在商务厅、其他政府部门及第三方平台的共享和交换，面向商务信用业务应用提供数据支持，面向社会公众进行信用数据开放。信用数据共享交换提供直接交换、授权交换、接口交换等交换类型，支持数据交换统计和监控。

商务诚信大数据平台针对接入的各类来源数据进行存储和计算，信用数据仓库分为基础（操作）数据层、主题（通用）数据层和应用数据层。其中，基础数据层根据不同数据源的接入策略实现全量数据汇聚；主题数据层对数据进行加工汇总，强调数据易用性，提升公共指标的通用性，围绕商务诚信通用主题场景构建形成丰富的主题库；应用数据层则与应用更加相关，是基于应用的数据组装。而信用评价模型的构建则以信用数据仓库为支撑，采用大数据分析和先进的模型算法，充分借鉴国内信用评价模型领域丰富的承建经验，通过数据探索清洗、特征工程（指标衍生）、变量选择、模型开发、分数融合等阶段搭建商务诚信评价模型，生成针对商贸流通企业的信用评分。同时，凭借丰富的平台软件能力以及对信用数据进行数据资产管理、数据质量管理、数据安全管理，结合数据资源规划、数据对接服务和数据治理服务，有力支撑山西省诚信门户和各种大数据应用系统。

七、大数据分析

商务诚信大数据基础平台，采用先进的大数据生态底层技术，通过 Spark、Flink 等开放的体系架构提供实时或离线计算框架，具备高性能且功能丰富的大数据处理能力，可以最大化地分析数据价值，完整实现数据应用的闭环。在提供开发环境和平台接口的同时，对大数据离线计算、实时计算、数据仓库建设、企业图谱等多种应用提供有效支撑。平台包括大数据软件，数据展示软件，数据可视化引擎等。

大数据软件主要包含离线计算引擎（Spark）和实时计算引擎（Flink），两大引擎的功能组件特点如下：

大数据软件离线计算采用 Spark 计算引擎（图 5），系统完全基于分布式架构，具备横向扩展能力，当数据量增大，计算性能面临瓶颈时，只需要增加节点，即能解决计算性能问题，同时平台包含图计算引擎、机器学习模块，满足多种场景的数据需求，支持 SQL、Java、Python 等接口，满足多种开发方式。

该项目提供 QuikBI 作为数据展示软件，QuickBI 是一个基于云计算的灵活的轻量级的自助 BI 工具服务平台。

QuickBI 支持众多种类的数据源，可以提供海量数据实时在线分析服务，通过提供智能化的数据建模工具，极大降低了数据的获取成本和使用门槛，通过支持拖拽式操作和提供丰富的可视化图表控件，轻松自如地完成数据透视分析、自助取数、业务数据探查、报表制作和搭建数据门户等工作。

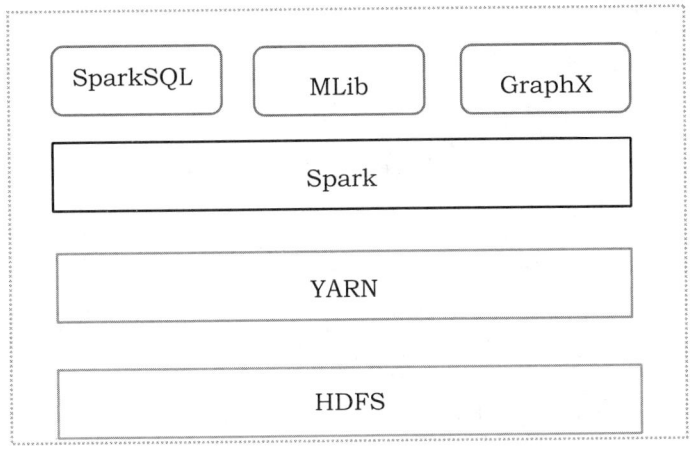

图5 离线计算 Spark 计算引擎架构

该项目提供 DataV 数据可视化平台作为数据可视化引擎，DataV 数据可视化平台是以日常图表组件库 d.chart 及地理相关组件库 d.map 为基础，专业数据可视化模板设计为视觉框架，依托 cube 前端框架搭建起来的 Web 服务。支持数据接入、布局与组件配置、播控管理等功能，通过这个平台可以利用已有组件低成本还原设计师产出的原型图，快速完成多种数据源的绑定，并通过最终的可视化配置调整系统完成所见即所得的视觉调试，最终产出数据大屏。

该项目中大数据软件采用玳数袋鼠云数栈 DTinsight 实时大数据智能平台（以下简称 DTinsight）V2.0，软件采用分布式设计，覆盖了建设数据中台过程中所需要的各种工具，完整覆盖离线计算、实时计算应用，满足开发人员从计算引擎、数据同步、数据开发、机器学习、数据质量、数据地图、数据模型、数据API、统一管理、用户中心等各层次应用，使用大数据软件可以解放开发人员的生产力，极大地缩短数据价值的萃取过程，可应用于海量数据仓库构建、机器学习等各领域，提高提炼数据价值的能力。

大数据软件采用 hadoop 分布式架构，可支持多应用多实例并发同时计算并隔离应用数据和程序的能力，可以让多个用户在一套平台上协同工作。支持多节点的集群模式，能承担1000+以上的多应用多实例任务同时进行并发计算。

大数据软件底层采用 hadoop yarn 框架进行资源的调度和管理，对应用数据进行物理隔离。提供多任务并发、版本管理、任务锁机制，满足多用户的开发环境要求，同时在计算资源和应用层面做了租户资源的隔离，保障用户数据的安全性，在账号开通，账号授权，表数据使用等方面，采用审批授权机制，按照最小化原则来保障数据安全性和私密性。同时在大数据软件的上层应用中，采用租户、项目的机制，对应用数据、应用程序进行物理或逻辑的划分，从而能确保数据和程序的隔离性，使得多个用户在一套平台上协同工作，互相之间不收影响。因此具备完善的权限认证与隔离机制，保障用户数据的私密性，支持通过多租户模式实现资源隔离。

大数据软件采用统一的用户中心提供账号的管理，登录，权限认证，隔离等功能，同时在数据的安全性上，按照项目，表名等粒度进行独立授权，在未经授权的情况下，不能进行数据的访问，保障用户数据的私密性。同时底层采用 yarn 进行物理资源的管理，按照 CPU，内存，磁盘等进行资源的物理划分，从而可以把一个大的集群进行模块化的切分，实现多租户间的资源隔离。

该平台提供应用于海量数据仓库构建、机器学习等各领域，提供丰富的数据管理手段并且可以一站式地将数据转化为价值。数据质量、数据同步、数据开发、计算引擎、统一管理、数据 API 等功能将在下文中介绍。

八、关键技术运用、主要技术特点

（一）大数据计算存储技术

平台具有大数据计算能力，提供强大的分布式计算引擎和多集群、多租户机制，给企业提供 PB 级别的大数据计算存储技术数据计算能力；平台集成了可视化工具，一体化的可视化数据开发平台涵盖数据研发全流程，大大提升数据研发、运维的效率；在数据处理过程中，数据质量问题受全方位监控，帮助企业及时发现数据问题，降低数据引发的风险和损失；数据采用分布式计算，海量数据秒级响应，支持多维分析和灵活的业务探索等业务场景，是企业大数据基础建设的加速器；该平台提供数据接口付，通过零代码生成 API，快速构建数据服务共享中心，并进行数据应用全流程监控。

（二）数据仓库建设技术

数据仓库技术是基于数学及统计学严谨逻辑思维、并达成"科学的判断、有效的行为"的一个工具。数据仓库技术也是一种达成"数据整合、知识管理"的有效手段。数据仓库是面向主题的、集成的、与时间相关的、不可修改的数据集合。平台利用数据仓库技术根据实际情况建立了ODS、DWD、ADM三个层，通过数据的处理清洗为平台的顶层应用提供数据结果支持。

（三）人工智能机器学习

以大数据为基础，利用机器学习技术对商贸流通企业进行建模，主要模型有逻辑回归算法和评分卡模型，对企业的信用进行评价，其原理是将特征以WOE编码方式离散化之后运用logistic回归模型进行的一种二分类变量的广义线性模型，该算法的特点为可解释性强，模型评分结果稳定（健壮）。

九、系统运维服务

公司组织专门的技术运维团队为山西省商务诚信公共服务平台提供专业的运维服务。

系统运维服务主要内容包括：监控系统整体运行情况以及时排除故障确保系统正常、稳定运行，按要求及漏洞检查出来的问题修复系统安全漏洞，防范网络爬虫攻击，并定期对系统进行安全性检查，保证系统安全，包括系统补丁修复，系统BUG修正，性能优化，系统适应性调整（接口开发、服务流程调整），功能迭代升级（工作量不大于总平台的10%），用户管理，使用培训和相关技术支持等工作。清晰记录统计运维数据、编制平台运维工作及综合运行报告。

（作者：梁双龙　高志熙　郝奇杰）

公共安全视频监控建设联网应用

普天信息工程设计服务有限公司

一、信息化系统建设现状

结合黔江综合治理办公室信息化系统建设现状,针对重庆市黔江区雪亮工程项目,从技术发展、功能实现、人才队伍及建设成效等方面进行详细评估与论证,涵盖公共安全视频联网共享平台、综治分平台、公安分平台、视频资源采集平台以及对应数据处理存储系统、网络系统、安全系统、运维系统等,形成"联、管、用"三位一体格局。

二、总体技术架构

(1)拓扑架构:分为前端与中心管理端。
(2)逻辑架构:自下而上分为5层,依次为设备场景层、网络层、数据层、应用层、用户层。
(3)集成架构:基于"高内聚、松耦合"的原则和顶层模块化的思想。

三、系统主要功能和构成

(1)智慧前端:通过建设视频监控子系统、人脸抓拍子系统、车辆抓拍子系统、出入口子系统、门禁子系统、信息卡口子系统、信息发布子系统、报警联防子系统和移动巡防子系统等几大前端子系统，构建立体化、智能化、围合化基础信息采集体系。

（2）传输网络：主要作用是接入各类硬件资源，为中心管理平台的各项应用提供基础保障，保障系统的"监、控、查、管"综合性能。

（3）视图存储：采用分布式存储与集中式备份相结合的模式，即视频图像信息在村级存储，重点关注的视频图像上传至区县综治中心存储。

（4）综合治理中心：整个区县综合治理系统的中枢和核心，所有的前端设备、服务器及其属性、运行状态等信息均可在中心平台进行统一展现，并接受中心平台统一调度管理。

（5）综治平台：实现视频应用、视频配置、GIS地图、网管应用、基层应用、简易卡口、智慧卡口、档案管理、人车布控、报警流转、机顶盒应用、多媒体交互、一卡通及停车场等多个子系统的统一管理与互动，做到一体化、智能化的融合管理和应用。

（6）典型应用：图像综合研判应用系统，实现警情录入、案件串并联、GIS地图、视频巡逻、动态可视域、网格追踪、轨迹重现、现场还原、图像优化处理、视频摘要、浓缩的应用。

运维管理服务器能够提供设备的批量配置和管理、支持对摄像机录像的批量下载、设备拓扑分析，视频质量诊断管理、录像状态侦测管理、设备状态检测、设备异常告警、设备远程控制等功能。

视频诊断服务器能够提供视频质量诊断（视频亮度异常检测、偏色检测、视频信号丢失检测、遮挡检测、对比度异常检测、画面冻结检测）、录像状态侦测（前端的录像状态检测、平台接入的第三方前端的录像状态检测、高速的录像巡检）、统计查询等功能。

（7）安全设计：通过防火墙技术、入侵检测技术、端口扫描与风险防范技术、防病毒、用户身份认证、访问权限控制、用户权限管理，行为审计等措施，保证网络传输与接入与系统数据安全等。

四、基础支撑环境建设

根据基层"人多、车密、房屋连片、路况复杂"特点，提出"封圈、控格、守点、联户"

的思路，首先将一个区县进行虚拟封闭，再进一步分格（乡镇街道、村社区）管理，对重点区域、重要场所进行守点管控，最后入户联防、让更多的群众参与基层治安综合治理。

（1）封圈：为了实现治理范围区域化，将进出区县（或乡镇）的高速公路、国道、省道、县道、城市干道等进行管控，对区县（或乡镇）的外围周界形成一个封闭的视频防控圈。周界的范围不完全局限于各区域边界，一般是在各区块接壤处的主干道路出入口、十字路口、丁字路口、支路路口等场所，部署高清监控、车辆抓拍系统。

（2）控格：为了缩小监控范围，依托辖区内主要道路，结合不同区块的管理定位，进行防控单元格划分，即分"格"建设，形成内部一个个独立的视频防控网格，实现由大到小（即由"界"到"格"）的分布式管控，一般在各单元格接壤处的主要道路出入口、十字路口、丁字路口、支路路口等场所部署高清监控、车辆抓拍，缩小对人员及车辆的管控与追踪范围。

（3）守点：是指采用视频与非视频（门禁、道闸等）的技术手段，对村（社区）内重要部位进行点对点的管控，实现由"格"到"点"的监控，采集人、车的落脚点信息。一般在医院、学校等场所人员出入口安装人脸抓拍机，实现对人员布控；在停车场、小区车辆出入口等场所安装车辆道闸系统，实现对进出车辆的信息采集、管控；在村（社区）人员通道安装人员通道系统，实现对进出流动人员信息的采集、管控；在村（社区）内单元门门口安装门禁系统，实现对进出房屋的人员信息采集、管控；在广场、服务中心等场所安装报警系统，实现紧急一键报警；在村（社区）内重点人员经常出入场所部署信息卡口，实现对人员信息的采集、管理。

（4）联户：是指采用机顶盒、云监控、物联感知、无线传输等技术，24小时全天候保障周边和家庭安全。在家时通过机顶盒查看公共安全视频、关注周边异常情况，外出可随时查看家里老人小孩的实时视频画面、接受紧急报警信息。

按照上述"封圈、控格、守点、联户"的思路，通过建设视频监控子系统、人脸抓拍子系统、车辆抓拍子系统、出入口子系统、门禁子系统、信息卡口子系统、信息发布子系统、报警联防子系统和移动巡防子系统等前端子系统，构建立体化、智能化、围合化基础信息采集体系，编织出一张基层治安防控网络。

五、应用系统建设

（一）智慧前端子系统

（1）辖区内主要路口、广场部署 1080P 以上分辨率的高清摄像头，接入 NVR 设备进行本地管理和存储。并且摄像头增加报警按钮，当触发警情后，监控中心能自动弹出报警信息，同时自动将报警发生前后的录像存储到 NVR 设备上和县级控制中心的存储设备 IP SAN 上。

（2）本辖区内各个区域、乡镇及村（小区、院落）新建高清摄像；县辖区内各镇、各村主要的出入口、道路部署智能化感知人员卡口及车辆卡口系统实现对人、车辆图像抓拍结构化描述；对各村（小区、院落）部署感知人员卡口系统、智能跟踪系统，信号接入乡镇 NVR 设备和地市州级图像综合研判应用系统。

（二）视频存储子系统

根据项目建设要求，我们采用集中存储和前端分布式存储。每个乡镇部署台 NVR 做本地化存储，将存储与信令处理、媒体转发处理相分离，且可以用来减少前端存储占用的带宽。针对录像的高可用性需求和高可靠性需求，提供完善的 RAID 磁盘保护技术，重要点位、重要时间段、报警录像采用双存储和备份的方式存储到县局监控中心，实现异地存储备份。县级中心采用 IPSAN 作为备份存储设备，强大的存储性能和全面的 RAID 冗余技术、磁盘热备技术引擎能够提供超大规模路数的监控存储带宽和 99.999% 的电信级高可用性。

（三）传输网络子系统

整个系统采用 IP 网络传输监控视频图像，不存在图像衰减问题，同时可以通过媒体转发方式支持多个监控终端（客户端）对同一监控点的并发监看，系统可实现无阻塞交换，避免瓶颈，保障监控系统的"监、控、查、管"综合性能。

（四）综治中心控制子系统

在乡镇选用 NVR 为中心设备构建经济型显示与分控中心，提供 HDMI、VGA 等多路视频输出接口，支持 1080P、720P 的显示分辨率对前端图像进行预览、云台控制、回放、多画面轮巡、报警处理、语音广播与对讲。在县级部署统一监控中心，以液晶拼接大屏为核心显示设备，对监控资源进行安全防范与指挥调度。中心配置嵌入式多路高清解码器或万能解码器，将前端的压缩图像还原解码成模拟图像接入中心电视墙，通过客户端的灵活控制和系统报警联动，实现数字矩阵的功能（预览、云台控制、回放、多画面轮巡）。同时，通过客户端实现报警处理、报警联动以及与前端的语音广播与对讲。

（五）综治平台子系统

在省级、地市州级、区县部署综合业务监控管理平台对监控系统进行统一管理和维护。综合业务监控管理平台是整个监控业务系统的核心信令服务器，用于整个系统的认证注册管理、系统设备管理、WEB 服务及相应的实战应用。媒体交换服务器主要用于构建监控媒体流的集群系统，提供非监控专网单播客户对监控专网组播视频源的转换访问和分发服务。

（六）典型应用子系统

图像综合研判应用系统：地市级部署图像综合研判应用系统，实现警情录入、案件串并联、GIS 地图、视频巡逻、动态可视域、网格追踪、轨迹重现、现场还原、图像优化处理、视频摘要、浓缩的应用。

运维管理与视频诊断平台子系统：运维管理服务器能够提供设备的批量配置和管理、支持对摄像机录像的批量下载、设备拓扑分析、视频质量诊断管理、录像状态侦测管理、设备状态检测、设备异常告警、设备远程控制等功能。

（七）数据安全子系统

（1）网络传输与接入安全，包含：中心局域网网络安全，视频专网接入安全，各级综治中心从以下几个方面入手，采取相应的安全措施和设备，提高各级综治中心的网络层安全性。①防火墙技术；②入侵检测技术；③端口扫描与风险防范技术；④防病毒；⑤安全隔离网闸，通过网闸实现信令流与媒体流的传输。

（2）系统数据安全，系统数据采用集中存储方式，综治中心内存储的数据安全性采用：RAID 和热备技术、传输加密机制。

（3）应用安全：本系统是有多个单元组成的，各单元都需要用户认证才可以进入。同时权限设置采用多层次，高加密技术，以求保证系统各单元运行的安全，如用户身份认证、访问权限控制、用户权限管理。

六、数据资源建设

（一）视频接入服务

视频接入服务主要实现对模拟、数字、网络等各种类型的及不同厂家的设备前端视频设备的接入、协议转换等，统一地按照国标 GB/T 28181 协议接入到平台中去。主要包括：设备注册、设备注销、网络协议转换及控制协议转换功能。

（二）报警接入服务

报警接入服务主要实现对门禁、防盗报警、巡更、可视对讲及各种传感器等各类型的、不同厂家的设备前端报警设备的接入、协议转换和封装等，统一地按照国标 GB/T 28181 协议接入到平台中去。主要包括：报警设备注册、报警设备注销、报警管理及报警接受设置功能。

（三）视频转发服务

转发服务单元要求遵循国标 GB/T 28181—2011 的定义与要求，提供媒体流转发服务。流媒体分发服务器接收来自 SIP 设备（包括 IPC、HD-SDI、DVR、DVS、NVR、IPSAN 等），联网协议转换网关或其他流媒体分发服务器等设备的媒体数据，并根据应用服务器的指令，将这些数据转发到其他单个或者多个 SIP 客户端（包括解码器、客户端等）和媒体服务器。

（四）视频转码服务

视频转码服务主要实现各种设备或平台之间流媒体数据格式的转变，使非标的视频格式符合国标 GB/T 28181 中规定的媒体编码格式的要求。根据不同的应用场景提供不同的码流的视频格式，以实现最小占用网络带宽资源。支持将非 SIP 监控域设备的媒体数据转换为符合 GB/T 28181 中规定的媒体编码格式的数据。

（五）视频存储服务

视频存储服务用来管理录像的存储，包括对前端设备的录像计划配置、集中存储的录像计划配置。其主要包括配置录像存储位置、视频存储、存储检索、录像计划模板编辑、支持录像计划和补录功能、清盘策略和录像优先保留权以及录像完成后提示录像结果功能。

（六）业务调度服务

业务调度服务存储并实时更新系统配置管理子系统中所配置的网内各级流媒体之间的网络连接拓扑，当收到终端模块的视频请求时，先判断接入终端所属机构权限、视频权限，验证通过后，根据路径选择算法——选择一条当前在线的最短路径的流媒体服务给终端连接使用。其主要包括数据管理、请求处理、在线事务处理、热备事务处理及心跳事务处理功能。

（七）地图联动服务

地图联动服务通过提供地理信息服务平台来实现用户对服务、图层、数据的管理，同时提供大量的服务接口（如属性查询服务、空间查询服务、路径分析服务、瓦片地图服务、地形图、三维地图、遥感影像地图等）来实现对业务系统的支撑。上层应用中均提供对应 API 包进行调用，适配器层根据配置规则调用不同的适配器实现兼容不同 GIS 引擎。在视频专网里，主要采用 ArcGIS 引擎，可通过相关地图开发工具如 AcrGIS 等进行地图上层应用的开发，可以与视频专网中的 PGIS 平台进行地图应用的集成。

(八)平台管理服务

对接入平台的所有设备进行统一的编码,设备编码规范遵循国标 GB/T 28181 规定。接入设备认证根据不同情况采用不同的认证方式。对于非标准 SIP 设备,通过网关进行认证。组织机构的管理包括组织机构的添加、删除、修改,为本组织的通道分组,根据本组织的所有通道的不同监控职能,进行分组管理。负责平台所辖的设备资源的添加与管理,包括本组织的监控前端设备、服务器、监视屏组、平台其他控制管理设备等,可以在系统内,对所有的前端设备进行远程的参数配置,修改设备的参数、通道的参数等。为保证所添加的服务器已经正确安装,可在程序中查看服务器的运行状态,以确保设备的正常运行。

(九)平台智能服务

智能分析应用平台主要提供视频图像的智能分析功能,作为一个视频智能分析的后台业务引擎,支撑上层业务平台(如图像综合研判平台)的各类视频智能分析应用。其中包括视频浓缩摘要分析、车辆分析、视质轮巡、人脸采集、行为分析等功能。

(十)平台安全服务

1. 安全审计服务

对用户登录、操作进行权限查验。包括不限于系统所有操作,如登录、控制、退出、告警确认、系统设置等每一部操作,均有详细操作记录,操作记录实现以人机界面方式进行查询、统计、备份。系统保持的所有重要数据,包括用户信息、报警信息、操作记录、日志等,不可人为删除和更改。

2. 数据加密服务

包括不限于在高安全级别应用情况下,系统采用在网络层采用 IPSec 或在传输层采用 TLS 对 SIP 消息实现逐跳安全加密;在应用层采用 S/MIME 机制的端到端加密,传输过程中采用 RSA(1024 位或 2048 位)对会话密钥进行加密,传输内容采用 DES、3DES、AES(128)等算法加密。

3. 视频加密服务

包括不限于对于个别特殊的监控画面，可以设定保密功能，只有经过特别授权的人员才能查看实时视频和录像资料或下载录像片断；对于安装在某些场所的监控画面，可以设定隐私遮挡功能（需前端设备支持），未经授权遮挡区域将不能被查看显示；视频水印加密等。

4. 鉴权认证服务

包括不限于对 SIP 信令做数字摘要认证，宜支持 MD5、SHA1、SHA256 等数字摘要算法。在 SIP 消息头域中，启用 Date 域，增加 Note 域等措施。

5. 数据完整性服务

平台采用数字摘要、数字时间戳及数字水印等技术防止信息的完整性被破坏，即防止恶意篡改系统数据。包括不限于数字摘要可采用信息摘要 5（MD5）、安全哈希算法 1（SHA-1）、安全哈希算法 256（SHA256）等算法。

七、大数据分析建设

（一）视频图像应用基础构建

1. 图像资源主目录库

实战业务平台的构建和使用需要首先建设基础的图像资源目录库，管理图像资源，包括视频监控等所有的图像资源的详细信息：名称、设备位置信息、经纬度、可能的现场照片、设备厂商、设备型号、建设时间、设备朝向、联系人、联系电话等信息，建立符合国家标准的目录库；建设政府部门图像资源目录库，管理政府部门建设的视频监控资源信息；建立社会图像资源目录库，管理社会单位建设的视频监控资源信息。

2. 地图建设和资源路网关联

实战应用系统依靠平台提供的电子地图系统，可支持丰富的图像综合应用功能，除了支持电子地图分层显示和地图的放大、缩小、漫游、全图显示等基础功能外,还具备多种方式设备选择、空间信息基础管理、基于路网模型和智能快速搜索引擎的作战指挥。可以在系统上实现基础的治安视频监控业务功能。

3. 图像综合应用

基于地图及视频图像资源的路网关联模型,系统提供快速的智能搜索引擎及便捷的资源选择手段,支持丰富灵活的图像综合应用。

(二) 图像侦查业务服务

实战应用系统通过构建完善的视图线索库,支持对各类案事件中相关视频图像信息的采集、录入和管理,为案件研判分析奠定了丰富和完整的信息基础。支持后续研判流程中案事件和线索的快速定位、分析和关联,以具有完整和便捷的流程业务能力。

1. 图像综合研判基础信息库构建

图像综合研判基础信息库的构建包括视图库、线索库、案事件库的建设。

2. 图像综合研判工具集构建

利用图像综合研判应用系统的智能分析业务资源,平台可提供各种丰富的图像综合研判工具集,包括万能转码(或万能播放)、视频剪辑、视频摘要浓缩、图像增强、视频增强,快速视频定位等。

3. 图像综合研判实战应用

基于图像综合研判系统平台构建的图像应用基础、业务信息库基础、工具及技战法,可以提供高效、便捷的研判实战应用,包括计算机辅助案事件研判分析、线索相似案件对比、线索相似性比对研判、案事件串并关联分析、线索和案事件统计时空分析等应用。

4. 系统信息业务集成

图像综合研判应用系统提供丰富的接口,可以根据用户的实际需要,与其他业务信息系统进行集成，对其他业务系统的信息数据汇聚整合，构建业务信息资源库，以便进行数据综合分析和碰撞，实现更为高效的数据分析应用。

八、关键技术运用、主要技术特点

项目围绕大数据、云计算、物联网、VR、三维地图等新技术，资源应用池构建，如车辆数据包含数据业务模型、积分研判模型、标签工厂等；人像数据包含人员关系、人车关系的挖掘、刻画人员图谱等；MAC 数据包含人员轨迹不全、时空规律打标等。

九、系统运维服务

为了支持整个业务系统的日常运维和巡检工作以及时发现系统问题并快速解决，在系统平台上部署运维系统，可以实现对系统内所有监控点状态和图像质量的轮巡检测，自动发现平台内的业务故障并及时上报给管理员，确保相关故障可以被快速发现，快速处置。

（一）视质轮巡检测

视质轮巡系统是一套图像质量分析、诊断、预警系统，能够对视频图像中出现的视频噪声、抖动、模糊、偏色、画面冻结、网络故障定位与播放延时检测、亮度异常、网络异常、视频源丢失等常见摄像头故障、视频信号干扰、视频质量下降进行准确分析、诊断和报警。系统按照诊断预案自动对摄像头进行检测，并记录所有的检测结果。用户可通过客户端对系统运行情况进行监控，接收报警，处理报警，查询历史信息，并可根据摄像头所在区域、故障类型、故障严重程度等不同属性进行多种统计分析。

（二）设备运维管理

设备运维管理包括对入网各类设备的名字、型号、制造厂商、维护人、维护人所属部门、电话等原始信息及维护保养、扩容升级记录，随时可通过平台检索功能，查看相关设备运行及其他信息，如 CPU 占用率、内存使用率、系统负荷、服务器各个服务和模块的连接状态等。

（三）监控点管理

监控点管理可对系统内监控点设备进行查看详情、参数修改等相关管理，也可以对监控点进行分组管理，该功能可以实现对监控点分组进行新增、修改、删除及为分组划归监控点等，该系统同时也支持对已经分组后的监控点信息进行导出。可检测设备故障报警包括视频源丢失告警、存储满告警、存储异常告警、设备掉线告警等，并将告警信息发送到平台。

（四）部门管理

部门管理实现对使用该系统的各类部门信息进行管理，具有对部门信息进行更新、删除及查看、新增部门等功能。用户可查到已有部门的各类信息，如部门所分配的存储空间使用情况及剩余情况。

（五）用户管理

用户管理主要实现超级管理员对普通用户的信息管理和权限管理，包括对用户信息的修改和删除等。

（六）角色管理

该系统可实现对各类角色的管理，具有新增、修改、删除角色的功能，并且可以为角色在不同的子系统中分配设备分组和监控点。

（七）行为审计

运维系统可记录系统中所有的操作，包括用户登录、视频浏览、录像回放、录像下载、摄像机 PTZ 控制等。支持人员、操作时间、操作机 IP 等多种条件检索。记录用户行为之后就能够对其中的一些异常行为做事后分析和处理，从而查找信息泄露、恶意操作等行为的源头。

（八）绩效考核

绩效考核功能可按照确定的评分标准和考评方法，对系统运行的各项指标进行评定，包括摄像机在线率、图像正常浏览率、视频监控点及平台建设情况、监控点地图标注等多方面进行考核，不同时期可以设定不同的考核点。

（九）运维统计分析

应支持实时查看各区域内自建监控和社会监控的监控点总数、在线数、图像正常数、在线率的统计分析。用户可以根据需求，从实时、年度、月度、日期四个时间维度对所属辖区内监控点建设数据统计，还可以通过设备区域、来源、行业类别、建设类别进行过滤。

（十）点位采集标注和覆盖分析

（1）前端高精度位置信息采集。

（2）精确点位分布图。

（3）覆盖范围分析。

（十一）综合评分

系统提供针对用户上传线索信息质量及相关工作绩效综合评分功能，可以按照业务管理评分规则进行评分，包括整理案件次数、线索涉案次数、非涉案次数、经验发布次数等。

（十二）长期故障点管理

系统在实战应用的过程中，针对长期故障或有特殊原因的监控点，提供设置长期故障点的功能，避免对业务考核和日常运维造成影响。已经设置成长期监控点的设备可在"长期故障点管理"中进行管理。

（作者：高　东）